AF532949

Die kühne Reisende

Freya Stark wird am 31. Januar 1893 in Paris geboren. Ihre Eltern sind Künstler, die Mutter Italienerin, der Vater Engländer. Sie wächst in Italien und England auf. Nach der Trennung der Eltern 1901 lebt sie mit ihrer Mutter in Italien. 1912 beginnt Freya Stark mit dem Studium der Geschichte in London, bricht es jedoch nach Ausbruch des Ersten Weltkriegs ab. Sie arbeitet als Krankenschwester in Bologna, 1917 für kurze Zeit an der österreichisch-italienischen Front. Nach dem Zweiten Weltkrieg erbt sie ein kleines Landgut an der Riviera, die spätere »Casa Freia«. Hier findet sie zwischen ihren vielen Reisen immer wieder die Ruhe zum Schreiben. 1972 erhebt Königin Elisabeth II. die couragierte Abenteurerin in den Adelsstand. Dame Freya Madeline Stark stirbt am 9. Mai 1993. Sie wurde 100 Jahre alt.

Susanne Gretter studierte Anglistik, Romanistik und Politische Wissenschaft in Tübingen und Berlin. Sie lebt und arbeitet als Verlagslektorin in Berlin. Sie ist die Herausgeberin der Reihe Die kühne Reisende.

Freya Stark

Auf der Weihrauchstraße

Eine Reise durch das südliche Arabien

Übersetzung von Hans Reisiger,
neu bearbeitet von Nicola Volland

Mit einem Nachwort von Susanne Gretter

Freya Stark (1893–1993)

Inhalt

Anhang

Einleitung

Die Weihrauchstrasse

»Centumque Sabaeo
Ture calent arae sertisque recentibus halent.«
(Äneis 1, 416)

Im ersten Jahrhundert unserer Zeitrechnung schrieb ein namenloser griechischer Schiffskapitän den »Periplus des Erythräischen Meeres«. Er war weder gebildet noch ein Mann der Feder, sondern beschrieb lediglich zu Nutz und Frommen der Seefahrer und Händler die damaligen Häfen des Roten Meeres, ihre Märkte und ihre Ausfuhr. Einen nach dem anderen nahm er sie vor, erst an der Westküste, dann an der Ostküste entlang, bis in die Nähe von Sansibar, wo »der unerforschte Ozean westwärts herumbiegt« und ostwärts nach Malakka, »dem letzten Teil der bewohnten Welt … unter der aufgehenden Sonne«.

Es gibt wenige Bücher, die reizvoller zu lesen wären, als diese Schilderung des alten Kapitäns – denn ziemlich hoch in den Jahren muss er ja wohl gewesen sein, wenn er so viele und eingehende Reiseerfahrungen hinter sich hatte.

Nach seiner afrikanischen Reise zu den Weihrauchländern am »Kap der Gewürze«, dem jetzigen Kap Guardafui, bricht er von Ägypten in Richtung Osten auf. Er trifft auf die alte Handelsstraße von Petra, auf der der König der Nabatäer Abgaben eingetrieben hatte, und segelt dann an der Küste Arabiens entlang. »Das Land nahe dem Meer«, erzählt er, »ist hie und da von den Höhlen der Fischesser gesprenkelt« und »das Binnenland ist von Halunken bevölkert, die in Dörfern oder Nomadenlagern hausen und von denen diejenigen, welche vom mittleren Kurs abweichen, geplündert und überlebende Schiffbrüchige als Sklaven entführt werden. Deshalb halten wir unseren Kurs der Mitte des Golfs entlang und fahren so rasch wie möglich an dem Land Arabien vorbei, bis wir zu der ›Verbrannten Insel‹ (Jebel Tair 15° 35' N, 41° 40' O) gelangen, denn gleich hinter dieser befinden sich Gebiete friedfertiger Leute, Nomaden, Rinder-, Schaf- und Kamelzüchter.«

Hier kommt er zu dem himjarischen Königreich Jemen, dem letzten der alten unabhängigen Reiche Arabiens, und seinem Hafen Muza (dem jetzigen Mokha oder Mauza'), »wimmelnd von arabischen Schiffsherren und Seefahrern und geschäftig bewegt von Handelsgetriebe …«

Hier ragen, hinter einem zwei Tagereisen breiten, gelben, sandigen Landstrich, die hohen Berge des Jemen mit ihren dunklen Schluchten und Überhängen auf. Ihre zahlreichen flachen Gipfel schließen sich, von ferne gesehen, zu einer einzigen wuchtigen Kette zusammen, sodass sie, wie Hamdani sagt, »nicht viele Berge sind, sondern ein Gebirge, Sarrat genannt, das von Jemen bis Mekka reicht«. Ihre Färbung, von der See her gesehen, ist nicht die der mittleren Erderhebungen, sondern fahl und gräulich, als wären die schwarzen Gipfel mit einem Mantel von Wüstensand umhüllt und die roten Sandsteinhänge von vulkanischer Asche überlagert – gleich verglimmenden Kohlen unter ihrer Asche.

Von hier segelte der alte Seefahrer südwärts zwischen den sich verengenden Küsten. Wo die sonnengebräunten Hügelwellen häufiger werden, fuhr er in die Straße von Bab el-Mandeb ein, die »die See einzwängt und in eine Meerenge sperrt, die die Insel Diodorus (jetzt Perim) teilt«. Dicht unterhalb von dieser, »unmittelbar an der Küste der Meerenge«, war ein »Araberdorf namens Ocelis … ein Anker- und Wasserversorgungsplatz, und die erste Landungsstelle für die, welche von Süden her in den Golf segeln«. Dies war der am besten gelegene Hafen von Indien aus; weiter im Norden waren keine indischen Schiffe zugelassen, denn die Araber hüteten die Geheimnisse ihres Handels jahrhundertelang, bis die Römer kamen. Die Stelle von Ocelis haben nun der Ankerplatz von Perim und die Shelltanks eingenommen; aber die sanften Höhen und die baumlosen Landzungen, die reißende Strömung und die scharfe Biegung sind unverändert geblieben; und hinter der Meerenge, dort wo »die See sich wieder ostwärts weitet und bald den Blick über den offenen Ozean freigibt«, folgen wir heute noch ebenso, wie der alte Seemann es tat, der Südküste des Jemen und werfen Anker in »Eudaemon Arabia, einer Ortschaft am Meeresufer, die zum Reiche Caribaels (des himjarischen Königs im Jemen) gehört und bequeme Anker- und Wasserplätze hat, süßer und besser als die in Ocelis«. Das war Aden, der Treffpunkt von Ost und West.

Weiter nach Osten hin »ist ein ununterbrochener Küstenstrich und eine Bucht, die sich über zweihundert Meilen erstreckt oder mehr und an der Nomaden und Fischesser in Dörfern wohnen; und gleich hinter dem Kap, das von dieser Bucht vorspringt, ist wieder eine Marktstadt an der Küste, Qana im Weihrauchland. Landeinwärts von diesem Ort liegt die Hauptstadt Sabbatha (jetzt Shabwa), in der der König wohnt. All das Räucherharz, das im Land erzeugt wird, wird auf Kamelen an diesen Ort getragen, hier aufgespeichert und nach Qana gebracht auf Flößen, die nach der Landessitte von aufgeblasenen Häuten getragen werden, und in Booten … Der Ort treibt Handel auch mit den afrikanischen Häfen, mit Barygaza (Broach in Indien) und Oman und Persien.«

So schrieb der alte Seefahrer – ein Neuling auf dieser einst reichsten, am strengsten bewachten und vielleicht ältesten aller Handelsstraßen der Alten Welt.

Ihr Geheimnis war erst wenige Jahre vor seiner Zeit gelüftet worden. Im Jahre 45 n. Chr. hatte Hippalos, ein Grieche, als erster Seefahrer des Westens die Nutzbarkeit des Monsuns entdeckt. Er leitete den Mittelmeerhandel durch den Indischen Ozean. Nach ihm erkämpften sich die Römer, die die nördlichen Karawanenstraßen und Ägypten erobert hatten und es leid waren, Abgaben an Arabien zu zahlen, einen eigenen Seeweg und stießen auf neuen und größeren, mit Bogenschützen bemannten Schiffen in die verbotenen Gewässer vor.

Aber niemand weiß, wie lange vor ihnen und in welchem Morgenlicht der Geschichte dieser Handelsverkehr begann und wann drawidische Boote ihr Einsegel setzten und mit hohem, geschnitztem Heck und Steuerruder im Stern, mit Sonne und Wind im Rücken in der günstigen Jahreszeit zum ersten Mal den Indischen Ozean überquerten und ihre Frachten an der arabischen Küste löschten.

Hier spendete das »Weihrauchland, gebirgig und abschreckend, in dicke Wolken und Nebel gehüllt, Räucherharz von den Bäumen«. Arabische Kamelreiter warteten im Staub ihrer Lager, wie sie es heute noch tun, und schnürten in ihre Ballen zusammen mit dem Weihrauch aus Arabien und Afrika Perlen und Musselin aus Ceylon, Seide aus China, Schildpatt aus Malakka, Narden vom Ganges und Zimtblätter aus dem Himalaja, Malabathrum genannt

»coronatus nitentes
malobathro syrio capillos«.

Und aus Indien Diamanten und Saphire, Elfenbein und Baumwolle, Indigo, Lapislazuli, vor allem aber Zimt und

Pfeffer. Vom Persischen Golf kamen Datteln und Wein, Gold und Sklaven; und von der lange Zeit den arabischen Händlern botmäßigen Ostküste Afrikas Weihrauch, Gold und Myrrhe, Elfenbein, Straußenfedern und Öl.

Von dem sandigen Küstenstrich aus trugen einander ablösende Trupps von Beduinen und Kamelen die Ballen über Gebirgspässe und die Hochsteppe, durch Binnentäler in den östlichen Gebieten des Jemen und durch die Wüsten nördlich von Mekka, bis sie ihre Märkte erreichten und das arabische Harz auf den Altären von Damaskus, Jerusalem, Theben, Ninive und Rom rauchte.

Dies war die große Weihrauchstraße, deren schwachem Nachruhm Südarabien noch heute den Beinamen des »glücklichen« verdankt; deren Existenz die späteren Großtaten des Islams vorbereitete und möglich machte. Auf ihrem Strom dahinstapfender Füße reisten die Schätze Asiens; entlang ihrem langsam bewegten, ununterbrochenen Faden stiegen und fielen die arabischen Reiche – das minäische, sabäische, qatabanische Reich, Hadhramaut und Himjar. Eines nach dem anderen wurden sie reich an ihrem Teil der großen Handelsstraße; ihre Politik war getrieben von dem Wunsch, noch mehr davon zu beherrschen, zumal die Weihrauchgebiete des Südens und die Zugänge zum Meer; sie wurden mächtig und aristokratisch, Erbauer hochaufragender Städte; sie kolonisierten Somaliland und Äthiopien und machten sich zu Herren der afrikanischen wie der arabischen Wälder.

Wir können kaum noch ermessen, welche Reichtümer ihr Monopol ihnen eintrug zu einer Zeit, da jeder Altar und jedes Leichenbegängnis von Weihrauch umduftet war. Heilige Räume im Tempel von Jerusalem waren eigens als Speicher für diese Kostbarkeit bestimmt. Dem Amonstempel wurden bereits im zwölften Jahrhundert vor Christus 2159 Krüge und 304 093 Scheffel in einem Jahr geliefert, und die chaldäischen Priester verbrannten alljährlich ein Gewicht von zehntausend Talenten allein auf dem Altar des Bel zu Babel. Ein Gewicht von tausend Talenten wurde von den Arabern als ständiger Tribut an Darius entrichtet. Alexander der Große schickte nach der Einnahme von Gaza fünfhundert an seinen Erzieher, der ihn in Mazedonien wegen Verschwendung an die Götter gescholten hatte.

»Bedenken wir allein die große Anzahl von Bestattungen, die alljährlich überall in der ganzen Welt gefeiert, und die Berge von Wohlgerüchen, die zu Ehren der Leichname aufgehäuft werden.« So schrieb Plinius (VII, 42) und schloss: »Es ist die Üppigkeit, welche die Menschen sogar noch im Beiwerk des Todes entfalten, die Arabien so ›glücklich‹ gemacht hat.« Er schildert die Vorsichtsmaßnahmen, die zum Schutz der kostbaren Ware getroffen wurden: die Todesstrafe, die die Karawanenführer zu gewärtigen hatten, wenn sie zwischen dem Meer und Shabwa von der Straße abwichen; das »einzige Tor, das ihnen als Zugang in diese Stadt offen gehalten wurde«; die strenge Aufsicht in den Läden Alexandrias, wo die Arbeiter vor dem Weggehen entkleidet wurden, wo man ihre Schürzen versiegelte und ihnen eine Maske oder ein Netz über den Kopf zog. All das zeugt von dem Wert dieser Fracht, die die Händler zweitausend Meilen weit von Meer zu Meer quer durch Arabien verschickten, um sie dann schließlich in Rom »zum Hundertfachen ihres Preises« zu verkaufen.

Abgesehen von diesem umfangreichen Geschäft muss man auch die Reichtümer bedenken, die sich bereits im Laufe der Jahrhunderte angesammelt hatten; denn die Frühzeit dieses Handelsverkehrs ist ganz unbekannt. Das minäische Reich, das erste, von dem wir hören, durch dessen Gebiet der alleinige Durchgang für den Weihrauch führt, »auf einem einzigen schmalen Wege«, hat Königsverzeichnisse, die wahrscheinlich mindestens bis auf das dreizehnte Jahrhundert vor Christus zurückgehen. In Inschriften sehen wir es bereits wie Minerva vollgewappnet, zivilisiert und in hohem Wohlstand aus dem unerforschten Hintergrund Arabiens auftauchen, mit einem Alphabet, das der Ahne unseres eigenen ist. Welche vorgeschichtlichen Geschehnisse es in Erscheinung brachten, welche Völkerwanderungen dahinterliegen, wo und durch wen das Alphabet erfunden wurde, das alles ist unbekannt: Auch hat – außer Joseph Halévy, der sich als jemenitischer Jude verkleidete – nie jemand Ma'in, die minäische Hauptstadt in Nadschran, besucht.

Südlich davon und in späterer Zeit blühte das sabäische Königreich – das Saba Salomons – mit der Hauptstadt Marib, auch an der Weihrauchstraße gelegen und von Arnaud, Halévy und Glaser besucht. Das Machtzentrum verschiebt sich beständig nach Süden. Als die Sabäer wuchsen, schluckten sie ihre qatabanischen Nachbarn, deren – bis heute nicht wiederentdeckte – Stadt Tamna' unweit ihrer Münzstätte in Harib gelegen haben muss, ebenfalls an der Weihrauchstraße; denn Plinius erklärt, dass »der Weihrauch nur durch das Land der Gebaniter eingeführt werden kann«, die Nachfolger der Qatabaner in Tamna'. Nach den Sabäern herrschten die Himjaren – das letzte der alten arabischen Königtümer – von Tzafar unweit Jerim aus und bis in christliche Zeiten; der Imam von Jemen streut noch heute roten Staub auf seine Briefe zum Zeichen seiner Abstammung von Himjar.

Aber der Schlüssel zu dem Handel lag östlich von all diesen Reichen in dem felsenumkränzten Tal und den Engpässen von Hadhramaut, dessen »Volk allein – und kein anderes Volk unter den Arabern – den Weihrauchbaum besitzt«; das den Hafen von Qana beherrschte und das Küstenland bis nach Dhufar hin und dessen Hauptstadt Shabwa, das Sabota des Plinius, »in einem hohen Gebirge gelegen« und mit sechzig Tempeln in seinen Mauern, das mit seinem einzigen Tor die Schleusen öffnen oder schließen konnte, die die große Handelsstraße speisten.

Bis voriges Jahr war noch nie ein Ausländer nach Shabwa gekommen. Auf den Karten ist es ungefähr sechzig Meilen westlich von Shibam verzeichnet. Jaqut zufolge fielen irgendwann in früher Zeit die Banu Kinda in Shabwa ein, und die Bewohner verließen die Stadt und gründeten Shibam. Wie dem auch gewesen sein mag, heute jedenfalls hausen dort noch ein paar spärliche Stämme um brackige Brunnen, wenngleich angeblich in einiger Entfernung von der Stelle, an der die alte Stadt gestanden hatte; sie leben von der Salzförderung, wie sie es schon mindestens seit dem zehnten Jahrhundert tun, seit der Zeit, als der alte Geograph Hamdani sie bei dieser Beschäftigung antraf.

Einer Leidenschaft für Straßen oder Flüsse, die ich immer schon gehabt habe, folgend, fasste ich letztes Jahr den Entschluss, zu versuchen, auf dem Weg durch Hadhramaut bis nach Shabwa zu kommen. Von dort wollte ich dann entweder der Hauptroute über Harib und Marib nach Ma'in in Nadschran folgen – dem »einzigen schmalen Wege«, der, wie beschrieben, durch die Hauptstädte der vier arabischen Reiche führte; oder wenn dies sich als unmöglich erwies, wollte ich mich nach Kräften in der Umgegend von Shabwa umtun und dann auf dem Weg durch die Berge, der einst die Hauptverkehrsstraße gewesen sein muss, zu dem alten Hafen Qana – irgendwo unweit Bir Ali an der Küste – zurückkehren.

Keiner dieser beiden Pläne wurde verwirklicht. Shabwa, kaum noch drei Tagereisen entfernt und durch keine Schranke mehr von mir getrennt, die meine Annäherung verhindert hätte, sollte mir dennoch dank der Ungunst des Schicksals unerreichbar bleiben wie der Mond; nur in Träumen bin ich auf seiner verödeten Reichsstraße gewandert. Aber die Täler von Hadhramaut, die zu ihm führen, und die Binnenstädte, so wiederholt sie auch besucht worden sind seit 1843, als v. Wrede sich in Verkleidung hinwagte, verlocken dennoch durch ihre fremdartige Schönheit zu einigem Bericht, wenn es auch nur der Bericht von einem Misserfolg ist.

Anmerkung – *Ich bedaure sehr, dass den Namen der in Hadhramaut gefundenen Pflanzen nicht die entsprechenden englischen beigefügt sind. Das kommt daher, dass die Presse, in der die Pflanzen zwecks späterer Sichtung gesammelt wurden, auf der Heimreise durch Salzwasser Schaden litt und die Exemplare verdorben wurden. Hierfür, wie für so viele andere genaue Angaben, sei der Leser auf Mr. Ingrams Buch über dieses Land verwiesen.*

I. Kapitel

Die arabische Küste

»Ich habe ihre wohlgeformten Schatten
Aufragen sehen aus der Morgenröte
Und sah ihr Spiegelbild auf rosiger Bucht,
Ein schläfrig Schiff aus längst vergangener Zeit.«

(»The Old Ships«, Flecker)

Ich habe mich oft gefragt, warum ein Schiff, alles in allem genommen, ein offenbar befriedigenderes Besitztum ist als eine Frau. Vielleicht weil angesichts eines so zerbrechlichen, so sichtlich bedrohten, zwischen den Elementen dahinschwankenden Dings selbst die grobschlächtigsten Männer begreifen, wie sehr Achtsamkeit und Feingefühl an der Ruderpinne vonnöten sind – während die Frauen, obwohl genauso zerbrechlich und genauso (wenn auch nicht so sichtlich) auf Messers Schneide zwischen noch bedrohlicheren Unendlichkeiten balancierend, dennoch offenbar einen falschen Eindruck von Stabilität erwecken; sonst würde nicht so oft gedankenlose und ruppige Gewaltsamkeit anstelle sanfter, gleichmäßiger Führung an dem Ruder walten, das Schiffe wie Menschen auf ihrem Kurs hält. Daher die übliche, aber unverständige Vorliebe auf ihren Frieden bedachter Männer für Schiffe.

Im Indischen Ozean tritt dies noch deutlicher in Erscheinung als anderswo, denn hier trägt obendrein der Monsun das Seinige zur allgemeinen Verlässlichkeit der Dinge bei, indem er alljährlich während der gleichen Anzahl von Monaten immerzu in der gleichen Richtung weht; was mehr ist, als sich von irgendeinem Winde sagen lässt, der gemeinhin das Ehefahrzeug treibt. So laufen denn die kleinen Flotten in verhältnismäßiger Sicherheit aus den afrikanischen und südarabischen Häfen aus, beladen, wie seit Jahrhunderten, mit Weihrauch und Myrrhe, und löschen ihre würzige Fracht um Weihnachten in den Speichern von Aden.

Im Jahre 1934 wurden etwa 1200 Tonnen Weihrauch aus Dhufar und 800 aus Somaliland ausgeführt. Der gesamte Weihrauch für die ganze Welt wird in diesen beiden Gebieten erzeugt. In Britisch-Somaliland werden durchschnittlich 400–500 Tonnen produziert und in Italienisch-Somaliland 500–600. Aber der arabische Weihrauch ist besser als der afrikanische, und die Dhufar-Küste, die etwa 1000 Tonnen ausführt, ist das einzige Gebiet, in dem das Harz zweimal im Jahr gewonnen wird, wie zu Plinius' Zeiten, als man allgemein den weißen »Sommerweihrauch« und den roten »Frühjahrsweihrauch« unterschied.

Die Haupthäfen und -ortschaften der Dhufar-Küste sind: Saudah, das etwa 250 Tonnen Weihrauch verschickt; Mirbat 150 bis 200 Tonnen; Rakhiut 200 Tonnen; Jadib 100–150 Tonnen; Hadhbarm, Damghat und Dhabut je 100 Tonnen; Al Ghaida 50 Tonnen und Qishn 200–250 Tonnen. Das beste Harz kommt aus Saudah, Hadhbarm und Mirbat, das schlechteste aus Qishn.

Die Weihrauchbäume sind Arten der Familie der Burseraceen, *Boswellia Carteri* und *Boswellia Bhuadajiana*. Die Araber teilen sie in vier Klassen, von denen Hodscha'i das beste Harz und Shehri, Samhali und Rasmi die geringeren Sorten liefern. »Diese Weihrauchbäume«, sagt der alte Kapitän, »sind nicht von großer Höhe und Dicke. Sie tragen den Weihrauch in Tropfen auf der Rinde klebend, genau wie die Bäume bei uns in Ägypten ihr Harz schwitzen.« Der hochwertigste Weihrauch gedeiht drei Kameltagereisen von der Küste entfernt; die mittleren Sorten kommen von den Berghängen und -gipfeln, und der minderwertigere wird in der Nähe der Küste gesammelt.

Aber der Wert des Harzes bemisst sich noch an anderem: an seiner Farbe, die bereits in den Warenverzeichnissen Ramses' III. Erwähnung findet und die von wolkigem Bernsteingelb oder einem wie Mondlicht leuchtenden, blassen Jadegrün bis zu einem kieselartig braunen Gemisch reicht; außerdem an seiner Größe und an dem Prozentsatz von feinem Glimmerstaub, mit dem die Araber das Gewicht ihrer Ware unauffällig zu erhöhen suchen. All das bestimmt den Weihrauchpreis, der zwischen 10 und 80 Pfund Sterling pro Tonne schwankt.

Von März bis August zapfen die Araber ihre Bäume durch kleine Rindenschnitte an: Der milchige Saft braucht drei bis fünf Tage zum Trocknen, je nach Wetter; ist die Sonne nicht heiß genug, so muss das Harz am Boden weitertrocknen. Zu Plinius' Zeit war diese Harzernte einer kleinen Klasse vorbehalten; »nicht mehr als dreitausend Familien steht dieses Vorrecht kraft Erbfolge zu. Deshalb werden diese Personen heilig genannt, und es ist ihnen verboten, sich während des Beschneidens der Bäume oder des Sammelns der Ernte irgendwie zu beflecken, sei es durch Umgang mit Frauen oder durch Berührung mit den Toten; diese religiösen Beschränkungen sind es, durch die sich der Preis der Ware so erhöht.« Heute wird das Ernterecht oft an Somalis verpachtet, die zu diesem Zwecke von Afrika auf die arabische Halbinsel herüberkommen. Die uralte Heiligkeit des Baumes findet sich bei vielen Schriftstellern bezeugt. Herodot spricht von geflügelten Schlangen, die ihn hüten und in jedem Frühjahr nach Ägypten fliegen, sowie von Baumgeistern, welche die aus ihren lebendigen Flanken geschnittenen kostbaren Tropfen auf der Karawanenstraße geleiten.

Aber die Karawanenstraße ist jetzt tot, und das Weihrauchgebiet ist von Westen her immer mehr geschrumpft, weniger infolge natürlichen Rückgangs, als infolge sinkender Nachfrage. In entlegenen Tälern Hadhramauts wachsen die Bäume immer noch und werden von den Einwohnern abgeerntet, aber der westlichste Ausfuhrplatz ist jetzt wohl Al-Ghaida; und der alte Hafen von Qana, etwa 160 Meilen weiter westlich, ist im Sand verschwunden und versunken. Die arabischen Segelflotten, deren Formen ebenso alt sind wie diese begrabenen, unsichtbaren Ruinen, fahren im Winter, wenn der Monsun sich legt, achtlos an dem Geistermarkt vorbei und dicht an der vulkanischen Küste entlang den Werften von Aden zu.

Hier in dämmrigen Schuppen voll aromatischen Staubs und würziger Düfte, wo blasse Sonnenstreifen auf die halb durchsichtigen Harze fallen, beugen Frauen die verschleierten Köpfe über flache Körbe und klauben mit hennagefärbten schmalen Fingern die verschiedenen Sorten aus, während die Segelflotten ihre altertümlichen Rümpfe für die Heimfahrt mit Benzinfässern beladen.

Eines dieser Fahrzeuge, eine Dhau aus Kuwait, erlitt letzten Januar gleich hinter dem Vorgebirge von Bir Ali Schiffbruch. Der größte Teil des Benzins war gerettet worden, aber der Sultan von Bir Ali, dessen Beduinen es an Land geschleppt hatten, betrachtete es natürlich als eine Gabe Allahs, die er nicht wieder herauszugeben gedachte, außer gegen bares Geld. Wir in Aden haben für solche Fälle keinen Vertrag mit Bir Ali, wohl aber mit dem benachbarten Sultan, der ein Drittel des Wertes von allem einstreicht, was die See ihm zuträgt. Der Sultan von Bir Ali war noch nicht ganz auf der Höhe dieser zivilisierten Form von Seeräuberei und forderte ein Viertel. Unter diesen Umständen kam A. B., dem die Ladung gehörte, zu dem Schluss, dass eine private Verhandlung vielleicht ein weniger kostspieliges Ergebnis haben würde als ein

Eingreifen der Regierung, und er sagte mir, dass sein kleiner Dampfer, die »Amin«, mich auf dem Weg nach Shihr bis Mukalla mitnehmen würde, nachdem man zuvor seinen Unterhändler auf dem verödeten Strand von Qana abgesetzt hätte, damit er dort sein Bestes versuche.

Am Abend des 21. Januar ging ich an Bord. A. B. und Mirjam brachten mich hin. Die Schiffslichter zogen wie Planeten durch die weite seichte Bucht von Aden. Die warme Gastlichkeit, die ich verließ, die Nacht ringsumher machten mir den Antritt der kurzen Reise so schwer, als gälte es, Abschied von der Heimat zu nehmen. Aden war freundlich zu mir gewesen. Das schlechte Zeugnis, das ihm frühere Hadhramaut-Fahrer ausstellen, kann ich nicht unterschreiben, denn ich fand, vom Residenten abwärts, nur Herzlichkeit und Hilfsbereitschaft. In meiner behaglichen Kabine, in der ich ganz anders reiste als auf der Dhau, mit der ich zuerst die Südküste zu umfahren gedacht hatte, ging mir all das durch den Sinn. Als ich um zwei Uhr nachts erwachte, sah ich, dass wir schon in voller Fahrt waren. Ein Wind war aufgekommen und trieb uns vorbei an dem über schräge Wasser drohend zu uns herüberblinkenden Auge des östlichen Leuchtturms. Der »Amin«, die sich wie ein Seepferd mit den Kabinen auf dem Rist bäumte, schien eine recht bewegte Zeit auf dem Indischen Ozean bevorzustehen.

Den ganzen folgenden Tag über fuhren wir gegen eine kurze Dünung an, und jeder war mehr oder weniger krank. Ich ging von Zeit zu Zeit an Deck hinaus und sah jedes Mal dieselbe öde flache Küste mit der Bergkette dahinter – die Bucht der Fischesser, deren Hütten jedoch nicht zu sehen waren. Der Unterhändler von nebenan kam gegen den Wind dahergeschwankt, das friedlich vergnügte, mit einem Goldzahn gezierte Rundgesicht unterm Turban von Schals umwogt; ein weibliches Zwitschern war beim Öffnen der Tür aus seiner Kajüte gedrungen, und er erklärte, es sei eine verwitwete Tante von ihm, die nach Mukalla zurückkehre. Ich stattete ihr einen Besuch ab und fand eine für eine Tante ausnehmend schöne Frau, in dünne geblümte Chiffonschleier gehüllt und auf dem schmalen Sofa kauernd, das sie sichtlich viel unbequemer fand als einen arabischen Fußboden. Sie hatte die für Hadhramaut typischen Gesichtszüge, sehr lang und schmal, einen großen, aber feinfühligen und zum Lächeln bereiten Mund, glänzende große dunkelbraune Augen und einen langen Hals, um den eine Kette von Goldperlen lag. Sie begrüßte mich dankbar als Schwester in dieser wilden, widrigen Wasserwelt, deren Wirkungen sie durch den Genuss von Butterteiggebäck zu mildern suchte; sie fühle, sagte sie, das Bedürfnis nach etwas Schwerem in ihrem Inneren, um zu verhindern, dass alles in ihr um und um ginge. Ich war überzeugt, dass der Butterteig seinerseits auch sehr bald mit der Wucht eines Mühlsteins in ihr umgehen würde, und ich verabschiedete mich vor Eintritt der Katastrophe, nachdem ich sie dazu bewogen hatte, ihren Anstandsbegriffen zuwider die Kajütenluke einen Zollbreit zu öffnen. Ich ging draußen in den Windstößen der reinen, freien Luft auf und ab und dachte nach über dieses merkwürdige weibliche Ideal, in abgeschlossenen Kästen durch die Welt zu reisen, um möglichst wenig von ihr zu sehen und möglichst wenig gesehen zu werden. Es scheint da ein fast überall verbreitetes, nur dem Grade nach hier und da verschiedenes Vorurteil im Spiel zu sein: Mrs. X., die Angst hat, auch nur für einen Augenblick aus ihrem eigenen Kreis herauszutreten, der weniger als den zehnmillionsten Teil der faszinierenden Bevölkerung unseres Erdballs ausmacht, handelt im Grunde nach genau demselben Prinzip wie die allein in ihrer dunkeln, stickigen Kabine hockende arabische Tante.

Am nächsten Morgen merkte man an der plötzlichen Ruhe und Stille, dass wir vor Anker lagen. Unmittelbar vor uns erstreckte sich das östliche Ufer der weiten, einsamen Bucht, die manche für die alte Bucht von Qana halten. Dünen und Stachelgräser leuchteten im stillen Morgenlicht. Sie bedeckten den Fuß vulkanischer Hügel, die sich zu abgeflachten Kegeln erhoben und nordwärts in ein breites Tal ausliefen, die Heerstraße nach Shabwa und zweifellos das Versteck unsichtbarer Oasen, denn in dem ganzen weiten, vielförmigen Land, das sich dem Auge darbot, waren nicht die geringsten Spuren einer Bebauung zu sehen. Nur drei verfallene Pfeiler und ein vierkantiges Fort oder Turm betonten gleichsam noch die Öde; und eine einsame Dhau, Gefährte und Wächter des Wracks, das wir besuchen kamen, schaukelte vor Anker; ihre Spieren und ihr zartes Takelwerk spiegelten sich zitternd im Wasser, und die geschnitzten Blumengirlanden an ihrem hohen Heck und die hängende rot-weiße Flagge von Kuwait standen scharf wie graviert in der leuchtenden Luft.

Einsamer als die Einsamkeit der Natur wirken die Spuren, die Menschen hinterlassen. Und das Einsamste an diesem Strand war A. B.s Fracht, ein verlassenes Häufchen, mit Zeltbahn und Seilen bedeckt, auf einer Sanddüne außer Reichweite der See gelagert, das nach allem anderen aussah als nach einem Handelsobjekt im Wert von zweitausend Pfund.

Wir sahen keine Menschenseele. Nichts als die stumme Morgenheiterkeit einer unbewohnten Welt. Dennoch waren Augen auf uns gerichtet, und nicht lange, so wimmelte das Dach des viereckigen Turmes wie ein Ameisenhaufen von Gestalten, die als Friedenszeichen schwarze Schals über der Brüstung schwenkten. Während wir – der Kapitän und der Erste Offizier, der Unterhändler und sein Schreiber, drei Araber, die mit ihren Bettgestellen und ihren mit Ohrringen überladenen Kindern nach Habban im Binnenland reisten, und ich – in unserem Boot hinuntergelassen wurden, kamen bereits die Wrackwächter in einem Einbaum und in einem langen Huri, in dem fünf oder sechs von ihnen standen, auf uns zu. Das Huri hat zwei spitze Enden, sodass es vorwärts-

wie rückwärtsfahren kann, und nimmt die Wellen mit erhobenem Bug, während die Mannschaft achtern steht und mit an Stangen genagelten runden Holzscheiben, Vorfahren des Ruders, paddelt. Es glitt um uns herum wie eine Schwalbe um eine Fliege und ging dann, als wir in seichtes Wasser kamen, auf Grund. Jeder Araber wählte sich einen von uns, ergriff ihn ohne ein Wort zu verlieren, presste Arme und Beine zu einem kunstgerechten Bündel zusammen und gegen das Indigo und Öl seiner Brust und verfrachtete dieses Bündel auf den Sand.

Der Sultan von Bir Ali gehört zum Stamme der Al Wahidi; ihrer eigenen, aber offenbar unzutreffenden Überlieferung zufolge sind sie Abkömmlinge von Qoraish. Wyman Bury zählt sie zu den Ureinwohnern Südarabiens, deren Blut sich nie mit dem nördlicher Einwanderer gemischt hat; und so sehen sie auch aus. Es gibt ihrer, wie man mir sagte, etwa viertausend. Sie haben sich erst in jüngster Zeit und wohl auch noch nicht endgültig zu der Auffassung bekehrt, dass Handel einträglicher ist als Mord, und der Weg durch ihr Gebiet, die direkte Straße nach Shabwa, deren untere Strecken v. Wrede im Jahre 1843 bereiste, ist immer noch zum großen Teil unbekannt, gefährlich und ungesund.

Sie selber sahen auch gefährlich aus, wenn man so wollte, aber recht stattlich. Drei oder vier ihrer Oberen lösten sich aus der Gruppe, kamen auf uns zu und reichten uns mit würdevoll ernster Höflichkeit die Hände.

Nur wenige hatten einen Turban; aber die meisten trugen Lendentücher und wohlgefüllte Patronengürtel – ein Amulett um den Hals, ein fettiges Band um den Kopf, um das Haar zurückzuhalten, genau wie die neueste Mode unserer jungen Damen, und ein Silberarmband über dem rechten Ellenbogen. Sie hatten alte, mit Silber eingelegte Gewehre, und bei dem einen oder anderen steckte griffbereit im Lendentuch auch einer der herrlichen Hadhramaut-Dolche, die mit groben Chalzedonen besetzte Scheide am Ende fast u-förmig gebogen. Das Schöne an ihnen war der nackte Torso und das freie Spiel der Muskeln unter einer Haut, der die ständige Einwirkung von Indigo, Sonne und Öl weder einen braunen noch einen blauen Glanz verlieh, sondern etwa den dunkler Pflaumen. Es sah ganz danach aus, als seien sie die Herren der Situation, denn unser Kapitän hatte es eilig und sie nicht, was in der Diplomatie immer eine starke Stellung bedeutet. Ihr Sultan, sagten sie auf die Nachfrage, sei in Bir Ali, jenseits der Bucht, im Binnenland. Unser Kapitän ließ seine blauen Kugelaugen ratlos über die weite, blendende, jeder Beförderungsmöglichkeit bare Fläche schweifen. Mit der lässigen Ruhe eines von allem Maschinellen unabhängigen Menschen gürtete sich einer der Eingeborenen, knüpfte das Lendentuch hoch und schickte sich an, davonzugehen.

»Wie lange wird er bis zum Sultan brauchen?«, fragte der Kapitän.

Die Wahidis, durch die unvermittelte, für sie belanglose Frage in dem Höflichkeitsschwatz unterbrochen, den sie mit dem Unterhändler begonnen hatten, wandten die Köpfe, um ihre Landschaft unter diesem ihnen ungewohnten Gesichtspunkt zu betrachten; denn vermutlich hatten sie bisher noch nie darüber nachgedacht, wie lange sie brauchten, um ihre Bucht zu durchwandern.

»Zwei Stunden vielleicht«, meinte einer ohne große Überzeugungskraft. »Der Sultan wird heute kommen.«

Damit schien die Sache für sie erledigt. Sie wandten sich wieder interessanteren Themen zu und überließen es dem Kapitän, mit verdutzten Europäeraugen auf die unwegsame Landschaft zu blicken und sich darüber zu ergehen, dass die »Amin« täglich 75 Pfund koste, wenn sie stillliege.

Ich hätte mir gern das Fort angeschaut und die drei Pfeiler, die zu einer verfallenen Moschee gehörten. Diese hatte in Gebrauch gestanden, bis das Wasser in dem Vorgebirge versiegte und die letzten Bewohner genötigt waren, sich ins Binnenland zurückzuziehen. Ja, ich hätte überhaupt an Land bleiben und die alte Straße einschlagen mögen, trotz der grimmen, von späteren Reisenden bestätigten Worte des »Periplus«: »Denn diese Gegenden sind sehr ungesund und pestbringend selbst für diejenigen, welche nur an der Küste entlangsegeln, aber fast immer tödlich für die, welche dort arbeiten, die auch oft an Nahrungsmangel zugrunde gehen.«

Doch meine Briefe lauteten nach Mukalla, und der Kapitän wollte von einer längeren Unterbrechung der Fahrt nichts hören. Wir könnten nur, erklärte er, auf die »Amin« zurückkehren und hoffnungsvoll darauf warten, den Sultan schließlich doch noch hinter einer Sanddüne auftauchen zu sehen.

Das taten wir und richteten unsere Ferngläser stundenlang auf die schweigende Bucht, deren Falten und Hügel und gestrüppüberwachsene Mulden immer blasser und weißer wurden in der steigenden Vormittagsglut. Drei oder vier der Wahidis waren an Bord gekommen und gingen behutsam an Deck hin und her. Mit argwöhnischem Staunen berührten sie den weißen Anstrich, als fürchteten sie, er könnte unter ihren Händen lebendig werden. Einer von ihnen trat durch die offene Tür meiner Kabine, hockte sich mit der natürlichen Unbefangenheit der Araber nieder und ließ schweigend seine Augen über all die merkwürdigen Gegenstände wandern: über den elektrischen Ventilator, über Waschtisch und Spiegel, Lampen und Vorhänge; schließlich blieb sein Blick erleichtert auf der seinem Verständnis verhältnismäßig begreiflichen weißen Steppdecke meines Bettes haften; mit bewundernden Fingern begann er, sie zu streicheln. Er war ein hochgewachsener Bursche, mit einem Schuss afrikanischem Blut – mit schmalen, regelmäßigen Zügen, einem kurzen kräuseligen Bart und wohlgeöltem, hinter den Ohren zusammengebundenem Haar. »Nach Frauenart trug er das Haar mit einem Bande gebunden«, wie Gilgamesch. Das schöne Ebenmaß aller seiner Glieder wurde nur durch zwei übergroße Daumen gestört. Nach einer Weile fiel sein Blick auf meinen Wasserkrug; er langte danach und trank.

»Gutes Wasser«, bemerkte ich.

»Gelobt sei Gott, ich habe solches noch nie gekostet. Es ist süß.«

»Ist in euren Brunnen Salz?«, fragte ich.

»Ja.«

Sein Leben lang aus brackigen Brunnen zu trinken – wir können uns kaum vorstellen, was das bedeutet. Ich selbst habe nie wirkliche Durstqualen gelitten; dennoch habe ich, seit ich denken kann, eine natürliche, dankbare Freude an klarem fließendem Wasser. »Kein Getränk kommt gutem Wasser gleich«, sagte ich.

Fünf oder sechs Wahidis, die sich um ihren Gefährten versammelt hatten und an der offenen Tür hockten, wandten mir plötzlich mit begeisterter Zustimmung die Gesichter zu; das Reizvolle an den Beduinen ist ihr Sinn für das Wesentliche, ihre angeborene Gleichgültigkeit gegen alles überflüssige Beiwerk des Daseins. Trotz der ihnen ungewohnten, zivilisierten Umgebung, in der wir beisammensaßen, hatten die Wahidis und ich eine Gemeinsamkeit gefunden. Mein erster Freund, der es sich inzwischen auf der weißen Bettdecke bequem gemacht hatte, von der zu vermuten war, dass sie indigoblau gemustert sein würde, wenn er aufstand, lächelte.

»Warum kommst du nicht mit und bleibst in Bir Ali?«, schlug er vor.

»Vielleicht tue ich es auf dem Rückweg.«

»Aber du bist eine Nasrani«, sagte einer von ihnen – ein Hellhäutigerer mit einem gelben Kaschmirturban auf dem Kopf, was einen besonderen Luxus bedeutete. »Du wirst in der Hölle schmoren.«

Die Umsitzenden, das war ersichtlich, konnten zwar nicht umhin, dieser Feststellung zuzustimmen, missbilligten jedoch die rücksichtslose Art, in der sie gemacht wurde. Ich war nicht gewillt, beizupflichten, und merkte an, die Nasara seien Leute des Buches. »Vor dem Tage des Gerichtes«, sagte ich, »werden sie versammelt werden durch ihren Propheten, Jesus, und die Juden werden durch Moses versammelt werden, und der Gesandte Gottes, Gott segne und bewahre ihn, wird die Gläubigen versammeln, und alle werden ins Paradies eingehen. Eure Überlieferungen sagen zwar, dass unser Prophet etwas später eingehen wird als der Gesandte Gottes – aber die Ewigkeit ist sehr lang, und ich werde mich auch, wenn ich erst etwas später als ihr dazu komme, daran erfreuen.«

Diese einleuchtende Rechtfertigung war gerade von allen erleichtert entgegengenommen worden, mit Ausnahme des Gelbbeturbanten, der immer noch etwas vor sich hin murmelte, als der Steward auftauchte, entsetzt meinen Gast von dem Bett scheuchte wie ein Ungeziefer und die Versammelten auf das untere Deck trieb in einer Art, die sie zweifellos in ihrer Meinung über unser jenseitiges Schicksal noch bestärkte. Zugleich erschien der Kapitän und sagte mir, dass der Sultan Boten geschickt habe. Kundschafter hätten ihm von unserer Ankunft berichtet, und er habe sogleich ein Kamel bestiegen und sei unterwegs zu uns; aber es sei noch immer keinerlei Spur von ihm oder seiner Vorhut zu erkennen, und wenn wir noch länger warteten, sei vorauszusehen, dass wir zu spät nach Mukalla kommen würden, um noch an diesem Abend an Land gehen zu können. Er habe daher beschlossen, den Unterhändler abzusetzen und ihn hier zu lassen, damit er sein Möglichstes tue, und ihn dann auf dem Rückweg in zwei Tagen wieder abzuholen.

So wurde der Unterhändler also ins Boot hinuntergelassen, zusammen mit dem Ersten Offizier, einem Fässchen Wasser, einem Fässchen Whisky, einer Rolle Bettzeug und ein paar Beuteln Proviant. Die Wahidi-Beduinen stiegen, verwundert über diese Ungeduld, aber schweigend, in ihr Huri, um ihn zu dem Fort zu geleiten. Die »Amin« lichtete die Anker und nahm Kurs auf die Insel Baraqa im Osten, und das Letzte, was wir von der Bucht von Qana sahen, war unsere am Ufer abgesetzte Deputation, das stumme, leblose, fensterlose Fort dahinter und die große Bucht mit ihren halb begrabenen Vulkanen, ihren begrabenen Märkten und ihrer toten Geschichte, für das äußere Auge nichts anderes als einer der vielen öden Küstenstriche Arabiens.

II. Kapitel

Landung

»Wie jenen, die das Kap der guten Hoffnung
Umschifft und an Mosambique vorüber sind,
Von Nordost sabäischer Wohlgeruch
Vom würzereichen Strand des glücklichen
Arabiens wunderbar entgegenweht ...«
(Das verlorene Paradies, Vierter Gesang)

Zu unserer Linken lag nun die wilde Bergküste des Weihrauchlandes, jene »tiefe Bucht, die Sachalites genannt wird« – ein mit den Ortsnamen Shihr und Sawahil verwandtes Wort, eine Form des arabischen Sahl, der Bezeichnung für Küstenland. Der Küstenweihrauch heißt Shehri, und die Stadt Shihr trägt heute noch den Namen, der im ganzen Mittelalter anscheinend für den Küstenstrich westlich von Oman galt, im Unterschied zum weiter nördlich gelegenen Binnen-Hadhramaut.

Dieses ganze Gebiet zwischen Qana und dem »großen Vorgebirge, das nach Osten ragt und Syagrus heißt« (Ras Fartak, 15° 36' N, 52° 12' O), gehörte einst zum Weihrauchland. Auf dem Vorgebirge selbst befanden sich ein Fort, ein Hafen und ein Speicher, und von hier wurde der Weihrauch auf »Flößen, die von aufgeblasenen Häuten getragen werden, und in Booten« vermutlich nach Qana, oder durch das Wadi ʼAdm oder nach Saihut und durch das Wadi Hadhramaut nach Tarim und schließlich nach Shabwa gebracht – der üblichste Weg bis auf den heutigen Tag. Shihr als Stadt wird jedoch von keinem der Alten erwähnt. Es trat erst später an die Stelle Qanas und wird von Marco Polo ebenso wie von Jaqut und anderen als »Escier« angeführt. Mukalla ist nicht an einem natürlichen bequemen Ausgang nach Norden gelegen und scheint erst viel später entstanden zu sein. Die erste Erwähnung findet sich bei Ibn Mudschawir im vierzehnten Jahrhundert. Dann bleibt die Stadt in fast völligem Dunkel bis 1829, als die Engländer dort hinkamen, nachdem sie Aden aufgegeben hatten, beziehungsweise 1834, als Haines auf der Suche nach einer Flottenbasis Mukalla und Sokotra besichtigte.

Aus den wenigen und unbestimmten Hinweisen auf dieses Gebiet geht hervor, wie sehr es während all der Jahrhunderte islamischer Herrschaft sich selbst überlassen war. Die Könige und Sultane von Jemen hatten zeitweise die nominelle Oberhoheit, aber nur einmal bekommen wir einen lebhafteren Einblick in die Verhältnisse, als Sultan Muzaffar im zwölften Jahrhundert von Westen her mit drei Armeen aufbrach, um es zu besetzen. Ursache oder Vorwand zu dem Krieg war, ebenso wie später bei der Besetzung Adens durch England, die Plünderung eines Schiffes, das die Männer von Dhufar abfingen, als es an ihrer ungastlichen Küste entlangfuhr. Sultan Muzaffar, einer der wenigen tatkräftigen Herrscher von Jemen, beschloss, sich das Land zu unterwerfen, und bestimmte Raisut in Dhufar als Treffpunkt für seine drei Armeen. Es ist schade, dass so wenig Einzelheiten über den Marsch angegeben sind, denn die Stationen waren zweifellos die der alten Weihrauchstraße, und ein Bericht darüber hätte vielleicht das Dunkel gelichtet, das immer noch über dem Gebiet zwischen Hadhramaut und Dhufar liegt. Alles, was wir erfahren, ist, dass die Nordarmee von San'a in Jemen bis Raisut fünf Monate brauchte und unterwegs ständig mit den Habudhis, den Einwohnern des Landes, zu kämpfen hatte.

Die zweite Armee zog an der Küste entlang, wobei sie auf große natürliche Hindernisse stieß, aber in Fühlung mit der Flotte blieb, die die dritte Streitmacht darstellte und als Verpflegungstruppe fungierte. Die gleiche Methode wandte übrigens Ibn Sa'ud jüngst bei seinem Marsch von Hedschas in den Jemen an. Jeden Tag wurden Vorräte an Land gebracht und ein Markt am Ufer eröffnet, bis schließlich das Ziel erreicht war und die drei Armeen sich in der Ebene von Dhufar trafen und dort die Oberherrschaft Muzaffars errichteten. Muzaffars General wurde zurückgelassen, um die schwierige und allmähliche Unterwerfung Hadhramauts zu leiten. Er brauchte einen Monat, um von Dhufar aus bis nach Shibam zu gelangen, aber auch hier ist wieder die Route nicht angegeben. Doch solange sich nichts anderes beweisen lässt, neige ich zu der Meinung, dass der normale Weg von Saihut oder Shihr ins Hinterland durch das Wadi Hadhramaut geführt haben muss und dass die Strecke zwischen Saihut und Dhufar zur See zurückgelegt wurde. Tatsache ist, dass der Weihrauch, der in Qana und Syagrus, wo Landrouten mündeten, so streng in Speichern bewacht wurde, dem »Periplus« zufolge »über das ganze sachalitische Land (Dhufar) hin in Haufen, offen und unbewacht« herumlag, »gleich als ob die Gegend unter dem Schutz der Götter stünde; denn er kann weder offen noch heimlich auf Schiffe verladen werden ohne die Erlaubnis des Königs; würde auch nur ein einziges Korn ohne diese verladen, so könnte das Schiff den Hafen nicht verlassen«. Dieses System, das sich leicht genug durchführen lässt in einem Seehafen, wo jedes auslaufende Fahrzeug untersucht werden kann, wäre so gut wie unmöglich auf einer Überlandstrecke, wo in der ersten besten dunklen Nacht mit Leichtigkeit ein paar Kamelladungen weggeschmuggelt werden könnten.

An diesem unserem ersten Tag fuhren wir, nachdem wir das Gebiet von Qana verlassen hatten, immer weiter ostwärts, nach wie vor bei heftigem Seegang, und schauten den ganzen Nachmittag lang auf den vulkanischen Saum der sachalitischen Bucht. Dort sah ich im Geiste die mittelalterliche Armee, barfüßig, dunkelhäutig und mit hellen Turbanen lose zerstreut über diese pfadlosen Felsenhöhen ziehen, die das Meer überragen. Man kann sich kaum eine schroffere Küste vorstellen. Die Berge steigen schwarz und nackt in scharfen Windungen gleichsam wie aus der Finsternis der Erde auf, hart und einsam wie der Tod, doch mit einer weltverlassenen, rauen Schönheit. Die Felshänge drängen einer hinter dem anderen dem Meer zu, dessen leuchtend bewegte Wellen das Chaos der öden Schlünde und Grate in sanfteren und lebendigeren Formen aufzugreifen scheinen.

Der Kapitän wurde unruhig, als der Nachmittag verging und die Aussicht, Mukalla vor Dunkelwerden zu erreichen, immer zweifelhafter wurde. Die Sonne ging unter und entfachte ein rosa Gleißen auf den Westseiten der Wellen und Berge und warf den Schatten der »Amin« vor uns aufs Wasser. Meine Nachbarin, die immer noch in Schleier gehüllt in ihrer Kabine hockte, verlangte nach Gesellschaft und trommelte zum wiederholten Male gegen die Wand. Ich setzte mich zu ihr, solange ich die Luft ertragen konnte, und bewunderte die Goldperlen, die sie um den Hals trug. Sie waren in Do'an hergestellt, und in der Mitte befand sich ein gestreifter Stein, den die Beduinen, wie sie sagte, »aus der Wüste« bringen; er heißt Swwama, und jede Frau in diesen Tälern hat den Wunsch, einen solchen zu tragen. Bis zu 100 Rupien bezahlen sie dafür, da er als Talisman gilt.

Wie ein sich öffnender Pfauenschweif füllte die Nacht den Himmel. Das fächerförmige, grüne Nachleuchten des Sonnenuntergangs im Westen, durchsichtig wie Wasser, verzog sich vor dem kalten Blau der oberen Himmelskuppel; der Küstensaum war nur noch eine Silhouette ebenso wie der indische Steuermann an seinem Rad. Diese kleinen, dunklen, rundköpfigen Leute aus Surat sind auf den meisten Küstendampfern anzutreffen; sie kümmern sich um niemanden und gehen stillvergnügt in ihren blauen selbstgefertigten Tuniken umher, die mit Blumen und Flaggen bestickt, mit einem traditionellen weißen Wellenmuster gesäumt und mit einer roten Schärpe gegürtet sind. Ich kaufte mir eine davon für eine Rupie und lag dann in erschöpfter Ungeduld an Deck, bis endlich gegen acht Uhr abends ein paar trübe Lichter in dem schwarzen Küstenwall anzeigten, dass wir Mukalla erreicht hatten.

Fast heimlich stahlen wir uns heran und ankerten in einer ungemütlichen Dünung, denn es gibt hier keinen Hafen für Fahrzeuge, die größer sind als eine Dhau. Die Stadt schien in der Dunkelheit wie eine Muschel am Felsen zu kleben. Über ihr erhoben sich zwei ungleiche Bergschultern im Mondlicht, mit einem Vorsprung darunter, von dem ich nicht erkennen konnte, ob er bewachsen oder nur Finsternis war. Vier kleine, jetzt verlassene viereckige Türme bewachten ihn. Darunter, in tiefem Schatten, glommen hier und da Lichter; nicht die offenen, gastlichen Lichter unserer Städte, sondern verstohlene Dinger, halb verborgen durch Fensterläden und hohe Mauern, wie man sehen konnte; ihre Verschiedenheit verlieh der Stadt etwas Geheimnisvolles: ein helles Flackern hier, ein kleines dort, keine Straßenlaternen in Reihen, sondern nur um das Minarett ein gedämpfter Schein, der ihr schlankes Mauerwerk von unten her beleuchtete. Eine Trommel schlug; dann und wann bewegte sich eine Lampe, die vielleicht irgendein Sklave seinem Herrn durch holprige Gassen vorantrug. Um die Stadtmauern herum ungestörte Nacht: ein kahles, im Mondlicht bleiches Tal zur Linken; ein gleißender Sandstrand. Wir schaukelten vor Anker, und die Wellen plätscherten gegen die Bordwand. Mehr als die fremdartige Hafenstadt vor uns mit ihrem geheimen, unbewussten Leben beeindruckte uns das Gefühl von der Öde rings um sie her, dieser grenzenlosen, entlegenen Einsamkeit in der Stille der Nacht.

Die Empfindungen des Kapitäns waren anderer Art.

»Es sind Wilde«, sagte er immer wieder und wieder, während er dastand und darauf wartete, an Land gebracht zu werden. Er musste Dhaus auftreiben, um A. B.s schiffbrüchige Ladung zu bergen, falls der Sultan von Bir Ali sich dazu bewegen ließ, sie freizugeben; und es war vorauszusehen, dass die Eigentümer der Dhaus, wissend, dass sie in diesem Fall unentbehrlich waren, so zäh wie möglich feilschen würden. Die Augen des Kapitäns waren runder und blauer denn je im Vorgefühl dessen, was ihm bevorstand. »Sie schwätzen einem die Ohren voll mit ihrem Arabisch«, grollte er. Ungerechterweise, dachte ich bei mir, da man ja schließlich nichts anderes erwarten kann, als dass auf einer arabischen Dhau arabisch gesprochen wird. Der Gedanke, mich ganz allein an dieser so völlig unbritischen Küste abzusetzen, war ihm fast unerträglich; aber er versprach, sein Möglichstes zu tun, um mich noch heute Abend gegen alle nach Sonnenuntergang geltenden Vorschriften an Land zu bringen, und rauschte in seinem Boot von unserem mondbeschienenen Schiff davon in den Schatten der Stadt.

Er blieb stundenlang fort. Die Lichter Mukallas erloschen eines nach dem anderen. Es war schon späte Nacht, und der Mond schien immer heller; geisterhaft tauchte die Stadt in seinem Licht auf – hohe, gerade, aneinandergedrängte Mauern ragten wie weiße Bollwerke aus dem Wasser empor. Durch die zauberische Stille klang ein klapperndes Geräusch von Holz aus dem Schatten des Hafens herüber; eine Dhau entfaltete ihr Segel. Kaum sichtbar auf dem glänzenden Wasser, bauschte sich das wundervolle bleiche Dreieck zwischen uns und der Stadt und glitt lautlos hinaus in die Dunkelheit des Meeres.

Dann kam die Polizei in einem Huri, das wie ein schwarzer Hai durch das Mondlicht zischte, und stellte sich vor – ein Passbeamter in Khaki und vier Schwarze in blauen Uniformen mit weinroten Kragen, einen Fez auf dem Kopf und ein Gewehr über der Schulter. Sie fragten, ob ich an Land wolle. Ich bejahte und rief sichtliche Bestürzung hervor. Sie würden mir ein Boot beschaffen. Das Polizeihuri, erwiderte ich, sei gut genug. Aber das kam nicht infrage. Ein vornehmeres Boot, behaupteten sie, müsse her. Es war eine höfliche Ausrede, aber es blieb nichts anderes übrig, als zuzustimmen; die Polizei verschwand, und die Mukalla-Bucht lag wieder im Mondscheinfrieden, bis in einem Trubel von Lichtern und Stimmen der erschöpfte Kapitän zurückkehrte.

»Arabisch schwätzende Wilde«, war immer noch der Refrain seiner Klagen. Die Dhau-Besitzer forderten ungeheuerliche Summen; der »Emir der See«, mit anderen Worten der Hafenmeister, wolle mich so spät nicht an Land gehen lassen; der Gouverneur sei nicht zu erreichen in seinem Palast, kurzum: wir würden unverzüglich weiter an der Küste entlang nach Shihr fahren und Mukalla mitsamt seinen Problemen bis zu unserer morgigen Rückkehr sich selbst überlassen.

Der Indische Ozean war mir so aufs Gemüt geschlagen, dass ich mich in dieser Nacht nicht auskleidete. Als ich am nächsten Morgen leidlich festen Schrittes hinaustrat, sah ich gerade, wie die »Amin« eine Ladung Reis löschte. Die Küste hatte sich in eine sandige Ebene verwandelt, in der Ferne waren dunstige Berge zu sehen, und hinter der Brandung und einem Strand mit vielen Booten lag Shihr, eine weithingestreckte Stadt, sandfarben und weiß, mit vier Minaretten und fünf Kuppeln und dem wuchtigen Viereck des Sultanspalasts in der Mitte. Etwas weiter östlich liegt der Dschebel Dabdab. Man hatte mir gesagt, auf ihm befinde sich eine alte Portugiesenstadt (?) mit Türmen und einer unterirdischen

Höhle, in der, wie das von den meisten Höhlen des Ostens behauptet wird, angeblich noch irgendwelche Abenteurer ihrem Ende entgegenschmachteten.

Wir gingen nicht an Land, und die Boote fuhren hin und her. Sie werden nicht von Nägeln, sondern von Kokosfasern zusammengehalten, in der Art, wie sie schon bei Ibn Batuta und Marco Polo erwähnt wird, der berichtet, dass sie kein Deck haben, sondern nur mit Häuten belegt sind, auf denen Pferde nach Indien transportiert werden. Solcherart sind auch heute noch die Boote von Shihr, breit, an Bug und Heck zugespitzt, der Bug stark verjüngt, mit grünen, schwarzen und weißen Ornamenten und Fischmustern bemalt sowie mit etwas, das aussieht wie eine Maske mit gekreuzten Knochen darunter. Sie werden gerudert von afrikanischen Sklaven, deren muskulöse Körper und flache Gesichter nicht so schön anzusehen waren wie die schlanken Gestalten der Wahidis von Bir Ali.

Wir brauchten vier Stunden für den Rückweg von Shihr nach Mukalla und kamen am frühen Nachmittag wieder an unserem alten Ankerplatz an. Die jetzt im Licht blendenden Häuser lagen vor einer roten Felswand und über ihnen erhoben sich vier weiße Forts. Das Weiß von Mukalla ist von besonders angenehmer Art, ein Taubenweiß, kühl gegen den heißen Hintergrund; es wirkt wie ein schöner Stuck, prächtig anzusehen vom Meer aus, aber aus der Nähe ein wenig bröckelig.

Unsere Ankunft hatte die Stadt in Aufregung versetzt, und nicht lange, so löste sich aus dem Menschengewimmel das Hafenboot, mit dem Agenten A. B.s und dem Abgesandten des Gouverneurs im Heck, beide mit Fez und unter einem schwarzen Regenschirm. Der Fez des Agenten war rot; ein weites Gewand aus blauem Serge bauschte sich um seine Gestalt; die hängenden Wangen gingen am Hals in wulstige Falten über; er hatte Goldzähne und einen Rohrstock mit Silberknopf, den er wie einen Zauberstab in der Hand hielt. Er war Inder und wohnte mit einer Schar von Sklaven in der Nähe des Hafens. 'Ali Hakim, den Abgesandten des Gouverneurs, lernte ich während meines Aufenthalts näher kennen und freundete mich mit ihm an; er war früher Chemiker in Aden gewesen, hatte sich dann aber als eine Art Adjutant in Mukalla niedergelassen und watschelte im Dienste des Gouverneurs umher, seinen beleibten, in einen braunen Überrock über gestreiftem Baumwollgewand geknöpften Bauch mühselig vor sich hertragend, was ungefähr so aussah, als wenn man den Elefantengott zum Gehen gebracht hätte. Seine Augen hatten eine Krankheit durchgemacht, von der sie fast weiß geworden waren; er hatte eine tiefe, belegte Stimme, mit der er sehr schnell arabisch redete; und er war der gütigste, ehrlichste und fürsorglichste Betreuer, den man sich wünschen konnte. Er entschuldigte sich als Erstes fünfmal hintereinander ohne Pause wegen der Verzögerung vom Vorabend. Dann wurde mir der Arzt vorgestellt, ein junger Inder im Tropenhelm, der eine Universität besucht hatte; dann der Polizeiinspektor in feschem Khaki, der als Rekrut in Aden militärische Adrettheit gelernt hatte: Er kümmerte sich um meine zwölf Gepäckstücke, während er gleichzeitig mit dem »Emir der See«, dem Hafenmeister, verhandelte, der, in grünem Gewand mit gelbem Turban, ein Vorrecht irgendwelcher Art geltend machte. Der Disput fand auf dem Fallreep statt, inmitten brauner Arme und Beine, durch deren schlangenartiges Gewirr meine Sachen schnell und geschickt hinabgelotst wurden. Das Wasser unter uns sah aus wie grüne Tünche; kleine hölzerne Huris mit runden Rudern flitzten hin und her. Dann saß ich m einem flachen Boot zwischen meinen neuen Beschützern, sorglich beschattet von dem schwarzen Regenschirm, mit einem köstlichen Gefühl glücklicher Geborgenheit inmitten all des Trubels, während der Kapitän, über die Reling gelehnt, mit bekümmertem Gesicht und voller Mitleid zu mir sagte: »Gott behüte Sie«, mit einer Stimme, aus der allerlei düstere Vorahnungen klangen, die niemanden so überrascht hätten wie die freundliche und gastliche Schar von »Wilden«, deren braune Gestalten mich, über ihre Ruder gebeugt und mit viel Geschrei, zur Schwelle Arabiens hinsteuerten.

III. Kapitel

Das Beduinenlager vor Mukalla

»Schön, abends von den Brunnen auszureiten,
Wenn Schatten fallen riesig übern Sand
Und sanft die Glocken durch die Stille läuten
Entlang dem Goldnen Weg nach Samarkand.«

(Hassan, Flecker*)*

Der Palast des Sultans von Mukalla liegt am Westende der Stadt, nahe dem befestigten Tor, durch das aller Verkehr, sei es von Shihr oder von Norden her, hindurchmuss. Der Palast selbst steht am Meeresufer, weiß und neu, mit farbigem Glas, wie ein Strandpavillon in Brighton, und nimmt sich am besten bei Mondschein aus. Der Gouverneurspalast, die Kasernen und verschiedene andere Gebäude liegen alle dahinter auf einem ummauerten Gelände, auf dem ein paar Palmen wachsen – das einzige Grün in Mukalla; hier steht auch, an die Stadtmauer gelehnt, das Gästehaus. Ein paar Jafa'i-Soldaten, die rauchend in dem Wachhaus am Eingang herumlungern, hüten den ganzen Bereich.

Hier habe ich fünf Tage verbracht und von den Fenstern meines auf die Stadtmauer gebauten Zimmers auf das Karawanenlager außerhalb des Tores geschaut. Nach Westen hin zieht sich die Küste bis zu einer Bergkette, bei der Ras Burum ins Meer hinausragt. Das Abendrot glänzt auf den Brandungswellen der Bucht, die in zwei langen Kurven herangleiten. Die Monsunwinde haben einen etwas erhöhten weißen Sandstrand gegen die Bergwand gehäuft. Seine Dünen sind im Abendlicht blaugrau und bleich wie die Wolken und wie der Rauch, der aus den Hütten steigt, und wie die ferneren Höhen, von denen die Strahlen des Sonnenuntergangs sich auffächern wie die Streifen einer Muschel. Das Wasser hat dieselbe Taubenfarbe, nur leuchtend. Alles andere ist braun und graubraun: der Bergrücken, die Rohrhütten davor mit Moschee und Minarett, drei mannshohe Haufen kleiner gedörrter Fische, 'Aid oder Wuzif genannt, die körbeweise als Kamelfutter verkauft werden, und der weite Ebbestrand im Vordergrund, dessen gedeckte Farben gipfeln in dem lebendigen Braun und Beige der in Kreisen lagernden Kamele.

Auf dem Sand rasten etwa sechs dieser Karawanen, von denen jede aus zwanzig oder mehr Kamelen und Menschen besteht. Ihre Lasten (anscheinend hauptsächlich Buschholz) liegen zwischen ihnen, und hier und dort hocken Menschen bei den Tieren; Esel mit hängenden Köpfen bilden den äußeren Kreis; in seinem Inneren, zwischen den großen und kleinen Tieren, spielt sich das Familienleben ab. Der ganze Strand ist so voller Menschen wie Highgate Heath an einem sonnigen Morgen; und immer wenn man über das Meer schaut, zeichnet sich irgendeine ebenholzdunkle Gestalt gegen das glänzende Wasser ab, mit einem herrlich ungezwungenen Gang, das krause Haar von einem Band um die Stirn gehalten, und das spärliche baumwollene Lendentuch mit demselben Indigo getränkt, mit dem der Körper selbst gefärbt ist, sodass kein Farbunterschied die Anmut der Bewegung stört.

Viele Stunden saß ich an meinem Fenster auf der Mauer und betrachtete dieses Lebensbild unter mir; so oft und so lange schaute ich dem Treiben zu, dass die kleinen Beduinenmädchen, die ihre Ziegenfellschläuche am Brunnen füllten, winkten und lächelten und ihre Gesichter verbargen, wenn sie sich abwandten mit den Lasten auf ihrem Rücken, ihre gelben oder schwarzen Gewänder vorn bis zu den Knien gerafft und hinten auf dem Boden schleifend. Durch das Tor sah man einen ununterbrochenen Strom von Menschen kommen und gehen, zumal gegen Abend, wenn die Stammesleute ihr Abendessen aus der Stadt brachten. Wie sie so einer nach dem anderen mit ihren Vorräten in den Händen durch das Tor kamen, erinnerten sie an die Grabprozessionen aus Ägypten, an die Träger der Nahrung für die Toten: drei Fische an einer Schnur oder eine Scheibe rotes Haifischfleisch mit schwarzer Flosse oder ein hölzernes Joch mit zwei baumelnden Körben auf den Schultern. Selbst ein kleines Päckchen fällt auf, wenn man nichts anhat als ein Lendentuch, ein Silberarmband und einen Wollfetzen als Glücksbringer um ein oder beide Knie.

Es waren jedoch auch reichlichere Bekleidungen zu sehen; denn wenn die jungen Männer der Stadt ihre volle Tracht anlegten, legten sie sich einen Kaschmirschal stolz so über die eine Schulter, dass beide Enden hinten herabhingen. Und wenn sie kamen, um hinter dem Teich, wo die Kamele getränkt wurden, Fußball zu spielen oder Hand in Hand in der Abendkühle auf dem Talweg hin und her zu spazieren, trugen sie ihre Futahs (Lendentücher) so lang wie einen schottischen Kilt, und manchmal sogar ein buntes Hemd mit einem farblich abgesetzten Saum und darüber einen Rock europäischen Schnitts, in anderen, ebenso fröhlichen Farben – oder ein Trikot, wie wir es als Unterwäsche tragen. Dann und wann kam ein Lastwagen von Shihr her angerattert, oder ein Esel trottete unter seiner Last Buschholz einher und hinterdrein ein alter nackter Mann, über und über indigoblau, einschließlich seines Patriarchenbarts. Frauen trugen ihre Bündel auf den Köpfen und wandelten, wie Delila,

»In vollem Staat, das Takelwerk getrimmt,
Segel geschwellt und Wimpel wehend«,

in wogenden Gewändern, aber mit einer Freiheit der Bewegung, die noch unter dem Faltenwurf spürbar war. Denn niemand in dieser geschäftig sich regenden Welt trug Schuhe oder Korsetts, und daher diese Ungezwungenheit, diese schwalbengleiche Leichtigkeit und lebendige hellenische Anmut.

An einen Mann besonders erinnere ich mich. Nachdem er neben seinen Kamelen im Sande gekauert und sich Arme, Beine, Kopf und Mund gewaschen hatte, erhob er sich, um zu beten. Man konnte in dem späten Licht nicht sehen, ob er irgendetwas anhatte (obwohl er dann mitten im Gebet sein Futah lockerte und aufsteckte). In anmutig sicherer Haltung stand er da, Haar und Bart und die unverdorbenen Glieder zeichneten sich in schlanker Silhouette gegen Strand und Meer ab – ein Adam in der unbeschreiblichen Würde reiner Männlichkeit. Dann beugte er sich nieder, um den Boden mit der Stirn zu berühren, und schnellte mit einem so federnden Schwung seines Körpers wieder hoch, als wäre er aus Stahl.

Mittlerweile brach die Dunkelheit herein; das letzte Abendrot und das erste Lagerfeuer glühten in der gleichen Farbe; immer weniger Menschen schlenderten im Tal und am Strand umher; die Sippen versammelten sich in ihren Kamelkreisen für die Nacht. Ich hatte so lange und so still an meinem Fenster gesessen, dass 'Awiz mich zuerst nicht sah, als er mit der Lampe hereinkam, und ganz bestürzt war, weil der Emir vorgesprochen und man ihm gesagt hatte, ich sei ausgegangen.

'Awiz war mir als Diener zugeteilt worden. Er hatte ein Gesicht wie aus Ebenholz, mit einem grimmigen Ausdruck – was hauptsächlich daher kam, dass er Blatternarben hatte. Ein Bartbüschel unterm Kinn und die zwei langen Augenschlitze gaben dem Gesicht die Form eines Dreiecks, das sich verbreiterte und plötzlich verschönte, wenn er lächelte; doch das tat er selten, meistens nur, wenn ich ihn nach den Tälern im Hinterland fragte, aus denen er kam. Er war schon seit zwanzig Jahren Diener am königlichen Hof und hatte seine Heimat nur einmal wieder besucht, als der Sultan letzten Herbst in das Wadi Hadhramaut geritten war.

Europäische Frauen, die im Orient leben und sich oft über ihre arabischen Diener beklagen, wären überrascht, wenn sie erführen, mit welcher lebenslangen Treue diese Menschen ihren einheimischen Herren dienen. Sie treten in einen Haushalt ein, werden Teil davon und hegen von da an keinen Gedanken mehr an ein Privatleben; und wenn sich herausstellt, dass sie als Diener nicht viel taugen, so wird das als Wille der Vorsehung hingenommen und ertragen, wie man die Unzulänglichkeiten eines Sohnes oder einer Tochter erträgt, die ungekünstelte Freundlichkeit der Beziehung wird dadurch nicht getrübt. Nie habe ich einen Araber barsch mit seinem Diener reden hören, selbst wenn seine Geduld hart auf die Probe gestellt wurde. Die Königin des Irak hatte, als ich dort war, einen besonders schlechten Koch, so schlecht, dass König Faisal sich erbot, ihr stattdessen seinen eigenen, ausgezeichneten Koch zur Verfügung zu stellen; aber die Königin, eine gütige und liebenswürdige Frau, mochte die Frau des Kochs und ging dann und wann mit ihr ins Kino. Sie lehnte den Austausch ab. In Hadhramaut wird jedem Kind jeder wohlhabenden Familie ein kleiner Sklave oder Diener zugeteilt, und sie wachsen in freundschaftlicher Eintracht miteinander auf.

Außer 'Awiz hatte ich noch eine Art Majordomus, einen bärtigen Patriarchen aus Huraidha. Er kam jeden Morgen, sah aus seinen stolzen alten Augen unter dem rot-weißen Turban freundlich auf mich herab, rückte seinen scharlachroten Schal mit königlicher Gebärde auf der Schulter zurecht und fragte, was ich zum Mittagessen wünsche.

Ich wurde aufs Sorglichste betreut im Gästehaus des Sultans. Wasser, in Röhren aus dem westlichen Wadi hergeleitet, floss in ein europäisches Badezimmer. Ich hatte ein Bett mit einem Moskitonetz und einen Toilettentisch mit einem Spiegel. Im Esszimmer standen ein langer Tisch, sechs gefirnisste Stühle und zwei »gute«, mit rosa Plüschrosen gepolsterte an den beiden Enden. Von diesem Raum ging es in das Empfangszimmer: Hier herrschte ein wahres Dickicht von rot und gelb gestreiften Polsterstühlen, mit gepolsterten Halbmonden in den gleichen lebhaften Farben, die sich einem ins Kreuz schmiegten, wenn man sich hinsetzte. Perlmuttaschenbecher, eine bronzene Reiterfigur, Gruppenaufnahmen von Hoffestlichkeiten – auf der einen im Vordergrund der deutsche Exkronprinz – zierten die Wände oder prangten hier und da auf kleinen Tischen. Über das Ganze hatte der unbekümmerte Orient seinen lässigen Schleier gebreitet; Staub und Zigarettenstummel, von früheren Gästen zurückgelassen, lagen allenthalben; Fledermäuse huschten ein und aus; Mäuse zernagten die Kleider in der Kommode. Der Orient ist groß, ein bisschen Schlamperei versinkt in seinem geräumigen Busen und stört niemanden außer den kritteligen Europäer.

Wenn der Abend kam und die leisen hohen Schreie der Falken, die das Tageslicht erfüllen, verstummten, erschien 'Awiz mit drei Petroleumlampen, die er an verschiedenen Stellen auf den Fußboden setzte. Dann brachte er mir mein Abendbrot und verschwand wieder in seine Behausung. Der Palastbereich mit seinen dunklen Mauern, seinen mit Gemüsen und einigen wenigen Bäumen bepflanzten Vierecken feuchter Erde weitete und verklärte sich im schweigenden Mondlicht. Das Stadttor war jetzt geschlossen; ein kleines Glimmen zeigte an, wo die Posten im Wachhaus sich bei einer Hukah, einer Wasserpfeife, die Langeweile vertrieben; allstündlich – mehr oder weniger genau – schlugen sie einen zwischen zwei Pfählen aufgehängten Gong an und verkündeten so die Zeit. Wenn ich mich müde fühlte, zog ich mich von meiner Veranda zurück, sammelte die nicht benötigten Lampen ein, löschte sie und begab mich in mein Zimmer. Die Türen schlossen alle schwer, und so machte ich mir nicht die Mühe, sie zuzusperren; man hatte mir einen Wächter angeboten, der auf meiner Schwelle schlafen sollte, aber ich hatte das abgelehnt; es war so offensichtlich überflüssig. In dieser Geborgenheit und Stille schloss ich die Augen und dachte an die arabischen Küsten, die sich draußen nach beiden Seiten hin erstreckten – dreihundert Meilen bis Aden; wie viele Hundert bis Maskat in der anderen Richtung? Der Indische Ozean vor mir, die Inlandwüsten hinter mir: Innerhalb dieser gigantischen Koordinaten war ich in diesem Augenblick das einzige europäische Wesen. Ein unbestimmtes kleines Gefühl regte sich und bahnte sich den Weg durch meine schläfrigen Sinne; ich wunderte mich eine Sekunde, was es wohl sein könnte, bevor ich es erkannte. Es war ein Glücksgefühl, rein und unkörperlich, unabhängig von Wähnen und Wollen – die ätherische Essenz des Glücks, ein Wohlgefühl, so köstlich und unpersönlich, dass man es kaum noch für irdisch hält, wenn es einen überkommt.

IV. Kapitel

Leben in der Stadt

»Die Kaufleute aus Saba und Ragma haben mit dir gehandelt und allerlei köstliche Spezerei und Edelsteine und Gold auf deine Märkte gebracht.«

(Hesekiel 27, 22)

Der indische Agent, an den ich empfohlen war, tat nicht viel für mich. Ich traf ihn ein paar Tage nach meiner Ankunft in der Nähe seines Büros beim Zollhaus, und er entschuldigte sich, dass er mir noch keinen Besuch abgestattet hatte.

»Eines meiner Babys ist gestorben«, sagte er.

Das hörte ich mit Bedauern, aber er schob die Sache mit seinem silberbeknopften Spazierstock beiseite.

»Das macht nichts«, sagte er. »Es war noch klein, und ich habe noch viele andere. Die Frauen machen immer eine Menge Aufhebens darum.«

Beileidsbezeugungen schienen nicht am Platze. Ich verabschiedete mich von ihm und setzte meine Erkundungsfahrt durch die Stadt fort, mit einem afghanischen Chauffeur, den der Gouverneur mir freundlicherweise mitsamt seinem Wagen zur Verfügung gestellt hatte. Er fuhr mich langsam durch die Hauptstraße. Hier und da hielt er an, um mich durch die dunklen Türen von Läden schauen zu lassen, deren Waren draußen an der Mauer ausgestellt waren. Es gibt nicht viel zu kaufen in Mukalla, hauptsächlich Nahrungsmittel, die in offenen Körben feilgeboten werden und vor lauter Fliegen nicht zu sehen sind. Das einheimische Handwerk beschränkt sich auf die Herstellung von Krummdolchen und großen, bunt gefärbten Körben. Die Industrie der Stadt besteht aus dem Dörren von Fischen, Seeschnecken *(Holothuria edulis)* und Haifischflossen für China, aus dem Färben mit Indigo und dem Pressen von Sesamöl. Der Indische Ozean ist eine gute Handelsstraße, und die meisten Dinge kommen zu Wasser; der wenige Handel wird um den Hafen herum getrieben, wo die Dhaus mit ihren Masten und hohen Hecks vor dem felsigen Hintergrund emporragen und schwarze Sklaven mit riesigen nackten Gliedmaßen schlafend auf den Ballen des Zollhauses herumliegen und auf Lasten warten.

Die ganze Stadt ist eine einzige geschäftig wimmelnde Straße, die parallel zum Meeresufer verläuft: Ihr westliches Ende soll einmal ein Boulevard werden, aber vorläufig ist es nur eine Art Hindernisrennbahn aus Löchern und Steinblöcken entlang der Küste. Im rechten Winkel von dieser Hauptstraße steigen die Seitengassen hinan und enden unmittelbar unterhalb der Felswand. Die Häuser kleben eines über dem anderen, weiß und grau, mit geschnitzten Türen und Fenstern, bei näherem Hinsehen sind sie jedoch oft baufällig. Die Ölpressen befinden sich in etwa zwölf offenen Schuppen, die errichtet worden sind, um Schatten zu bieten. Hier gehen die Kamele mit verdeckten Augen – ein kleines Körbchen über jedem Auge – täglich zehn Stunden lang im Kreise herum und drehen eine mit Steinen beschwerte Göpelstange. Diese wiederum ist an dem oberen Mühlstein befestigt, der den Samen mahlt. Der Samen befindet sich in einer Art Trichter, der etwa 36 Pfund fasst und täglich fünfmal gefüllt wird. Das Kamel verrichtet sein einförmig kreisendes Tagewerk mit dem ihm eigenen langsamen, würdevollen Schritt, den Kopf gleichgültig und hochmütig erhoben, als vollzöge es ein Ritual, von dem das gemeine Volk nichts versteht; und vielleicht tröstet es sich, wie so viele Formalisten, über sein ödes Dasein mit dem Gefühl der eigenen Tugendhaftigkeit hinweg.

Der frühere Sultanspalast liegt in der Nähe des Hafens und dient jetzt als öffentliches Gebäude, wo der Gouverneur seinen Diwan hält, wo die Kadis Recht sprechen und das Schatzamt und andere Verwaltungsstellen einquartiert sind. Seine Einkünfte bezieht Mukalla aus Zöllen und Grundsteuern aus dem Hinterland; die Stadt selbst hat kein besteuerbares Land. Als Gesetz gilt die islamische Shari'a, und der Sultan ist die höchste Berufungsinstanz.

Im Osten, wo die Stadt sich zu einem kleinen Vorgebirge hinter dem Friedhof hin öffnet, liegt das Gefängnis. Ich besuchte es. Es war ein gewöhnliches, weiß getünchtes Haus, mit einer geschnitzten, sonnengebleichten Tür; auf das Klopfen meines afghanischen Chauffeurs öffnete ein zahnloser alter Wächter. Sein hageres Gesicht war von einem riesigen grünen Turban beschattet, und in seinem Gürtelschal steckte ein Schlüssel. Mit Vergnügen zeigte er uns sein Gefängnis, auch wenn er nicht mehr genau wusste, wie viele Gefangene darin waren. Niemand ginge zu ihnen, erklärte er mir; das Essen werde ihnen durch ein Loch unter der Tür hineingeschoben, und vom Dach aus könne man sie sehen. Wir stiegen hinauf und schauten über eine niedrige Brüstung in eine Art Höhle, von Pfeilern gestützt und dunkel, wo zehn oder zwölf Männer und ebenso viele Kinder zwischen Abfallhaufen hockten. Sie sprangen auf, als sie uns im Viereck des blauen Himmels gewahrten.

»Friede sei mit euch«, sagten wir.

Sie antworteten im Chor, und als sie die Kamera in meiner Hand sahen, begannen sie heftig über das Für und Wider einer Aufnahme zu diskutieren. Ihre schwarzen Gestalten hoben sich kaum von dem dunklen Hintergrund ab, und die Kinder tanzten umher wie Kobolde der Finsternis und schrien: »Mach, mach ein Bild!« Einige streckten ihre Arme aus und taten, als ob sie Gewehre auf uns richteten. »Schieß!«, riefen sie, und ich wartete nicht länger mit meiner Aufnahme. Alle Kinder und die meisten Männer waren Geiseln für Stämme, die sich etwas hatten zuschulden kommen lassen; alle paar Monate werden sie ausgewechselt. Wer krank wird (und man kann sich denken, dass das unter solchen Verhältnissen ständig vorkommt), wird ins Hospital geschafft, und einmal wöchentlich wird die ganze Schar vor dem Freitagsgebet zu einem Bad im Meer ausgeführt. Mukalla gehört nicht zu den Staaten, die Delegierte zu internationalen Strafvollzugskonferenzen schicken, und das ist vielleicht ganz gut so, denn ich bin überzeugt, dass diese Beduinen ihr unhygienisches Gemeinschaftselend der komfortablen Einzelhaft in einer Musterzelle vorziehen.

Was das Geiselsystem betrifft, so ist es nicht leicht, ein anderes stattdessen vorzuschlagen in einem Land, wo die Verordnungen der Regierung sich erst ihren Weg durch die Wildnis bahnen müssen. Vor vierzig Jahren, als Hirsch in Hadhramaut reiste, erhoben die Beduinen noch selbst am Tor von Mukalla den Zoll, was ihnen etwa 550 Dollar im Jahr einbrachte; dass jetzt Ordnung und friedlicher Handel herrschen, bedeutet eine große Leistung. Dennoch ging mir das Bild von Finsternis und Schmutz noch den ganzen Tag nach, und ich schickte am nächsten Morgen eine Gabe ins Gefängnis und ließ sie unter den Gefangenen verteilen – eine Tat, die von meinen Freunden in Mukalla mit Beifall begrüßt wurde, denn sie glauben, dass die Leiden der Armen ein notwendiges Zubehör der Welt sind, eine Art moralische Trainingsgelegenheit, wo die Reichen sich in Tugend üben können, wenn sie Lust dazu verspüren.

Gegen Ende meines Aufenthaltes in der Stadt hatte sich die gemischte Bevölkerung auf der Hauptstraße, Beduinen, Araber und Schwarze, einigermaßen an meinen Anblick gewöhnt, aber auch dann noch war ihre Aufregung groß genug, dass sich jedes Mal eine Menschenmenge sammelte, sobald ich den Schutz meines Wagens verließ. Sie waren freundlich, aber ich bin nur fünf Fuß zwei Zoll groß und musste mir immer erst einen Weg bahnen, wenn ich etwas anderes sehen wollte als einen Aufruhr heißer Gesichter um mich her. Nur ein einziges Mal wollte ich zu Fuß in die Stadt, doch das gab ich bald wieder auf und wandte mich auf der Suche nach Einsamkeit der Felswand zu; etwa fünfzig Kinder folgten mir, wobei sie immerzu »Nasrani« riefen, in eintöniger, aber nicht beleidigender Art, bis ihnen die Steigung den Atem benahm. Die Wandung war sehr steil; als wir den Vorsprung erreichten, auf dem die vier Forts stehen, waren die Schwächeren bereits zurückgeblieben, die Übrigen waren mittlerweile ganz zutraulich geworden und gaben sich wie Freunde bei einem gemeinsamen Abenteuer.

Wir kamen zu einem der kleinen wachturmartigen Forts, neben dem eine nutzlose kleine Kanone stand. Es hatte eine geschnitzte Tür, und seine schrägen, pyramidenartigen Wände waren an jeder Ecke mit einer verzierten Brustwehr versehen. Diese Wachtürme heißen Kuts. Sie stehen alle in einer Reihe auf dem terrassenförmigen Vorsprung, der bis vor ganz Kurzem bewohnt gewesen sein muss, denn er weist noch deutliche Spuren viereckiger Felder auf und auf dem Berggipfel darüber finden sich verwahrloste, noch nicht sehr alte Gräber. Es brauchte allerlei Diplomatie und Zureden, um den Somalisklaven, der mich begleitete, bis auf diesen Gipfel zu bringen, und von den elf Buben, die an uns hingen, war noch keiner je in seinem Leben so weit hinaufgekommen; dabei dauerte der ganze Aufstieg nur anderthalb Stunden. Doch Bergsteigen gilt nicht als Vergnügen an der arabischen Südküste – es gibt allzu viele leere Gipfel ringsumher.

Von der Höhe aus hatten wir eine weite, aber öde Aussicht über das rostfarbig gewellte Hinterland, auf ein paar kleine, nördlich der Stadt inmitten von Palmen gelegene Dörfer, wohin sich die Bewohner von Mukalla im Sommer zurückziehen, um Kühlung zu suchen, sowie auf die Täler, die zwischen langgestreckten Höhenzügen nach Do'an führen. Im Osten lag das wallartige Gebirge von Shihr mit den Wadis Buwash und Rukub; im Westen lag Fuwa, wo die Royal Air Force (R.A.F.) einen Landungsplatz hat, und unter uns das Meer, in dem Delphine spielten. Unser Gipfel war breit und abgerundet; die rosa geäderte Oberfläche seines Gesteins sah aus wie von einem Riesenhobel geglättet, so scharf waren die Ränder der wabenartigen Löcher; ich bin kein Geologe, aber ich denke, dass diese merkwürdige Fläche das Werk starker, sandführender Winde ist, die das Gestein wie mit Schmirgel wetzen und abschleifen. Jedenfalls ist es von höchst unnachgiebiger Härte; meine barfüßige Begleitschaft wurde allmählich müde, während wir durch eine kahle kleine Schlucht am Nordhang hinabstiegen, aus der wir schließlich auf die Binnenstraße gelangten, und zwar an der Stelle, wo zwei Forts den Zugang zur See bewachen. Die Türme nehmen sich gut aus in dem zerfurchten Gebirgsdurchgang mit ihren Mauern, die von der gleichen Farbe sind wie das Gestein.

Über ihnen befindet sich die Anlage für die Wasserversorgung der Stadt und der Garten des Sultans, eine grüne Einfriedigung, in deren Mitte ein erhöhter Wasserbehälter und ein zerfallener Sommerpalast stehen. An meinem ersten Tag in Mukalla war ich hierhergefahren und unter den Bäumen zwischen Gemüsebeeten spazieren gegangen – zwischen Eierfrüchten, Paprika, Bidanbäumen mit großen Blättern und nussartigen Früchten, deren rotes Fleisch gegessen wird, Granatäpfeln, Bananen, Weinreben und anderen, mir fremden Gewächsen. Blumen jedoch gab es keine. Zwei kleine dunkle Gärtner waren mir überallhin gefolgt. Wie Geister verrichteten sie hier ihr Handwerk auf eine prähistorische

Art, die sicherlich schon die frühesten Siedler in diesem Land ausgeübt hatten – mit bloßen Füßen schichteten sie die schmalen Erdrippen auf, die ein Wasserrinnsal vom anderen trennten.

Als wir heimfuhren, lasen wir einen langen, schlanken, jungen Scheich auf, der zu Fuß unterwegs war und sich freute, mitfahren zu können. Er hatte gerade um einen Wagen gebetet, sagte er.

»Gewiss hat uns Allah geschickt«, bemerkte ich.

Er stimmte mit etwas zweifelnder Miene zu, nicht ganz sicher, ob eine Ungläubige das Werkzeug Allahs sein könne. Aber allmählich wurde er gelöster, und er gestand mir, dass er gern reisen würde, aber arm sei.

»Das«, erwiderte ich, »kommt daher, dass du gelehrt bist. Alle Gelehrten sind arm. Wenn sie nicht arm wären, würden sie aufhören, gelehrt zu sein.«

Auch dem stimmte er zu, doch widerstrebend und betrübt. Er sah nicht aus, als ob er für Bücher geschaffen wäre, und wäre sicher als Krieger viel glücklicher gewesen. Ich erwähnte, dass ich die al-Azhar-Universität in Kairo besucht hätte und dass das Studium dort dreizehn Jahre dauere – worauf er sehr verständigerweise erklärte, das sei zu lange.

»Du hast studiert, und dein Leben – wo ist es?«, fragte er.

Von dieser einigermaßen traurigen Betrachtung über das Schicksal eines Jüngers der Wissenschaft wurden wir durch den Anblick eines schönen, buschigen Fuchses unter einem Felsen abgelenkt; er regte sich nicht, sondern wartete und beäugte uns, während wir vorbeifuhren, ein intelligentes Tier mit sprungbereitem Körper – ein glückliches Geschöpf, nicht genötigt, wider seinen Willen religiös zu sein. Der junge Scheich zog in der leichten Abendkühle seinen Baumwollschal um die Schultern; er war bleich und blutarm. Am Stadttor verließ er mich, um sich nicht durch so zweifelhafte Gesellschaft zu kompromittieren. Das kurze Aufflackern unbefangener Natürlichkeit war erloschen; er hatte wieder seine Scheichwürde angenommen und schritt davon mit einem formellen Dankeswort und plötzlich maskenstarrem Gesicht, ein Muster der Rechtgläubigkeit in allem außer in seinem Gang, der unter dem formlosen Gewand immer noch der eines freien, wilden, jungen Tieres war.

Eines Tages fuhr mein afghanischer Chauffeur mich nach Fuwa zu dem R.A.F.-Landungsplatz. Es ist einer von vielen, die wir entlang der arabischen Küste haben, und liegt in einer weiten offenen Landschaft, die in Richtung Norden zu den Wadis Khirbe und Hajar führt. Die Markierungskegel aus losen Steinen sind weiß getüncht, damit sie sich deutlich abheben von dem Rotbraun der Landschaft, und vielleicht wird es im Laufe der Weltgeschichte einmal so weit kommen, dass man sie, lange nachdem Flugzeuge vergessen sein werden, für heilige Denkmäler zur Erinnerung an Besuche himmlischer Gäste auf Erden hält. Der Platz liegt dreizehn Meilen von Mukalla entfernt, und der Weg dorthin führt teils am Strand entlang, teils durch kahle rote Inlandtäler, wo an flachen Stellen fächerförmige Samrbäume wachsen, grau wie Flechten oder Granit, und malerisch in ihrer Kargheit. Auch Euphorbien wachsen hier, dürres staubiges Lammsohr und wirres Dorngestrüpp. Aber nichts erinnert an Menschen, außer einem kleinen Haus und einem vertrocknenden Garten; und manchmal kommen Frauen aus Mukalla die acht Meilen hierher, um das Dorngesträuch zu sammeln, mit hochgeschürzten Gewändern, nackten Schenkeln und Augen, die über einem dicken Gesichtsschleier hervorglänzen.

Zwischen Mukalla und dem siebzig Meilen entfernten Bir Ali gibt es nichts als dies und das Dorf Barum an der Küste. Es ist ein armseliger kleiner Ort mit kümmerlichen Häusern und einer Bevölkerung, die freundlich gesinnt ist, dank des guten Einflusses der R.A.F. Sie sahen aus, als ob viel afrikanisches Blut in ihren Adern flösse und sammelten sich um uns, wussten uns jedoch nichts anderes zu zeigen in ihrer kleinen Siedlung als die Schule – ein fensterloses Lehmgebäude, in dem zwölf kleine Jungen im Halbdunkel hockten und wahllos aus roten Koranen vorlasen. Einige lasen wirklich, andere taten nur so, mit monotonen Stimmen und hin und her schwingendem Oberkörper. Ihr schwarzer Lehrer lehnte in der Tür, fächelte sich Luft auf seinen nackten Oberkörper und den kurzen weißen Bart und lauschte mit wohlwollender Miene und voller Wohlgefallen dem lerneifrigen Gesumme. Als ich ihn nach seinem besten Schüler fragte, deutete er, ohne zu überlegen, auf den hässlichsten von ihnen.

Als wir an der Küste entlang zurückfuhren, auf dem feuchten Sandstreifen am Rande der Wellen, stiegen Möwen wie ein flatterndes graues Band vor uns auf und sanken hinter uns wieder herab. Sie leben hier in zahllosen Scharen. Wenn sie fliegen, heben sie sich schwarz und weiß wie Regentropfen vom Wasser ab. Auf dem weißen Sand sehen sie aus wie weiße Perlen, auf dem Braun wie graue Perlen, und wie Perlen aufgereiht schwimmen sie auch auf den Wogen. Jetzt, da sie in einer Kette aufstiegen und sanken, bildeten sie mit ihren Schwingen einen Schattenbaldachin über uns. Sie erhoben sich, zogen, uns fast berührend, einen Bogen, nur eben hoch genug, um uns auszuweichen; eine von ihnen verschätzte sich, stieß gegen mich und fiel mir betäubt in den Schoß. Ich nahm sie auf; sie war steif vor Angst, nur ihre Augen bewegten sich, sie waren umsäumt von einem zarten schwarzen Perlenring, wie das Glas einer Miniatur; ihr Schnabel war rot, die obere Spitze über die untere gekrümmt; ihre Füße hatten Schwimmhäute und waren blass; als ich ihren Körper wieder in die Freiheit entschlüpfen ließ, fühlten sich die grauen Federn kühl und glatt an wie das Wasser, auf dem sie lebt.

Ich besuchte in Mukalla noch drei Schulen, bevor ich abreiste. Die schöne neue, erst fünf Jahre alte wird von dem Sultan unterhalten und gewährt allen, die es wollen, sechs Jahre unentgeltliche Erziehung; aber die Lehrer sagten mir, dass sie nur sehr selten die Eltern eines Jungen dazu überreden können, ihn länger als vier Jahre dort zu lassen, denn Bildung bringt keine materiellen Vorteile.

Die Lehrer waren jung und eifrig, beseelt von der Liebe zum Lernen um des Lernens willen, derer sich der Orient noch nicht schämt. Es waren ihrer dreizehn, für etwa 300 Jungen in sechs Klassen. Die jüngeren saßen mit gekreuzten Beinen am Boden; die älteren hatten Bänke, und alle – vom kleinsten Knirps angefangen – konnten ein Willkommensgedicht auswendig, das sie mit den dazugehörigen Gebärden und mehr oder weniger deutlichen Anzeichen von Selbstüberwindung, aber mit einem unverkennbaren Gefühl für gesellschaftliche Verpflichtungen aufsagten. Die Kinder waren zerlumpt und sahen unintelligent aus, wie das meistens in hygienisch vernachlässigten Städten der Fall ist. Bücher (die aus Ägypten kamen) gab es nur wenige. Der größte Schatz war ein Globus auf einem Ständer, der mit einem Sack bedeckt war und nur bei besonderen Gelegenheiten enthüllt wurde; zwei große Wandkarten, ein paar Lesebücher und viele Korane stellten die Lehrmittel dar; fünf der Unterrichtsfächer waren verschiedene Betrachtungsweisen des Korans, die übrigen waren Lesen, Grammatik, Diktat, Aufsatzschreiben, Zeichnen, Arithmetik, Geometrie, Geographie, Geschichte und Signalisieren mit Flaggen – Letzteres war der Höhepunkt der Ausbildung und der obersten, fortgeschrittensten Klasse vorbehalten als lockendes Ziel für die trockene Mühsal der fünf vorhergehenden Jahre. Sayyid 'Omar, der stellvertretende Vorsteher, der mich herumführte, war ein freundlicher, sanfter Mann, der seine Kinder liebte. Er hatte das längliche Gesicht, den kleinen Kinnbart, die mandelförmigen Augen und den großen, schöngeschnittenen Mund, die typisch für Hadhramaut sind – eine aristokratische Erscheinung, wie van Dyck sie hätte malen können. Sein Enthusiasmus sowie derjenige von Sheikh 'Abdullah, der das Klassenbuch führte, gaben dem Ganzen etwas Erfreuliches trotz der Armut der Schüler und der Unzulänglichkeit der Mittel.

Die alte Regierungsschule war von gleicher Art; aber die dritte war ein Privatunternehmen, geleitet von einem indischen christlichen Missionar, der fünfundfünfzig Schüler hatte. Diese waren viel sauberer und besser gekleidet als Sayyid 'Omars Schäflein, aber alle mehr oder weniger befallen von dem leidigen Übel der Selbstgerechtigkeit, das orientalische Christen oft unabsichtlich von den Pharisäern übernommen zu haben scheinen. Niemand hatte den Missionar in Mukalla haben wollen, wo man sich etwas darauf zugutehielt, dass keine Juden und nur wenige Christen zugelassen waren. Er hatte viele Monate lang warten müssen, bis er sich überhaupt hatte niederlassen dürfen; und nun war er hier mit seinem freundlichen, gewissenhaften Gesicht, mit Brille und gelben Zähnen, mit sechzig Rupien im Monat, die ihm der Sultan gewährte, damit er seine Schule erhalten, seine Schüler mit Schreibmaterial und allem sonstigen Zubehör versorgen und sich selbst und seine Familie ernähren konnte. In seiner Wohnung im Oberstock standen zwei Reihen abgenutzter Bücher, die ihm als Führer auf seinem Wege dienten. Hier traf ich auch auf eine dürre kleine Frau, die bemüht war, der Situation ihre beste Seite abzugewinnen und sich nicht allzu sehr nach Aden zurückzusehnen, sowie ein paar kleine Mädchen, deren Missionsstunden im Sticken, klagte die Frau, immer mehr in Vergessenheit gerieten. Ich sah mir die Stickereien an und konnte ihr Bedauern nicht ganz teilen; manche Dinge werden besser vergessen. Aber ich bewunderte die tapfere Gesinnung, die hier, ganz allein, damit rang, einem widerstrebenden Land eine ihm nicht gemäße Zivilisation beizubringen. Die versammelten Klassen sangen mir »God Save the King« auf Englisch und dann auf Arabisch vor. Ich hörte mit einigem Unbehagen zu und fragte mich, ob das nicht wieder einmal als heimtückische britische Propaganda ausgelegt werden würde, von der wir so viel hören – aber später erfuhr ich, dass »God Save the King« eine Bereicherung ist, auf die ganz Mukalla stolz ist und die keinerlei territoriale Nebenbedeutung hat.

Die amüsanteste Vorführung in der Schule war ein englisches Zwiegespräch zwischen zwei der jüngeren Schüler über einen Stuhl.

»Ich habe einen Stuhl gekauft«, sagte der eine.

»Wie sieht er aus?«, fragte der andere.

»Er ist aus Holz gemacht«, … usw. usw.

Das klingt ganz friedlich und freundlich. Aber die beiden Burschen legten los, als gälte es ein Duell. Mit gellenden Stimmen und unglaublicher Wut redeten sie aufeinander ein, wobei sie sich so vorbeugten, dass es aussah, als hielten nur die dreißig dazwischen sitzenden Mitschüler sie davon ab, einander an die Kehle zu springen. Erst durch aufmerksames Zuhören gelang mir die beruhigende Feststellung, dass es sich lediglich um die Beschreibung eines Stuhles handelte.

Mir war ein bisschen traurig zumute, als ich von diesen Oasen westlichen Einflusses schied, etwa wie einem lauen Liebhaber, der sieht, wie seine dürftigen Talmigefühle für echtes Gold genommen werden, und nichts dagegen tun kann, und ich war froh, als mein Chauffeur vor einer Art Zelt aus Schilfmatten anhielt und fragte, ob ich mir dort drinnen eine Hochzeitsgesellschaft anschauen wolle. Er brachte mich bis zur Tür und ließ mich dann allein. Ich schlüpfte durch einen Vorhang und fand mich plötzlich in einem Gewühl von Frauen, in heißem, stickigem Zwielicht zusammengepfercht und Welten entfernt von allem, was mit moderner Erziehung zu tun hatte.

Dicht gedrängte Sklavinnen bildeten einen Kreis, in dem die Damen Knie an Knie auf ihren Fersen hockten. Jemand schlug eine Trommel. Ich wurde in die Mitte geschoben, und ein Aufruhr entstand. Ich stand einer empörten Dame mit blauen Lippen und gelbem Schleier gegenüber, die nach rechts und links hin fragte, was diese Nasrani hier mache. Ich redete wie ein Wasserfall auf sie ein, mit aller Höflichkeit, die mir mein Wortschatz erlaubte. Ein paar Sekunden lang hing die Entscheidung in der Schwebe; aber die Situation ging über ihre Kraft; gleichzeitig höflich zu mir und entrüstet über mich zu sprechen, war zu viel für sie, und atemlos streckte sie die Waffen. Ich hockte mich nieder; die eine oder andere begann, halb aus Neugier, halb aus Liebenswürdigkeit, mich mit freundlicheren Augen anzuschauen, und ich konnte nun die seltsame Versammlung näher betrachten.

Es war eine dichtgedrängte, glitzernde und farbenprächtige Frauenversammlung, umschlossen von dem Ring schwarzer Sklavinnen. Die Gewänder waren aus Brokat oder mit Pailletten besetzt, sie starrten von silbernen Bruststickereien und waren mit vielen Reihen Halsketten bedeckt; Armringe und Gürtel waren zu sehen und fünf oder sechs Ohrringe in jedem Ohr. Wenn die Damen hereinkamen, hatten sie ein gelbes Tuch über dem Kopf, aber das nahmen sie bald ab und zeigten die Glanzstücke ihrer Toilettenkunst: Gesicht, Hände und Haar. An die hundert winzige Zöpfe waren dicht an den Kopf gelegt zu beiden Seiten eines glatten geraden, mit Henna orangegelb gefärbten Scheitels; über der Stirn klebte das Haar fettglänzend am Kopf; das Kinn war hellgelb; die Handflächen waren innen mit starkduftendem Henna und Öl gefärbt und außen mit einem braunen Spitzenmuster bemalt, sodass es aussah, als trügen sie Halbhandschuhe. Die Augenbrauen waren ebenfalls braun bemalt, und von jeder Schläfe ging ein gewundenes braunes Muster aus; eine braune Linie lief über Stirn und Kinn hinab. Einige waren sehr hübsch, mit scharfgeschnittenem Gesicht und langem, schmalem Kinn; aber sie wirkten unpersönlich, priesterlich und zeremoniell; keine Frauen, sondern eine erschreckende, unzugängliche Verkörperung des Weiblichen, urzeitlich und unwandelbar. Dieser Eindruck war noch stärker, wenn sie sich, einzeln oder zu mehreren, erhoben, um zu tanzen. Sie bewegten die Füße nicht, sondern warfen nur die Köpfe und Oberkörper steif umher und schlugen mit ihren Zöpfen Räder durch die Luft. Ein strenger Geruch ging von ihren Körpern aus; die Trommel schlug; Armringe und Gürtel klirrten; die Hitze war fast unerträglich. Jedes Mal, wenn eine von ihnen aufstand, war es, als öffne sich eine Blume, eine vielfarbige Tulpe. Sie streifte dann ihren dunklen Straßenüberwurf ab und stand da, um ihren Schmuck sehen zu lassen, in lässiger Haltung, aber nicht ohne ein Ohr für das Gemurmel sachkundigen Beifalls ringsum. Die Braut selbst blieb natürlich unsichtbar in einem oberen Raum. Immer noch mehr Gäste kamen. Es wurde ihnen Platz gemacht, so unmöglich das schien. Die Trommel schlug immer weiter mit beharrlich erregender Eintönigkeit; mehr und mehr Tänzerinnen standen knietief in diesem Meer von Weiblichkeit, und ich schlüpfte so sachte wie möglich hinaus, benommen von einem Geheimnis, uralt und elementar, so viel lebendiger und stärker mit seinen dunklen, allumfassenden Wurzeln als die vergänglichen Bemühungen des unheilbar erziehungsgläubigen Geschöpfes Mann.

V. Kapitel

Abreise ins Hinterland

»Ich will zum Myrrhenberg gehen und zum Weihrauchhügel.«

(Hohelied 4, 6)

Die Armee des Sultans von Mukalla besteht aus seiner persönlichen Leibgarde von Sklaven, Nizam genannt, sowie den 'Askar, Söldnertruppen, ausgehoben aus den Jafa'i-Stämmen. Zu diesen gehörte auch die Qe'eti-Dynastie, die vor einigen Hundert Jahren auf einem Eroberungszug an die Küste kam. Diese Stammesleute bekommen zehn bis fünfzehn Taler (fünfzehn bis zweiundzwanzig Schilling) monatlich und müssen sich selber verköstigen; drei- bis viertausend von ihnen gibt es im ganzen Sultanat.

Es sind gut aussehende Leute, muskulös wie Schlangen, mit langen hageren Gesichtern, in allen möglichen Farben gekleidet und mit beliebigen Kopfbedeckungen, denn die eigentliche Uniform besteht lediglich aus Gewehr und Patronengürtel. Daher sah ihr Trupp beim morgendlichen Exerzieren, das zweimal in der Woche hinter dem Beduinenlager im Wadi stattfand, so bunt aus wie ein Zinnienbeet im Sommer. Die nackten Beine marschierten im Gleichschritt; die kurzen Röcke flatterten wie Ballettröckchen in leuchtender Mannigfaltigkeit, und die Musikkapelle, die sie vom Tor her mit europäischen Weisen auf acht Blechinstrumenten begleitet hatte, beeilte sich, diese in der Nähe der Kamelteiche auf den Boden zu legen und sich der Gaudi anzuschließen. Vier in Aden ausgebildete Offiziere in feschem Khaki leiteten das Ganze mit einer Reitpeitsche in der Hand und mit dem Kommando »Lefrei, lefrei«, das mich zuerst verwunderte, bis ich es als »left, right – links, rechts« erkannte. Die schwarzen Nizam exerzierten in gesonderten Gruppen und nicht mit demselben Schwung und derselben Exaktheit. Sie sind Privateigentum des Sultans, afrikanische Sklavenfamilien, die aber seit Generationen im königlichen Palast daheim sind – ein Brauch in arabischen Palästen, der älter ist als der Islam, denn schon im heidnischen Mekka gab es die sogenannten Ahabis. Die jüngsten, kleine Buben von zehn bis zwölf Jahren, bildeten eigene kleine Abteilungen. Jeder von ihnen hatte ein rotes Fähnchen in der Hand, und in einer Ecke des Platzes vollführten sie etwas, das aussah wie ein Morristanz, ein englischer Volkstanz. Zwischen diesen grellfarbigen exerzierenden Gruppen hindurch zogen Kamele mit ihren indigoblauen Treibern gemächlich den Bergen zu, und der scharfe Geruch vom Lager und seinem fauligen Wasser stieg in die feuchte Morgenluft. Ich ging wieder zum Stadttor zurück, um die Armee heimmarschieren zu sehen. Hier kam ich grade dazu, wie die Artillerie des Sultans, zwei Kanonen nebst vier gepolsterten Kamelsätteln für ihren Transport, an die Luft gebracht wurde. Sie wurden abgestaubt unter den Augen eines beleibten alten Offiziers in grünwollenem Turban und mit einer Uhrkette als Zierde um die sehr runde Stirn. Als das geschehen war, verblieb die Artillerie an Ort und Stelle. Die neugierigen Garnisonshühner taten, als ob sie besonders verlockende Körner möglichst nah bei den beiden in der Sonne glühenden Rohren aufpicken müssten. Dann kehrten die Truppen beim schmetternden Klang der acht Blechinstrumente durch das zinnenbewehrte Tor in die Kaserne zurück. Krausköpfe, Feze, Turbane und Gewehre hüpften auf und ab, und allen Beteiligten bereitete die Veranstaltung ein so offensichtliches Vergnügen, dass selbst ein Pazifist von dieser harmlosen Entfaltung militärischer Pracht mitgerissen worden wäre.

Das war mein letzter Morgen in Mukalla. Zwei wilde kleine Männer, die irgendeiner früheren Welt entsprungen schienen, waren tags zuvor als Führer und Träger zu mir gebracht worden. Sie wirkten wie in einem Käfig, wie gefangen, wie Geschöpfe, die im nächsten Augenblick gegen die Möbel anrennen würden, um hinauszukommen. Sie waren beide über und über indigoblau, und der kleine Fetzen um ihre Lenden hatte die gleiche Farbe angenommen. Aus diesem Lendentuch ragte fast im rechten Winkel der Griff eines Krummdolches hervor, handgerecht, sodass er ohne Zeitverlust gezogen werden konnte. Manche dieser Dolche sind sehr schön. Auf den Griff sind alte venezianische Goldmünzen genagelt und in das Silber Chalzedone eingelassen, die Scheide biegt sich fast wieder bis an den Griff zurück und ist an der Spitze mit einem ziselierten Knopf versehen. Die beiden Burschen schienen ziemlich arm, wenngleich ihre Dolche, hinter denen noch ein Fangmesser und eine Packnadel steckten, recht zweckdienlich waren. Sie trugen das obligate Silberarmband über dem rechten Ellenbogen und an einer schwarzen Schnur um den Hals einen in Silber gefassten Chalzedon, der angeblich die Blutung von Wunden stillt; unter jedes Knie war eine Strähne schwarzer Wolle gebunden. Ihre Lippen waren ebenso wie ihre Gesichter indigoblau, und sie hüpften auf nackten Füßen in meinem Zimmer umher und hoben schweigend und behutsam meine Koffer, um ihr Gewicht zu prüfen.

Drei Esel, sagten sie, würden erforderlich sein, und einer für mich zum Reiten. Sie baten mich, den einen Koffer etwas leichter zu machen und meine Bettrolle zu kürzen. Dann nahmen sie die kleinen Blechdosen, die sich auf Reisen als äußerst praktisch erwiesen haben, ein bayrisches Fabrikat, auf dem Basar in Aden erstanden, und stopften sie in leinene Sattelsäcke. Wir kamen überein, dass wir am nächsten Nachmittag aufbrechen wollten und dass sie für die siebentägige Reise bis ins Wadi Do'an fünfzig Rupien bekommen sollten sowie fünf für ihre Verköstigung. Beim Weggehen strich der eine von ihnen über die rotgelben Halbmonde meiner Salonpolsterstühle; er tat es mit behutsam tastenden Fingern, so wie man in einer ungewohnten Umgebung diese oder jene zerbrechlichen Dinge anrührt.

Am nächsten Morgen machte ich einen Dankbesuch bei Emir Salim ibn Ahmed ibn 'Abdallah al Qe'eti, Stellvertreter seines Vetters, des Sultans, der zurzeit in Haiderabad war. Durch die Briefe des Sultans, die ich dank der Freundlichkeit von Lord Halifax und durch Vermittlung von Sir Akbar Heidari und Mr. Marmaduke Pickthall erhalten hatte, war meine Reise überhaupt erst möglich geworden, und die großmütige Gastlichkeit des Emirs in Mukalla machte meinen Aufenthalt dort ebenso wie meine Weiterreise ins Binnenland leicht und angenehm. Auch er hatte mir einen Besuch abgestattet, wobei er seine Verwunderung über meine Art, ohne Dienerschaft zu reisen, höflich verbarg; denn die Familie Qe'eti ist weitgehend indisiert und hat das Verständnis für den Reiz der Unabhängigkeit verloren, der in der Anspruchslosigkeit und Armut liegt und fast immer ein Echo im Herzen eines, wenn auch noch so von der Zivilisation angekränkelten Arabers findet.

Die Qe'eti-Sultane befehligen die Nizam-Leibgarde in Haiderabad, die sich seit vielen Generationen aus Hadhramaut rekrutiert. Sie verbringen den größten Teil ihres Lebens in Indien und schließen dort meistens auch ihre Ehen. Der Emir Salim machte da keine Ausnahme. Sein Äußeres und sein Benehmen, seine schmalen schlanken Hände und dünnen Finger, die mit einem gebogenen Elfenbeinstöckchen spielten, sein gewichster Schnurrbart, der meinen Blick so gebannt hielt, dass ich von dem übrigen Gesicht nicht viel sah – das alles war eher indisch als arabisch. Aber er hatte sich die wohltuende Einfachheit und Natürlichkeit seiner Rasse bewahrt; er sagte nur, dass ihm Mukalla lieber sei als Haiderabad, weil das Leben hier weniger förmlich sei, und sprach liebenswürdig über meine weitere Reise, wobei er allerdings einige Verwunderung und Besorgnis zu erkennen gab, als ich ihm gestand, dass ich gerne jeden Tag ein paar Stunden zu Fuß ging. Der Sultan, erzählte er mir, sei letzten Herbst zum ersten Mal in seinem Leben zum Wadi Hadhramaut geritten, und er sei heute noch krank von der Anstrengung. Zu meiner Rechtfertigung führte ich an, dass wir von Kindheit an zu körperlichen Anstrengungen erzogen würden. Die Frau des Emirs, hübsch, rund, mollig wie ein Siebenschläfer und zu schüchtern, um im Beisein ihres Gemahls ein Wort hervorzubringen, betrachtete mich mit mitleidsvollen Samtaugen; sie war vermutlich in ihrem kurzen Dasein nie einer körperlichen Unbequemlichkeit ausgesetzt gewesen. Über diese unüberbrückbare und unerklärliche Kluft hinweg schauten wir einander freundlich in die Augen.

Tags darauf, um drei Uhr nachmittags, zog mein Gepäck auf den drei Eseln davon. Ich sollte im Auto bis zum ersten Rastplatz nachfolgen. Mein Majordomus, der alte Patriarch aus Huraidha hatte für den Proviant gesorgt:

3 Pfund Reis	4 Annas
4 Laib Brot	4 Annas
5 Pfund Datteln	5 Annas
1½ Pfund Zucker	2 Annas
4 Pfund Tee	8 Annas
2 Dutzend Eier	9 Annas
2 Dutzend Bananen	8 Annas
18 Limonen	4 Annas
4 lebende Hühner	24 Annas

insgesamt dreieinhalb Rupien, wozu 'Awiz noch einen Kochtopf und einen Teekessel fügte. Das alles sollte für eine Woche reichen, bis Do'an.

Allerlei Leute kamen zum Abschied. Der Emir stand am Fuß der Treppe und reichte mir die Hand, die mit einem Baumwollschal verhüllt war, nicht etwa aus besonderem Widerwillen gegen mein Geschlecht, sondern vermutlich, weil er bereits die Waschung für das Nachmittagsgebet vollzogen hatte und sie noch einmal hätte wiederholen müssen, wenn er jemandem die bloße Hand gegeben hätte. Ich verließ ihn und das weiße Gästehaus an und auf der Stadtmauer mit dankbaren Gefühlen und dachte, wenn ich jemals heiraten würde, müsste es herrlich sein, die Flitterwochen hier an dem sanft geschwungenen Strand von Mukalla zu verbringen, wo man kaum etwas vom Getriebe der Welt spürt, und in einem kleinen Kanu, nur ich und wer es sonst noch wäre, den ganzen Tag lang draußen zwischen den Delphinen und Möwen zu schaukeln.

VI. Kapitel

Der Mansab von Thile

»Weg und Straße – wanderfrohe Seelen
Werden sie gewisslich nicht verfehlen.«
(W. P. Ker)

Die Regierung von Mukalla war besorgt über meinen Wunsch, ohne Diener und Eskorte zu reisen. Der Grund, den ich anführte, dass man nämlich mit den Beduinen nur friedlich und freundschaftlich umgehen könne, wenn man allein mit ihnen sei, überzeugte sie nicht. Ich war die dritte Europäerin, die das Innere des Landes besuchte, und die erste, die allein reisen wollte – jede exzentrische Laune war möglich, ja wahrscheinlich, und sie befürchteten, dass sie dann aus Mangel an Präzedenzfällen nicht wissen würden, wie sie sich zu verhalten hätten. Hinsichtlich der Eskorte gelang es mir allerdings nicht, meinen Willen durchzusetzen. Sie gaben mich in die Obhut eines Soldaten, eines schwarzen Nizamisklaven, den sie für mein Leben, meine Sicherheit und mein allgemeines Wohlergehen verantwortlich machten.

Er war sich genauso unklar über diese Unternehmung wie ich selber, aber besorgter als ich. Er hatte kleine Augen, flach und in den Winkeln gerötet, und hohe Backenknochen in einem glatten Gesicht. Er erschien im Augenblick der Abreise, bekleidet mit einem scharlachroten Lendentuch, einem

Hemd und einem roten Turban, den er bei förmlichen Gelegenheiten durch eine gestrickte weiße Wollmütze ersetzte von der Art, wie man sie beim Wintersport trägt. Das einzig Militärische an ihm war sein Patronengürtel, der ihm, wohlgefüllt, lose um die Hüften hing. Er hockte sich mitsamt seinem Gewehr auf das Trittbrett des Wagens, in dem ich bereits mit 'Ali Hakim und zwei anderen Freunden saß, die so weit mitkommen wollten, wie die Straße reichte, das heißt etwa zehn Meilen bis zu dem Dorf Thile an der Rückseite des Gebirges von Mukalla. Ratternd kurvten wir um das windzerfressene Gestein, erst nordwärts und dann nach Osten durch die verlassenen Täler, wohin die Städter im Sommer gehen, um in felsumringten Palmenhainen zu sitzen. Wir kamen unterhalb des Sultansgartens vorbei, der zu unserer Linken lag, an den zwei erdfarbenen Forts, die die Straße bewachen, an Harshijat, einem schmalen grünen Streifen in einem kleinen Tal – sowie an weiteren Forts, viereckigen Türmen, »übrig geblieben«, wie 'Ali Hakim sagte, »aus den Tagen der Furcht«, und immer noch von den 'Askar benutzt. In den Klüften der steinigen Landschaft standen Samrbäume. Wenn man genau hinsah, erkannte man grüne Triebe zwischen dem Gewirr von Domen, mit dem die Zweige sich – vergebens – gegen die Greiflippen der Kamele zu schützen suchten; aber aus der Entfernung waren die grauen, skelettartigen Bäume kaum von den Felsen zu unterscheiden, außer wenn sie auf einer Berghöhe standen und sich mit ihrem Geäst, das nach jedem Regen in Grün ausbrach, gegen den Himmel abhoben.

Linker Hand bog ein Pfad ab, der nach Do'an führte, und wir kamen an einer Reihe Kamele vorbei, die mit Schilfrohr aus jener Gegend beladen waren; dann fuhren wir um das Gebirgsmassiv herum, gelangten in die gewellte Niederung von Shihr, verließen die Straße nach Shihr und die Radfurchen und kamen zu einem niedrigen Höhenzug, auf dem die

Lehmhäuser von Thile stehen und ihren See von Palmen überblicken.

Die drei guten Häuser von Thile standen beieinander über dem restlichen Dorf in beherrschender Lage und gehörten dem Mansab und seiner Familie. Auf dem Dach des nächstgelegenen stand eine Frau und beobachtete, wie wir näherkamen; ihre Arme und ihr Gesicht waren schwarz wie ihr Gewand, und es lag eine byzantinische Würde in den geraden Linien, die an ihr herabfielen. Es fiel mir auf, wie sehr die Anmut dieser Gestalt erhöht wurde durch das Dunkel von Gesicht und Armen, sodass sie aussah wie eine aus einem einzigen Stück Ebenholz geschnitzte Statue, einheitlich und unteilbar in ihrer Schönheit, anders als die meisten von uns, die durch die Kleidung gleichsam zerstückelt werden. Was ist unharmonischer als ein halbes Bein, das in ganz anderer Farbe unter einem modernen Rock hervorschaut? Oder ein Ärmel, den unsere Schneiderinnen an der Schulter abschneiden und als selbständiges Etwas außerhalb des Gesamtentwurfs ihrer Schöpfungen herunterhängen lassen? An dieser Frau war nichts dergleichen, nichts Zusammenhangloses; sie war ganz eins und hob sich vom Himmel ab wie die Madonna von Torcello vom Goldmosaik ihres Gewölbes. Bis sie uns sah, aufschrie und die schwarzen Arme in einer fahrigen, hemmungslosen Art hochwarf, die nun freilich nichts mehr mit byzantinischen Mosaiken gemein hatte.

Der Mansab von Thile, Sheikh Muhammed ibn Ahmad ba 'Omar, ist einer der angesehensten Männer in Hadhramaut, und sein Wort hat Geltung nicht nur bei den Stämmen seines Gebietes, sondern auch darüber hinaus. Es ist ein Nachkomme des heiligen Sa'id bin 'Isa 'Amudi, der in Ghaidun, zwischen Sif und Hadscharain, begraben liegt. Das Gedenken an seine Pilgerfahrt, ein viertägiges Fest im Monat Rajab, ist eines der Hauptereignisse des Landes. Bei diesem Fest wäre v. Wrede, der erste europäische Reisende in Hadhramaut, beinahe ums Leben gekommen; er traf just zu diesem gefährlichen Zeitpunkt in Ghaidun ein, erregte trotz seiner Verkleidung Verdacht und wäre von den empörten Beduinen getötet worden, wenn nicht einer der führenden Männer eingegriffen und ihn, ohne einen Pfennig Geld, aber wohlbehalten, an die Küste zurückgeschickt hätte.

Der Nachfahre dieses berühmten Heiligen, der jetzige Mansab und religiöse Oberhirte der Sippe, war gerade unten im Palmenhain, als wir unsere Ankunft melden ließen. Er kam heraufgestiegen, um uns zu begrüßen, ein Greis mit einem länglichen, empfindsamen Gesicht, das Erfahrung und Autorität mit einer milden Würde überzogen hatten. Er hatte einen freundlichen großen Mund, den die ganze Familie geerbt hatte. Seine beiden Söhne kamen auch hinzu und dann noch ein kräuselbärtiger Schwiegersohn, der, anders als die Sayyids mit ihren langen Gewändern, nur ein Lendentuch trug und um den Hals einen Chalzedonanhänger. Wir gingen alle hinauf ins Haus, über Lehmstufen, die vom vielen Gebrauch glänzend und glatt waren, und setzten uns in einem mit Matten ausgelegten Zimmer nieder. Dann wurde ich beim gemächlichen Gurgeln zweier einfacher Hukahs formell von 'Ali Hakim übergeben. Das dauerte nicht sehr lange, denn es ging schon auf den Abend zu, und meine Freunde mussten zurückkehren. Unten waren inzwischen meine Beduinen eingetroffen und richteten sich im Schutz der Hausmauer für die Nacht ein. 'Ali Hakim verabschiedete sich, die weißgeränderten Augen voller Fürsorge, die raue Stimme ein Sturzbach von Ratschlägen, Ermutigungen und Entschuldigungen. Er hatte alles getan, was Herzensgüte nur tun kann, und nun verstaute er seine umfangreiche Gestalt, bei der man immer das Gefühl hatte, dass sie etwas von seinem eigentlichen Ich Getrenntes sei, mit dem er selber seine liebe Not hatte, in den Wagen. Die beiden anderen klemmten sich neben ihn; der afghanische Chauffeur reichte mir die

Hand wie einem guten Freund und setzte sich ans Steuer. Sie entschwanden in die felsige Landschaft, und ich wandte mich meinen Gastgebern zu, die meine unverhoffte Gegenwart mit der dem wohlerzogenen Araber natürlichen zurückhaltenden Höflichkeit hinnahmen.

Dies war mein erster Einzug in eines jener Hadhramaut-Häuser, die seit den Tagen der Sabäer zwar etwas an Glanz verloren haben, aber in den Grundzügen unverändert geblieben sind. Kleine Modelle solcher Häuser sind ausgegraben worden, und sie unterscheiden sich nur wenig von den heutigen. Der Dichter 'Alqama beschreibt, wie sie in der Frühzeit des Islam aussahen, als ihre jetzt untergegangene Herrlichkeit noch die Phantasie der Gemüter erfüllte:

»Das stolze Ghumdan und seine Bewohner.
    Und dies zur Erbauung derer,
    welche nachher kommen.
Es steigt zur Höhe des Himmels,
    in zwanzig Stockwerken;
Die Wolken sein Turban;
    Gürtel und Mantel Marmor;
Seine Steine sind befestigt mit tropfendem Blei;
    Edelsteine und Marmor
    liegen zwischen seinen Türmen.
An jeder Ecke das Haupt eines fliegenden Adlers,
    oder eines bronzenen Löwen, brüllend.
Eine Wasseruhr auf seinem Gipfel;
    sie tropft, um die Teile des Tages zu zählen.
Die Vögel rasten auf ihm,
    und die Wasser fluten in seinen Kanälen
    … und ein Ausguck ist oben
Von glattem Marmor,
    wo die Herren des Hauses stehen mögen;
    der Zugang ist leicht für sie.«

Der Zugang, mag er nun für die einstigen Herren leicht oder schwer gewesen sein, ist ohne Führung unmöglich für den Reisenden von heute; denn das Erdgeschoss, in dem meistens Ziegen und Esel hausen, hat aus Gründen der Verteidigung keine Fenster. Durch ein verwirrendes Labyrinth von Windungen und Treppen gelangt man in die oberen Bereiche und dann durch krumme Gänge und um plötzliche Ecken herum zu den verschiedenen Wohnräumen. Von diesen ist jeder mit einer eigenen sanitären Vorrichtung versehen, die sich durch einen weiten Schacht auf die Straße oder einen sonstigen offenen Raum just darunter öffnet. Alle Zimmer werden stets mit Holzschlüsseln abgeschlossen, die die Hausfrauen im Gürtel verwahren und die mit Stiften versehen sind, durch die eine entsprechende Anzahl loser kleiner Holzteile in die Löcher des kunstreich geschnitzten Schlosses gepresst werden; selbst der Geübte muss meistens erst geraume Zeit an seiner eigenen Haustür herumnesteln, und durch die verschiedenen Wohnräume der zwischen den Mauern eines Hadhramaut-Hauses geborgenen Gattinnen, Witwen, Töchter und Schwiegermütter hindurchzugelangen, ist kein leichtes Unterfangen.

An die Stelle der von dem Dichter erwähnten Bronzelöwen und Adlerköpfe an den Ecken der alten Paläste sind heute Steinbockhörner getreten, die paarweise unterhalb der oberen Brüstung angebracht sind und die ich in Thile zum ersten Mal gesehen habe.

Das Haus des Mansab von Thile war ein schäbiges altes Gebäude, gewöhnt an die Besuche der vielen Beduinen, die um Rat oder Beistand zu ihrem geistlichen Führer kamen; alles war abgenutzt und in ständigem Gebrauch. Mir wurde ein oberer Raum angewiesen, mit Binsenmatten auf dem Boden und vielen geschnitzten Fenstern; hierher hockten sich dann der Mansab und seine beiden Söhne nebst einem kleinen Enkelsohn, alle mit derselben netten, freundlichen Miene, und plauderten bei einem Kaffee, der, mit Ingwer gemischt, in Lehmnäpfen aufgetragen wurde.

Nach einer Weile kam auch der Schwiegersohn hereingeschlendert, die Hüften wiegend, sorgfältig gekleidet. Rot und Gelb war um seine Lenden geschlungen, und Rot und Gelb hing wie eine Toga über die eine nackte Schulter. Sein gekräuseltes Bart- und Haupthaar glänzte von Öl. Er sah aus wie ein alter Römer, stiernackig und sinnlich. Er setzte sich neben die anderen und kreuzte die Beine, und seine eine Hand spielte an dem Silberdolch, der aus den rotgelben Falten hervorglänzte; er war sichtlich daran gewöhnt, sich bewundern zu lassen, und es war amüsant, seine Art mit der unbewussten Noblesse seiner Verwandten zu vergleichen, deren schäbige alte Gewänder ihren von generationenlanger Autorität und geistiger Beschäftigung geprägten Gesichtern nichts von ihrer ruhigen Ausdruckskraft nahmen.

Mr. und Mrs. Ingrams, die wenige Monate zuvor das Wadi Hadhramaut bis an die Küste bei Saihut bereist hatten, waren an Thile vorbeigekommen, hatten jedoch nicht haltgemacht; obwohl die Kunde von ihnen die Gemüter an die Vorstellung gewöhnt hatte, dass eine Europäerin hier umherreisen könnte, war ich doch die erste, die der Familie des Mansab leibhaftig vor Augen kam. Ich versuchte, meine Gegenwart durch historisches Interesse zu erklären und machte – wie es mir während der nächsten sechs Wochen noch öfters geschehen sollte – die Entdeckung, dass Wissbegierde bezüglich der alten Sabäer als eine Art europäischer Frivolität und geistiger Ruhelosigkeit aufgefasst wird, der man keine sonderliche Sympathie entgegenbringt; aber alle zeigten begeistertes Verständnis für mein Interesse an den mittelalterlichen Überlieferungen des Islam und ließen das als einen plausiblen Grund für eine Reise gelten.

Dann verließen sie mich, und die Tochter des Mansabs kam mit den Damen des Hauses im Gefolge ins Zimmer gerauscht. Auch sie hatte den freundlichen großen Mund der Familie und ein reizendes, längliches, etwas kränkliches Gesicht; ihre Augen waren wunderschön, sanft und schalkhaft. Das Eis war bald gebrochen, da die Vorsehung mich gütigerweise mit einer ehrlichen Freude an Kleidern ausgestattet hat – eine gute Hilfe in vielen Lebenslagen, aber ein besonderer Vorteil auf Reisen, denn man hat infolgedessen immer ein unerschöpfliches Gesprächsthema von allgemeinem Interesse. Nicht lange, so war das Zimmer übersät mit geblümten Seiden, leider alles nur Kunstseide aus Aden, und ich war gerade dabei, den Unterschied zwischen der kurzen indischen Gowan-Bluse und dem arabischen Kurti zu lernen, als der Mansab mit einem Licht in der Hand eintrat, um mir mein Abendessen vorsetzen zu lassen; er war sehr überrascht, uns inmitten eines solchen Gewühls von Eitelkeiten anzutreffen, und entschuldigte sich lächelnd.

Die Damen erklärten mir ihre verschiedenen Frisuren. Der Scheitel in der Mitte, ohne Zöpfe, ist die indische Art, hauptsächlich an der Küste in Mode und bei den ostindischen Frauen, die die Hadhramis im Ausland heiraten. In Mukalla wird eine gerade Franse quer über die Stirn getragen, während im Binnenland eine bis zwischen die Augenbrauen spitz zulaufende beliebt ist. Das Flechten der zahllosen kleinen Zöpfe dauert von morgens bis nachmittags, und sie halten nur zehn Tage.

Später kam eine Frau herein und setzte sich zu uns, deren Gesicht hässlich gestreift war mit der braunen Farbe, die Hudar heißt. Sie war in drei breiten Streifen aufgelegt, einer über den Augen, einer quer über Nase und Wangen und einer unter dem Mund, und sie sagte mir, dass dies vierzig Tage lang nach einer Entbindung täglich erneuert und jeden Abend wieder abgewaschen würde. Sie war eine Sklavin. Ihr Sohn, ein Bub von etwa zehn Jahren, saß am äußeren Rande der Versammlung. Er rief plötzlich allgemeine Empörung hervor, als er das Wort »Bakschisch« murmelte.

Ich sagte nichts, sondern machte nur ein bekümmertes und entrüstetes Gesicht; alle anderen waren sprachlos vor Entsetzen.

»Wo hast du gelernt, so etwas zu einem Gast zu sagen?«, rief die Tochter des Mansabs schließlich. »Du bist wohl verrückt!«

Der Kleine war bereits ganz klein geworden unter der Wucht allgemeiner Missbilligung.

»Nasara«, stammelte er. »Sie geben alle Bakschisch. Die Nasara, die vorher da waren, haben jedem Bakschisch gegeben.«

Diese Gewohnheit, mit Geld um sich zu werfen, ist meines Erachtens eine der ärgsten Unsitten europäischer Reisender; sie beleidigen dadurch die feinen Araber und verderben die übrigen.

»Vielleicht haben sie unterwegs den Armen ein Bakschisch gegeben«, warf ich ein. »Sie würden es nicht tun als Gäste in einem Haus.«

»Lass mich nie wieder so ein Wort hören«, sagte die Tochter des Mansabs, während das einmütige Schweigen von zehn oder mehr Frauen die Ungeheuerlichkeit des Vergehens bezeugte. Der Bub verschwand in der Dunkelheit. Unser Kreis fuhr nach wiederhergestellter Eintracht fort, über dies und jenes zu schwatzen, bis mein Krieger mit einer Laterne erschien und mein Feldbett in einer Ecke des Zimmers aufstellte.

Er nahm es ernst mit seiner Verantwortung und wollte zu meinem Schutz am Fußende des Bettes schlafen. Aber ich war entschieden dagegen, und die Damen waren auf meiner Seite. Sie gingen hinter ihm hinaus und ließen mich allein mit dem kleinen Enkelsohn des Mansab und einem beduinischen Waisenmädchen, die beide noch neugierig verweilten in der Hoffnung, mich zu Bett gehen zu sehen. Das kleine

Mädchen war munter und vergnügt, bis der Junge mir sagte, dass sie eine Waise sei.

»Meskina, armes Ding. Sie hat nichts«, sagte er mit einer Stimme, in der Mitleid und Geringschätzung sich die Waage hielten, was genau die Einstellung des Ostens der Armut gegenüber wiedergibt. Das Gesicht des Kindes war ganz traurig geworden.

»Ist sie eine Sklavin?«, fragte ich.

»Nein, nur eine Waise«, erwiderte Ahmad. Er hielt das sichtlich für noch schlimmer, was ja auch zutrifft. »Sklavinnen«, setzte er hinzu, »kann man in Shibam kaufen, und eine junge kostet fünfhundert Taler« (37 Pfund Sterling).

Ich gab zu verstehen, dass ich jetzt schlafen wollte, und sie gingen und ließen mich in dem Zimmer allein mit einer Maus. Ich trat auf eine Terrasse hinaus und schaute über die Häuser von Thile hinweg auf die von einem verhangenen Mond weiß beschienenen Palmenwipfel. Die Häuser des Mansabs sind die einzigen, die oben auf der Anhöhe stehen dürfen, »sodass«, wie mir sein Sohn sagte, »niemand in unsere Fenster schießen kann«. Aber jetzt war kein Gedanke an Schießen. Nur die bewölkte Ruhe der Nacht und das Gemurmel von Stimmen über den Wasserpfeifen auf einer unteren Terrasse. Die Temperatur war angenehm, 26 Grad Celsius. Um die Ecke einer Mauer konnte man das matte Glimmen eines erloschenen Beduinenfeuers sehen. Die Oase lag unten von dem Wadibett umschlossen wie ein Bild von einem Rahmen; und über all dem lag – ein größerer Rahmen – die Stille. Wie wenige von uns in Europa kennen wirkliche Stille bei Nacht; selbst wenn wir einsam hoch oben auf einer Gebirgsalm schlafen, klingt tröstlich das Rauschen fließenden Wassers an unsere Ohren. Aber hier ist zwischen einem Dorf und dem nächsten nichts als der Wind. Und in einer windlosen Nacht ist diese trockene, wasserlose Stille so lautlos, dass man meinen könnte, man höre das Wüstengestrüpp unter seiner Brustwehr von Dornen wachsen.

VII. Kapitel

Der Weg zum Dschol

»Er gewöhnte sich gleich nach der Manier der Landeseinwohner zu leben, und dieses ist notwendig, wenn man mit Nutzen und Vergnügen in Arabien reisen will.«

(Niebuhr, Reisebeschreibung)

Am nächsten Morgen wurde ich von einer kräftigen, schönen Stimme geweckt, die unter meinem Fenster das erste Gebet rief. Nach einiger Zeit kam mein Soldat, um das Bett aufzupacken, und der Mansab erschien, um mir Lebewohl zu sagen. Da noch niemand sonst zu sehen war, übergab ich ihm einen kleinen Spiegel als Geschenk für seine Tochter. Er nahm ihn überrascht und mit einem etwas widerstrebendem Vergnügen für sie entgegen, wobei man ihm anmerkte, dass er nichts dergleichen erwartet hatte. Er betrachtete das rote Seidenfutteral und die Quaste daran mit nachsichtiger Neugier, wie jemand, der immer noch freundliche Gefühle hegt für anderer Leute Eitelkeiten – ein Asket der liebenswürdigsten und menschlichsten Art. Aber er war nicht weltlich genug, um an so etwas wie ein Frühstück zu denken, und ich konnte nur eben ein Stück von dem Mukalla-Brot hinunterschlingen, während wir in die leichte Morgenluft hinunterstiegen.

Es war sechs Uhr. Die Beduinen hatten gerade erst mit dem Satteln begonnen, und so ließen wir sie bei ihrer Arbeit und gingen den kurzen Felsenpfad hinab bis zu einer warmen Quelle, der die Gärten von Thile ihr Gedeihen verdanken und die das ganze Wadi speist. Der Schwiegersohn war bereits da und wusch sich seinen prachtvollen Torso, der einem heidnischen Gott hätte gehören können, bei dessen Anblick man jedoch irgendwie empfand wie die getreue Gattin, die, nachdem sie die Vatikanischen Museen besichtigt hatte, meinte: »Da machen sie so viel her von Herkules und Bacchus, aber mein Jones ist mir lieber.« Vielleicht kam das daher, dass der Schwiegersohn selber solches Gefallen an seinem Äußern fand, und es ist vielleicht die uns innewohnende Unfreundlichkeit oder ein angeborener Sinn für Sparsamkeit, die zur Folge haben, dass wir nicht gern Bewunderung vergeuden für diejenigen, die bereits von sich aus zur Genüge damit versorgt sind.

Hier verabschiedete ich mich von dem netten alten Heiligen und folgte dem Soldaten zwischen feuchten Streifen bebauter Felder hindurch, quer durch das Wadi und die gegenüberliegende Felswand hinauf in offenes, nach Norden hin fast unmerklich ansteigendes Gelände, durch das unsere Reise führen sollte. Es besteht eigentlich aus lauter Wadis, so breit und flach, dass man sie fast gar nicht als solche erkennt, und die öde bis in die Küstenebene hinabführen. Doch das Frühlicht breitete jetzt einen gewissen blassen Zauber über sie, und die grauen Samrbäume ragten anmutig hier und da empor. Als wir eine Stunde gegangen waren, kam unsere Karawane hinter uns in Sicht. Wir wollten auf sie warten und setzten uns an der kleinen weißen Kuppel einer Siqaja nieder, einem Wasserbehälter, der, von irgendeinem verstorbenen frommen Wohltäter gestiftet, täglich für durstige Reisende gefüllt wird.

Bis jetzt hatte ich nur drei meiner beduinischen Begleiter zu Gesicht bekommen, Sa'id, seinen Neffen Salim und Salims zehnjährigen Bruder Muhammad, einen mageren kleinen Buben mit Haaren wie Rattenschwänze und einem immer zum Lächeln bereiten kleinen Froschgesicht. Sie gehörten alle zum Stamm der Murshidi-Beduinen, deren Siedlungen und Weidegründe um den Kor Saiban herum liegen, den höchsten Gipfel von Hadhramaut.

Sa'id war ein vergnügter und freundlicher, bärtiger kleiner Mann, mit vollen Lippen, gerader Nase und einer niedrigen Stirn voller Querfalten. Ein breites, zerfranstes Band war auf mädchenhafte Art rund um den Kopf gewunden und hielt das wollige Kraushaar zurück. Er war kräftig und geschmeidig gebaut, wie die Gestalt irgendeines niederen römischen Gottes, nicht aus der Glanzzeit, sondern schon eher zum Barock neigend. Er hatte eine gewinnende Art, den Kopf beim Sprechen zur Seite zu legen, und sehr gutmütige, große braune Spanielaugen blickten aus dem indigoblauen Gesicht. Wenn er etwas erklärte, streckte er immer beide Hände aus, wobei er sie, so weit es nur ging, nach außen drehte, alles, Handflächen, Finger und Daumen. Sein Neffe Salim hatte schwere Augenlider, wie eine schläfrige Katze, und eine vorstehende dicke Oberlippe; er war noch sehr jung, und ich hatte befürchtet, dass ich schwer mit ihm auskommen würde, aber er legte die ritterlichste Ergebenheit an den Tag, ließ meinen Esel nie aus den Augen und wohl zwanzigmal in der Stunde halten, wenn ich Aufnahmen machen wollte. Er stürzte hierhin und dorthin, um jede Wüstenblume zu pflücken, auf die mein Blick fiel, oft noch ehe ich ihn darum gebeten hatte. Diese drei waren letzten Herbst mit dem Sultan gereist. Sie waren wohlbekannt in Mukalla und hatten eigentlich meine ganze Begleitung bilden sollen, aber zwei andere – ein schweigsamer junger Bursche namens Ahmad Ba Gort und ein zweiter Sa'id, ein Vetter – hatten sich angeschlossen. Letzterer erschien mit einem Patronengürtel und einer französischen Büchse, an deren Kolben ein rundes, mit Gazellenfell bezogenes Holzstück gefügt war, wie das in Hadhramaut Sitte ist. Er war ein mürrisch dreinschauender Jüngling mit langem, hagerem Gesicht und einem schwarzen Bärtchen unter dem Kinn, wie bei einer Statuette aus einem ägyptischen Grab; um seine Korkenzieherlocken war ein indigoblauer Lappen gewunden. Diese Locken, ein silberner Armreif, in den ein Schlangenmuster getrieben war, sowie zwei Silberringe am kleinen Finger verliehen seiner Erscheinung etwas Verwegenes. Er hatte in der Tat eine etwas byronsche Gemütsart und wanderte meistens allein und abseits des ausgetretenen Karawanenweges über das Feldgeröll oder zog plötzlich eine Rohrpfeife aus seinem Lendenschurz und spielte, während er uns voranging, eintönige, an Windesklagen erinnernde Beduinenweisen. Seine mürrische Haltung mir gegenüber schwand gegen Ende des Tages, nachdem ich von dem Beduinenkaffee mitgetrunken hatte; sie war, wie sich später herausstellte, nichts anderes gewesen als Ärger darüber, dass er eine von den Nasara beschützen sollte, »die so stolz sind, dass sie nicht einmal mit uns essen wollen«, denn er war schon zuvor mit Europäern zusammen gereist, und der Umstand, dass sie allein aßen, hatte ihn offenbar seither ständig geärgert.

Diese vier holten uns nun ein, mit sechs Eseln, die fast verschwanden unter Bergen von Gepäck, das seinerseits unter einer doppelten Hülle von Sackleinen und Fliegen verborgen war. Die Fliegen lagen wie schwarzer Staub auf jeder nicht allzu steilen Stelle, und wir wurden sie erst am zweiten Reisetag los, als die Luft auf dem Plateau kälter wurde.

Denn das Gelände stieg jetzt allmählich an, auf die Wasserscheide zu, die steinige Einöde des Dschol, die sich viele Tagereisen weit zwischen der eigentlichen Wüste und dem Meer erstreckt. In ihrer weiten Monotonie ist sie dennoch nur der Saum einer noch größeren Einförmigkeit, des arabischen Tafellandes, das von Petra nach 'Oman hin abfällt. Dieser äußere Dschol ist zerspalten und zernarbt wie der vertrocknete Lehmgrund eines Teiches im Sommer. Die Spalten sind Täler, teils von uralten Ortschaften besiedelt, teils, wild und eng, nur von Bäumen und Vögeln an strömenden Sommergewässern. Der Dschol war seit jeher nur der Tummelplatz von Wind und Sonne und den frei umherwandernden Beduinen. Die Bewohner der Binnenstädte kennen ihn kaum und mögen ihn nicht. Sie durchqueren ihn nur, weil sie nicht anders können, wenn sie zur Küste wollen, von der sie sechs oder sieben Tagereisen weit entfernt leben. In der sonnenbeschienenen Ferne tauchten jetzt flache Hügelwellen und Tafelgelände aus Kalkstein auf, die ersten Stufen zum Dschol, aber – wie Sa'id sagte – noch nicht der eigentliche Dschol, denn den sollten wir erst am Abend des nächsten Tages erreichen, am Ende des Wadis Himem, dem wir folgen mussten.

Wir trotteten fröhlich dahin, während sich die weiten, flachen Ränder des Wadis nach und nach immer enger zu einer erkennbaren Wadiform zusammenzogen. Der scharfe, flotte Klang trabender Eselshufe auf hartem Grund hat etwas Vergnügliches. Und vergnüglich ist es auch, auf einer Eselslast zu sitzen, wenn man weiß, wie man es anstellen muss, nicht steif, sondern sich den Sprüngen und Launen des Langohrs geschmeidig und mit einem Gefühl für das Gleichgewicht anpassend, wenn man, mit einem Wort, so reitet, wie man sich auch durchs Leben fortbewegt, mit heiterem Sinn für die Freuden des Augenblicks und ruhig gefasst auf etwaige Zwischenfälle. Mein Esel hieß Suwaidi und war ein kräftiges, kleines Tier mit haarigen Ohren und stämmigem Nacken und grau wie ein bewölkter Himmel. Als ich nach seinem Namen fragte, erwiderten sie mir, er habe keinen, er heiße einfach Esel – »himar«. »Das ist doch unmöglich«, sagte ich. »Er muss doch einen Namen haben, wie könnt ihr ihn sonst von den anderen unterscheiden?« – worauf der kleine Muhammad, der mit einem Stock neben mir einherstelzte, mich lächelnd anschaute und mir den Namen sagte, den seine älteren Gefährten offenbar meiner Beachtung nicht für wert gehalten hatten.

Wir folgten einem mehr oder weniger ebenen Weg bis Lasb, zwei Stunden von Thile. Der Ort bestand aus ein paar Lehmhäusern sowie einem weiß getünchten Haus. Nun führte der Weg bei einer Siqaja hinunter in das Wadibett, wo Teiche und Palmen sich ausnahmen, als seien sie von einem Landschaftsgärtner kunstvoll vor dem Hintergrund der Felswände angeordnet. Hier und da an feuchten Stellen wuchsen Pflanzen, hauptsächlich eine niedrige windenartige Pflanze, die Batata genannt wird – und kleine Fische und Frösche tummelten sich in den Teichen, über denen rote Libellen schwirrten. Von hier an folgten wir nun dem eigentlichen weißen Geröllbett des Wadis, immer wieder an Teichen vorbei, an denen hochgewachsene Samrbäume standen, an denen langblättrige Nathbäume hübsche grüne Gruppen bildeten und an freien Stellen 'Ashrbäume wuchsen – mit breiten, ovalen, blassen Blättern, die mit einem weißlichen Flaum bedeckt sind und an der Spitze kleine purpurne Blüten tragen, in denen, wie die Muslime sagen, die Dschinns, die Geister, wohnen.

Büschel von Grün wuchsen überall, wo Wasser war. Die Vegetation veränderte sich, je enger die Felswände zusammenrückten, doch einige der Pflanzen, die wir im offenen Gelände gesehen hatten, kamen auch hier noch vor, wie die für Mensch und Tier giftige Harmal, die mit ihrer weißen Blüte allenthalben bis zu zwei Fuß hoch wucherte. Auch ein größerer, oleanderartiger Strauch mit kleinen weißsamtenen Blüten wuchs hier, und gelbe Galaigula, zur Familie der Akazien gehörig, aber niedrig wachsend, die – wie Salim sagte – einen um den Verstand bringt, wenn man sie kocht und trinkt. Die grünen Geniste hingen malerisch über den Teichen in der weißen Schlucht. Auf beiden Seiten schlossen uns jetzt Felswände ein, so hoch, dass ich kaum die Wildtauben erkennen konnte, die um ihre sonnigen Kämme flatterten. Mächtige, von den Winden herausgearbeitete Steinpfeiler und -platten sahen aus wie von Riesenhänden geschaffen. Es sind Kalksteinfelsen auf Sandsteinfundamenten. An ihren Rändern ragt kahles Buschwerk gegen den Himmel; man kann sich vorstellen, dass es in der Regenzeit zart begrünt ist. Dort oben wanderten Morgenwind und Sonnenlicht; wir aber gingen in stiller, sich langsam aufheizender Luft. Die Esel suchten sich, mit gesenkten Köpfen und hin und her wackelnden Ohren, ihren Weg durch das runde weiße Geröll. Sa'id II. zog seine Madruf, seine Rohrflöte heraus, setzte sie an die Lippen und tanzte barfüßig von Stein zu Stein. Plötzlich zogen in gemeinsamem Impuls die anderen drei ihre Messer. Ich dachte, es sei, um die Esel anzustacheln an ihren grauen Hinterteilen, die just noch unter dem Gepäck hervorschauten; aber sie wollten lediglich hinter dem Flöten her tanzen, mit kurzen leichten Schritten, die Messer so in Augenhöhe haltend, dass die gekrümmten Spitzen nach oben standen. Sie schauten höchst vergnügt dabei aus und nach allem anderen als nach Bürgern des »regelrechten, geordneten Staatswesens«, als das man mir in Aden dieses Land hier geschildert hatte.

Um neun Uhr erreichten wir einen Felsüberhang, eine Art offener Höhle mit einem Wasserrinnsal, die vermutlich schon seit Jahrhunderten als Rastplatz diente. Hier blieben wir während der heißen Stunden des Tages.

Unser Soldat machte mir ein Bett aus allen weichen Dingen, die er finden konnte, während die Beduinen sich an ihre Arbeit begaben, Brennholz sammelten und Kaffee heiß machten, bevor das wichtige Geschäft des Mittagessens begann.

Dieses erfolgte später und wurde von Sa'id in dem neuen Topf gekocht. Es bestand aus einem Gemisch von Reis und zermahlenem roten Pfeffer (bisbas). Als es fast gar war, bröckelte Sa'id etwas von dem beliebten fauligen Haifischfleisch hinein, welches zur Folge hat, dass jede Karawane in Hadhramaut riecht, als ob vor nicht eben sehr kurzer Zeit irgendwer oder irgendwas in ihrer Mitte verstorben sei. Er fügte etwas hinzu aus einem kleinen schwitzenden Ziegenfellschlauch, rührte das Ganze mit einem Stöckchen um und füllte meinen Teller, den der Soldat mir auf eine etwas abseits gelegene Felsstufe stellte, während er und die vier Beduinen sich im Kreis um den Topf hockten und sich mit den Fingern darüber hermachten.

Wir rasteten bis zwei Uhr. Der Schatten war angenehm und wanderte nicht so schnell, dass man ihm immerzu folgen musste. Wo er auf dem Weg, den wir gekommen waren, endete, glänzte zwischen hohen Felsen, wie ein Zugang zu einem Tempel, ein glatter Steinboden in der Sonne, über den jetzt Salim die Esel vom Teich zurückführte. Sa'id II., der Flötenspieler, lag auf einem Fels auf dem Rücken, hielt seinen Dolch, den Stolz seines Lebens, hoch und betrachtete ihn verzückt. Ein wandernder Beduine, ein hochgewachsener, bärtiger Mann, der über Schwindel und Kopfschmerzen klagend herbeigestolpert war, lag auf einem anderen Felsen mit Watte und Kölnisch Wasser über den Augen. Der schwarze Sklave hockte in einem Winkel und lockte unsere vier unglücklichen Hähnchen mit ein paar Körnern. Das richtige Reisedasein hatte begonnen, wechselvoll in seinen kleinen Zwischenfällen, unveränderlich in seinen Grundzügen. Dieses Zusammenspiel von Zufall und Gesetz, bei dem die Überraschungen eines jeden Tages sich in ein feststehendes Schema physischer Notwendigkeiten fügen, nach den gleichen zwingenden Regeln, die schon seit Jahrhunderten gelten – dies ist sicherlich der eigentliche Zauber des Reisens unter freiem Himmel. Und wenn unsere Fortbewegungsmöglichkeiten so vollkommen sein werden, dass unsere Reisen zu

Lande und zu Wasser und in der Luft nicht mehr durch physische Gesetze bestimmt sind, dann werden wir unserem Planeten entwachsen sein, und jenes köstliche Gefühl des Einsseins mit Tieren und Pflanzen und Steinen, des Einsseins unter dem Walten des gleichen Zwanges, wird für immer geschwunden sein.

Um zwei Uhr brachen wir wieder auf. Sa'id und Salim sattelten die Esel und sangen dabei eine besondere kleine Melodie, die dieser Arbeit vorbehalten war. »Habbali, Habbali, Habbali, Habbali« – so klang es ziemlich eintönig immer wieder und wieder in verschiedenen Tonarten, bis sie mit dem Satteln fertig waren; aber der Esel schien es zu mögen und lauschte mit zurückgelegten Ohren. Als der Gesang verstummte, wusste er, dass die Last verstaut war, und setzte sich von selber in Gang. Manchmal sangen sie auch »Hot taht idak«, gleichfalls immer wieder und wieder: »Tu es unter deine Hand«, eine einigermaßen unangebrachte Bemerkung, dachte ich, wenn es sich darum handelt, einem Tier eine Last auf den Rücken zu binden. Sa'id war es, der die Verse erfand und alles sang, was ihm in den Kopf kam. Auch wenn er beim Reiskochen hockte, psalmodierte er immer vor sich hin, leise, hingebungsvoll und rasch, wie ein römisch-katholischer Priester, der sehr schnell seine Messe heruntersingt.

Um halb drei kamen wir in Lubaib an, einer armseligen, aber an einer freien Stelle gelegenen Ortschaft, wo mehrere Täler sich treffen. Zwei Wadis münden hier von links, das Wadi Benasha und das Wadi Rajak, das nach Qarn Rajak führt; südöstlich von Lubaib war der Dschebel 'An'ana zu sehen. Kurze Zeit später kamen wir, an der Mündung des Wadis Huti und an Ras Barq vorbei, in die öde Schlucht des Wadis Himem, das uns zum Dschol hinaufführen sollte.

Sowohl van den Meulen wie die Ingrams sind diesen Weg gereist und haben ihn kartographisch erfasst, sodass ich nicht die Absicht hatte, irgendwelches geographische Material zu sammeln, sondern mir dies für das unbekannte Land westlich von Shibam aufsparte. Ich gebe hier lediglich wieder, was die Beduinen mir sagten, ohne dass ich für die Richtigkeit dessen einstehen kann; denn ich unterzog mich nicht der mühseligen Prozedur, ihre Angaben zu überprüfen und zu vergleichen, schon allein deshalb nicht, weil ich immer hoch Schwierigkeiten hatte, sie zu verstehen; sie sprachen zwar ein ausgezeichnetes Arabisch, aber mit plötzlichen spaßigen Veränderungen des Tonfalls und merkwürdigen prallen Verdickungen am Ende jedes Wortes, die so klingen, als ob sie explodieren wollten. Und das macht es für den Neuling viel schwieriger als gewisse mundartliche Eigentümlichkeiten, an die man sich schnell gewöhnt, wie zum Beispiel, dass sie »j« statt »dsch« sagen.

Als wir aus dem offenen Gelände in die von Steilwänden umgebene Stille des Wadis Himem kamen, sahen wir uns einer zerklüfteten und aufgewühlten Felsenwelt gegenüber, einem erstarrten Abbild von den Wehen der Erdgeschichte. Der senkrechte obere Teil der Felswand ragte balkonartig vor, und der Wind hatte reihenweise Höhlungen hineingewetzt, wie Theaterlogen. Mit etwas Phantasie konnte man sich ausmalen, wie irgendwelche vormenschlichen Wesen darin saßen und dem Treiben der Elemente zuschauten, der Einwirkung von Tageslicht, Wind, Wasser, Sonne und Frost auf die gefangenen Gewalten, die unter der Erdkruste drängten und schwollen. Die steilen Flanken waren mit Bäumen bedeckt, die in reicher Mannigfaltigkeit nur auf den Regen warteten, um zum Leben zu erwachen. Allenthalben regten sich Rebhühner, kleine Krähen und Bachstelzen. Im Sommer, wenn Wasser durch das weiße Geröll strömt und die Hänge grün sind, müssen diese felsenumschlossenen Täler ein Paradies sein; aber jetzt war ihre kahle Mächtigkeit geradezu überwältigend im Vergleich zu dem bisschen Menschheit, das da barfuß im Gänsemarsch zwischen den schweigenden Wänden hindurchschlich, die Esel mit gleitenden, klappernden Hufen nebenher. Und die Erleichterung, die man beim Anblick jeder kleinen Palmenoase und jedes kleinen Maisfeldes empfand, brachte einem plötzlich das Übermenschliche dieser Landschaft zu Bewusstsein.

An jenem Tag zeigte sich noch keine solche Oase. Wir folgten dem einsamen, unbebauten Tal, bis wir um zwanzig nach drei zu einer Stelle kamen, die Hallaf hieß und wo das Wadi in Form eines Amphitheaters mit glatt geschliffenen Wänden eine Biegung machte. Hier stieg der Weg in freieres Gelände, zu einem Gebiet namens Rahbar an. Wir gingen am Westrand entlang über uraltes, aus der Felsflanke abgetragenes Geröll; diese so wildmajestätischen Täler sind im Grunde nur Ausläufer und Abfallhaufen des Dschol. Dort oben sind die Jahrhunderte und die Sommerstürme am Werk, sie meißeln neue Bergzüge aus, und der Schutt wird durch diese Durchgänge herunterbefördert, zerreibt die Kalksteinflanken und zerbröckelt die Sandsteinfundamente; Karawanen, die im Bereich dieser gewaltigen Bewegungen reisen, schweben in Gefahr, von jähen Wasserfluten weggeschwemmt zu werden, die die Schluchten von einer Seite bis zur anderen füllen und sie reinfegen.

Hier gewinnt man in den Seitentälern noch Weihrauch, der nach Mukalla gebracht und dort verkauft wird. Auf dem Hauptweg, dem wir folgten, waren zwar keine Weihrauchbäume zu sehen, doch vielerlei anderes wuchs um uns her: Samrbäume und Humè, ein Zwergbaum mit kleinen dunklen Blättern; 'Asharik, ähnlich wie Goldregen; rotstämmiger Abb, ein Baum, den man auch in Aden antrifft, und der olivenähnliche Sarakh, dessen Laub von den Kamelen gefressen wird; Thaulat adh-dhabi oder *Adenum obesum*; Dhubid, mit gelben Blüten, ebenfalls bei den Kamelen beliebt; Khalsfa; Qatara und Qaradh, eine dem Samr sehr ähnliche Akazie, die wir immer öfter sahen, je höher wir dem Dschol zu emporstiegen. Auch eine lavendelähnliche, aber geruchlose Pflanze namens Kohaile kam vor, und ein Strauch, Dhudà genannt, mit klebrigen und wie lackiert glänzenden Blättern, die kein Tier frisst. Hier sah ich auch zum ersten Mal merkwürdige Sandsteinblöcke, in die Stücke eines eisenartigen, rostfarbenen Gesteins eingebettet waren. Die harten Kanten des dunkleren Gesteins leisteten der Erosion Widerstand, während der weiche Stein um die Einschlüsse herum leicht zerfiel. Ich sah immer mehr dieser Blöcke, je näher wir dem Dschol kamen.

Während dieser ganzen Zeit begegneten wir nur einer einzigen abwärts ziehenden Karawane. Ich bot dem kleinen Muhammad, der müde einherhinkte, meinen Esel an, doch er wies ihn zurück. Als ich abstieg, um ihn zum Aufsitzen zu nötigen, lächelte er zwar dankbar, war aber nach zehn Minuten wieder unten und versicherte mir, er sei schon ausgeruht. Das Tal, jetzt zerklüftet und offen, lag mit seinem wasserlosen Strombett tief unten zu unserer Rechten. Über seine wie von Riesenmeißeln gehöhlten und von Riesenhobeln geglätteten Felsen hinweg sahen wir den wolkigen Abendhimmel und hinter uns einen dreieckigen Berggipfel. Um Viertel vor fünf nahmen wir an einem öden, steilen, mit haushohen Blöcken übersäten Bergwinkel unseren Tieren die Lasten ab und schlugen unser Lager auf.

Der Platz hieß Rash und wurde offenbar häufig benutzt, denn die Asche alter Feuer lag noch umher. Der Soldat schlug mein Bett im Schutz eines Felsens auf, und als das Abendessen bereit war, bekümmerte ich sein korrektes Gemüt, indem ich mich zu der ums Feuer hockenden Gesellschaft setzte. Sie breiteten einen Sack über den besten Stein und hießen mich willkommen, wobei sie mich mit dem Namen Frija nannten, den sie bis ans Ende der Reise beibehielten. Bei dieser Gelegenheit erzählten sie mir auch von dem »Stolz« der Nasara, der sie anscheinend zutiefst verletzt hatte und seit Langem ärgerte.

»Wir hatten ein Feuer«, sagte Sa'id, »aber es war ihnen nicht gut genug, sie wollten ein besonderes für sich haben zum Kochen, und wir wurden angewiesen, ganz weit weg von ihnen zu sitzen. Und sie sind so stolz, dass sie durchaus immer voranreiten wollen, und wir, die wir zum Lande gehören, müssen ihnen folgen.«

Ich tat mein Möglichstes, um diese Wunden zu lindern, und empfand wieder, wie schon oft zuvor, dass die Gewohnheit, abends, wenn die Arbeit getan ist und das Plaudern beginnt, mit seinen Gefährten am Feuer zu sitzen das einzige sichere Mittel ist, um Eintracht und Freundschaft zu wahren. Ich hatte nie irgendwelche Schwierigkeiten mit meinen Beduinen und erfuhr nichts als Freundlichkeit und Dienstbereitschaft in jeder Weise. Das schreibe ich hauptsächlich dem Umstand zu, dass wir unsere Mahlzeiten gemeinsam einnahmen und dass ich, abgesehen von dem schmollenden Soldaten, der aber während der ganzen Reise mit seinen Gefühlen in einsamer Minderheit blieb, keinen eigenen Diener bei mir hatte.

Als es schon dunkel war, hörten wir, wie eine andere Karawane gegen die Steine stieß. Wir verhielten uns still in der Hoffnung, dass sie an uns vorbeigehen würde, da wir begreiflicherweise argwöhnisch waren gegen Leute, die bei Nacht kamen. Aber sie bogen um unsere Felsecke, grüßten uns mit »Ja hayya!« und liehen sich einen Brand aus unserem Feuer zum Kochen. Sie waren üppiger ausgestattet als wir, denn sie reisten mit einem Sahn, einer Art flachen Blechschüssel auf einem Ständer, aus dem sie ihren Reis aßen anstatt aus dem Kochtopf wie wir; aber sie waren Bauern aus den Gebieten der Sesshaften und somit geringer als wir, trotz all ihres Gepäcks. Ein großer starker Bursche kam nach einer Weile in unseren Kreis, um zu plaudern. Er hatte einen weißen Wollschal als Turban um den Kopf und zum Schutz gegen die Sonne Harmalzweige mit eingebunden; er war ein

Spaßvogel, mit einem verwegenen unbekümmerten Gesicht, und brachte uns alle zum Lachen. Von meinem Bett aus, in das ich schließlich kroch, konnte ich die Runde noch behaglich schwatzend um das erlöschende Feuer hocken sehen, dessen flackernder Schein die Gesichter von unten anleuchtete. Die dunklen geduldigen Gestalten der Esel standen schattenhaft dahinter. Die Felswände ragten schwarz oder vom Feuerschein gestreift über ihre Köpfe, und beim Einschlafen musste ich an den Eingang zu Ali Babas Höhle denken, an ein Bild aus einer illustrierten Ausgabe von Tausendundeiner Nacht, die ich als Kind besessen hatte.

VIII. Kapitel

Die Beduinen von Kor Saiban

»Wer sich bequemen kann, so zu reisen, und zufrieden ist, wenn er in einem Wirtshaus bisweilen nicht mehr findet als schlechtes Brot, der wird auch auf Reisen in Jemen ebenso viel Vergnügen antreffen, als ich daselbst gefunden habe.«

(Niebuhr, Reisebeschreibung)

Den ganzen nächsten Tag folgten wir, ständig steigend, dem Wadi Himem.

Ich erwachte um vier Uhr früh und maß die Temperatur, die 23 Grad Celsius betrug. Es war ein angenehmer bewölkter Morgen.

Um sechs Uhr brachen wir auf. Wir zogen auf der linken Talseite dahin und stießen bald auf eine Schar Kamele, die zwischen den Felsen lag und schlief. Kamele gehen langsamer als Esel und sind etwas billiger zu mieten; sie brauchen acht Tage für eine Strecke, für die ein Esel sechs braucht, und auch vom Standpunkt des Photographen aus sind Esel vorzuziehen, da man rascher auf- und absitzen kann. Die Tiere lagen quer über dem Weg; ihre Besitzer, das Haar in Netzen aufgebunden, aber sonst fast nackt, kamen belustigt herzugeschlendert, und ich fragte, ob sie beißen würden; ein junger Bursche beugte sich nieder, um ihre gurgelnden Hälse festzuhalten, damit ich so frei und anmutig vorüberschreiten konnte wie eine Figur auf einem griechischen Fries.

Danach kamen wir zu dem ersten Dorf, Zamin el-Kebir, etwa fünfzehn auf der anderen Talseite am Eingang einer Schlucht gelegenen Häusern inmitten von Bananen- und Palmenhainen und Hirsefeldern. Alle diese Dörfer im Wadi Himem sind armselige kleine Nester und gehören unabhängigen »Sultanen« der Ba Hebri. Sie sind durch weite Strecken Ödland voneinander getrennt. Dann ging es an den wenigen Lehmhütten von Zamin as-Saphir vorbei und über einen wirren Geröllhang, den 'Aqaba von Batha, hinauf nach Mahzama. Hier weitete sich das Tal zu einem Hochlandbecken, mit vom Wasser zerfressenen kahlen Gipfeln ringsum, auf denen Wolken und Sonnenschein lagen. Ein befestigtes Lehmdorf namens Ghayarda lag erhöht zu unserer Linken. Palmen, Linden und weitgebreitete 'Ilb- oder Nebkbäume *(Sisyphus Spina Christi)* standen davor. Neben der Palme ist der 'Ilbbaum der nützlichste in Hadhramaut. Er muss nicht bewässert werden und gedeiht auch an trockenen Stellen. Seine apfelfarbigen, mehligen Beeren dienen den Beduinen und seine Blätter den Ziegen als Nahrung. Außerdem liefert er das Holz für all die geschnitzten Türen und Säulen der Städte.

Ich freute mich an dem offenen, flachen Tal und an den sanfteren Hängen ringsum nach den senkrechten Steilschluchten weiter unten.

Allerlei neue Pflanzen und Sträucher tauchten auf. Madhab, etwa vier Fuß hohe Büsche mit roten, zungenförmigen Blüten; 'Ebub mit dunkelvioletten und Dhora mit roten kleinen, samenartigen Blüten; Ghulila; Da'aja, gelbblühend; Hudam, eine fette Pflanze, und eine Quruf genannte Aloe, die ihres Saftes wegen verkauft wird. Hier und da wucherten dornige Geniste, die unverhofft zarte orangefarbene Blüten trieben; außerdem die zerzausten gelben gänseblümchenartigen Duweila, die allenthalben in dem wasserarmen Boden gedeihen.

Während wir munteren Schrittes über das Alluvialland zogen, erhoben die Beduinen ihre Stimmen und sangen Worte ohne Sinn:

»Wa ai daina, daina …«

Sie nannten das ein Maghani und sagten, es sei eine Tanzweise; sie endete auf einem absteigenden, tief summenden Ton, der langsam erstarb und durch die Luftwellen herabzusinken schien, als sei er schwerer als sie.

Sie freuten sich darüber, dass ich ihren Gesang mochte, und nach einer Weile stimmten sie eine Zeima an, einen Männergesang, wie Sa'id erklärte, »denn er lehrt uns, den Tod nicht zu fürchten«. Er hatte einen schnelleren Rhythmus, erst drei Trochäen, dann zwei Trochäen und einen Daktylos, und die Männer trabten im Takt dazu mit kurzen Schritten, unser einziges Gewehr waagerecht haltend, während die Esel, offenbar an das Spiel gewöhnt, die Ohren spitzten und sich auf eigene Faust in so raschen Trab setzten, dass das Gepäck klapperte und eines der vier zum Essen bestimmten Hähnchen einen schwachen verzweifelten Versuch machte zu krähen. Die Ärmsten waren mit den Beinen oben auf einem Ballen festgebunden, neben dem Kochtopf und dem Teekessel, und der klägliche Anblick, wie sie, die kleinen Augen immerzu schließend und öffnend, auf die an ihnen vorbeischaukelnde Welt blinzelten, erweckte den sehnlichen Wunsch in mir, sie möglichst bald für immer erlöst und gekocht zu sehen, bevor sie sich aus schierer Melancholie zu Tode grämten.

Und nun, um zehn Uhr, verengte sich das Tal vor uns wieder, und an seinem Ausgang prangte auf einem Hügel Himem, ein mittelalterlich burgartiges Dorf, mit kargen Äckern und vielen Samrbäumen zu seinen Füßen, wenn man, wie wir, von Südwesten kam.

Es wundert mich, dass andere Reisende sich nicht bewogen fühlten, mehr über den Samrbaum zu berichten. Er ist gleichsam eine Verkörperung der Wildnis, von zarter Kargheit und doch anmutig. Beinahe wie eine lebendige, leichte Gebärde wirken der wellenförmige Stamm und das waagrechte Geäst vor der Unbeweglichkeit des Kalksteingrundes, auf dem der Baum wächst. Er ist eine gefiederte Akazie *(Acacia vera)* mit dunklen Samenschoten und Dornen, die länger sind als die Blätter und durch deren stachliges Gewirr hindurch das weiche blasse Grün und die duftenden gelben Blütenbälle sich so überraschend ausnehmen wie das Laub und die Blüten an Tannhäusers Stab; und ob es nun an jener Geschwungenheit des Stammes liegt, der den vom Wind abgeflachten Baldachin des Wipfels trägt, oder an dem Kontrast dieser zerbrechlichen Grazie, dekorativ und schlicht wie eine japanische Zeichnung, zu dem schweren, wuchtigen Felsenhintergrund – ich weiß es nicht: jedenfalls wirkte der Samrbaum in den kahlen Schluchten wie eine Gestalt, die eben noch getanzt hatte und die just in dem Augenblick, da man um die Ecke bog, durch irgendeinen Zauber mitten in der Bewegung erstarrt war.

Wir sahen eine Menge Samrbäume, als wir an Himem und einer weißen Sikaja vorbei am Fuß des Hügels und an den kahlen unteren Mauern des Dorfes entlang zum Wadibett ritten, wo wir in der Nähe einiger jodfarbener Teiche in flachen, wild zerklüfteten Höhlen kampierten, die nur ungenügenden Schutz boten. Das gewundene Kalkgestein im Inneren sah aus wie eine schlechte Nachahmung von Baumwurzeln, und nach draußen hin hatte man nur die Aussicht auf grell in der Sonne glänzende, vom Wasser abgeschliffene Felsblöcke. Schließlich hatten uns ein paar Dorfbewohner bemerkt. Sie kamen herüber und scharten sich im Kreis um uns; aber unser Soldat war sogleich darauf bedacht, mich von ihnen abzusondern, indem er meinen Reis mit Paprikaschoten in eine andere Höhle brachte.

Er schien mit wahrhaft viktorianischer Strenge von dem Grundsatz beseelt, dass weibliche Wesen sich immer nur zu ihresgleichen gesellen sollten – was ich langweilig und schwer durchführbar finde. Er war überdies beschränkt, und wenn er sich eine Idee in den Kopf gesetzt hatte, hielt er mit der Zähigkeit derer daran fest, die nicht allzu häufig mit Ideen gesegnet sind. Eine dieser Vorstellungen war, dass die Leitung der Expedition in seinen Händen lag. Die vier Beduinen und ich saßen diesem Irrtum nicht auf, wie ein amüsanter kleiner Vorfall im Laufe des Nachmittags bestätigte. Wir folgten einem holperigen Pfad, der mit jähem Auf und Ab an der Talflanke hinanführte, und Sa'id, der schwätzend neben mir und meinem Esel ging, streckte jedes Mal die Hand aus, wenn er eine schlechte Stelle kommen sah, und hielt mich auf meinem Packsattel fest, bis sie überstanden war. Ich war nicht allzu erpicht auf diesen Beistand, der jedes Mal fünf indigoblaue Fingerabdrücke auf meiner Bluse hinterließ, aber wir waren gerade in die Geschichte des letzten Murshidi-Krieges vertieft, und Sa'ids hilfreiche Geste war von so beiläufiger und unpersönlicher Art, als ob er eine Porzellankiste gestützt hätte oder sonst etwas, das Schaden genommen hätte, wenn es von einem Esel auf die Steine heruntergefallen wäre. Plötzlich kam der Soldat herbeigesprungen, stieß Sa'ids Hand weg und sagte, die Dame dürfe nicht angefasst werden. Sa'id schaute ihn groß an, ging aber ruhig weiter, die schlanken Hüften unter dem roten Lendenröckchen mädchenhaft wiegend. Dann sah er mich an; ich lächelte, er lächelte. Wortlos verwiesen wir unseren Sittenapostel in die Gruppe der Schwachen im Geist, wohin er gehörte, und wandten uns wieder dem Gespräch zu, wie es Verständigen geziemte, die gerade mit so ernsthaften Dingen wie Stammeskämpfen beschäftigt waren.

Der Stamm der Murshidi, erzählte mir Sa'id, gehe zurück bis auf Mirba' 'Abdalla Benhaim und Muhammad ba Salim

Begdim. Ihre Heimat waren die hohen Felsengebirge von Kor Saiban, die ihren Nachfahren bis auf den heutigen Tag gehören. Die Ba Surra von Do'an haben die gleiche Herkunft, und diese beiden sind die einzigen Stämme, von denen die Regierung in Mukalla keine Geiseln nimmt, da ihre Ergebenheit und Treue wohlbekannt ist. Sie sind verwandt mit den nordöstlich von Mukalla lebenden Humumi, mit denen sie vor acht Jahren im Kriege lagen, wobei fünfhundert Humumi dreihundert Murshidi angriffen und siebzig Tote auf Kor Saiban zurückließen (die Zahlen bei diesen Schlachten pflegen sich zu verändern, je nachdem, welche Partei die Geschichte erzählt). Jetzt, sagte Sa'id, sei ein Friede zwischen ihnen zustande gekommen, und zwar für die Humumi durch 'Aiderus in Shihr und für die Murshidi durch unseren Gastgeber, den Mansab von Thile, der jedoch nicht der eigentliche Mansab (das religiöse Oberhaupt) der Murshidis sei. Der wahre lebe im Wadi al-Aissar im Norden, wo gegenwärtig ein Krieg mit einem Nachbarstamm im Gange sei.

Sa'id II, unser Flötenspieler, hatte vor Kurzem noch dort mitgekämpft. Er kletterte wie immer über die Felsen neben dem Pfad und beteiligte sich dann und wann an unserem Gespräch. Ich fragte ihn, ob jetzt Friede geschlossen sei.

»Nein«, erwiderte er. »Furcht liegt zwischen uns. Aber das macht nichts. Wir treiben weiter Handel mit sicherem Geleit.«

Er zog seine Flöte heraus und erhob die Stimme zu einem »ai-daina«-Gesang. Alle fielen ein in den glocken- und windähnlichen Ton, der klang, als käme er von den Felsen und Gewässern.

Doch der eigentliche Dichter war der andere Sa'id. Er wusste bei jeder Gelegenheit das Rechte zu singen, und die Qasidas, die er seinem Neffen mit rascher, leiser Stimme vortrug, klangen so ernsthaft und eindringlich, dass ich zuerst dachte, es müsse sich um Geldangelegenheiten oder Familienzwistigkeiten handeln. Denn wenn ich manchmal in europäischen Städten auf einer Bank saß und den Gesprächen der Vorbeigehenden lauschte, habe ich diesen ernsten Ton fast immer nur gehört, wenn es sich um Geld drehte. Als ich daher Sa'id fragte, was er da rede, und er mir sagte, es seien Gedichte, war ich angenehm überrascht und bedauerte nur, dass ich, als er mir zuliebe noch einmal anfing, den Versen nicht folgen konnte; es half auch nichts, wenn ich nach dem Sinn dieses oder jenes Wortes fragte, denn er antwortete dann immer nur: »Das ist Poesie«, und stürzte sich gleich wieder in seinen Redestrom, die eine Hand auf der Mähne meines Esels und die andere in die Luft gespreizt, die braunen Spanielaugen voller Entzücken, während seine wolligen, im Nacken zierlich zu einem Knoten gerollten Locken seltsam hausfraulich wirkten im Vergleich zu seinem stämmigen, kleinen, nackten Oberkörper.

Wir hatten Himem um Viertel nach eins verlassen, und den ganzen Nachmittag folgten wir dem gleichnamigen Wadi, wobei wir in dieser öden Gegend nur an einer einzigen Hütte vorüberkamen, die links von uns am Fuße eines Abhanges lag. Sobald wir die 'Aqaba, das heißt die Steilhöhe darüber erstiegen hatten, wurde das Wadi Himem jedoch sehr schön und wild, mit mehr und mehr Bäumen und größeren Felsblöcken in seinem engen Bett.

Der Pfad verlief hoch und frei, bis sich allmählich die Felsen wieder verengten und uns zwischen Wänden einschlossen, deren üppiges Grün eine so romantische Landschaft bildete, wie man sie meist nur auf Gemälden sieht. Es gab keine Häuser hier; ein paar scheue Menschen lebten in den Höhlen, die allenthalben in den Felswänden waren. Es zeugte von der Macht der Regierung, dass keine Raubüberfälle auf Reisende vorkamen in einer Gegend, wo die Gelegenheit so günstig und eine Verfolgung der Täter so schwierig war. Unser Tal bog nach links. Die Bäume wurden höher, die grünen Büsche dichter und immer wilder die von Wasser und Wind zerfurchten Wände, die mit ihren schrägen Gesteinsschichten zusehends näher an uns heranrückten. Wir begegneten nur einer Reisegesellschaft, Leuten aus Khuraiba in Do'an, die auf dem Weg nach Indien waren. Außerdem zwei schlanken kleinen Beduinenmädchen, die plötzlich an einer Ecke auftauchten, auf unseren Flötenspieler zurannten, ihn begrüßten und sich als seine Schwestern entpuppten.

Wir stiegen immerzu bergan und waren plötzlich von Wolken umhüllt, was angeblich oft geschieht, bevor man in die klare Luft des Dschol hinaufgelangt. Wir waren ihm jetzt schon sehr nah; die Wadiflanken wurden flacher; eine Pflanzenart nach der anderen verschwand, je rauer das Klima wurde, bis wir endlich auf den offenen Bergrücken hinauskamen, wo das von Geröll übersäte Land abwärts wogte, der Küste zu. Es war fast fünf Uhr. Die Landschaft war von Wolken verdunkelt und braun wie ein Meer, und rechts von uns, aber im Nebel verborgen, lag der Kor Saiban selbst.

»Al-Kor, al-Kor«, riefen sie mir zu, denn ihr Gefühl für dieses ihr Gebirge, die Heimat ihrer Vorfahren, ist heidnisch und mythisch, ähnlich wie die Griechen empfunden haben mögen für die Geister ihrer Felsen und Berge.

Wir waren jetzt mitten im Herzen des Murshidi-Landes und wandten uns nach links, ein wenig bergab, auf Hisi zu, wo meine Begleiter im flachen Ausgang des Wadis ein paar Äcker und Hütten besaßen und wo wir übernachten wollten.

Salim und Sa'id II liefen voraus, um Heuseile zu holen. Wir folgten durch das – jetzt ausgetrocknete – Wildwasserbett, das flach wie eine gepflasterte Allee und von Bäumen gesäumt war, vornehmlich Qaradhbäumen, die dem Samr ähnlich sind, nur derber, mit zerfurchter Rinde, und an höheren und weniger geschützten Stellen wachsen. Die Äcker waren mit Steinen oder Dornen umzäunt, die das Wasser, das vom Dschol kommt, auffangen sollen, bevor es in die

Rinnen des Wadis abfließt; es kommt nicht jedes Jahr, aber wenn es kommt, beeilen sich die Murshidi von Hisi, ihre Felder zu bestellen.

Auf einem offenen Platz standen ein paar viereckige Hütten, und wir legten unser Gepäck vor der Tür von Salims Schwester Miriam nieder, die seit einem Jahr verheiratet war. Sie war in Schwarz gekleidet, hatte eine braunschwarze Haut wie Ebenholz und trug ein Halsband, ein Armband und einen Gürtel aus Silber. Sie war hübsch in ihrer Jugend und Schlankheit. Mit den gleichen sanften, schläfrigen Augen wie ihr Bruder stand sie lächelnd in der Tür und hielt ein mageres, trauriges Baby rittlings auf ihrer Hüfte, während andere Frauen aus den Nachbarhütten sich dazugesellten.

Im Windschutz einer der Hütten war ein Laubdach aufgebaut, und auf dem Boden darunter diente ein Kreis von Steinen, etwa drei Fuß im Durchmesser, als Herd. Man nennt das einen Mag'ad oder Rastplatz, und man findet solche oft im Freien mit einem erhöhten Mittelpunkt aus Erde. Wir hockten uns um diese Feuerstelle, und mein Bett wurde gleich daneben aufgestellt. Wir machten Kaffee – ein blasses, nicht eben schmackhaftes Gebräu aus Bohnenhülsen mit Ingwer, das man erst in den kalten Nächten auf dem Dschol schätzen lernt, wo seine Wärme eine Wohltat ist für Menschen, die fast mit nichts als Indigo bekleidet sind, und auch hier in Hisi war die Luft schon so kühl und feucht, dass uns der heiße Trunk willkommen war. Die Stammesleute, Neffen und Vettern, scharten sich um uns, um zu helfen und an der Mahlzeit teilzunehmen. Eines unserer unseligen Hähnchen wurde geopfert und im Reistopf begraben. Es lag uns daran, sie möglichst bald zu verspeisen, denn sie konnten jeden Augenblick sterben und sich gegen das Gesetz versündigen dadurch, dass ihnen die Kehlen nicht im Namen Allahs durchschnitten wurden; sie hatten bereits alles Interesse an den Vorgängen dieser Welt verloren und starrten nur noch mit glasigen Augen ins Leere, während unser Soldat ihnen ein paar Hirsekörner hinstreute.

Ein Kreis dunkler Männer stand um das Feuer, wo Sa'id damit beschäftigt und durch nichts davon abzuhalten war, roten Pfeffer in unser Essen zu streuen. Es waren gutmütige Leute, alle miteinander verwandt und einander sehr ähnlich. Dieselben großen Münder und aufgeworfenen Lippen, geschwungenen Augenbrauen und langen Gesichter. Sie hockten beisammen und sprachen über den Handelsverkehr auf der Hauptstraße, die von Mukalla bis Do'an in ihren Händen ist. Sie redeten über das französische Gewehr von Sa'id II und über Preise im Allgemeinen. Sa'id hatte 3 Pfund 15 Schilling für das Gewehr bezahlt, und die Patronen kosteten 4½ Denar oder vier 1 Taler. Die Dolche und Scheiden wurden gesondert bewertet; 15 Taler (1 Pfund 2 Schilling) für Erstere und 35 (2 Pfund 12 Schilling) für Letztere waren ein guter Preis; Salims Scheide war hübsch, aus Silber gearbeitet und 30 Taler wert, aber sein Messer hatte eine minderwertige Klinge und wurde von der Runde nur auf 5 geschätzt, während Sa'id II eine unansehnliche Scheide hatte, aber ein schneidiges Messer darin, 30 Schilling wert, das er herauszog und liebevoll im Feuerschein hin und her drehte und behutsam an seine eigenen wohlgepolsterten Rippen legte. Ich verließ die murmelnde und rauchende Runde und legte mich auf mein Bett, um zu schreiben und zu schlafen.

Am nächsten Morgen brachen wir um Viertel nach sieben auf. Der Sonnenaufgang war schön, die Temperatur betrug 13 Grad Celsius. Miriams Nachbarin kniete vor ihrer Hütte und mahlte Getreide, das sie mit einem steinernen Stößel in einem flach ausgehöhlten Stein zerrieb. Miriam stand dabei und sah ihr zu, ihr dürres Baby auf der Hüfte; es schaute uns mit traurigen, weisen Tieraugen an, wandte sich dann aber plötzlich ab und schlug mit den Fäusten gegen den Busen seiner Mutter, als wollte es von der übrigen

Welt und ihren befremdenden Erscheinungen nichts mehr wissen.

»Ja ibni«, sagte Miriam, verschämt und stolz zugleich, während sie in die Falten ihres Gewandes griff. Das Baby saugte, wieder in seinem seelischen Gleichgewicht durch die Gewissheit, dass es doch wenigstens etwas gab, worauf Verlass war inmitten einer zweifelhaften Welt; es warf uns einen melancholisch-blasierten Seitenblick zu, denn es hatte bekommen, was es wollte, und hatte darüber hinaus keine Wünsche mehr – und was macht einen blasiert, wenn nicht dies?

Ich gab Miriam ein paar von den Kleinigkeiten, die ich zum Verschenken mitgenommen hatte; Geld wurde nicht erwartet; sie sah uns, im Sonnenlicht lächelnd, nach.

»Sie ist hübsch und nett«, sagte ich zu Salim, der neben meinem Esel ging. Er hob das Kinn mit brüderlichem Stolz.

»Wann wirst du heiraten?«, fragte ich, da ich ihn auf etwa achtzehn Jahre schätzte, alt genug, um eine Familie zu gründen.

»Ich war zweimal verheiratet«, sagte er. »Ich habe kein Glück mit Frauen.«

»Wieso, was ist geschehen?«, fragte ich.

»Die erste hat mich verlassen. Es war zu viel Pfeffer im Reis, sie ist einfach aufgestanden und weggegangen.« Er lächelte schüchtern, als hätte er nur einen Scherz machen wollen, denn er wusste, was ich in puncto Pfeffer dachte.

»Und die zweite?«

»Ah«, sagte Salim, »sie war ungehorsam. Ich habe viel verloren«, fügte er mit einem Seufzer hinzu.

Es war mir unklar, ob der Verlust sein Herz oder seinen Geldbeutel betroffen hatte, aber ich sah ihn respektvoll an und dachte, dass er wohl doch schon ein bisschen älter sein müsse als achtzehn, wenn er bereits zwei Frauen losgeworden war.

IX. Kapitel

Der Dschol

»Mallefougasse vit d'une vie qui n'est pas végétale; les arbres qui sont là ont appris a se taire ... sous le léger rideau de chair ... palpite l'intérieur du monde.«

(Le Serpent d'Étoiles)

Gewöhnlich wird der Dschol in den Reisebeschreibungen nur flüchtig abgehandelt als eine trostlose Einöde, ein Plateau, wo Hitze wie Kälte gleich unerträglich sind, wo es keine Nahrung und fast kein Wasser gibt, als eine raue, unwirtliche, flache Weite.

Ich hatte einen ganz anderen Eindruck. Der Dschol besitzt den Zauber und das Bedrohliche der Unermesslichkeit von Raum und Zeit. Wenn man zu seiner sonnenüberfluteten Fläche emporsteigt, lässt man die Menschenwelt hinter sich; hier ist allein die Natur am Werk, die in Jahrtausenden das Bild der Erde formt und deren Zeitabgründe sichtbar werden im Stein. Auf diesem Hochland schreiten wir über uralten Meeresgrund. Er ist emporgehoben worden, abgesunken und vielleicht wieder emporgehoben worden, wie oft wohl? Die Muschelschalen sind dieselben, die vor Menschenbeginn in unbefahrenen Ozeanen ruhten; nun liegen sie im Sonnenlicht, 7000 Fuß hoch und mehr. Der Meeresgrund hat sich zu Kalkstein verhärtet; er breitet sich jetzt nach Süden und Norden hin in leuchtenden steinernen Wogen, an denen die große Bildnerin meißelt. In Tausenden von Jahren hat sie bereits die senkrechten Bastionen des Kor Saiban herausgearbeitet, die, eine hinter der anderen, so regelmäßig wie die Flügel einer vaubanschen Festung, rittlings über der Wasserscheide ragen. Darunter und ringsumher, weiter als das Auge reicht, ist bereits der Plan zu künftigen Bergketten zu erkennen, sind schon die ersten Meißelschläge getan zu künftigen Hängen und Tälern, jetzt noch sanfte Bodenwellen, deren flache und gleichförmige Höhen den einstigen Wasserstand des Meeres anzeigen, und vorerst nur angedeutete Wadis, die das Plateau schwarz wie unterirdische Verliese durchziehen.

Hier und da sieht man seichte Becken, die die Regenbäche auffangen. Deren wirbelnde Wasser suchen sich dann den schwächsten Punkt, um abzufließen und die zerklüfteten Schluchten darunter immer weiter auszuhöhlen. An anderen Stellen sind es nur kleine steile Strudellöcher, Trichteröffnungen, durch die das Wasser hinunterschießt. Wie ein flaches Amphitheater schließt sich das Gelände um diese Talausgänge in so regelmäßig gereihten Schichtungen, dass es aussieht, als seien sie aus losen Steinen gefügte Mauerfundamente. Aber die Steine sind nicht lose; obwohl so verwittert und windzerfressen, dass sie wie lauter einzelne Felsblöcke wirken, bilden sie bei näherem Hinsehen doch eine feste, unbewegliche, zum Gebirgsstock gehörende Einheit mit rechtwinkligen Kanten – trotz der zersetzenden Arbeit der Zeit; nur der Karawanenweg, der seit uralten Zeiten über diese raue Oberfläche führt, hat sich als ein glattes Steinband in sie hineingewetzt, in das hier und da längst vergessene Araber ihre Namen geritzt haben.

In dieser klaren Höhe, wo die Urgewalten der Erde am Werk sind, scheint es sinnlos, in Menschenjahren zu rechnen. Auch der struppige Pflanzenwuchs hat ein ebenso flüchtiges Dasein wie die Menschen, die im raschen Wechsel der Generationen hier vorüberkommen und nicht mehr Spuren hinterlassen als eine Fliege auf der beharrlichen Hand eines Handwerkers bei der Arbeit. Unsere Geschichte und Urgeschichte schrumpft fast zu einem Nichts, verglichen mit dem langsamen Aufsteigen des Dschol. Nur die Beduinen, die wenig zu verlieren und zu befürchten haben, gehen unbeschwerten Gemüts darüber hin, nackt und unbekümmert, »Schmetterlinge unter dem Titusbogen«. Sie kennen seine spärlichen Weideplätze und lieben seine menschenfremde Freiheit.

Zu diesem majestätisch unfruchtbaren Plateau stiegen wir von Hisi aus stetig empor und schauten zurück über das flache, tellerförmige Becken auf die Senke bei Himem und den nicht sichtbaren Spalt unseres gestrigen Weges. Vor uns, zu unserer Rechten stiegen immer näher die gewaltigen, 2150 Meter hohen Felsbastionen des Kor Saiban empor. Sechs von ihnen standen, rötlich, vorgewölbt, mit flachen Gipfeln, in einem Massiv beieinander; etwas näher und wie ein gesonderter Vorbau stand der ganz ähnlich aussehende Dschebel Matar oder Amtar, durch eine Kluft von dem Hauptmassiv getrennt. Unser Pfad wand sich zwischen den beiden hindurch, vorbei an Trichteröffnungen, den Ausgangspunkten der Wadis Thwinne und Haram, und vorbei an ein paar krummen Samrbäumen, bis wir an die Stelle kamen, wo die Wandungen der beiden Kliffs wie die Torpfeiler eines ägyptischen Tempels aufragen.

Hier betraten wir voll schlichter Ehrfurcht den Weg zum höchsten Gebirgspass des Landes, einen Hohlweg, in dessen Schutz wir in einem Durcheinander von Felsblöcken wiederum Bäume und grüne Hänge vorfanden. Hier hatten die Beduinen, der natürlichen Weihe des Ortes gemäß, das Grabmal und Heiligtum ihres Ahnherrn Sheikh Amtar erbaut, einen armseligen, weiß getünchten Kuppelbau in der Tiefe des Tals. Jeweils am dreizehnten und vierzehnten Tag des Monats Rajab kommen die Murshidi und ihre Stammesleute hier zusammen, braten ihre Schafe und schlafen allenthalben auf dem Talboden. Die Asche ihrer Feuer war noch zu sehen. Vor einigen Jahren war Dr. Hellfritz zur Zeit des Festes hier vorbeigekommen, aber er war voreingenommen und meinte, die Beduinen hätten mit dem Gedanken gespielt, ihn zu töten. Da mich anscheinend nur selten jemand töten will, bedauerte ich für mein Teil, dass wir nicht Gelegenheit hatten, hier an einem eigenen Lagerfeuer haltzumachen und uns an der Ehrung des Stammesahnherrn zu beteiligen. Zu Sa'id sagte ich, ich würde das Opferschaf stiften, wenn wir jemals am richtigen Tag wieder hier vorbeikämen.

In der wohltuenden Kühle des Passes stieg ich von meinem Eselspacken und ging zu Fuß. Plötzlich hörte ich hinter mir unser Gewehr knallen und sah unseren Flötisten wie einen Jagdhund, so schnell er konnte, querfeldein über das Geröll rennen. Die Beduinen haben eine recht x-beinige Art zu laufen, rasch, aber nicht so schön wie ihre sonstigen Bewegungen und ganz anders als der freie und aufrechte Laufstil der englischen jungen Leute. Ich denke, es ist die unwillkürliche Scheu nackter Füße vor Steinen, die ihre Haltung dabei so zimperlich wirken lässt und ihr etwas katzenhaft Geducktes verleiht. Sa'id II kam sehr schnell vorwärts, während Sa'id selbst, strahlend und das Gewehr in der Hand, sagte, er habe ein Wabar geschossen: Wenn der Flötist es erreichen könnte, bevor es stürbe, und ihm im Namen Allahs die Kehle durchschnitte, würden wir es zu Mittag verspeisen können.

Unser Soldat zog ein angewidertes und entrüstetes Gesicht. »Man isst kein Wabar«, sagte er.

»Ist es nach dem Gesetz erlaubt?«, fragte ich.

»Bi'l marra erlaubt«, erwiderte Sa'id. »Andere Leute essen es nicht, aber wir Bedu essen es. Es lebt nur von Gras.«

Da baumelte nun das Tierchen mit zwiefach geschlitzter Kehle, einmal durch die Kugel und einmal im Namen der Religion, in Sa'ids II Hand. Es schien eine Art Murmeltier zu sein, mit rattenartigem Fell, weicher und grauer als die, die ich in den Piemonteser Bergen habe pfeifen hören und die von den Bergbewohnern gegessen werden. Später habe ich herausgefunden, dass es ein Felskaninchen war. Auf jeden Fall würde es wohl schmackhafter sein als das widerliche Haifischfleisch, und Sa'id versprach, den Kopf zu dörren und für mich als Sammlerexemplar aufzubewahren. Er war zu Recht stolz darauf, dass er ein so kleines Tier auf hundert oder mehr Schritt Entfernung erlegt hatte. Ich schlug vor, dass er ein Gedicht darüber machen solle, aber er sagte, er sei nicht gut genug im Versemachen; so plauderten wir statt dessen und ergingen uns in vielerlei Hinsicht über den »Tod des Wabars«, bis wir die Passhöhe erreicht hatten und uns westwärts wandten, über das sonnenbeschienene, windgehärtete Dach des Dschol hin, das so hoch ist, dass es vom Himmel nicht nur überwölbt, sondern auch rings umfangen scheint.

Überall in dieser unwirtlichen Weite sind in Abständen viereckige Hütten errichtet, die nur aus einem Raum bestehen. In den Boden sind ungemauerte Wasserbehälter gegraben, in die aufgrund der Neigung des Geländes das Regenwasser fließt. Die Hütten werden ihrer würfelförmigen Gestalt entsprechend Murabba'as genannt und markieren die Etappen der Route über den Dschol. Um Viertel nach elf erreichten wir die Murabba Bein-al-Dscheblain (»Zwischen den zwei Gebirgen«) und rasteten in der prallen Sonne, denn in dieser Höhe wuchsen keine Bäume. Doch trotz der Hitze war die Luft frisch und dünn. Wir befanden uns auf der Wasserscheide. Alles, was nördlich von uns lag, zu unserer Rechten, da wir jetzt westwärts zogen, floss zum Wadi Huwayre hinab; während im Süden die Wadis Haram und Thwinne unterhalb von uns verliefen, nach Südosten in Richtung des Dschebel An'ana und parallel zur Route unseres Aufstiegs. Die anderen zur Linken gelegenen Wadis, zu denen wir kamen, mündeten in das südwestlich gelegene Wadi Hajar – die Route nach Shabwa und Qana, von der Küste aus. Wir konnten im Süden den Dschebel 'Aquaibar sehen, der uns von Mukalla und der Küste trennte, und den Naqsh Muhammad, oberhalb des Wadis Hajar, fern im Südwesten. Licht, »diese Königin der Farben«, lag über allem, und dünn wie Bleistiftlinien waren die Schatten der Täler, die in einem weiten, weder von Tier- noch von Vogelstimmen unterbrochenen Schweigen verschwanden. Erde und Sonne umfingen sich, und nur ein paar ferne, reglos wie Pfeiler über dem unsichtbaren Meer stehende Haufenwolken konnten sie überblicken.

Das Wabar, in Reis gekocht, erwies sich als so zäh, dass man unmöglich sagen konnte, ob es überhaupt nach irgendetwas schmeckte. Wir hielten Verdauungsrast bis halb drei und zogen dann der Wasserscheide entlang weiter.

Nahezu drei Stunden ging es auf dem ebenen Rückgrat des Dschol dahin. Neue Pflanzen wuchsen hier, zusammen mit dem hellgrünen und wie lackiert glänzenden Dhorar sowie den allgegenwärtigen Duweilah, die wir schon aus dem Tiefland kannten; Sabr, eine Aloe, die exportiert wird; Kaidah; Qurith; Shighle; Rà, dessen Blätter zu Heilzwecken gekocht werden, und runde Büsche namens Deni, die aussehen, als hätten sie eigentlich Kakteen werden wollen und sich dann entschlossen, Dornsträucher zu werden. Ihre Äste enthalten einen milchigen Saft, mit dem die Sohlen der Sandalen geklebt werden. Dieser Strauch wuchs überall: In den tiefer gelegenen Gegenden hatte er kleine Blätter, die sternförmig am Ende eines jeden Zweiges saßen, aber hier in der Höhe war er ein einziges kahles Gewirr, hellgrau, innen dunkelgrau, und so korallenähnlich in seiner gleichsam fossilen Schönheit, dass man sich daran erinnert fühlte, dass wir hier ja wirklich auf Meeresgrund schritten. Auch ein paar krumme Qadahbäume wuchsen noch da und dort, aber sie hatten nicht genug Schutz, denn wir waren hier ganz auf offener Höhe, nichts als eine geröllübersäte Fläche zwischen uns und Indien. Im Hochgefühl der Freiheit zogen wir dahin.

»Zum Löwen wird hier der Geist, Freiheit will er sich erbeuten und Herr sein in seiner eigenen Wüste.«

»Wozu bedarf es des Löwen im Geiste? Was genügt nicht das lastbare Tier, das entsagt und ehrfürchtig ist?«

»Freiheit sich schaffen zu neuem Schaffen – das vermag die Macht des Löwen ... Recht sich nehmen zu neuen Werten – das ist das furchtbarste Nehmen für einen tragsamen und ehrfürchtigen Geist.«

Also sprach Zarathustra, und vielleicht sprechen seine Worten das Geheimnis der Wüste aus, denn sie ermöglicht es uns, für eine Weile aus einsamer Abgeschiedenheit auf unser Universum zu blicken, unsere Wertbegriffe in Ruhe zu wägen, sie neu zu prüfen im Angesicht von nahezu ewig Dauerndem. Einige werden wir verwerfen, andere uns zu eigen machen; aber wie auch immer das Ergebnis der Prüfung ausfällt, unedel kann es nicht sein, wenn es so unter dem erhabenen, sichtbaren Auge der Zeit zustande gekommen ist; wir kehren mit festerem Schritt zurück in die Menschenwelt.

Rechts und links von uns taten sich unvermittelt die von wirbelndem Wasser ausgehöhlten Schlünde der Wadianfänge auf, die zu unsichtbaren Tälern hinabführten. Die Hufe unserer Esel klapperten auf dem harten Geröll des Dschol. Vielleicht war auch in ihre Seelen ein wenig vom Geist des Löwen gefahren, denn sie trotteten jetzt viel eigenwilliger einher, ließen das Gepäck aneinanderschlagen, beschnupperten gegenseitig ihre Hufe und warfen die Ohren hin und her. Was den ehrfürchtigen Geist betrifft, so haben Esel den überhaupt nicht; sie behalten ihre Gedanken für sich, und wenn man das tut, kann man denken, was man will, unabhängig von der übrigen Welt; sodass ich, als ich Suwaidis starken kleinen Nacken und Schultern betrachtete, die unter mir und meinem Packen auf und ab schaukelten, dachte: Am Ende hat er wirklich eines von den Löwengemütern, und niemand weiß etwas davon.

Die Beduinen und der Soldat hinter mir stimmten ein Kriegslied an. Sie trabten leichtfüßig dahin, die Hände an den Waffen. Zwei von ihnen sangen jeweils einen halben Vers, den die anderen beiden mit grimmigen kurzen Kehltönen vollendeten. Das wiederholten sie wieder und wieder, einander antwortend, und immerzu im Laufschritt. Ich zählte, und als sie endlich mit einem Schrei schlossen, hatten sie es auf 130 Wiederholungen gebracht. Der Bauer, der sich uns am Abend zuvor in Rash angeschlossen und uns jetzt eingeholt hatte, sang nicht mit; er sei ein Araber, sagte er, und kein Beduine.

So verging die Zeit, und dann hatten wir wieder andere Zerstreuung durch Begegnungen mit Reisenden, behäbig aussehenden Städtern auf gepolsterten Packen und in Schals und Turbane gehüllt. Vor ihnen zogen einer oder mehrere schwarze Soldatensklaven her. Sie befanden sich auf den ersten Etappen der langen Reise von Inner-Hadhramaut nach Singapur oder Batavia. Mein Soldat und die anderen Sklaven küssten sich bei der Begegnung, wobei sie ihre Gewehre hinter sich hielten. Wir erfuhren von diesen Leuten, dass Angehörige des Stammes der Samuh, die ein Gebiet des Dschol beherrschten, das wir bald betreten würden, an diesem Morgen einem Reisenden seinen Esel und sein Gewehr geraubt hätten. Zurzeit herrschte Freundschaft zwischen den Murshidi und den Samuh, sodass keine Gefahr für unsere Esel bestand; aber jener andere Mann gehörte zu einem feindlichen Stamm, und Sa'id meinte: »Die Samuh hatten durchaus das Recht, ihm wegzunehmen, so viel sie konnten. Der Mann hätte sich gegen Bezahlung von einer Saiara (Eskorte) des Stammes begleiten lassen sollen, dann wäre er sicher gewesen.«

Unser Soldat bestritt diese Auffassung; er war ein überzeugter Anhänger überparteilicher Ordnung und hielt uns einen Vortrag, der schlechthin aus Genf hätte stammen können. Die Beduinen hörten ihm mit lässiger Höflichkeit zu. Ich merkte, dass sie jetzt schärfer Ausschau hielten als zuvor, aber wir bekamen niemanden zu Gesicht auf der weiten Fläche als eine Frau, die Dornreisig sammelte. Unter einem kalten, klaren Abendhimmel mit rosa Wolkenstreifen wandten wir uns nach Norden und sahen auf der anderen Seite einer leuchtenden Senke die Murabba'as von Mathana, wo wir übernachten wollten. Dahinter ragte das zarte Dreieck eines Berges namens Dschebel Mulah auf; im Vordergrund standen ein paar Qaradhbäume mit flachen Wipfeln. Sie bewirkten, dass der Berg in der klaren Luft, die jede Einzelheit hervorhob, wie der Fudschijama aussah.

Um zwanzig nach fünf erreichten wir das Lager; zwei Hütten, eine dritte halb zerfallene sowie ein verkümmerter Qaradhbaum gaben ihm Schutz. Als unser Feuer angezündet war, tauchte von irgendwoher ein junger Bursche auf und hockte sich zu uns, um mit uns zu essen. Niemand begrüßte ihn; man schien seine Gegenwart als selbstverständlich hinzunehmen.

»Wo kommt er her?«, fragte ich.

»Wahrscheinlich aus einer Höhle. In den Schluchten leben Menschen.« Er aß, blieb eine Weile bei uns sitzen und verschwand dann wieder in der Dunkelheit, wie er gekommen war.

An diesem Abend saßen unserer zehn ums Feuer, einschließlich der beiden Reisegefährten aus Rash. Es war kalt, der Wind kam über die Steine gefegt und trieb uns mit kreisenden Stößen den Rauch ins Gesicht; die Blätter an dem Baum über uns konnte er jedoch nicht bewegen, so klein und dicht beisammen saßen sie, seit jeher an diese Luft gewöhnt, an ihren Zweigen; aber die Beduinen bibberten in ihrer Nacktheit und hüllten sich in ihre dürftigen Baumwolltücher, an denen kleine, mit Schnur abgebundene Wülste verrieten, wo sie ihren Tabak, Tee oder Zucker versteckt hielten.

Ich hatte mich in den Schaffellmantel gehüllt, den mir Oberst Lake in Aden freundlicherweise geliehen hatte. Ich segnete ihn, betrachtete aber mit schlechtem Gewissen den kleinen Muhammad, der verzweifelt hustete und krank aussah, noch durch seine Indigobemalung hindurch, während er Scheite unter den Topf schob, in dem unser Abendessen brodelte. Ich versuchte ihn dazu zu bewegen, sich einen Umhang von mir überzuwerfen; aber nach ein paar Minuten legte er ihn wieder ab. »Ein Funke könnte ihn versengen«, sagte er und fügte hinzu, der Indigo halte ihn warm genug.

Am ersten Tag unserer Bekanntschaft hatte ich diesen kleinen Spartaner dadurch beleidigt, dass ich ihm eine Spielzeugpfeife als Geschenk anbot. Als ich in Hisi den Beduinenkindern Feuerwerk schenkte, sah Muhammad nur mit nachsichtig-überlegenem Lächeln zu, wie die sprühenden Dinger von den erwachsenen Männern des Stammes, die sie den Kleinen aus den Händen gerissen hatten, in der Dunkelheit umhergewirbelt wurden. Muhammad war mit seinen zehn Jahren bereits dem Spielalter entwachsen – oder hatte es noch nicht erreicht. Er verrichtete stets pünktlich seinen Teil der Arbeit, der darin bestand, den Hafer für die Esel auf ein auf den Boden gebreitetes Stück Sackleinen zu schütten. Die Tiere, gleichfalls an die Kunst des Reisens gewöhnt, fraßen behutsam, darauf bedacht, sich nicht etwa ihre Abendmahlzeit mit einem Schnaufen der Nüstern wegzublasen. Sie bewegten sich geschickt zwischen unseren verstreuten

Gerätschaften hin und her und schauten uns bei unserem Essen zu.

Alle unsere Verrichtungen waren Teil eines Rituals, an dessen Ausbildung viele Jahrhunderte mitgewirkt haben und das allein es den Beduinen ermöglicht, die Härten ihres Wanderlebens in Eintracht zu bestehen. Sie behandeln einander mit einer stillschweigenden, förmlichen Höflichkeit, die ihnen durch Gewohnheit zur zweiten Natur geworden ist, und ich habe nie gesehen, dass einer sich etwa nach einem anstrengenden Tag vor einer Arbeit gedrückt oder darauf gewartet hätte, dass ein anderer aufstünde und sie für ihn täte. Wenn man bedenkt, wie schwer es für zwei Freunde ist, in leidlichem Einvernehmen miteinander zu leben, und wie oft es in Reisebüchern heißt: »Hier trennte ich mich von Soundso« – wobei man sich das Übrige denken kann – so verdient die gutgelaunte Höflichkeit und Ritterlichkeit der Beduinen, die immer an der äußersten Grenze von Beschwerden und Hunger leben, besondere Anerkennung. Wer mit eigenen Dienern in ihrer Gesellschaft reist, findet sie meist streitsüchtig, habgierig und schwierig; aber fast alle, die allein mit ihnen waren, haben anderes zu berichten. Man ist dann aufgenommen in eine raue, aber herzliche Bruderschaft; die Pflichten, die sie mit sich bringt, werden dem schwächeren Fremden leicht gemacht und die Annehmlichkeiten nach Möglichkeit ihm zugeschanzt: Man sitzt auf dem besten verfügbaren Platz nach einem verhältnismäßig mühelosen Tag, während dessen man geritten ist und sie zu Fuß gegangen sind. Man schaut ihnen bei der Arbeit zu, die sie fröhlich verrichten, und erkennt, dass die Gemeinschaft der Wüste genauso ihre soziale Zucht und Ordnung und ihre Anstandsregeln hat, wie jede andere menschliche Gemeinschaft auch.

Unser Gepäck war an windgeschützter Stelle in einem Halbkreis um das Feuer aufgestapelt. Wir saßen dagegen gelehnt und schauten zu, wie der Reis kochte, während Sa'id einen Teig aus Maismehl und Wasser knetete, der dann in der glühenden Asche gebacken werden sollte; die beiden jungen Männer rieben sich ihre Schenkel mit unserem Speiseöl ein, was, wie sie sagten, sehr erfrischend sei nach einem anstrengenden Tag. In diesem Augenblick flüsterte Sa'id uns zu, dass in der Dunkelheit jemand herumschleiche. Das Gewehr von Sa'id II lag hinter ihm auf einem Sattelsack, zum Schutz gegen die Feuchtigkeit mit einem Stück Sackleinen zugedeckt; er schob sich im Nu herum, die geölten Beine zu beiden Seiten meines Sackes gespreizt, das Gewehr in Anschlag auf dem Sack, wie auf einer Brustwehr. Unser offizieller Beschützer, der Soldat, hatte sein Gewehr im Schuppen gelassen, und Sa'id raunte ihm zu, sich nicht von der Stelle zu rühren und weiterzureden wie bisher. Nichts geschah, kein Laut ließ sich mehr vernehmen. Später jedoch, als wir uns schlafen legten, stellte sich heraus, dass ein Halfter fehlte. Wir wandten uns wieder unserer Mahlzeit zu.

Sa'id II legte nach einer Weile sein Gewehr nieder und spielte uns etwas auf seiner Flöte vor. Die Maiskuchen bräunten in der Glut; die kleinen Reisigzweige richteten sich rotglühend in letzten Zuckungen auf, krümmten sich und zerfielen dann zu Asche oder wurden in Funken vom Wind verweht. In dem schummrigen Licht glänzten nur die Krummdolche der Männer mit ihren Chalzedonbuckeln und die weißen Nägel der Indigofinger von Sa'id II, die auf den fünf Löchern seiner Flöte hin und her hüpften; diese bestand aus einem Schilfrohr von der Meeresküste, an einem Ende braun, das allmählich in Grün überging, und glatt gewetzt vom vielen Gebrauch. In ihren Tönen schien etwas von dem ewigen, leeren Sausen des Windes eingefangen. Als ich wegging, um mich in mein Bett zu legen, und mich im Dunkeln zwischen den Sattelsäcken hindurchtastete, sprach mich eine Stimme an; es war der Dha'if, der Bauer aus Do'an, der bei seinen Habseligkeiten Wache hielt und sich vergewissern wollte, ob ich kein Dieb sei.

Ich hatte sehr energisch mit dem Soldaten reden müssen, um ihm beizubringen, dass ich nicht in, sondern vor der Hütte schlafen wollte. Ich wies ihn an, mein Bett direkt an die Tür zu stellen. Er sollte mit den anderen im Inneren schlafen, aber dazu war er nicht zu bewegen. Er legte sich dicht an das Fußende, das platte schwarze Gesicht vom Mond beschienen. Das war später, denn als ich zu Bett ging, hockten sie alle noch schwatzend am Feuer. Ich war bereits eingeschlafen, als die Entdeckung des Halfterdiebstahls allgemeines Geschrei und Gerede und erneute Beunruhigung hervorrief. Niemand außer mir schlief richtig in dieser Nacht; und jedes Mal, wenn ich aufwachte und auf unser kleines mondbeschienenes Lager blickte, sah ich eine oder mehrere eingewickelte Gestalten fröstelnd am Feuer wachen.

X. KAPITEL

NÄCHTE AUF DEM DSCHOL

> *»La terre, la grande, la nôtre, celle qui, après le déluge, est restée là; elle s'est sechée, et voilà tout.«*
>
> *(Le Serpent d'Étoiles)*

Um drei Uhr morgens wachte ich auf und schaute lange Zeit in den Himmelsdom hinauf, der klar war wie ein Lichtbrunnen. Irgendein Vogel, eine Eule vielleicht, ließ aus dem Schatten einen flötenden Laut ertönen. Ein großartiger, harter Glanz lag auf unserer Steinwelt. Der Wind strich immer noch durch den regungslosen Baum, dessen Blätter zu klein und fest waren, um ihm nachzugeben. Wie kräftig er blies, sah man nur an den weißen Wolken, die von Norden her gleißend heraufquollen, dann aber im Mondlicht schmolzen und vergingen. Die eisige Luft schien zu glänzen, der Mond stand hoch, aber der Westhimmel ruhte in weichem Dunkel unter einer Girlande von Sternen. Orion und Zwillinge führten hier einen anmutigen Zug an, fernab von dem weißen Abgrund der Mondeinsamkeit; wie eine Prozession, unsagbar schön, zogen sie über die unbewohnten Lande hinweg, eine Zierde nur für sich selbst auf ihrer nächtlichen Wanderung. Kein Wunder, dass die alten Völker Arabiens diese Himmelswesen verehrten; sie schienen im Vorüberziehen die öde Fläche des Dschol fast zu berühren; hier, so nahe dem Äquator, glitten sie anscheinend auch rascher über den riesigen Gürtel der Erde hinweg. Dann zog eine große Wolkenbank auf, verdeckte sie, und bis Tagesanbruch nieselte es auf uns herab.

Dann gab es Ärger, denn jeder war müde nach den Aufregungen der Nacht und durchnässt; außerdem war mein Zucker ausgegangen, da er viel mehr Leuten den Tee hatte versüßen müssen, als in Mukalla vorauszusehen war. Salim konnte es nicht ertragen, dass es für mich keinen Zucker geben sollte, und erschien alsbald mit einem kleinen Beutel, den er in seinen Schal gebunden hatte. Leider gehörte er nicht ihm, sondern Ahmed Ba Gort, dem Schweigsamen, der Einspruch erhob, aber von allen zurechtgewiesen wurde; niemand, sagten sie, würde einer Dame, die Gast sei, ein bisschen Zucker verweigern. In Wahrheit waren es sie und nicht ich, die am liebsten ganze Händevoll davon in den Teekessel schütteten. Das war wohl auch der eigentliche Grund von Ba Gorts Protest. Er hielt sich den ganzen Vormittag abseits, zu wortkarg, um sein Eigentumsrecht zu verteidigen. Ich hatte bisher immer nur eine einzige Äußerung von ihm gehört, und die war freundlicher Art; denn sobald ich in Hörweite kam, murmelte er jedes Mal mit der Miene eines Klassenlehrers, der ein Zeugnis aushändigt: »Du gefällst den Beduinen.« Die Sache mit seinem Zucker tat mir leid, aber ich sagte mir, dass er ja auch ein gut Teil von dem meinigen bekommen hatte. Der Tee brachte uns wieder in freundlichere Laune. Die Temperatur war gegen sechs Uhr morgens auf 11,5 Grad Celsius gestiegen. Um halb acht brachen wir auf, in leicht nordwestlicher Richtung, dem Dschebel Mulah entgegen.

Der Dschol sah an diesem Morgen so braun wie Dartmoor aus, und zu beiden Seiten fielen die Täler nun wieder ab; nach links, von Qumra, Hasa und Sarab aus, die Wadis Sidun, Trumwe und Beli, die alle drei in das Wadi Hajar münden;

nach rechts führt das Wadi Shiri vom Dschebel Mulah aus zum Wadi Huwayre hinab; von Hasa aus nehmen die Wadis Kenun und Bughlit, von Sarab aus das Wadi Ghar Dabi ihren Verlauf; alle drei münden in das Wadi al-Aissar. Man sieht, wie von der Wasserscheide des Dschol, vom Kor Saiban bis Do'an, vier große Systeme ausstrahlen: Das Wadi Himem mit den Wadis Haram und Thwinne führt östlich von Mukalla zum Meer; die restlichen Wadis am Südabhang der Wasserscheide münden in das Wadi Hajar; die Abflüsse des Nordhanges bis zum Dschebel verlaufen alle zum Wadi Huwayre; die übrigen Abflüsse münden in das Wadi al-Aissar, das wiederum in den nördlichen Teil des Wadis Do'an und von da weiter landeinwärts in das Wadi Hadhramaut mündet.

Während wir an den Ursprüngen dieser Taleinschnitte vorbeikamen und um sie herumgingen wie Ameisen, die unversehens auf Spalten im Boden treffen, wurde uns der Aushöhlungsprozess eines solchen Wadis recht deutlich vor Augen geführt. Wie bei unseren menschlichen Angelegenheiten wird der Anfang bestimmt durch einen fast unmerklichen Umstand, eine kaum sichtbare Senkung im Boden: Dort sammelt sich aufgrund der Schwerkraft das Regenwasser und drängt und wühlt bergab. Die Zersetzung des harten Bodens beginnt, eine Wendung nach rechts oder links wird vollzogen, die Gewalt des zwischen den Wänden eingekerkerten Wassers wird unwiderstehlich und bahnt sich siegreich einen Weg; ein Vorsatz ist geboren, eine Richtung festgelegt, für immer (oder wenigstens für lange Zeit). Wir sahen auch, wie die großen Pfeiler entstehen, die tiefer unten die Wandungen des Strombetts flankieren: Anfangs nur durch kleine Rinnsale angedeutet, die an den Seiten des Haupteinschnittes herabrieseln, treten sie allmählich immer stärker hervor, je tiefer sich diese Rinnsale in das Gestein einfressen. Die ganze Landschaft wird herausgemeißelt wie eine Statue aus einem Marmorblock, in einem Vorgang, der sich über Äonen erstreckt. Beim Reiten malte ich mir aus, was für erstaunliche Meeresgezeiten dieses vielfältige Material zusammengespült haben müssen, aus fernen Gegenden und unzusammenhängend wie meine eigenen Gedanken, die jetzt auf diese verhältnismäßig unphilosophische Öde versetzt waren, Bruchstücke aus Griechenland und Babylon und den gotischen Wäldern und Gott weiß was sonst noch für schattenhaften Welten. Sie waren hier genauso regsam und zu Hause, als wenn der Dschol das Athenäum gewesen wäre oder irgendeine andere dem Denken geweihte Stätte, und geisterten im Dahinreiten unsichtbar um mich her – und mit ihnen vielleicht auch Überreste der stillen Betrachtungen jener alten Sabäer, die in früheren Tagen diesen Weg auf und ab gezogen sein müssen. Angesichts der Größe der Welt ist es erstaunlich und verwundert mich immer wieder, dass das menschliche Gehirn überhaupt fähig ist, sie zu fassen; und vielleicht ist unsere wichtigste Beschäftigung das Denken. Die Beduinen, die fast so unbewusst wie die Steine leben, gehören der dumpfen Natur an, aber wir mit unserer unbequemen Bewusstheit sind der Zukunft verpflichtet.

Wir zogen an der Murabba'a von Qumra vorbei, wo das Land der Beni Samuh – der Eselsdiebe – beginnt. Dann kamen wir in das Gebiet von Hasa, und plötzlich standen wir am Rand des oberen Dschol und schauten über seine Ausläufer hin, die in unmerklichen Schwellungen flach nach Norden hin abfallen und sich in der Ferne verlieren. Kleine Eidechsen huschten hier umher, mit starken, amerikanischen Kinnladen und senkrecht erhobenen Schwänzen; Salim nannte sie Zumi.

Ich machte einige Aufnahmen, ohne von meinem Esel zu steigen. Salim half mir, indem er Kopf und Nüstern des Tieres in seinem Bauch vergrub, damit es mich nicht durch sein Atmen störte. Suwaidi, der Esel, fand sichtlich kein Vergnügen am Fotografieren.

Bei einem dieser Aufenthalte fragte ich Salim, warum er und Sa'id nicht weiter als bis zum Wadi Do'an und mit mir in das Wadi Hadhramaut kommen wollten.

»Wir würden gern«, sagte Salim. »Und es gäbe auch keine Schwierigkeiten, da du dabei wärst und der Sklave, der die Regierung vertritt. Aber wir würden allein zurückkehren müssen, und die anderen Stämme würden uns berauben.«

»Ihr könntet weiter bis Shabwa mitkommen und dann mit mir zurückkehren.«

»Nein«, sagte er. »Das wäre gefährlich für uns. Wir gehören nicht zu diesem Lande.«

»Und würdet ihr mich in den Südwesten, zum Wadi Hajar und nach Maifa'a bringen?«

»Nein«, sagte er, »wir gehen nicht gern nach Maifa'a.«

»Ist Krieg zwischen euch?«

»O nein, aber wir mögen sie nicht gern. Unser Markt ist Mukalla, und wir reisen zwischen Mukalla und Do'an.«

Dieser strenge Zunftgeist der Stämme, der es einem Beduinen nicht erlaubt, irgendeinen Weg durch ein Gebiet zu nehmen, das nicht sein eigenes ist, ist ein großes Ärgernis für den Reisenden: Er verliert seinen Führer, just wenn er ihm nützlich geworden ist.

Um Viertel nach elf erreichten wir die Murabba'a von Sarrab und hielten Mittagsrast. Die Temperatur betrug 21 Grad Celsius im Schatten, das Barometer zeigte 24,1. Die Murabba'a, etwa 20 x 16 Fuß groß, bestand bis zu drei Fuß Höhe aus einem Sockel aus größeren Steinen und Lehm und darüber aus kleinen, flachen Steinen, in Lehm gebettet, der in der Sonne hart wird wie Zement. Diese Schutzhütten sind alle nach demselben Schema gebaut. Sie sind nicht höher als sechs bis sieben Fuß, sodass man während der Rast auf dem flachen Dach Gewehre, Schals und sonstige Dinge ablegen kann. Zu dem daneben befindlichen Wasserloch führen oft Steinrinnen, um das Regenwasser herzuleiten und zu sammeln.

Es war ein angenehmer Platz, und ein geschlossener, verlassener Lehmturm in einer Senke unter uns wies darauf hin, dass hier einmal eine Quelle gewesen war und dass wir uns dem Ende des Dschol näherten.

Während wir da saßen, tauchte eine Kamelkarawane auf und zog an uns vorüber. Die Beduinen verweilten einen Augenblick, um Neuigkeiten mit den unsrigen auszutauschen, dann küssten beide Parteien einander die Hände, und die Karawanenleute liefen ihren Tieren nach.

Mir fiel auf, was für hässliche Münder die meisten von ihnen hatten, vielleicht, weil sie sie ständig gegen die Sonne verzerrten, denn sie trugen nie die schützende Kopfbedeckung der Nordaraber.

Als sie gegangen waren, sah ich Salim zum Aufbruch rüsten und erhob meinen üblichen Einspruch gegen solch unnötige Eile während der Tageshitze. »Hast ist des Teufels«, sagte ich, wie an jedem Nachmittag, wenn dies geschah.

»Und Weile ist der Barmherzigen«, erwiderten sie alle im Chor, ohne sich jedoch beim Satteln stören zu lassen.

»Wenn wir jetzt nicht aufbrechen, müssen wir noch einmal auf dem Dschol übernachten und Heu kaufen«, erklärte Salim.

Ich machte einen Vorschlag: Ich wollte das Heu kaufen, das sich auf neun Pence für jedes Tier belief, und wir würden noch eine Nacht hier verbringen, sodass wir uns nach den Mahlzeiten nicht zu beeilen brauchten. Das gefiel allen, und nach einer Weile kam Salim zu dem kleinen Schattenfleck, auf dem ich ruhte, und fragte, ob ich zufrieden sei. »Es ist gut, Geduld zu haben mit dem Reisenden«, fügte er mit tugendhafter Miene hinzu.

Ich stimmte, jede persönliche Bezugnahme vermeidend, mit der allgemeinen Bemerkung bei, dass es immer gut sei, Geduld zu haben. Doch auch so musste ich um halb drei aufbrechen.

Wir verließen jetzt das Hochplateau des Dschol und stiegen allmählich in das Wadi Dahme hinab, das in das Wadi al-Aissar mündet und in dessen sanfter, flacher Landschaft Dahme, das erste Dorf nördlich der Wasserscheide liegt. Es besteht aus nur etwa sechseinhalb Morgen flacher Felder in dem offenen oberen Wadibett, ein paar 'Ilbbäumen und einem vierkantigen Turm zum Schutz der daneben liegenden Häuser. Doch nach der Einöde des Dschol wirkte es ganz zivilisiert, und Sa'id nannte es eine Stadt.

Wir ließen es rechts liegen und zogen über eine tiefer gelegene 'Aqaba, einen Fußpfad, weiter nach Bureyira. Salim ging voraus, um in einem Murshidi-Dorf Heu zu kaufen, da sowohl Dahme wie Bureyira noch zum Gebiet der Samuh gehörten. Das war wohl auch der Grund, weshalb sie sich dagegen gesträubt hatten, hier zu übernachten, denn das italienische Sprichwort: »Vertrauen ist gut, nicht vertrauen ist besser« ist recht so nach dem Herzen der Beduinen. Das Heu, das man hier kauft, ist zu dicken Seilen zusammengedreht, und ein Esel frisst ein halbes oder drei Viertel davon pro Tag, nebst Hafer im Wert von 4½ Denar; ein Kamel begnügt sich mit dem Abfall der Ölpressen, der in Fladenform verfüttert wird; es macht also keine Unkosten, und der Esel gilt als das vornehmere Tier.

Bureyira liegt in einer fast baumlosen Senke und ist eine öde kleine Ansammlung würfelförmiger Hütten nebst ein paar Äckern. Wir kamen um fünf Uhr nachmittags an, trieben unsere Esel durch eine Tür in einen Hof, der gerade Raum genug für sie bot, und verstauten unser Gepäck in einem der beiden dahinter liegenden Wohnräume. Dies waren fensterlose Kammern, schwarz vom Rauch des offenen Herdes. Ein paar geflochtene Vorratskörbe an schmierigen Wänden, ein oder zwei Binsenmatten und eine Hukah auf dem Fußboden waren alles, was unser Salon enthielt; die steinerne Backrolle und der Mühlstein, die einen bzw. drei

Taler kosten, waren der größte Schatz der Hausfrau. Die Kargheit und Armut hier entsprachen der Kargheit des Umlandes. Selbst die Kinder, in Schwarz gekleidet, sahen bedrückt aus. Bei den kleinen Mädchen war das Haar in einem hässlichen Streifen über Stirn und Schläfen ausrasiert, sodass ein gesonderter, halbzollbreiter Haarsaum, Hillaqa genannt, über den Brauen übrigblieb; am Hinterkopf trugen sie die üblichen Zöpfe, die alle zwei Wochen neu geflochten wurden. Sie folgten mir verstohlen, während ich zwischen den paar Häusern umherging, und kamen nach und nach in sicherer Entfernung hervorgekrochen, als ich bei dem heiligen Grabmal ihres Wadi stehen blieb, das erhöht über den Feldern steht. Es war ein einfaches, grobes, weiß getünchtes Bauwerk, etwa 4 x 3 Fuß groß, aber an den vier Ecken und in der Mitte der einen Seite nach der Art der alten Sabäer mit den Hörnern von Tieren verziert. Steinbock (wa'il), Gazelle (dhabi) und Ziege, die die Leute saidi nannten – eine mundartliche Bezeichnung für Steinbockweibchen, wie ich später erfuhr.

Als ich zurückkam, sagte ich unserem Soldaten, dass wir uns heute Abend an einem Schaf gütlich tun würden. Unsere Hähnchen hatten ihr Ende gefunden; eines war vor Erschöpfung gestorben, die anderen drei waren in Reis gekocht worden, und ich hatte kein Verlangen danach, noch weitere Opfer lebend an unseren Sattelknauf gebunden zu sehen. Bei der Aussicht auf ein gutes Abendessen durchströmte uns alle eine Woge von Wohlbehagen.

Ein großes Schaf wurde hereingebracht und mir feierlich vorgeführt, aber der Preis betrug dreizehn Taler. Die Beduinen saßen da und schauten es mit ausdruckslosem Ernst an, bis ich aufs Geratewohl bemerkte, das sei zu teuer. Nun standen sie alle der Reihe nach auf, befühlten das Schaf überall und handelten sieben Taler herunter. Das war immer noch zu teuer, denn ich hatte nur fünf Taler bei mir. Also sagte ich, das Schaf scheine unnötig groß. Jedermann stimmte augenblicklich zu, und ein anderes verängstigtes kleines schwarzes Tier mit weißer Schwanzspitze wurde hereingebracht und überall betastet. Ich kaufte es für drei Taler, und binnen zwei Minuten erklang im Hof der Name Allahs über dem Getöteten. Eine Frau setzte sich in die Tür, um es zu häuten, während im Topf Wasser heiß gemacht wurde. Unser Reisegefährte aus Rash entpuppte sich als Metzger, und der Rest des Geschäfts wurde ihm anvertraut. Er zerlegte das Tier auf einer Strohmatte mit einem Dolch und verteilte es dann, wie Afrika unter den Großmächten aufgeteilt würde, wenn es nach deren Willen ginge. Mit den Gedärmen band er die verschiedenen Stücke zusammen und überreichte dann alles den Frauen, die es in ihren Raum nahmen und in Reis kochten. Herz und Leber, besondere Leckerbissen, wurden mir als Vorspeise gebraten in der Kaffeeschale überbracht.

Es war rührend zu sehen, wie beliebt mich dieses Mal machte und mit welchem wortlosen Entzücken es begrüßt wurde, als es erschien, gehäuft auf die Blechschale, die wir uns von unseren Reisegefährten geliehen hatten. Im Kreis, an den Rand der Schale legte der Metzger nun neun Portionen vor unsere hungrigen Augen (eine für den Hausherrn). Mir legten sie eine auf meinen Teller, ohne Zweifel die beste, und dann wählte jeder der Reihe nach. Als dieses spannende Geschäft erledigt war, gaben sich alle dem Genuss hin, wobei sie eine unglaubliche Geschwindigkeit an den Tag legten. Nur Salim unterbrach sich einmal, um mir – jeder Zoll ein Ritter – zu sagen, dass er ein Stück von dem rohen Fleisch für mich auf morgen aufgehoben hatte.

Nachdem wir unseren Kaffee getrunken hatten, zog ich mich auf den Rand meines Bettes zurück und machte, so gut es ging, ein wenig Toilette, während die Beduinen im Rauch des Feuers hocken blieben. Sa'id II räkelte sich in einer Ecke und spielte mit seinem lose um die Hüften hängenden Patronengürtel. Dieser hatte vorn eine kleine Börse, in der sich nichts befand als Streichhölzer und eine Adresse; in der ersten Patronenlasche steckte statt einer Patrone ein kleines Fläschchen mit Khol, schwarzem Schminkpulver für die Augen. Nach einer Weile zog er seinen Dolch heraus und vergnügte sich damit, ihn anzuhauchen, wobei er sich jedes Mal mit entzücktem Lächeln den anderen zuwandte und ihnen zeigte, wie der Hauch wieder von der glänzenden Klinge verschwand. Sein Blick fiel auf mich, als ich mir gerade etwas Creme auf mein Gesicht schmierte. Er gab seinen Dolch dem kleinen Muhammad und sagte ihm, er solle mich um ein bisschen von diesem Duhn zum Einfetten der Klinge bitten. Mit einigem Bedauern – denn die Creme war mir viel wert – tat ich ein bisschen davon auf die Klinge und fragte mich in Gedanken, was wohl Miss Lethbridge in der Bondstreet dazu gesagt hätte, wenn sie es hätte sehen können. Muhammad trug alles behutsam in den Feuerschein, wo es mit Freuderufen begrüßt wurde.

»Jasmin«, sagte Sa'id II, nachdem er daran gerochen hatte. Sämtliche Dolche wurden ihm ausgehändigt, um ihren Anteil zu bekommen; ein kleiner Rest blieb übrig, und diesen verschmierte er über seine Beine mit der Bemerkung, es sei »besser als Öl«.

Danach schliefen wir, nicht so gut wie in der offenen Einöde, erhoben uns in einem zartrosa Morgenlicht und verließen Bureyira um halb acht, um wieder aus dem Wadi emporzusteigen und den letzten Teil des Dschol zu überqueren. Die Temperatur betrug um halb sieben 15 Grad. Zum Abschied gab ich der Hausfrau einen Taler, da unsere Gastgeber nicht zum Stamm der Murshidi gehörten. Sie war ein freundliches, verwirrtes Geschöpf und von ihren Jugendeitelkeiten waren nur noch einige sechs Zoll breite Messingfußringe übrig geblieben. Sie erzählte mir, dass zwei Männer der Samuh als Geiseln im Gefängnis von Mukalla säßen.

Etwas Unerfreuliches ereignete sich beim Satteln der Esel in dem kleinen Hof. Salim und der Metzger aus Do'an waren wegen einem der Säcke in Streit geraten, jeder von beiden behauptete, er gehöre ihm. Der meist so freundliche Salim geriet manchmal mit einer Plötzlichkeit in Zorn, die vielleicht auch die wahre Erklärung für seine beiden Scheidungen war: Er stürzte sich auf den Metzger, aber Sa'id und unser Soldat traten dazwischen. Ein Streit war eine bedenkliche Angelegenheit. Das konnte man daran sehen, dass alle darauf bedacht waren, ihm Einhalt zu gebieten. Die Gegner wurden getrennt. Der Soldat hielt uns im Namen der Regierung eine seiner Moralpredigten. Er selbst, erklärte er, werde nach Beendigung der Reise zwischen den beiden richten.

Niemand schenkte ihm sonderliche Beachtung. Die Gleichgültigkeit, mit der die Beduinen seine geschwollene Wichtigtuerei hinnahmen, muss ein ständiger Schmerz für ihn gewesen sein. Seine Eitelkeit war jedoch nicht persönlicher Art; er fühlte sich nur stolz auf den königlichen Haushalt, dem schon sein Vater und sein Großvater vor ihm angehört hatten und dem er bedingungslos ergeben war. Sich selbst betrachtete er nur als geringen, aber berufenen Wortführer – ein gefährlicher Glaube, und Ursache der meisten Verfolgungen in der Welt. Doch er verstand es nicht, sich Autorität zu verschaffen. Er hatte eine gewisse Ähnlichkeit mit einem eifernden Kinderfräulein, und die Beduinen schenkten seinen langen und immer gleichen Ausführungen über seine Verantwortung ebenso wenig Beachtung, wie wir einst denjenigen einer unfähigen Gouvernante. Jetzt war er jedoch glücklich, er erging sich noch den ganzen Tag lang abwechselnd über die Vortrefflichkeit der Regierung und die Sackangelegenheit und sagte zu mir, wenn wir nach Do'an kämen, werde er beide Parteien auf ihr Eigentumsrecht schwören lassen und den Sack dem wahren Besitzer geben.

»Und«, warf ich ein, »wenn nun beide schwören, dass er ihnen gehört?«

Entweder war mein Arabisch unzulänglich, oder dies überstieg die bescheidene Fassungskraft seines afrikanischen Gehirns. Ich bekam keine befriedigende Antwort. Er und Sa'id ergingen sich weiter in theoretischen Erörterungen über den Verdienst der Gerechtigkeit gegen die Armen, in dem unbeteiligten Ton, in dem man über Tugenden spricht, die man nicht begehrt. Den Sack hatte unterdessen Salim ergattert und behielt ihn vorerst auch, da seine Partei vier gegen einen betrug; man konnte nur hoffen, dass in diesem Fall die Gerechtigkeit und die Regierung auf der Seite der größeren Zahl sein würden.

Wir kamen an einem ebenfalls Bureyira genannten Dorf links von uns vorbei, mit einem Fort und ein paar Qaradhbäumen davor, und erreichten die Hochfläche des Dschol, niedriger, aber im Übrigen ganz gleich derjenigen, die wir zuvor durchquert hatten, nur dass jetzt in der Ferne hinter uns der Grad des Kor Saiban in den Himmel ragte, wellig, und rosa- und malvenfarben wie Rauch.

Das Wadi Kharit rechts von uns verlief mit einer Anzahl Nebenflüssen in das Wadi al-Aissar; links führte das Wadi Menwe zum Wadi Do'an. Es war heiß hier, und die Sonne, weiß in einem weißen Himmel, schien allenthalben auf die harten Kanten kleiner Steine. Manchmal, sagt man, färbt ein wenig Gras den Dschol grün, aber jetzt lag er vollkommen kahl im gleißenden Licht. Wir kamen an den Murabba'as von Hadje und Ba Khamis vorbei, wo wir um zehn nach elf rasteten und mit zwei Frauen plauderten, die auf dem Weg nach Mukalla waren, um ihre Kinder zu besuchen. Mukalla, sagten sie, sei ein schamloser Ort, denn die Frauen trügen dort, anders als im Wadi Do'an, keine Hosen unter ihren kurzen Röcken; eine wahrscheinlich ganz falsche Unfreundlichkeit – Weibertratsch. Wir brachen auf und zogen weiter, bis das Abendrot die westlichen Seiten des Gerölls färbte, mit dem die weite Fläche übersät war. Unsere Schatten glitten darüber hin wie ein vor uns her wandernder Vorhang. Die hier und da umherliegenden Lavasteine hatten dieselbe dunkle Tönung wie die Haut der Beduinen.

Ich hatte ziemliche Kopfschmerzen und war froh, als ich sah, wie die Männer vom Wege abgingen, um ihre Schals mit Brennholz zu füllen. Das bedeutete, dass es nicht mehr weit bis zum Lager war. Diese armseligen Baumwollschals müssen zu allem dienen, und wenn ein Beduine einen Sack zunähen will, zieht er einen Faden aus seinem Schal. Um Viertel vor sechs kamen wir zu der Murabba'a von Dschol 'Obaid. Hier liegt kein Holz herum, denn die Frauen aus dem Wadi Do'an kommen und sammeln es ein. Rechts von uns konnten wir wie einen gerade noch erkennbaren Riss im Gelände die Felsflanken des Wadis al-Aissar sehen. Die Temperatur betrug 16 Grad.

Unsere Gesellschaft war jetzt zusammengeschmolzen, denn Sa'id II und Ahmed Ba Gort, der Schweiger, waren zu ihren Heimatorten vorausgegangen, und der Metzger aus Do'an hatte sich seit der Sackaffäre abseits gehalten. Als wir jedoch ums Feuer saßen, kam er, freundlich wie zuvor, wieder herbei und machte sich daran, ein Gemisch aus Mehl, Wasser und Zucker für uns alle zu kochen. Als es sich zu einem Teig verdickt hatte, streute er noch mehr Zucker darauf, machte in der Mitte ein Loch, in das er Öl goss, und lud uns zum Zugreifen ein – es mundete vortrefflich. Uns selber war der Zucker ausgegangen, aber der Metzger hatte zufällig eine Ladung für einen Kaufmann im Wadi Do'an dabei. So »liehen« wir uns etwas davon, das wir aus einem Laden im Wadi wieder ersetzen wollten. Dieser Handel war aber erst nach einigem Zögern zustande gekommen, denn die Beduinen gehen sehr gewissenhaft um mit der ihnen anvertrauten Fracht: Ihr guter Ruf und somit auch ihr Lebensunterhalt hängen davon ab. Sa'id sagte, dass sie die Reise von Mukalla bis ins Wadi Do'an und zurück etwa dreimal im Monat machen.

»Ein ödes Leben«, sagte er, »immer unterwegs«; dennoch hätte auch er das gesunde Dasein auf dem Dschol nicht gerne gegen die Annehmlichkeiten im Wadi getauscht.

Alle waren freundlich angesichts des nahen Endes unserer Reise. Sie dankten mir abermals dafür, dass ich unterwegs die Mahlzeiten mit ihnen geteilt hatte. »Es war eine schöne Reise«, sagte Sa'id.

Salim schenkte Kaffee in die grauen Näpfe, die das Einzige sind, was die Beduinen an Geschirr mit sich führen.

»Hier sind wir nun noch alle beisammen«, sagte er. »Und morgen?« – er streckte die weitgeöffnete Hand aus – »Alle zerstreut, wohin?«

Nach dieser so traurigen, uralten und allumfassenden Frage schauten wir schweigend ins Dunkel und auf die Sterne. Plötzlich sahen wir zu unserem Erstaunen ein kleines flackerndes Licht. Ich war der Meinung, es sei eine Laterne, die im Trott eines Esels auf und ab hüpfte.

»Es kann sein«, sagte Sa'id zweifelnd. »Aber bei Nacht reist niemand. Es kann ebenso gut das Gedrija sein.«

Das Licht verschwand. »Es muss das Gedrija sein«, sagten sie.

Das Gedrija, erklärten sie mir, ist ein großes Licht, das manchmal in der fünfundzwanzigsten Nacht des Ramadan erscheint und jeden Wunsch in Erfüllung gehen lässt, den man tut, solange es zu sehen ist. In diesem Augenblick erschien das Licht abermals, näher jetzt, und zugleich hörte man Schritte auf dem Gestein. Es war offenbar nichts Übermenschliches. Dann grüßte uns eine Stimme aus dem Dunkel, und drei Bauern oder Dha'ifs aus dem Wadi tauchten, wohlverhüllt gegen die Kälte der Nacht, in unserem Feuerschein auf. Es waren Freunde, die durch Sa'id II und Ba Gort von unserer Ankunft gehört hatten. Beunruhigt durch unsere Verspätung (die meiner Vorliebe für langsames Reisen zu verdanken war) waren sie gekommen, um uns während der Nacht zu beschützen.

Diese Freundlichkeit wurde mit großer Befriedigung aufgenommen, und die gesellige Runde um das Feuer erweiterte sich. Ich verließ sie, legte mich im Mondschein zu Bett und genoss meinen letzten Schlaf im Freien – den letzten auf viele Monate, wie sich herausstellen sollte.

Am nächsten Morgen brachen wir in aller Gemächlichkeit auf, denn wir hatten nur noch einen kurzen Weg vor uns. Die Esel trabten munter einher, sie wussten, dass sie bald zu Hause sein würden; und dann sahen wir vor uns in der Dschol-Ebene, und mit einer anderen endlosen Dschol-Ebene dahinter, einen immer größer werdenden Spalt und die gegenüberliegende Felskante des Wadis Do'an. Zu unserer Rechten, an der diesseitigen Kante befanden sich ein Landeplatz der R.A.F. und zwei kleine, viereckige, aus Lehm erbaute Wachttürme.

XI. Kapitel

In das Wadi Do'an

»Unsere Wohnstätte ist weit geöffnet für die, welche sie besuchen; wer hier bei Nacht Zuflucht sucht, ist so geborgen in ihr wie wir.«

(Mustatraf)

Wenn ich gefragt würde, was das Angenehmste im Leben sei, würde ich sagen, der Reiz des Gegensatzes. Man kann sich höchstens von einem Engel vorstellen, dass er für alle Ewigkeit bei einer Harfe im Paradies sitzt. Der gewöhnliche Sterbliche braucht Abwechslung. Darin liegt der eigentliche Zauber der Oasen, die an sich meistens nur belanglose Flecken Grüns sind und lediglich durch die Sandwüste ringsum zu etwas Besonderem werden. Die berühmten Quellen der Welt – Helikon, Bandusium oder das Wasser von Salsabil, das Salomo der Königin von Saba brachte – haben ihren Ruf nur daher, dass sie alle in trockenen Gegenden entspringen. Die Schönheit eines frühen Alpenmorgens liegt zum großen Teil in dem Gegensatz zu der noch schlafenden Welt drunten. Ein warmer Stuhl am Feuer im Herbst, nachdem man einen ganzen Tag im Freien hinter den Hunden hergelaufen ist, ein Zimmer mit verschlossenen Fensterläden, wenn der Wind draußen tobt, gehören zu derselben Kategorie von Freuden. Der griechische Schafhirt kannte die Behaglichkeit des sicheren Fichtenhains, wenn Stürme das offene Meer peitschten; und eine Bekannte gestand mir, sie habe ihren Mann geheiratet, weil er immer etwas Unerwartetes sage – ein guter, wagemutiger Grund zur Ehe, dachte ich.

Dieser feine, unverhoffte Reiz, dieses wahre Salz des Lebens, ist der Lohn derer, die nach der Durchquerung des Dschol am Rand des Felsenkliffs stehen und in das Wadi Do'an hinabschauen.

Das Wadi ist etwa tausend Schritt breit, und seine kahlen Felsflanken fallen etwa tausend Fuß tief ab. Auf den Geröllhängen am Fuß der Felsen liegen kleine Ortschaften, aus Erde gebaut wie Schwalbennester, sodass sie sich nur bei Sonnenlicht von dem gleichfarbigen Hintergrund abheben. Fünf oder sechs sind von der Höhe aus zu sehen. Zwischen ihnen und den viereckigen gepflügten Äckern zu beiden Seiten des weißen Strombetts stehen unzählige Palmen auf dem Wadigrund. Deren Wipfel glänzen dunkel wie die Schuppen einer Schlange oder die Wellen eines Flusses in der Sonne. Das der offenen Weite überdrüssige Auge ruht auf diesem abgegrenzten Grünstreifen und folgt ihm auf seinem Weg, der sich aus dem Schatten in das Sonnenlicht windet und zwischen den Felsstreben, die ihn flankieren, in der Ferne um eine Ecke biegt. Dieser Palmenstrom, eingeschlossen von den unerbittlichen Wänden in ein enges Tal, das im Grunde nichts anderes ist als ein Riss im Massiv des Dschol, wirkt so tapfer und fruchtbar, so zuversichtlich, so voller stiller Ruheplätze und Schatten, wie das Leben selbst in den Armen der Ewigkeit.

Das Schwierige im Hadhramaut ist der Abstieg über die Steilwände dieser Wadis. Die Fußpfade, die hinabführen, die 'Aqabas, sind vermutlich sehr alt und mit holprigen Steinen gepflastert, wie die zwischen Mauern sich windenden Wege in Ligurien, nur viel beschwerlicher und steiler. Im 14. Jahrhundert hinterließ eine Königin von Jemen eine Stiftung zur Errichtung von »Trinkbrunnen auf den Talstraßen« und zur

Ausbesserung der steilen Felspfade und »Treppenwege«. (Sie war eine sehr bemerkenswerte Frau, und ihr Gatte, der Raisulid Malik Eshraf, war ihr so ergeben, dass er nach ihrem Tod einen Monat lang trauerte, bevor er wieder heiratete). Auf unserer in die Felswand geschlagenen und manchmal überhängenden 'Aqaba brauchten wir fünfzig Minuten bis zu dem Geröllhang, wo der Kalkstein auf Sandstein ruhte.

Der offene Dschol der Beduinen lag jetzt hinter und über uns, und wir befanden uns in schwererer Luft, unter Bauern; sie hielten in ihrer Arbeit inne, schauten, ihre Hacken halb im Boden, zu uns herüber, grüßten aber nicht von sich aus. Sa'id führte unsere kleine Karawane unter den Palmenbäumen hin, wie im Dämmerlicht einer hohen Kathedrale. Wir gingen auf erhöhten Dämmen entlang, während die Esel durch die ausgetrockneten Kanäle trotteten. Wir zogen das Wadi in Richtung Norden hinab, und nicht lange, so kamen wir zu dem festungsartigen Gouverneursschloss von Masna'a. Es war aus Lehm gebaut und stand hoch und wuchtig auf dem Seitenhang des Wadis. Seine flachen Dächer und Terrassen waren voller Menschen, die Ausschau nach uns hielten. Ein Salutschuss wurde abgefeuert. Wir gingen durch ein geschnitztes, mit eisernen Knöpfen beschlagenes Tor, dann einen gewundenen Pfad zwischen Mauern hinan, durch noch zwei Türen, die in verschiedenen Winkeln dazu lagen. An jedem Eingang stand jemand, der uns die Hand reichte. Dann ging es durch einen engen Gang in einen von Pfeilern getragenen, weiß getünchten Raum, wo der Gouverneur und sein Bruder, Muhammad und Ahmad Ba Surra, standen, um mich zu empfangen.

Sie waren von ihrem Stammesgefolge umgeben, indigoblauen Beduinen wie meine Murshidi, alle Besitzer von Gewehren, die jetzt wie ein Fries an den Wänden entlang hingen oder lehnten, während die Männer beieinanderstanden und mich beobachteten. Am anderen Ende des Diwans waren auf Matten und Teppichen ein paar Mitglieder des Hofes versammelt, der Kommandant der kleinen Garnison sowie einige Besucher aus den Nachbarorten, alle festlich angetan mit farbigen Futahs, weißen Jacken und Turbanen. Nachdem ich meine Schuhe abgelegt hatte, setzte ich mich auf den Boden nieder und trank Kaffee aus einer der üblichen irdenen Schalen, während die Sklaven für die Shisha oder Hukah sorgten und sie von Zeit zu Zeit herumreichten, sodass jeder der angeseheneren Gäste einen Zug daraus tun konnte.

Ich blieb zwölf Tage bei den Ba Surra und lernte sie sehr gut kennen. Man könnte wohl schwerlich in irgendeinem Land eine reizendere Familie finden. Die beiden Brüder lebten einträchtig miteinander in der Festung und teilten sich in die Last der Regierungsgeschäfte. Ihre Beduinen liebten sie und sagten: »Ba Surra ist unser Vater«, wie ein Clansmann im schottischen Hochland es vom Oberhaupt seines Clans sagen könnte. Auch die Wadibewohner waren sich einig im Lob der beiden sowie der Gerechtigkeit und Beständigkeit ihrer Regierung, die sie de facto unabhängig von den Sultanen von Mukalla ausübten. Sie waren beide noch jung und sahen einander sehr ähnlich: dieselben freundlichen braunen Augen, derselbe große, ziemlich dicklippige und zum Lächeln bereite Mund, dasselbe lange ovale Gesicht, weder adlerartig noch rund, und dieselben feinen langen Hände; der einzige Unterschied war, dass Muhammad einen leicht gekräuselten schwarzen Backenbart trug, Ahmad dagegen nur ein Kinnbärtchen. Vor ihnen hatte ihr Vater ein festes Regiment im Tal geführt. Er war erst vor zwei Jahren in sehr hohem Alter gestorben, nachdem er im Laufe eines gut genützten Lebens zehn Frauen geehelicht hatte; Muhammad hatte bereits sechs geheiratet und Ahmad vier. Diese Einzelheiten erfuhr ich jedoch erst später, denn bei dieser ersten Begegnung blieb ich nur so lange, wie nötig war, um die vorschriftsmäßigen Höflichkeiten auszutauschen. Dann wurde ich sogleich durch einen weiteren gewundenen Gang zu dem Teil des Schlosses geführt, in dem ich wohnen sollte.

Dieser Teil hatte dem alten Gouverneur gehört, und seine Witwe Ghanija waltete hier als Herrin. Sie führte mich eine enge Lehmtreppe hinauf zu einer verzierten Tür, deren hölzernen Schlüssel sie in ihrem Gürtel trug. Mein Zimmer war ein großer Raum mit sechs geschnitzten Fenstern, durch deren durchbrochene Bögen man den Blick auf das Tal unten hatte. Man musste sich bücken, um hinauszuschauen, denn die Fenster lagen, zur Bequemlichkeit der am Boden Hockenden, alle auf gleicher Ebene mit dem Fußboden.

Die besseren Häuser im Wadi Do'an sind alle mehr oder weniger gleich. Die Zimmer werden von kunstvoll geschnitzten Holzpfeilern getragen, und auch die Wände sind mit geschnitztem Holz getäfelt. Bogen wölben sich über den Türen und offenen Nischen, in denen tagsüber die Bettdecken und Kissen verwahrt werden. Das Schnitzwerk ist schön, und das alte 'Ilbholz hat einen edlen dunklen Glanz; eiserne, mattsilbrig verzinnte Beschläge zieren es. Die Decke besteht aus Palmholzleisten, die im Fischgrätmuster zwischen schmale Balken gefügt sind, sie wird getragen von geschnitzten Pfeilern mit nach altpersischem Stil abgeflachten Kapitellen. Jedes Fenster besteht aus vier Teilen, deren jeder oberhalb einer kleinen Bogenöffnung mit Schnitzwerk verziert ist, denn Glasscheiben gibt es nicht; starke Läden, drei Zoll dick, um Geschosse abzuhalten, verschließen jeden der vier Teile, und unter jedem Fenster befindet sich ein rundes Loch mit einem Abflussrohr, das auch dazu dient, allerlei auf Angreifer hinunterzugießen, sowie Löcher für Gewehrrohre; denn das Tal ist erst seit jüngster Zeit befriedet, und viele erinnerten sich noch daran, wie die kleinen Ortschaften alle miteinander im Krieg lagen und der alte Ba Surra in seinem eigenen, nun so friedlichen Haus belagert wurde; sogar jetzt noch, wenn draußen ein Schuss fiel und das Echo von einer Wand des Wadis zur anderen hin und her hallte, als ob der Schall sich vergeblich mühte, aus diesem Kerker herauszukommen, stürzten die Damen des Harems jedes Mal an ihre geschnitzten Fenster, schauten auf all die an den Talseiten nistenden kleinen Ortschaften hinaus und rieten hin und her, ob wohl Beduinen oder Soldaten geschossen hätten. Wenn nichts weiter geschah, wandten sie sich ein wenig enttäuscht ab und erzählten mir, wie wundervoll friedlich das Tal geworden sei.

Sie waren sehr stolz auf ihre Gemächer, und ihr Reichtum bekundete sich in einer Anzahl von Messingschüsseln, die an den Wänden hingen, so dicht manchmal, dass sie einander überdeckten; sie können dank ihres Metallwertes jederzeit in Bargeld umgesetzt werden, sodass die Damen des Hauses sie als eine Art Sparkasse betrachteten, die bequem zur Hand war. Die Sklavinnen staubten sie immer sehr sorgfältig ab, was mit nichts anderem sonst geschah, und sie waren immer glänzend blank. Birmingham-Spiegel bedeckten den Rest der Wände, und die Zimmerecken wurden bis unter die Decke von zinnernen Kaffeetöpfen geziert. Diese hingen in Reihen so dicht übereinander, dass sie sich fast berührten. Sonst gab es keine Möbel, außer hier und da eine der schönen geschnitzten, messingbeschlagenen Truhen aus Sansibar, die man auch in Kuwait und Basra findet. Der Lehmfußboden zeigte unter den Teppichen ein hübsches Wellenlinienmuster, wie gerippter Sand, das auch auf den Treppen verwendet wurde. An den Treppenhauswänden war zuweilen ein geweißter und glänzend glatt geriebener Lehmfries mit einem Zickzacksaum. Die geschicktesten Handwerker im Wadi Do'an und im Hadhramaut verstehen, den Lehm so zierlich zu bearbeiten wie Stuck, und nichts könnte würdevoller und dekorativer sein als ihre Häuser alter Bauart, von denen sie leider allmählich zugunsten schlechter, aufdringlicher Bauten europäischer Art abkommen. Als ich das nächste Mal wieder in den Diwan hinunterging, fand ich Ahmad in liebevolle Betrachtung einiger senfgelber Glasscheiben versunken, die mit großen Kosten auf Kamelen von Mukalla herbefördert worden waren; sie waren für das neue Haus bestimmt, das er sich in nächster Nähe baute. Ein Jahr wurde schon daran gearbeitet, und in sechs Monaten sollte es fertig sein; dann wollte er umziehen und seine Zimmer in der alten Festung seinem Sohn überlassen.

Er führte mich zu dem Bau, wo Maurer die aus Lehm und gehacktem Stroh gefertigten Ziegel auf die Lehmunterlage klatschten und im Takt dazu sangen. Nur das unterste Fundament des Hauses war aus Stein, alles Übrige wurde, bis zu sieben Stockwerken hoch, aus diesen Lehm- und Strohplatten gebaut, die achtzehn Zoll breit und drei Zoll dick waren. Sie wurden drei Wochen in der Sonne gedörrt und dann in einen Lehmbrei eingemauert. Esel trotteten gerade herbei mit Wasser in Ziegenschläuchen – zum Anrühren dieses Breis. Ein Teil der Mauern war schon zu sehen; sie waren leicht nach innen geneigt, wie bei den alten sabäischen Gebäuden, und so fest, dass selbst der heftigste Regen nicht mehr als einen Zoll tief eindrang; sie überdauern Hunderte von Jahren. Weiße Kalkbemalungen verzieren die Fenster oder laufen in Streifen quer über die braunen Mauern. Als ich sagte, ich fände diese Häuser schöner als die modernen Bauten der Städte Europas, wollten die beiden Ba Surra mir nicht glauben; sie gaben jedoch zu, dass ihre alten geschnitzten Türen vielleicht schöner seien als die maschinell hergestellten, braun lackierten Verlogenheiten, die sie gerade im Westen bestellt hatten. Die Schatten der Zivilisation senken sich zusehends über diese feudalzeitlichen Täler; nur der Mangel an Transportmitteln hält unsere hygienische Gewöhnlichkeit noch ein wenig auf Abstand.

Das Erste, worum ich bat, als ich in meinem Zimmer war, war ein Bad und etwas Ungestörtheit, damit ich mich von dem Reisestaub säubern könnte. Den Kopf des Wabar, den die Beduinen für mich eingepfeffert und eingesalzen hatten und der noch immer so stark roch, wie man es bei einem so kleinen Ding kaum für möglich gehalten hätte, hatte der Soldat ohne mein Wissen im Teekessel verstaut. Das gemeinsame Entsetzen über die Entdeckung stellte sogleich ein schwesterliches Einvernehmen her zwischen der Witwe des Gouverneurs und mir bezüglich der Tapsigkeit der Männer im Allgemeinen, und sie brachte mir alsbald in einem Zinngefäß mit einer Schnute heißes Wasser, das über mich rann, während ich auf dem bloßen Boden des Badezimmers stand – denn mein Gemach hatte, wie allgemein üblich in Hadhramaut, ein eigenes Bad. In der einen Ecke stand ein irdener Krug, der täglich mit Wasser gefüllt wurde. Der Fußboden war etwas geneigt, sodass das Wasser durch eine Rinne abfloss, hinunter auf den Abhang unterhalb der Mauer. Auch die Klosettanlage führte einfach ins Freie hinab, durch einen breiten Schacht, zu dessen beiden Seiten je ein schmales Trittbrett angebracht war, auf dem man stehen konnte. In Ermangelung von Toilettenpapier war eine Nische mit sonnengetrockneten Erdklumpen gefüllt. Diese Badezimmer sind sauber und nicht unangenehm, wenn sie gut gehalten sind; ihre Nachteile werden lediglich von der Außenwelt empfunden, falls der darunter liegende Bereich zufällig eine Straße ist. Aber das kümmerte niemanden. Als ich ein paar Tage später krank wurde, versicherten mir die Damen von Do'an, das komme von meiner parfümierten Seife, und es gelang mir nicht, ihnen glaubhaft zu machen, dass ihr Abwassersystem vielleicht unbekömmlicher sei als die Düfte Houbigants. So sehr neigen die Menschen zu dem Glauben, was einem gut tut, müsse unerfreulich sein.

Es dauerte mehrere Tage, bis es mir gelang, die Verwandtschaftsverhältnisse der Bewohner von Masna'a zu entwirren. Die Feste war ein großer Komplex, wie ein Kaninchenbau, mit einer ganzen Anzahl mehrere Stockwerke hoher Häuser innerhalb der umgebenden Mauer. Obendrein waren so viele von ihnen geschieden worden und hatten wieder andere Verwandte geheiratet, dass es fast unmöglich war, eine Grenzlinie zwischen einer Familie und der anderen zu ziehen. Bei Ghanija, meiner Gastgeberin, lagen die Dinge noch recht einfach. Sie hatte nur eine Tochter und einen Sohn namens Nasir, den sie immer mit wehmütiger Zärtlichkeit ansah und seufzte: »Der Unglückliche, er ist eine Waise« – so oft, dass es offenbar dem Jungen aufs Gemüt geschlagen war, denn er war ein mürrisches und schweigsames kleines Geschöpf, ganz anders als der vergnügte, redselige Schwarm von Vettern um ihn her.

Auch seine Schwester hatte eine fröhliche Natur. Ihre kleinen Augen funkelten und tanzten hinter den zwei Schlitzen ihres Gesichtstuches, wenn sie zu mir hereinkam, und schauten nur ernsthaft drein, wenn man von Ehe sprach, denn in zwei Jahren, wenn sie fünfzehn sein würde, sollte sie verheiratet werden; fünfzehn ist das Alter für Waisen, ansonsten können Bräute auch jünger sein. In jedem Fall jedoch wird die ganze Angelegenheit ohne Wissen des Kindes vereinbart: Kleider werden gemacht »für eine Kusine«, und die kleine Braut ahnt erst etwas von dem Bevorstehenden, wenn ihr das Haar für das große Ereignis gewaschen wird. Dann wird ihr Gesicht mit Zabidbud, einer Mischung aus Öl, Wachs und Safran, gelb gefärbt, Hände und Füße werden mit einem braunen Muster bedeckt, und sie sitzt den ganzen dritten Tag des Hochzeitsfestes lang in einen roten Schleier gehüllt, den ihr Gatte am Abend von ihrem Gesicht lüftet. Am Morgen hinterlässt er zehn Taler auf dem Kopfkissen und nach der zweiten Nacht eine Schüssel mit einem Taschentuch, zehn Talern, einem Häufchen Gewürznelken und Weihrauch; danach hinterlässt er nichts mehr. Wir hatten während meines Aufenthaltes eine Jungvermählte im Haus, ein stilles Geschöpf namens Fatima, gutmütig wie eine Kuh. Sie ging immer noch in ihren Hochzeitsstaat gekleidet und sagte mir, dass sie ihn vierzig Tage lang tragen müsse. Auf der Brust trug sie über dem schwarzen Gewand einen mit Baumwolle unterlegten Brustschmuck aus massivem Silber, ihr Gürtel hing voll klimpernder Silberquasten, und um die Knöchel ihrer nackten Füße trug sie Goldspangen. Ich brachte sie in große Verlegenheit, als ich sie fragte, ob ihr Mann sie auch küsse, und wenn, wohin. Denn sie war so reich geschmückt, dass gar kein Platz dafür vorhanden schien. Diese indiskrete Frage hatte zur Folge, dass sie tagelang von ihren Freundinnen geneckt wurde. Ihre Mutter, die der Sitte gemäß noch vierzehn Tage lang nach der Hochzeit bei ihr geblieben war, hatte sie gerade verlassen.

Die Aufmachung dieser Damen war ziemlich verschieden, je nachdem ob ein Gatte vorhanden war oder nicht, für den sie sich schön machen mussten. Die arme Ghanija trug das Haar einfach in der Mitte gescheitelt, »weil ich Witwe bin«, sagte sie. Auch ihre Mutter, eine heitere, prächtige alte Dame aus dem Nachbardorf, hatte den mühseligen Eitelkeiten längst entsagt. Mit ihren vielen Runzeln schaute sie lächelnd und unbeteiligt auf die Welt und ihre schwatzenden Enkelkinder. Aber Muhammads Frau, die Schlossherrin, kam wie ein voll getakeltes Schiff daher, mit klirrendem Gürtel, mit Armbändern und Halsketten geschmückt und mit dem Lächeln derer, die in Glück und Gunst stehen. Sie war noch immer eine schöne Frau, obwohl Nur, ihre Tochter, schon seit einigen Jahren verheiratet war. Nur war meine Hauptfreundin und Gefährtin im Harem. Sie brachte mir immer das Essen und saß plaudernd bei mir, wobei sie mit einem Auge immer durch das Fenster blickte, um zu sehen, was dort unten vor sich ging. Sie hatte die sanften Augen, den großen Mund und die langen Finger ihrer Oheime und dasselbe liebenswürdige Wesen, eine unbefangene Freundlichkeit gegen jedermann. Ihr Mann war vor drei Jahren ins Ausland gegangen, um dort zu arbeiten, und schrieb ihr mit jedem dritten oder vierten Schiff, das die Küste anlief. Da sie zum ersten Mal allein war, hatte sie in ihr Vaterhaus zurückkehren und bei den Ihrigen bleiben dürfen; beim zweiten Mal, erklärte sie mir, würde sie in ihrem neuen Heim bleiben müssen; so wollte es der Brauch im Wadi Do'an. Die Männer blieben manchmal fünfzehn bis zwanzig Jahre lang weg und heirateten in der Fremde andere Frauen, da ihre eigenen kaum je ihre Täler verließen. Die Männer von Do'an gingen hauptsächlich nach Somaliland, Abessinien oder Ägypten, während die des oberen Hadhramaut nach Osten, nach Holländisch-Indien oder Malakka auswanderten.

Diese Gepflogenheit hatte sich erst seit Kurzem eingebürgert, und die Ba Surra erzählten mir, sie erinnerten sich noch an eine Zeit, wo jeder, der eine Reise unternahm, nach dem Namen des Ortes benannt wurde, den er besucht hatte, Makkawi oder Massawi und so weiter, ein so seltenes Ereignis war es, dass jemand die Klippen des Wadis Do'an verließ. Aber ein gewisser Wandertrieb muss den Männern dieser Täler jederzeit zu eigen gewesen sein, denn selbst nach dem Niedergang ihrer Handelsreiche, in der Frühzeit des Islam, finden sich Spuren von ihnen in weit entlegenen Gebieten. Zur Zeit der Eroberung siedelten sie sich in Syrien und Ägypten an und bildeten etwa ein Zehntel der dortigen arabischen Bevölkerung, zuerst bekannt unter den Namen al-Harith und al-Eshba (abgeleitet von Shabwa).[1]

Ein Bannerträger der Sadaf, eines Hadhramaut-Stammes, wird als zur Armee des großen Eroberers von Ägypten, Amr ibn al-As, gehörig erwähnt, und Shuraih ibn Maimun, ein Madadi aus Mahra, der nach Ägypten ging, befehligte die ägyptischen Streitkräfte bei einem Feldzug gegen Konstantinopel

1 Abd-el-Haqam 47 B fol. 2 und Hamdani 98.

im Jahre 98 muslimischer Zeitrechnung (716/17 n. Chr.). Die meisten Sadaf, die Arabien verließen, gingen nach Ägypten oder Nordafrika, aber sie tauchten auch in Kufa im Irak auf, in engem Bündnis mit den Kinda, ebenfalls einem Hadhramaut-Stamm. Es war ein Mann aus Hadhramaut, der einen der Mörder Alis, des Schwiegersohns des Propheten, in Kufa verhaftete, und es heißt, die Sadaf seien den Kinda zu Hilfe gekommen, als diese sich gegen den Islam empörten; fest steht, dass sie sich weigerten, Hijr, einen Mann der Kinda, zu verhaften, mit der Begründung, er gehöre zu ihrer Sippe. Während des Krieges, der dem persischen Reich ein Ende machte, befanden sich sechshundert Hadhramaut- und Sadaf-Männer in den Heeren von Sa'id ibn Waqqas. Sie müssen zu jener Zeit ebenso wohlhabend wie gelehrt gewesen sein, denn sie zahlten ein Zehntel der Gesamtsteuern im Jemen und ihre Kadis werden besonders erwähnt. Der »achte Schatz des Jemen« war in Hamra, irgendwo im Hadhramaut. Als der Islam schließlich siegte, wurden drei Statthalter im Südwesten eingesetzt – je einer in San'a und Dschened im Jemen sowie einer in Hadhramaut.

Früher war dieses Land für seine Gelehrsamkeit berühmt, doch heutzutage lässt sich dieser Ruf für das Wadi Do'an nicht mehr aufrechterhalten; es gibt keine eigentlichen Schulen, sondern nur ein paar menschenfreundliche Männer, die jeden, der möchte, lehren, den Koran zu lesen. Der Kadi selbst hatte sich sein Wissen während eines zehnjährigen Aufenthaltes in Mekka erworben. Wer nicht mit ihm zufrieden war, konnte sich an einen anderen Kadi talauf- oder -abwärts oder im äußersten Fall in Mukalla wenden. Keine der Frauen, die ich kennenlernte, konnte lesen. Wie die Frauen es überhaupt fertigbrachten, ihren Tag auszufüllen, ist mir nie klargeworden. Sie gaben sich nicht mit Stickerei ab, obwohl sie ihre Kleider selber machten – doch das war ebenso einfach wie einen Sack zu nähen; der kunstvolle Brustbesatz hingegen mit seinen Plättchen und Perlen und Gold- und Silberornamenten wurde an Berufsstickerinnen außer Haus gegeben. Manchmal kochten sie oder überwachten die Küche, und das mochte dann viel Arbeit bedeuten in einem Haushalt, wo zu jeder beliebigen Zeit eine beliebige Anzahl treuer Stammesleute zu Gast erscheinen konnte und bewirtet werden musste. Den größten Teil des Tages verbrachten sie mit gegenseitigen Besuchen von einem Haus der Festung zum anderen oder mit dem Empfang von Freundinnen aus dem Häusergenist des Dorfes 'Ora unten im Tal.

Diese Besuche hatten ihre Formalitäten. Der Umstand zum Beispiel, dass wir eben erst im Haus von Muhammads Frau beisammen gewesen waren, enthob uns nicht der Verpflichtung, der ganzen Runde erneut die Hand zu reichen, wenn wir uns eine halbe Stunde später in den Räumen von Ahmads Mutter trafen. Jede neu Ankommende machte die Runde in der ganzen Gesellschaft, hob die Hand einer jeden der Reihe nach und küsste dabei ihre eigene Hand oder auch – zum Zeichen besonderer Ehrerbietung – die Stirn einer älteren Frau. War man gerade im Gespräch und achtete nicht auf den Neuankömmling, so schnipste sie laut mit den Fingern, bis man sich ihr zuwandte und den erforderlichen Ritus vollzog. »Hajja« oder »Salaam« sagte sie dabei. Die Besucherinnen von außerhalb waren in ihre Shuka gehüllt, ein viereckiges schwarzes Tuch mit Fransen an zwei Seiten, das sie über den Kopf und die ganze Gestalt drapiert hatten. Die beiden unteren Ecken waren zusammengeknotet, die oberen über einen Arm geworfen. Ich wurde es nie müde, den wundervollen Faltenwurf dieses Tuches zu betrachten, in dem sie wie wandelnde Tanagra-Figuren aussahen. Sie legten dieses Kleidungsstück auch an, wenn sie nur in der Festung von einem Haus zum anderen gingen, ebenso wie das schwarze Gesichtstuch, das mit zwei Augenschlitzen sowie einem gestickten Silberstrich über der Nase versehen war. Es könnte ja sein, dass sie in den schmalen Gängen einem Mann begegneten. Im Haus jedoch trugen sie nur ein unter dem Kinn zusammengebundenes Kopftuch aus indischer Seide und das schwarze ärmellose, schräg über eine Schulter fallende Gewand.

Kein Mann durfte unangemeldet diese heiligen Räume betreten, außer Mahmud, dem Türhüter, der das Tor der Festung mit einer Kette von oben bediente. Er war ein bevorzugter Gefolgsmann, im Haus der Ba Surra geboren und aufgezogen, ein munterer, kleiner junger Bursche mit einem Buckel und einem runden Bartbüschel auf dem runden Kinn. Er kam immer hereinstolziert wie ein Hahn zu seinen Hennen, mit zwei oder drei Paar bunten Manschettenknöpfen statt Knöpfen vorn an seiner weißen Jacke. Er machte sich jedes Mal lustig über die zimperlicheren Besucherinnen von außerhalb, die ihre Gesichtstücher herunterzogen, sobald er erschien. Als ich krank war, kam er immer zu mir mit einem: »Taib, taib. Gut, wie geht's? Jetzt ist alles wieder gut, wenn Gott will« – wobei er jegliche Bemerkung meinerseits völlig unbeachtet ließ. Denn war er nicht ein Mann? Lag nicht der Klang sinnlosen weiblichen Geschwätzes unter seiner Würde, ein bloßes Geräusch, nicht mehr? Manchmal, wenn das Geschnatter der Damen überhaupt nicht mehr aufzuhören schien, war ich geneigt, ihm beizupflichten. Sein Wunsch, vertraute er mir an, stehe nach einer europäischen Frau aus Ägypten. Die, die er habe, sagte er, sei schmutzig – deshalb spreche er nie mit ihr.

»Warum sagst du ihr nicht, dass sie sich sauber halten soll?«, forschte ich und fragte mich, wie sie wohl aussehen mochte, denn die allgemeinen Anforderungen waren nicht hoch. »Vielleicht willst du lieber eine stille Frau? Wenn du sie erst einmal reden lässt, bringst du sie vielleicht nie wieder zum Schweigen.«

Mahmud warf mir einen Blick zu, als ob ihm diese Idee einleuchtete, und man sah ihm an, dass er in seinem Herzen beschloss, es lieber auf Kosten der Sauberkeit beim Stillschweigen zu belassen. Er litt darunter, dass seine Wimpern nach innen gebogen waren und ihm Augenschmerzen verursachten, und es bekümmerte ihn, dass ich kein Heilmittel dagegen hatte; er sah mich aus seinem kleinen, runden Gesicht an, ganz vergrämt und verrunzelt vor Enttäuschung, wie ein Baby.

»Du musst einen Arzt fragen deswegen«, sagte ich.

»Wenn du nach Ägypten gehst, um dir deine nächste Frau zu holen«, sagte Nur.

Von diesem hoffnungsvollen Gedanken getröstet, ging er mit wiederhergestelltem Hahnenstolz hinaus, um mir mein Wasser zu holen. Es kam aus einer Quelle im Felsenhang, die ich dem Festungsbrunnen vorzog, und er ging jeden Tag hin mit einer Miene mitleidiger Hilfsbereitschaft, die zu sagen schien: »Was würdet ihr armen eingesperrten und hilflosen Geschöpfe tun, wenn ich nicht wäre?«

XII. Kapitel

Khuraiba und Robat

»Es verwunderte mich,
dass ein so Edler wie er zurückhielt;
Warum sollte er zurückhalten,
da er doch durch Geben nichts verliert?
Der Goldschatz wird vermindert durch Gaben,
Aber der Vorrat an Ehre wird nicht vermindert.«

(Ibn er-Rumi)

Die beiden Gouverneure kamen zu den Mahlzeiten immer in mein Zimmer, um mit mir zu speisen, und ihr Erscheinen trieb die Damen jedes Mal eilends in die Flucht. Sie kamen ohne alle Förmlichkeiten, Muhammad mit einer Strohmatte und Ahmad mit ein oder zwei Tellern in der Hand, und setzten sich nieder, während Ghanija das Übrige besorgte, überwältigt und, soweit das möglich war, sprachlos angesichts solcher Herablassung. Sie brachte uns hoch aufgetürmte Berge von Reis mit Fett und Paprika, Fleisch in einer vorzüglichen Soße sowie das landesübliche Gericht Harisa, einen weichen Brei aus Fleisch und Mehl, mit einem Napf zerlassener Butter in der Mitte, in die man jede Handvoll, die man nahm, eintunkte.

Ahmad und Muhammad plauderten unterdessen sehr anregend, und ich mochte sie immer mehr. Einmal brachten sie den Sayyid Muhammad ibn Iasin mit, einen sehr netten alten

Kaufmann, der an den Küsten des Roten Meeres mit Baumwolle handelte und in Arabisch mit Liverpool korrespondierte. Auch er hatte das lange Gesicht und den großen freundlichen Mund, die für die sesshafte Bevölkerung dieser Täler typisch sind. Seine Erfahrung und Güte ließen die angenehme, gutgelaunte Art, in der sie miteinander umgingen, bei ihm besonders sanft wirken. Er hätte Odysseus sein können, der sich für den Rest seines Lebens zur Ruhe gesetzt hat:

»Fussé-je comme Ulysse, qui fist un long voyage,
Ou comme cestui-là qui conquist la toison,
Et puis est revenu plein d'usage et raison
Vivre entre ses parents pour le reste de son age.«

Ibn Iasin war zu seiner Frau und seiner Heimatstadt Robat am Ende des Wadis heimgekehrt und hatte seinen Sohn im Ausland zurückgelassen, damit er die Geschäfte dort weiterführte; und da er mit A. B. befreundet war, dessen Name in diesem Land Gold wert war, lud er mich für den nächsten Tag zum Mittagessen ein.

Ich brach schon früh am Morgen auf, und zwar zu Fuß, da ich mir die Ortschaften anschauen wollte, die auf dem Weg lagen. Robat ist der letzte Ort im Wadi, hier hören die Palmen auf und drei unbewohnte Schluchten führen zum Dschol hinauf; zwischen Robat und Masna'a nisten Rashid und Khuraiba auf der linken Talseite an der Felswand. Es ist nicht mehr als eine Wegstunde an diesen kleinen Städten vorbei, und ich machte mich auf mit dem Soldaten und einem Beduinenführer hinter mir, unter dem gefächerten Schatten der Palmen.

Die Palmen sind die Haupteinnahmequelle von Do'an, und für einen guten Baum werden bis zu fünfhundert Taler gezahlt; 6 Prozent von jedem Verkauf gehen an die Regierung, und die jährliche Steuer beträgt einen Vierteltaler

(4½ Penny) pro Baum, ebenso viel wie für ein Maß Land und ungefähr ebenso viel wie ein Tageslohn, der etwa ein Drittel Taler oder Sixpence beträgt. Während wir unter den dämmrig grünen Schatten dahingingen, sahen wir Männer an den Stämmen hinaufklettern, um die Blüten mit einer sahnigen Masse zu befruchten. »Der Geruch ist entscheidend«, sagten sie. Man sollte meinen, Leute, die sich so viel mit Gerüchen zu schaffen machen, müssten auch etwas empfindlicher sein gegen die, die aus ihren Straßen aufsteigen.

Ich ließ Rashid rechts liegen und bog in die schwarzen Schlitze der engen Gassen, die zwischen den übereinandergetürmten Häusern von Khuraiba bergan führen – so schmal ist es hier, dass zwischen gegenüberliegenden Fenstern hölzerne Gestänge angebracht sind, auf denen die Hühner außer Reichweite von Dieben und Füchsen sitzen können. Khuraiba ist der Hauptort des oberen Tals, mit einem Markt und mehreren Moscheen. Der Name bedeutet Ruine, und vielleicht ist es das bei Ptolemäus und auch Hamdani erwähnte Do'an, die Hauptstadt von Plinius' Toani; auf alle Fälle ist es eine alte, stolze Stadt, die sich viel zugutetut auf ihre besondere Rechtgläubigkeit, und infolgedessen zu Unduldsamkeit und Gewalttätigkeiten neigt. Es war der Sheikh von Khuraiba, der im Jahre 1843 v. Wrede ausgeplündert und ohne einen Pfennig Geld an die Küste zurückgeschickt hatte. Und fünfzig Jahre später mieden die Bents Khuraiba infolge der Warnungen ihrer Führer. Spätere Reisende, van den Meulen und die Ingrams, haben es recht angenehm gefunden, und das hätte ich wohl auch, wenn nicht die Unfreundlichkeit der führenden Leute, der Familie des Sayyid Hamd al-Bar, gewesen wäre.

Ich hatte ein Empfehlungsschreiben an den Sayyid, und man sagte mir, sein Haus stünde auf der höchsten Höhe der Stadt, unter der Felswand. Wir waren noch nicht weit gegangen, als ein liebenswürdiger Unbekannter von irgendwoher auftauchte und uns begrüßte. Er war in Aden angestellt gewesen und erfreut, eine Europäerin zu sehen; er kam, um mir unterwegs alles zu zeigen, was ich wollte. Er führte mich zu der Hauptmoschee, einem stillen Säulenbau, und kleineren Moscheen, die mehr als Privatkapellen von frommen Hausbesitzern erbaut worden waren, niedrig und verwahrlost, mit offenen Brunnen daneben – denn auf dem beengten Raum dieser kleinen Städte fließen die Abwässer oft eben den Weg hinab, auf dem das Wasser hinaufgezogen wird.

Wir kamen zum Markt, von dessen Wundern mir schon meine Beduinen auf dem Dschol erzählt hatten. Es war nur eine enge Gasse, auf deren hohen Türstufen die Verkäufer mit Körben im Schoß hockten und sich von dem Dunkel der dahinterliegenden Räume abhoben. Sie wogen ihr Fleisch in rot und gelb bemalten Waagschalen. Es war gerade die betriebsamste Stunde, und die Kinder scharten sich um mich; aber alle waren freundlich. Sie stellten Fragen und ließen sich ruhig fotografieren – bis zu dem Augenblick, als wir, mit immer wachsendem Gefolge, zu dem hochgelegenen Palast kamen, der mit seiner geschnitzten Tür und seinen weiß getünchten Brüstungen unterhalb der Felswand stand.

Hier ereignete sich das bedauerliche Missgeschick. Der Fremde ging zur Tür hinauf und gab meinen Brief ab; nach einer langen Pause kam die Antwort, es sei niemand zu Hause. Ich vermutete und alle anderen wussten, dass das eine Lüge war. Der Sayyid selbst war wirklich nicht da; wäre er daheim gewesen, so hätte er das Unheil nicht geschehen lassen; es waren nur seine Söhne und seine Frau anwesend, und sie sind, wie man mir später sagte, alle bekannt dafür, dass sie keine Christen mögen und nur ungern mit ihnen zusammenkommen. So krasser Ungastlichkeit bin ich jedoch weder vorher noch nachher in Hadhramaut begegnet, und ihre Wirkung war katastrophal. Der freundliche Fremde kam schweigend zurück, ganz benommen vor Scham; die Menge zog sich still und murmelnd ein Stück von uns zurück. Der Fremde geleitete mich rasch bergab – denn wir mussten die Stadt in ihrer ganzen Breite durchqueren.

Er war nicht zum Reden zu bewegen und mied offene Stellen; er hastete durch so enge Gassen hinunter, dass ich mich seitlich zwischen den Häusern hindurchquetschen musste. Unser Abstieg sah allmählich bedenklich nach Flucht aus. Kurz vor dem unteren Ende der Stadt waren wir genötigt, ins Freie hinauszutreten, und hier trat auch die Volksmenge wieder in Erscheinung. Angesichts unserer Hast begann sie eine bedrohliche Haltung anzunehmen, denn nichts weckt so sehr die tierischen Jagdinstinkte im Menschen wie eine Flucht. Sie waren im Zickzack um die Häuser herum gelaufen, um uns wieder zu erwischen. Mein Begleiter war nahe daran, den Kopf zu verlieren, und ich sagte mir, dass er bald eine Katastrophe herbeiführen würde, wenn es so weiterging. Ich weigerte mich, mich noch länger von ihm hetzen zu lassen, und blieb stehen, um eine Aufnahme von den immer zahlreicher werdenden Einwohnern zu machen.

Das brachte sie dazu innezuhalten; die Hinteren drängten zwar weiter, aber die Vorderen zögerten. Ich ging auf die Nächststehenden zu und sprach sie an; indem ich tat, als ob ich sie für eine Aufnahme gruppieren wollte, fragte ich, ob sie noch nie einen Ferangi gesehen hätten. Niemand antwortete, aber die Hinteren wollten hören, was geredet wurde. Sie wussten nicht, was sie von der Sache halten sollten, denn sie konnten sehen, dass ich lächelte. Ich kehrte zu meinem Führer zurück, der jetzt vor Ungeduld an seinen Fingern biss, und wir gingen langsamer weiter bergab, während die Menge, durch die Unterbrechung für ein paar Minuten beschwichtigt, nach und nach wieder unangenehm wurde. Aber wir waren jetzt fast am Ende der Stadt. Plötzlich trat aus einem Haus ein alter Mann, den ich im Diwan des Gouverneurs kennengelernt hatte, ein vergnügt dreinschauender

Greis mit weißem Kinnbart, der strahlend und voller Herzlichkeit auf mich zukam. Doch auch er zog sich sogleich zurück, als er hörte, was geschehen war, und anstatt mich in sein Haus einzuladen, drängte er mich hastig weiterzugehen. Ich begann, Khuraiba zu hassen. Doch als wir zu den letzten Häusern kamen, geschah etwas Erfreuliches: Meine drei Beduinen, Sa'id, Salim und der kleine Muhammad, kamen aus der Hütte geeilt, in der sie lebten, wenn sie nicht unterwegs waren, und fielen mit Händeschütteln und lächelnden Mienen über mich her. Die Menge schaute befriedigt zu und wurde freundlicher. Mein Beschützer, froh über die Gelegenheit, mich loszuwerden, war verschwunden. Ich machte zum Abschied eine Aufnahme, um zu bekräftigen, dass die Stadt Khuraiba und ich in Frieden, wenn nicht gar in Freundschaft, voneinander schieden, und ging dann meines Weges, mein Soldat und der Beduine tief bedrückt hinter mir her. Die Unhöflichkeit der Familie des Sayyid al-Bar, die Verweigerung der Gastfreundschaft einem Fremden gegenüber war ein zu trauriges Thema, als dass man darüber hätte reden können. Es war, wie ich noch einmal betonen möchte, der einzige Vorfall dieser Art, der mir in dem ganzen Land widerfahren ist, und er zeigt, wie sehr der Reisende im Grunde abhängig ist von der Freundlichkeit dieser Feudalherren, die wirklich sein Leben in der Hand haben, da ihre Haltung ihm gegenüber von der gesamten Bevölkerung übertrieben nachgeahmt wird.

Mit widersprüchlichen Gefühlen erreichten wir nach etwa zwanzig Minuten die Stadt Robat, die sich zwischen zwei Schluchten auf einem Vorsprung der Gefängnismauer auftürmt – denn als Gefängnismauern empfindet man diese Felswände, die einen zu beiden Seiten des Wadis lückenlos einschließen.

Es gab hier weniger Palmen, und die wilde Natur dieses Landes schien bis nahe an die Stadt herunterzustürzen. Aber auf der Straße erwartete uns bereits der Sohn des Sayyid Muhammad, und der Sayyid selbst stand oben auf der Treppe, um uns zu begrüßen. Alles war Gastlichkeit und Freundlichkeit. In einem niedrigen Zimmer mit geschnitzten Türen und Säulen saßen wir auf dem einen Ende eines Teppichs, während sich auf dem anderen der Soldat mit seinem Gewehr bei den Haussklaven niederließ. Die Nöte von Khuraiba waren vergessen.

Noch ein anderer Gast war da, ein heiterer alter Mann, der in den Diensten Englands gestanden hatte und zum Khan Bahadur gemacht worden war dafür, dass er den Stamm der Jafa'i in Schach gehalten hatte, bis es ihnen unglücklicherweise gelungen war, sich in den Besitz einiger seiner Regierungsgewehre zu setzen, worauf er seinen Abschied genommen und sich ins Privatleben zurückgezogen hatte. Er erzählte mir einen Teil seiner Geschichte und sprach verständig über die Weltereignisse, deren Widerhall bis hierher dringt. Es ist erstaunlich, wie genau die politischen Vorgänge in diesen entlegenen arabischen Tälern verfolgt werden. Die Italiener beispielsweise, die gerade ihr abessinisches Abenteuer vorbereiteten, mochte man im südlichen Arabien zu jener Zeit überhaupt nicht.

»Wenn wir durch die Straßen von Massawa gehen«, sagte der alte Khan Bahadur, »müssen wir jeden Ferangi, dem wir begegnen, grüßen und ihm den Weg freimachen. Mit euch Ingliz sprechen wir wenigstens von Mensch zu Mensch. Doch als der König von Italien kam«, fuhr er fort, »wurde die Order erlassen, dass überall, wo er entlangging, sich alle vor ihm niederwerfen sollten. Wie du weißt, werfen wir uns aber nur vor Gott nieder – und so mussten wir an jenem Tage zu Hause bleiben. Nur die Sklaven und das niedere Volk konnten hinausgehen und den König sehen.«

»Und«, mischte sich ein Sklave vom anderen Ende des Raumes in die Unterhaltung, »sie hissten ihre Flaggen auf den Moscheen, als wären sie ihre Häuser und nicht das Haus Gottes, er sei gelobt und gepriesen.« Damit verließen wir dieses heikle Thema und redeten von der Tragödie der Baumwolle, die von vierzig Pfund auf zehn Schilling gefallen war, wodurch unter anderen auch Sayyid Muhammads Geschäft ruiniert worden war. Dann sprachen wir von den Angelegenheiten des Wadis, von seiner Armut, seinem spärlichen Handel und von der Vortrefflichkeit der Regierung der Ba Surra, die unter so großen Schwierigkeiten und fast unabhängig von Mukalla den Frieden wahrten.

Die Stärke ihrer Herrschaft lag in ihrer Stammesgewalt über die Beduinen im Osten – die einzige wirkliche Machtgrundlage in diesem Lande, wie mir später klarwurde. Wie die Dinge lagen, war das Wadi Do'an nur ein Eiland in einer nicht eben ruhigen See. Die Stämme westlich des Wadis wurden nur vermittels etwa dreißig in Mukalla eingekerkerter Geiseln im Zaum gehalten. In der Gegend um den Ausgang des Wadis al 'Aissar war ein Krieg im Gange, und nur die Dörfer unterstanden dort den Ba Surra und lebten in Frieden; im Norden zwischen Hadscharain und Shibam befand sich ein Streifen Niemandsland, der zeitweilig unter einem Waffenstillstand stand. Die Schwierigkeit, den Frieden aufrechtzuerhalten, wurde dadurch erhöht, dass die Beduinen es als unwürdig betrachteten, Blutgeld anzunehmen, sodass ihre Fehden immerzu weitergingen.

Selbst der von Mukalla gewährte Beistand war kein ungetrübter Segen, denn die Jafi'i-Söldner, von denen etwa 250 im Wadi Do'an stationiert waren, verursachten zurzeit Unruhe. Sie hatten sich dadurch unbeliebt gemacht, dass sie ihre Ziegen in den Pflanzungen der Einwohner weiden ließen, und als man sich dagegen verwahrte, hatten sie sich schussbereit in einem der festungsartigen Häuser des Tales verschanzt. Wie dieser Handel ausging, habe ich nie erfahren, aber ich zweifle nicht, dass die Ba Surra damit fertig geworden sind.

Als ich an diesem Tag heimging, begegnete ich dem alten Anführer der Jafi'i und machte ihm sanfte Vorwürfe wegen des Verhaltens seiner Truppen.

»Man verlegt sie nie woandershin«, sagte er. »Das ist die Ursache aller Misshelligkeiten. Sie sind seit etwa zwanzig Jahren hier und denken, sie können tun, was sie wollen.«

Er war selbst ein alter Jafi'i und ging unter einem riesigen Turban einher, mit einem langen dünnen Gesicht, das, grimmig, aber verwelkt, oft plötzlich voller Freundlichkeit und Schalkhaftigkeit aufleuchtete, wie bei so vielen seines Stammes. Er war schon seit dreißig Jahren im Wadi Do'an, er war als junger Mann hierhergekommen, »weil sein bester Freund hier wohnte«.

Nach dem Mittagessen führte mich der Sayyid Muhammad auf eine kleine Terrasse, um mir seine Bienen zu zeigen. Sie hausten in einer Art Abflussrohr aus Lehm, über dessen eines Ende Decken gelegt waren, um es warm und geschlossen zu halten. Durch ein paar kleine Löcher konnten die Tiere hinein- und herauskrabbeln. Das andere Ende des in die Wand eingebauten Rohrs öffnete sich ins warme Zimmer und war mit einem runden Deckel aus Korbgeflecht verschlossen, der ein- oder zweimal im Jahr entfernt wurde, um das Bienenvolk wegzuräuchern und den Honig herausnehmen zu können. Der Honig von Hadhramaut ist berühmt und wird schon bei Plinius erwähnt. Er wird in runden Blechdosen exportiert und hat einen vollen, würzigen Geschmack, der zweifellos von den 'Ilbbäumen kommt, von deren Blüten sich die Bienen hauptsächlich ernähren.

Nachdem wir den Tierchen eine Weile zugeschaut hatten, ging ich in den Harem hinauf und saß einige Zeit mit zehn bis zwölf Damen zusammen, bei angeregter Plauderei über das dreimal gesegnete Kleiderthema, dessen Nichtvorhandensein als Gesprächsgrundlage offenbar schon im Garten Eden missliche Folgen hatte. Was man in einem orientalischen Harem ohne es tun würde, ist unvorstellbar. Ich war die erste Europäerin, die diese Damen besuchte, denn Mrs. Ingrams war nicht die Treppe bis zu ihnen hinaufgestiegen. Sie warteten in Gruppen, um mich zu betrachten, auch noch als ich mich niederlegte und schlief, denn ich fröstelte jetzt von einer beginnenden Krankheit und sehnte mich nach Ruhe. Sie brachten mir eine Matratze und Decken; eine junge abessinische Sklavin saß mit meinen entblößten Füßen im Schoß, die sie abwechselnd mit beiden Händen drückte und wieder losließ, was die Ermüdung auf gelindere Art aus ihnen abzog, als ich es bei irgendeiner Massage erlebt hatte. Ein wunderschönes Geschöpf kam herein, eine Angehörige der Sayyid-Familie al-'Attas, der Aristokratie von Hadhramaut, die vom Propheten abstammt; sie war schlank und lang wie ein Windspiel, mit großen Augen in einem ungeschminkten Gesicht mit mattem Teint und einem scheuen, leuchtenden Lächeln. Bevor ich ging, brachte die Frau des Sayyids mir einige Metallstickereien als Hüftenbesatz für mein schwarzes Gewand, denn ich hatte ihr gesagt, dass ich mir ein Do'ani-Gewand machen ließ, das ich in meine Heimat mitnehmen wollte, und sie gab mir Silberperlen, wie all die Frauen sie gern um den Hals tragen.

Mit diesem Zeichen der Freundlichkeit bedacht, sagte ich den reizenden Leuten Lebewohl und machte mich auf den Weg, noch ein Stück von dem Sohn des Sayyids begleitet und mit sämtlichen Kindern von Robat hinter mir drein. Sie waren an sich nicht lästig, nur wirbelten ihre kleinen Füße ganze Wolken von Staub auf, und sie machten alle Augenblicke kleine ungestüme Vorstöße, um mir so nah wie möglich ins Gesicht zu schauen. Sie hielten bei mir aus bis kurz vor Khuraiba, wo Verstärkung viel unerfreulicherer Art bergab geströmt kam, meine Feinde vom Vormittag, die mein Gefolge bedenklich anschwellen ließen und jedes Mal mit lauten Spottgesängen antworteten, wenn der Soldat den täppischen

Versuch machte, ihnen mit seinem Gewehr eins zu versetzen. Ich war froh, als ich die vertrauten Bastionen von Masna'a wieder über mir in den Himmel ragen sah und mich in meinem eigenen Harem zur Ruhe legen und auf meine Krankheit einrichten konnte. Abends beim Essen erzählte ich den Ba Surra von den Kindern in Khuraiba. Sie äußerten ihr Bedauern.

»Ich werde ein paar von ihnen ins Gefängnis stecken«, sagte Muhammad; »nur um ihnen eine Lehre zu erteilen.«

Ich hoffe, er hat es getan.

XIII. Kapitel

Krankheit in der Feste von Masna'a

»Und als sie eine lange Weile gelegen hatte, wurde sie von den Masern befallen, und von keinem Arzt konnte sie ein Heilmittel bekommen.«

(Morte d'Arthur, B. XVII)

Am ersten Tage meines Aufenthaltes in Do'an sagte mir Nurs Mutter, während sie mit mir beim Kaffee saß, das kleine Wesen, das in ihrem Schoß wimmerte, habe die Masern. Sie schob sein grünseidenes Kleidchen nebst vielen Amuletten beiseite und zeigte mir die Flecken. Da ich die Krankheit noch nicht gehabt hatte, wusste ich, was mir bevorstand. Alle drei oder vier Jahre, sagten sie, verbreiteten sich diese Epidemien über das Land, und zu meinem Unglück war ich mitten in eine hineingeraten. Fast jedes kleine Kind, das sich zutraulich an mich schmiegte, hatte, wenn ich es näher betrachtete, ein fleckiges Gesicht. Man erklärte mir, sie bekämen die Krankheit nicht durch Ansteckung, sondern von stark riechenden Dingen wie Seife; Tavernier erwähnt in seinen Reisebeschreibungen, dass die »Abessinier und das Königreich Saba« keine Seife gebrauchen, und vielleicht war dies der Grund; selbst die Salben, die ich den an Rheumatismus Leidenden zum Einreiben gab, wurden oft wegen ihres Geruchs zurückgewiesen. Angesichts einer so grundsätzlich anderen medizinischen

Anschauung konnte ich nur sehr wenig tun, um das drohende Schicksal von mir abzuwenden. Jeder Gegenstand, den ich berührte, war schon von irgendeinem Masernkranken berührt worden. Es war fast eine Erlösung, als ich endlich meine Temperatur maß und feststellte, dass sie 39 betrug; so war ich wenigstens weiterer vorbeugender Maßnahmen enthoben.

Es folgte nun eine Fieberwoche. Drei Nächte lang lag ich in dumpfen, quälenden Phantasien, immerzu auf der Suche nach etwas Undeutlichem, vor mir her Tanzendem, Lebendigem, das einstmals mein Eigen gewesen war und von dessen Wiedergewinn mein Glück abhing; ja, es war das Geheimnis des Glücks, etwas sehr Einfaches, das einem aber immer wieder entwich, wie nicht anders zu erwarten, und ich wünschte nur, ich könnte mich erinnern, worin es nun eigentlich bestand; früh beim Morgengrauen, wenn das Fieber sank, gelang es mir dann doch jedes Mal, es zu erhaschen, worauf ich friedlich schlief, bis Nur, in Schwarz und Gold gekleidet, mit klirrenden Armbändern und ihren schönen, vom Kohl glänzenden Augen unter dem geölten und fest anliegenden Haardreieck, mit dem Frühstück eintrat. Meinem erwachenden Blick erschien sie wie eine seltsame Fortsetzung meiner Nachtträume.

»Qumi«, sagte sie ungeachtet meines Zustands jedes Mal zu mir, »steh auf«; und wenn ich erwiderte, ich hätte Fieber, so gab sie ganz vergnügt zurück: »Das haben wir alle«, und ließ mich ihren Puls fühlen, der wirklich rasend schnell ging. Sie hustete auch, wie fast alle anderen. Die angebliche Gesundheit des patriarchalischen Stadtlebens entpuppte sich bald als Legende, denn ich habe nie so viel Kranke gesehen. Aber niemand legte sich nieder, ehe er nicht schlechterdings unfähig war aufzustehen. Wenn die Damen nach dem Frühstück hereinkamen, zeigten sie sich überrascht, dass ich schon wieder ins Bett gekrochen war.

»Ma shi sharr«, sagten sie, was so viel heißt wie: Es geht ja ausgezeichnet. Aber nichts kann uns so aufbringen wie Optimismus anderer auf unsere Kosten, sodass ich schließlich die Geduld verlor und auf allerlei unmögliche Heilvorschläge, die sie vorbrachten, gereizt erwiderte, alle Krankheiten kämen von Allah – worauf sie mich sogleich beschämten, denn sie antworteten nur mit einem »Gelobt sei Gott«, in sanfter, fragloser Ergebenheit, und das Gleiche wiederholten sie auch, wenn sie mir von dem Tod ihrer Kinder erzählten, in völliger Unterwürfigkeit einem Schicksal gegenüber, über das sie so wenig Gewalt hatten. »Dem lieben Gott bleibt furchtbar viel zu tun«, finde ich in meinem Tagebuch vermerkt.

Sie sagten mir, die Krankheit komme mit dem heißen Wind, der vom Meer her wehe. Er schlug die Fensterläden hin und her und blies durch das Tal wie durch eine Orgelpfeife. Doch wenn ich hinausschaute, wunderte ich mich, dass ich sein Heulen hörte und nichts sah als die regungslosen Felsflanken, klar und scharf, und den Schatten, der mit dem Sonnenstand wie ein Eimer in einem Brunnen an ihnen hinunter- und hinaufwanderte und die Tage maß. Diese senkrechten Wandungen erinnerten mich an ein Gefängnis; man schien ihnen so wenig entrinnen zu können wie dem Fieberdelirium der Nächte.

Tagsüber jedoch gab es vielerlei, was meine Gedanken beschäftigte.

Vor allem das Problem der Ernährung. Milch gab es fast keine, wie schon die Bents vor mir festgestellt hatten, und ebenso wenig Obst und Gemüse. Aber jedermann war bemüht, mir alles zu beschaffen, was ich nur wünschte. Sie trieben alle erreichbaren Ziegen auf und pressten aus ihren dürren Eutern einen kleinen irdenen Becher voll, den ich mit Freuden beim Frühstück entgegennahm. Manchmal aßen sie rohe Mohrrüben, und Nur kochte mir einige davon; sie brachten mir Fleisch, aber ich war zu krank, um es kauen zu können; und sie konnten durchaus nicht begreifen, dass ich meinen Reis lieber ohne Pfeffer und Fett haben wollte, weil meine Kehle ganz wund war. Ich fühlte mich auch zu schlecht, um das in Öl gebackene und mit Honig getränkte Fladenbrot anzurühren, und ernährte mich nur von Eiern, Suppe und Horlicks Milchtabletten, die ich bei mir hatte. Einmal gab es als besondere Köstlichkeit eine Wassermelone und ein paar Äpfel, die dem Gouverneur von der Küste als Geschenk gesandt worden waren und gastfreierweise mit mir geteilt wurden. Unter gewöhnlichen Umständen hätte der Harem nichts davon zu kosten bekommen, aber dank meiner Anwesenheit fiel eine dicke rote Scheibe für das kleine Mädchen ab, das neben mir saß und dessen Gesichtchen umrahmt war von einer orangefarbenen, von Fett und Metallstickerei steifen Seidenhaube.

Die Babys waren das Spielzeug des Harems. Sie litten, wie mir schien, an Nervenüberreizung infolge der Sturzflut von Zärtlichkeiten, der sie ständig ausgesetzt waren, da sie mit den Kaffeetassen, immer von einer Dame zur anderen weitergereicht wurden. Die übrigen Kinder liefen ein und aus und brachten die letzten Neuigkeiten von Haus zu Haus. Sie kamen ganz ungeniert in mein Zimmer, ebenso wie alle anderen auch – Sklavinnen und Herrinnen, Beduinenmädchen mit runden Gesichtern, die gesünder aussahen als die Stadtbewohnerinnen, alte Männer und Frauen, die eine Arznei haben wollten. Eine freundlich-demokratische Atmosphäre empfing sie alle; auch die Schmuddeligsten durften auf dem Teppich sitzen, den sie zugleich als Schneuztuch benutzten oder dann und wann an einer Ecke aufhoben, um fein säuberlich darunter zu spucken. Bis in jede Einzelheit glich dieses Leben dem auf einer mittelalterlichen Burg; ein Leben in so ständiger Gemeinschaft, dass Zurückgezogenheit wie Sauberkeit zu einem fast unerreichbaren Luxus wurden. Dafür war es eine Schule frommer Duldsamkeit.

Alles Mögliche geschah um mich her, während ich im Bett lag. Alte hausierende »Dallalas« kamen herein. Sie hatten ihre Waren, Armbänder, Korallen, Bernstein, Silbergürtel und Stickereien, in einem Tuch gebündelt, pilgerten von Stadt zu Stadt durch das Tal und brachten den neuesten Klatsch mit.

Eine hübsche Frau kam, 'Atija, aus der Ortschaft unten. Ihr Mann, den sie erst jüngst geheiratet hatte, war gerade nach Somaliland gegangen. Sie litt an irgendwelchen Schmerzen, sodass sie kaum stehen konnte, und wollte eine Arznei haben; aber ich schlief gerade, und Mahmud, der Torhüter, führte sie in einen oberen Raum und brannte ihr dort die Fußsohlen mit einem heißen Eisen. Als ich aufwachte, kam sie zu mir herunter, vergnügt und anscheinend völlig wiederhergestellt. Sie sang schüchtern eine Qasida, ein Bittlied um wohlbehaltene Rückkehr ihres jungen Gatten. Seine Tante hatte die Worte verfasst, und die Neuvermählte sang sie mit einer leichten, sanften Stimme, unschuldsvoll und rührend – fünf Kürzen, eine Länge und eine Kürze – dreimal, und fünf Kürzen und eine Länge zum Schluss, wobei die Stimme sich senkte und in einem tiefen, sehnsüchtigen Ton ausklang.

»Kehre zurück. Deines Onkels Tochter ist allein bei Anbruch der Nacht.«

Die umhersitzenden Mädchen lachten. 'Atija streckte ihre kleinen schmutzigen Hände aus, blickte sanft um sich und errötete.

»Ist es nicht recht?«, fragte sie. »Ist er nicht mein Mann? Muss ich nicht wünschen, dass er wiederkommt?«

»Und wie lange wird er fortbleiben?«

»Ach, wer weiß? Vielleicht zehn Jahre. Nach dem Willen Gottes.«

Sie alle seufzten, denn dies war der Kummer aller in den Tälern hier, und alle dachten sicherlich an ihre Männer, die, mit anderen verheiratet, in der Ferne waren. »Das Leben auf Erden ist hart für die Frauen«, sagte Nur.

Sie wollten es durchaus auch bei mir mit einem heißen Eisen versuchen, im Nacken, was als gutes Mittel gegen Masern galt. Es gelang mir, das zu verhindern, aber weniger Glück hatte ich mit einem alten Hexenweib, das eines Tages von Hadscharain kam, mit dem schwarzen Gewand jener nördlichen Gegend gekleidet, das über und über mit kleinen bunten Flecken verziert war. Ihr verwelktes Pferdegesicht war immer noch gelb bemalt. Sie gab sich einen Anschein von Heiligkeit. Ihr Mann hatte sich (sehr begreiflicherweise) von ihr scheiden lassen, und in Ermangelung von Jugend, Schönheit und Liebenswürdigkeit hatte sie sich jetzt Gott geweiht. Als sie mich hilflos daliegen sah, stürzte sie sich auf mich; sie stieß allerlei Beschwörungen aus und wirbelte ihre indigoblauen Finger und knochigen Arme wie Windmühlflügel um meinen Kopf. Bei jeder Beschwörung knüpfte und löste sie einen Knoten in ihrem Schal (ein Zauberverfahren, das schon im Koran missbilligt wird), und dann plötzlich beugte sie sich über mich und spuckte mich an. Es war gut gemeint.

Es gab auch ernstere Vorfälle zwischen unseren Mauern. Ghanijas Sohn Nasir kam eines Tages weinend herein und erzählte, von Schluchzen unterbrochen, dass ein Balken auf ihn gefallen sei und ihn am Arm getroffen habe, als er auf der Gasse stand. Es hatte vor einiger Zeit eine Fehde wegen einer Scheidung gegeben mit dem Hause, das die enge Gasse überragte, und einen Tag lang hockten alle, auch die Großmutter, an den Fenstern meines Zimmers und weinten, obwohl alle Damen so höflich wie immer zusammenkamen und erklärt wurde, der Balken sei lediglich durch Zufall heruntergestürzt, was vermutlich stimmte. Aber der kleine Bub saß stundenlang da und schluchzte vor Wut still vor sich hin. Diese Familienzwistigkeiten machen Geschichte in orientalischen Häusern. In einer so beengten Welt vermögen keine späteren Eindrücke ein solches Kindheitserlebnis wieder auszulöschen, und derartige Haremshändel können später, wenn die Kinder der verschiedenen Mütter zu Männern geworden sind, bei gegebener Gelegenheit zu Blutvergießen führen; das wurde hier recht deutlich.

Solch dunklere Schatten huschten dann und wann durch das alltägliche Geplapper. Eines Tages hörten wir, dass ein Verwandter in Abessinien gestorben sei, ein junger Händler aus der Nachbarschaft und einer der führenden Männer hier. Ghanija brachte mir die Nachricht, wobei sie bemüht war, ihre Teilnahme nach und nach bis zu einer Erregung zu steigern, wie sie für den Kondolenzbesuch im Haus der Hinterbliebenen erforderlich war, der einen mehr oder weniger starken Tränenerguss von achtundvierzig Stunden Dauer bedeutete. Sie machte sich daran, ihre Seidenkleider aus einer Truhe in meinem Zimmer herauszuholen. Von Zeit zu Zeit stieß sie pflichtgemäß einen tiefen Seufzer aus, aber dann vergaß sie es wieder über der Freude an ihren schönen Gewändern und dem Vergnügen, sie mir zu zeigen. Sie trennte einen blau-silbernen Brustbesatz ab und nähte stattdessen einen violett-goldenen auf, indem sie erklärte, das passe besser für ein Trauerhaus. Nur und ich blickten ihr nach, wie sie schwarzverhüllt, sodass nur ihre Augen hinter den Schlitzen zu sehen waren, den Burgpfad hinunterging. Im Dorf, dessen flache Dächer wir überschauten, schlug ein alter Spielmann eine Art Tamburin und sang lange Qasidas an den Türschwellen der Häuser; er kam aus dem Jemen, wie Nur mir sagte, und sie nannten ihn Abu Alwan, den Vater der Melodien. Das Tal mit seinem Palmengrund lag friedlich zwischen den senkrechten Felsflanken.

»Ist jemals eine von euch über diese Wände hinaufgestiegen, um über den Dschol zu schauen?«, fragte ich.

»Noch nie«, sagte sie.

Die Welt jenseits dieser Wälle ist für die Frauen des Wadis Do'an nur ein vages, weites, unbekanntes Etwas, in dessen Fernen ihre Männer entschwinden und von wo nur manchmal wandernde indische Händler kommen mit maschinengewebten Seiden- und Samtstoffen, dic die Damen dann nach der uralten Mode ihres Landes zurechtschneidern.

Als Ghanija zurückkam, musste sie sich mit einem schwierigen Fall befassen. Ihre schwarze Sklavin streikte. Sie war für 800 Taler (60 Pfund) gekauft worden, »als die Kinder noch klein waren«, und irgendetwas, niemand wusste recht was, hatte sie jetzt verdrossen. Sie wollte weder gehorchen noch antworten; aber sie ließ ausrichten, sie wolle ihre Herrin sprechen, und alle gingen wohlgeneigt zu ihr hinauf.

Ghanija kam bekümmert und unverrichteter Dinge wieder herunter. Sie sagte, dass Muhammad als Familienoberhaupt mit der Sklavin reden und sie fragen würde, ob sie verkauft werden wolle. In diesem Fall, erklärte Ghanija, würde ein Dallai aus Hadhramaut das Geschäft in die Hand nehmen. Aber sie glaubte, dass es nicht so weit kommen würde. Die Ursache des Ganzen war, dass die arme Frau eine kleine Tochter hatte, die mit fünf Jahren für 300 Taler (22 Pfund) an eine Familie in Ghaidun (eine Tagereise entfernt) verkauft worden war; und nun verzehrte sich die Mutter danach, ihr Kind wiederzusehen.

Am nächsten Morgen redete Muhammad mit ihr und versprach ihr, das kleine Mädchen bald für ein paar Tage herkommen zu lassen. Die Frau erschien wieder in unserem häuslichen Kreis, und ihre kleinen Augen lächelten wie zuvor über ihren knochigen Wangen.

»Es ist hart für eine Mutter«, sagte ich zu den Brüdern, als sie das nächste Mal zu mir kamen.

»In der Tat«, sagten sie, »das ist es. Es ist der Wille Allahs.«

Wir im Westen bemühen uns krampfhaft und mit unsicheren Händen, die Ursachen allen Leids zu beseitigen; aber das geschieht erst seit neuerer Zeit und seit dem Verfall des Kirchenglaubens. Der Osten hält noch an seinen bestehenden Glaubensformen fest und fördert philanthropische Bestrebungen, die nicht gegen die Ursachen, sondern nur gegen die Auswirkungen angehen. Denn sobald man die Ursachen zu ergründen und abzuändern sucht, ist man kein Philanthrop mehr, sondern ein Revolutionär, der mit seinem uneigennützigen Bemühen die Fundamente des Bestehenden ins Wanken bringt, während die Menschheit von allen Kanzeln ermahnt wird, die grundlegenden Dinge unangetastet zu lassen. So nimmt denn der Osten auch die Sklaverei als etwas Gegebenes hin, dessen Auswirkungen er nur zu lindern bestrebt ist, und denkt über diese leibliche Knechtschaft ebenso wenig nach wie wir über die geistige, die uns zu Sklaven viel launischerer Gebieter und ihrer geschriebenen Worte macht.

Es ging mir jetzt besser, und das Fieber war gesunken. Ich konnte in meinem Zimmer umhergehen und setzte auch durch, dass mir heißes Wasser zum Waschen gebracht wurde, was mir meine Gastgeber in wohlmeinender Absicht seit einer Woche verweigert hatten. Es galt als unerlässlich bei Masern, dass man vierzig Tage ungewaschen blieb, und mein späterer Rückfall wurde als Folge dieses vorzeitigen Gebrauchs von Seife und Wasser gedeutet. Fürs Erste jedoch fühlte ich meine Kräfte zurückkehren; ich erkannte es an meiner erneuten Widerstandsfähigkeit gegen nicht eben appetitliche Eindrücke. Ich konnte jetzt mit einer inneren Gelassenheit, die mir während der Krankheit unmöglich gewesen wäre, zuschauen, wie etwa Mahmud unseren Zuckervorrat in seinem abgetragenen Käppchen hereinbrachte oder wie das Sklavenmädchen den schmierigen Dolch abwischte, den sie irgendjemandem aus dem Gürtel gezogen hatte, um unser Essen damit zu zerschneiden.

Man erzählte mir, in Tarim gebe es einen Arzt und allen europäischen Komfort. Mittlerweile hatte ich einen Husten bekommen, der mich so mitnahm, dass ich fürchtete, es könnte eine Lungenentzündung daraus werden. In einem kleinen Buch, das ich bei mir hatte, stand, das sei häufig die Folge von Masern, und ich sagte mir, wenn es hier in Do'an dazu käme, könnte ich mich ebenso gut gleich auf mein letztes Stündlein gefasst machen. In Tarim und im Wadi Hadhramaut waren Autos zu haben, und man war bereit, mir so weit wie möglich, bis Hadscharain, entgegenzukommen. Bis dorthin waren es nur zwei Tagereisen. Wir schrieben, und nach ein paar Tagen teilten uns die gastfreundlichen al-Kaf Sayyids mit, dass ein Wagen abgeschickt sei. Mit Geschenken und Freundlichkeiten überhäuft, verabschiedete ich mich von meinen Freunden im Wadi Do'an.

Man hatte mir erzählt, dass sich etwa eine halbe Stunde oberhalb von Masna'a in einer Felskluft einige uralte Wasserzisternen befänden, und ich hatte durch mein Fernglas just in der Mitte der Felswand, nördlich von meiner Behausung, ein kleines Bauwerk mit einem niedrigen, rechteckigen Fenster entdeckt, an einer Stelle, die jetzt, und wahrscheinlich auch früher schon, auf normalem Wege in keiner Weise zu erreichen war. Türen, die zu Felsengräbern führten, waren von Rathjens und v. Wissmann an ähnlich gelegenen Stellen im Jemen gefunden worden; aber dieses Ding war offenbar außen angebaut wie ein Schwalbennest. Soviel ich weiß, hat kein Besucher des Wadis Do'an diesen kleinen Horst bemerkt oder die Zisternen besichtigt. Ich selbst war zu krank dazu und empfehle der R.A.F., sich beim nächsten Flug einmal danach umzutun.

Die Ba Surra erzählten mir auch von einer mit einer Eisentür verschlossenen Kammer oberhalb Khuraibas im Wadi Khulle, die auch noch niemand besucht habe wegen ihrer unzugänglichen Lage. Und sie erzählten mir, dass in einer Höhle im Wadi 'Aqrun, das in das Wadi al-Aissar mündet und an dessen Eingang ich auf dem Dschol vorbeigekommen sein muss, eine Truhe gefunden worden sei, angefüllt mit einer schwarzen Masse, die wie Wachs brannte, und dass eine Hand und eine Inschrift mit roter Farbe an die Höhlenwand daneben gemalt seien. Van den Meulen und v. Wissmann fanden Ruinen und sabäische Inschriften an der Stelle, wo sich die Wadis Thiqbe und Menwe vereinigen, unweit der Mukalla-Route; doch das ist alles, was bisher in der Umgebung des Wadis Do'an entdeckt worden ist. Auch andere Gründe legen nahe, dass das Wadi Do'an in sabäischer Zeit abseits der Haupthandelsstraße lag und erst durch den Aufstieg von Mukalla und den Niedergang der alten Route von Qana durch das Wadi 'Amd an Bedeutung zunahm, und das würde die Spärlichkeit der bisher entdeckten Überreste erklären.

Ich bedauerte sehr, dass ich nicht näher untersuchen konnte, was sich dort befand; aber ich musste sparsam mit meinen Kräften umgehen.

Man hatte mir neue Esel und Beduinen beschafft. Mein Soldat, der mich während meiner Krankheit täglich besucht hatte, erschien wieder in voller Rüstung und dazu mit der weißwollenen Skimütze auf dem Kopf, was sich in dem tropischen Wadi wunderlich ausnahm. Am Nachmittag machten wir uns gemächlich auf den Weg.

Bald bog das Wadi nach Nordwesten und wurde etwas breiter, der Palmenstrom verlor sich, und an seine Stelle traten 'Ilbbäume voller Beeren; die Ortschaften an den Talseiten wurden immer seltener, manchmal war nur ein pyramidenähnlicher Turm mit kleinen Fenstern zu sehen; ununterbrochen ragten die Felsflanken zu beiden Seiten empor.

Unsere Tagesreise war kurz; nur anderthalb oder zwei Stunden bis Matruh, wo ein gastfreundlicher Händler mich zum Übernachten eingeladen hatte. Sein neues Haus erhob sich, mit weiß getünchten Mustern gestreift, zwischen der Ortschaft und der Talwand. Es war ein wunderschönes Haus, die Zimmer bemalt in der Art, wie es in Java üblich ist, woher er kam. Die hellen, lustigen Farben gaben einem das Gefühl, als ob man in einer Konfektschachtel säße; die feingeschnitzte Vordertür hatte ihn fünfzig Pfund gekostet. Alles war sauber, von ihm selber und seinem Sohn instand gehalten; eine seidene Steppdecke wurde für mich auf eine rote Samtmatratze gebreitet, zum Tee wurden ein weißes Tischtuch und Konservenbüchsen mit Milch aufgedeckt. Er war ein reicher Mann, aber er sagte, er zöge sein karges Tal den zivilisierten Annehmlichkeiten von Java vor; sein Sohn jedoch, der in Java geboren war, teilte diese Ansicht nicht; diesen Unterschied in der Einstellung der jüngeren und älteren Generation bei Familien, die im Ausland gewesen waren, fand ich überall.

Am nächsten Morgen brach ich um zehn vor sieben zu dem langen Tagesmarsch nach Sif und Hadscharain auf – mit einigem Bangen, denn mein Husten hatte sich so verschlimmert, dass ich fast nicht reden konnte.

XIV. Kapitel

Der Ritt nach Hadscharain

»Ein Land bewehrter Festen, wo Blutvergießen nicht viel gilt,
Wo jeder Stamm sein Grenzwart und jeder Mann sein eigner Schild,
Wo der verspätete Wandrer, der sich in dunkle Nacht verlor,
Die Zündhölzer rot aufflammen sieht von der Stadtwache am Tor.«

(Sir Alfred Lyall)

Wir hatten den engsten Teil des Wadis Do'an hinter uns gelassen, und der dichte Palmenhain war längst in parkartige Lichtungen übergegangen. Die Talwände standen jetzt weiter voneinander entfernt, ihre Felsstreben glänzten in der Sonne und ihre Umrisse waren in der Weiße des Morgenhimmels nur undeutlich zu erkennen. Dennoch wirkten sie noch immer wie Gefängnismauern; riesige Pfeilerstümpfe standen vor den vom Wind geglätteten und von waagerechten Furchen durchzogenen Steilwänden; ihre flachen Rücken waren regelmäßig geformt.

Ihn Mudschawir berichtet, dass die Beni 'Ad in dieser Gegend wohnten, bevor der Prophet Hud Vernichtung über sie brachte, und dass sie sich Terrassen zum Schutz gegen die Ameisen bauten und Feuerstellen rings umher anlegten, um sie daran zu hindern heraufzukriechen. Warum die Sage ein so kleines Insekt so groß darstellt, dass es imstande war, das Riesengeschlecht der Vorläufer des Islams anzugreifen, weiß ich nicht (die Ameisen waren Jaqut zufolge so groß, dass sie einen Reiter vom Pferde zerren konnten), aber was die Terrassen betrifft, so kann ich mir wohl denken, dass die früheren Geographen von der ungeheuren Architektur dieser Wadis ebenso beeindruckt waren wie ich und ihre Entstehung lieber dem einheitlichen Plan von Menschen zuschrieben als dem willkürlichen Wirken der Natur; zumal ich hier wiederholt Leuten begegnete, die, ohne je Ibn Mudschawir gelesen zu haben, auf diese oder jene Einzelheit der symmetrischen Flanken deuteten und sagten, solche kolossalen Bauten könnten sicherlich nur das Werk der Beni 'Ad sein. Mir, die ich von Krankheit benommen durch die gnadenlose Landschaft ritt, erschien dieser Spalt in der Erdrinde wie einer der Höllenkreise Dantes, und im Geiste sah ich Scharen blauer Beduinen mit flatternden Haaren und Schals, Heugabeln schwingend, oben am Rande ihres Dschols umhertanzen.

Das Wadi wurde breiter. Seine flachen Felder waren gegen die Überflutung abgedämmt, und da und dort kauerten 'Ilbbäume, die auf ihrem Schatten zu brüten schienen wie Hennen auf Eiern. Wir ritten auf erhöhten Dämmen zwischen tiefen Rinnen, durch die im Sommer das Wasser sicherlich mit großer Gewalt strömte. Wenn sich Leute auf so einem Damm begegneten, musste einer von beiden ausweichen und seitlich hinuntersteigen. Aus diesem Grunde hatten wir einen Disput mit einem Mann, dessen Esel, nur halb sichtbar unter einem großen Kupferkessel, schwer vom Weg abzubringen war. Ich wäre gern ausgewichen, aber der schwarze Sklave und die Würde der Regierung ließen es nicht zu.

Die Ortschaften zu beiden Seiten der Talsohle waren von den Felsen kaum zu unterscheiden; ihre weißen Muster und verzierten Brüstungen sowie die kleinen, verschieden gestalteten Fenster ließen sie lediglich etwas brüchiger erscheinen als die Gebilde der Natur um sie her. Schlanke Schäferinnen waren überall in der Landschaft zu sehen, in fließenden Gewändern, einen kleinen Korb für 'Ilbbeeren neben sich und ein Hackbeil oder eine lange Stange in den Händen, um damit Futter von den Bäumen zu schlagen.

Alta sub rupe canet frondator ad auras.

Es war amüsant zuzusehen, wie diese Gestalten in ihren langen Gewändern und mit den von schwarzen Schleiern verhüllten Gesichtern sich so emsig bewegten. Manchmal zogen es die Ziegen vor, sich selber ihr Futter zu holen, und kletterten auf die Bäume. Sie hatten ein glattes, kurzes Fell, waren schwarz und weiß gefleckt, mit Fesseln, so zierlich wie die einer Französin; behutsam suchten sie mit ihren stumpfen Nasen die kleinen, ovalen, mit drei weißen Längslinien gestreiften Blätter zu erhaschen, die im Dorngezweig der 'Ilbbäume nisteten.

Die Felder lagen noch brach und warteten auf das Flutwasser, das hier die Stelle des Regens einnimmt. Die Erde lag in harten, ausgebleichten Schollen, und staubgraue Bauern waren damit beschäftigt, sie mit leichten Spitzhacken bis in etwa zwei Fuß Tiefe umzugraben; nach der Überflutung wird dann Hirse gesät. Unterhalb von Beidha', einer Stadt etwa so groß wie Khuraiba, die sich mit braunen, pyramidenförmigen Häusern an der Westwand hinaufzieht, fanden wir uns plötzlich wieder inmitten von Palmen, herrlichen jungen Anpflanzungen kleiner, gefiederter Bäume, in einer morgendlichen Frische mit Gras, Schatten und staubigen, weichen Pfaden, auf denen die Schritte nicht zu hören waren. Hier gab es eine Menge Blumen – Quendel, Büschel gelber Maßliebchen, weiße Winde, gelbe, nach Honig duftende Samrbälle –, und Vögel zwitscherten ein kleines Lied aus sechs Noten, klar und perlend wie Wasser. Viele jetzt trockene Kanäle waren hier gegraben und mit drei oder vier Schleusen versehen, die das Wasser zur Flutzeit verteilten; rund um die Wurzeln einer jeden Palme war eine Bewässerungsgrube ausgehoben. Als wir aus diesen freundlichen Pflanzungen wieder in das offene Wadi hinauskamen, sahen wir Weizenfelder – meistens kümmerliche Ähren auf dürren Halmen, aber hier und da auch einen Flecken Grün, auf den der Schatten eines 'Ilbbaumes fiel; im Vorbeireiten dachte ich angesichts dieses heimatlichen Bildes, dass doch nichts in der Welt lieblicher und ruhevoll-lebendiger ist als ein weicher Schatten auf einem Kornfeld. »Somno mollior herba.«

Der einzige kühlende Anblick, den es sonst noch gab in dem sonnengebleichten Erdriss, durch den wir ritten, war dann und wann ein Schwarm Tauben, die sich zu ihren Felsennestern hinaufschwangen; ihr graues Gefieder brachte einem nur noch mehr zu Bewusstsein, wie ausgedörrt, heiß und rot alles andere war. Unser Soldat, der, glücklich endlich wieder unterwegs zu sein, mit seinem Gewehr über der Schulter und wiegenden Hüften in seinem frisch gewaschenen blau- und purpurfarbenen Lendentuch vor meinem Esel einherschritt, machte uns das Drückende dieser ausgedürsteten Landschaft noch spürbarer, indem er uns den Staub schlucken ließ, den er in solchen Mengen aufwirbelte, wie man es bei einem einzigen Paar Füße kaum für möglich gehalten hätte.

Diese ganze Tagesroute führte durch Gebiet, das den Ba Surra unterstand; aber in den Wadis rechts von uns flackerten kriegerische Unruhen, und der Gouverneur hatte mir in dem Bestreben, nichts ungetan zu lassen, was meiner Sicherheit dienen könnte, einen jungen Sayyid zugeteilt, der zufällig gerade durch Masna'a gekommen war. Die Sayyids sind alle Nachkömmlinge des ersten Islambekehrers, der sich in Hadhramaut niederließ. Sie tragen keine Waffen und können ungefährdet überallhin reisen, obwohl ihr Ansehen jetzt durch eine zunehmend modern und weltlich ausgerichtete Bewegung, hauptsächlich von den überseeischen Hadhrami-Kolonien aus, untergraben wird. Unser Reisegefährte wurde jedoch als genügender Schutz betrachtet. Er war ein junger Bursche mit einer Stupsnase und einem blauen Wollturban und sehr schweigsam, bis wir gemeinsam gegessen und uns über den Stammbaum verschiedener Imame unterhalten hatten; von da an war er ein sehr angenehmer Begleiter und ließ sich nach und nach auch herab, neben mir zu gehen, anstatt wie bisher mit wallendem Gewand in unbeflecktem Abstand voranzuschreiten.

Bei dem auf einem Felsen nistenden Ort Quarn, da, wo das Wadi nach Osten bog, wechselten wir auf die linke Seite des Tals hinüber. Kurz darauf kamen wir an der Stelle vorbei, an der das Wadi al-Aissar einmündet – einer kahlen, breiten Fläche, wo das Wasser zur Flutzeit offenbar mit großer Gewalt hereinströmt, denn der Boden ist von tiefen verhärteten Rissen und Gräben durchzogen; die Felsen der rechten Talflanke treten hier zurück und öffnen sich einer Weite zu, die ein Gefühl von Freiheit weckt, denn das al 'Aissar ist ein großes, fruchtbares Wadi, Abflussgebiet für den halben Dschol nach Norden, der Mukalla entgegengesetzten Richtung, wie wir gesehen hatten, als wir an seinem Quellgebiet vorbeikamen. Wir zogen an der Mündung vorbei und wandten uns nach Norden. Das letzte der Dörfer, die jetzt nur noch elende Lehmhaufen waren, lag auf der anderen Seite des Flussbettes im Westen.

Ich fragte den neben mir gehenden Beduinen nach dem Krieg und wo die Stellungen der Feinde seien.

»Dort«, sagte er und deutete auf eine der Häusergruppen, die Koka hieß. Wir waren ziemlich weit davon entfernt, aber wir konnten sehen, wie einige Männer über ihre Feldarbeit gebückt waren. »Das ist eines von ihren Dörfern. Aber hier kämpfen wir nicht. Wir kämpfen in den Bergen von al-Aissar.«

Wir ritten weiter durch das immer öder werdende Wadi. Die Vormittagshitze brannte auf uns herab. Bei einer Wegbiegung kamen wir an einem wundervoll blühenden Baum vorbei, den sie 'Adhab nannten und aus dessen Rinde ein Tee bereitet wird. Die Blüten waren gelb und weiß, groß, duftend und in ihrer Fremdartigkeit ebenso erquickend anzusehen, wie zuvor das heimatlich anmutende grüne Kornfeld. Ich kam zu dem Schluss, dass das Geheimnis der Lieblichkeit dieser beiden Erscheinungen darin bestand, dass sie so völlig frei von Staub waren inmitten dieser staubigen Landschaft.

Dreieinviertel Stunden nach Matruh sahen wir den Häuserhaufen von Sif, das sich in eine Einbuchtung der westlichen Talwand quetschte. Darüber ragte ein Lehmturm empor, von dem aus die Jafi'i-Soldaten die Stadt beherrschten; außerdem waren ein weißes Minarett zu sehen und ein Amphitheater wild zerklüfteter Felsen, das so aussah, als drängten sich dort hinter der Stadt lauter halb zerstörte Riesenstatuen. Sif war ein armseliger Ort mit festungsartigen Häusern. An seinem äußeren Rand wohnte in einer bescheidenen Behausung der Statthalter der Ba Surra. Er empfing uns mit einer freundlichen Nervosität, die sich daraus erklärte, dass er von den Soldaten mit Geringschätzung und von der Stadt mit Argwohn behandelt wurde; denn Sif war ein altmodischer, erzkonservativer Ort, dessen Bewohner wenig gemein hatten mit unserem Gastgeber und seiner Frau, die in Dschidda mit Autos gehandelt hatten und sowohl Mekka wie Kairo kannten. Photographien europäisch gekleideter Personen hingen an den Wänden ihres kleinen Wohnzimmers, über dem Wandgemälde eines Dampfers, das mit jener Schlichtheit und Unfähigkeit gemalt war, die moderne Künstler mit hochtrabenderen Namen belegen. Alles Zubehör war da, zwei qualmende Schornsteine, das Vollmondgesicht des Kapitäns über der Reling und ein paar Flugzeuge in der Luft.

Das Haus besaß jedoch nichts von dem Reichtum und der aristokratischen Gediegenheit von Masna'a, und der Statthalter selbst hatte keine Autorität. Er war ängstlich bemüht, die Nachbarn in Schach zu halten, die sich unten aufgeregt drängten und mich sehen wollten, während er mir erzählte, was er für Schwierigkeiten mit ihnen hatte. Der Kommandant der Jafi'i kam rücksichtslos herein, polterte umher, schnappte die Medizin weg, die ich soeben meiner Wirtin für ihre Augen gegeben hatte, und war nicht dazu zu bewegen fortzugehen; er war ein Raubein von einem Mann, halb nackt, und behandelte den kleinen Gouverneur mit so geringschätziger Jovialität, wie ein Prätorianerhauptmann in Rom einen kaiserlichen Schwächling behandelt haben mag. Es war sehr schwer, neue Esel zu bekommen, denn meine Beduinen waren hier am Ziel ihrer Reise. Die Stunden vergingen. Die Menge lärmte und schrie; Frauen stahlen sich herein, um mich anzuschauen; ich sehnte mich nach Ruhe und Schlaf. Aber um halb drei waren die Esel zur Stelle. Ich ging hinunter, mitten in die Menge, die ganz außer Rand und Band war und vor Erregung fieberte, sich aber ganz freundlich verhielt, als ich nun wirklich erschien. Die Ingrams hatten in Sif Station gemacht und den Ruf der Fremdenfeindlichkeit, in dem die Stadt stand, nicht bestätigen können; denn hier war es, wo v. Wrede ausgeplündert worden war, und wo man die Bents fast zur Umkehr gezwungen hatte. Der holländische Gesandte hatte vor vier Jahren hier eine recht unerfreuliche Nacht verbracht. Ich für mein Teil kann nur sagen, dass ich unter freundlichen »w'Allahs« davonritt, auf einem Esel, so klein, dass er fast unter den Sattelsäcken verschwand. Drei Jafi'i lösten sich aus der Schar ihrer Kameraden und kamen als Eskorte mit. Wir zogen nordwärts über das weiße, in der Sonne blendende Flussbett.

Je weiter man das Wadi Do'an nach Norden kam, desto unsicherer fühlte man sich. Die Verbindungen wurden zwar dank der Autorität der Regierung offen gehalten, aber man hatte auf den einsamen Strecken des unteren Wadi den Eindruck, dass dies einige Mühe kostete. Es gab sehr wenig bebautes Land zwischen Sif und Hadscharain, und ich wurde mir nie klar darüber, ob dieses Ödland die Ursache oder die Folge der Gesetzlosigkeit war; im Allgemeinen glaube ich jedoch, dass die ständige Unsicherheit zuerst den Bauer um seine Ernte bringt und dann dazu führt, dass das Land den Verwüstungen der Natur überlassen wird. Denn eine wüste Gegend war es wirklich, durch die wir da im Nachmittagslicht zogen. Auf der anderen Seite des steinigen Bettes, ein paar Meilen weit entfernt in einem westlichen Tal, sah man Ghaidun freundlich unter Bäumen liegen. Dort befand sich das Grabmal von Ahmad ibn 'Isa, dem Großvater des Mansab von Thile. Wenn ich mich nicht so krank gefühlt hätte, hätte ich haltgemacht, um die Ortschaft zu besuchen; sie sah gastlich und einladend aus, wie sie da frei in dem sich weitenden Wadi lag. Aber wir wandten uns ostwärts und ritten durch ein zerfurchtes Land, eine erstarrte Erdkruste aus Kalk- und Sandstein, von etwa zehn Fuß tiefen Spalten durchzogen, die trefflich als Hinterhalt für Scharfschützen geeignet waren. Ein paar 'Ilb- und Samrbäume, kein Wasser, von Zeit zu Zeit die kleine Kuppel einer Siqaja, der menschenfreundlichen Hinterlassenschaft irgendeines Reisenden. Mitten durch diese Öde lief das Flussbett, ein weißes Geröllband in der roten Kruste. Da und dort waren viereckige kleine Beobachtungstürme errichtet, zwei Lehmkammern übereinander, mit einer Schießscharte in jeder Wand. Häuser waren nicht zu sehen, außer einigen wenigen, die fern zu beiden Seiten in den Einbuchtungen der Talflanken klebten, elende Menschengeniste, fast unsichtbar unter den gewaltigen Naturmauern und weit voneinander entfernt. Kein menschliches Wesen, außer einer schwarz verschleierten Frau, die eilig davonlief.

Die drei Jafi'i, lang und hager, schlenderten wohlgemut und lässig durch dieses Land, in weiten Abständen voneinander. Sie sahen gut aus, waren unbekümmert und von einer Art, als ob ihnen niemand etwas zu sagen hätte: »Il devient malaisé, d'après notre manière de voir, d'établir une démarcation entre le paladin et l'apache.« Sie hatten ihre Gewehre geschultert, und man sah, wie die dunkelbraunen Muskeln ihrer Rücken und Beine beim Gehen spielten. Der eine von ihnen war jung und stattlich, mit einem adlernasigen Gesicht, die beiden anderen waren ältliche Männer, und es war fast peinlich anzusehen, wie sie mit ihren zerfurchten, ehrwürdigen Gesichtern, nur mit Lendentuch und Patronengürtel angetan, ein Netz ums Haar und einen Ring am kleinen Finger, unseren vom Weg abschweifenden Eseln in die Schluchten nachhüpften. Alle zwei Jahre, erzählten sie mir, gingen sie heim in ihre Gebirgsdörfer nordöstlich von Aden.

»Wird euch die Zeit nicht lang zwischen zwei Besuchen?«, fragte ich.

»Doch«, erwiderte der eine der beiden alten Söldner. Er ging hinter meinem Esel her, bemüht, ihn auf dem rechten Weg zu halten, indem er das unter dem Gepäck verschwindende kleine Hinterteil mit seinem Gewehr lenkte. Er lächelte etwas betrübt. »Alle Menschen«, sagte er, »lieben ihre Heimat. Fremde Länder machen das Herz schwer.« Als die Sonne sich hinter uns neigte, breitete er seinen Schal über die weißen Steine und verrichtete sein Vespergebet. Währenddessen gingen seine Kameraden weiter mit unserem Soldaten, der mich ganz vergessen hatte über der Sensation, wieder einmal mit richtigen Soldaten der Regierung reden zu können.

Ich brauchte Beistand, denn mein Esel war ein so schwaches kleines Ding, dass er immerzu stolperte; viermal stürzte er mit mir, aber zum Glück war er so winzig, dass ich über seine Ohren hinweg Fuß fassen konnte, noch bevor wir am Boden lagen. Die Jafi'i waren wütend auf die Leute von Sif, weil sie uns mit so elenden Tieren versehen hatten. Die Sache war offenbar schwierig gewesen; wir waren schon einige Zeit unterwegs, ohne dass sich ein Eseltreiber blicken ließ, und wir wussten uns alle mit den Tieren nicht recht zu helfen, außer dem Sayyid, der sich als überraschend tüchtig erwies in der Kunst, mit Eseln in einer ihnen verständlichen Sprache zu reden; schließlich holte uns ihr wirklicher Gebieter ein, ein schöner, kraushaariger junger Beduine, der sichtlich wütend war darüber, dass der Gouverneur ihn zu diesem Dienst befohlen hatte, und selbst mein Salaam nur widerstrebend erwiderte. Er nahm jedoch die Leitung seiner Tiere in die Hand und lockte sie mit ein paar wohlberechneten Geräuschen von den Hängen, zu denen ihre bergsteigerischen Neigungen sie hingezogen hatten, auf den rechten Pfad zurück. Aber er war mürrisch zu uns allen, und als wir bei einer Siqaja haltmachten, ging er als Erster hin, griff durch das aus Lehm geformte Gitterwerk nach dem Napf, trank und hätte ihn wieder zurückgestellt, ohne an einen von uns zu denken, wenn ich ihn nicht gebeten hätte, mir etwas Wasser zu reichen. Dabei sprach ich ihn mit »mein Bruder« an, und das hatte eine besänftigende Wirkung. Der Rest des Tages verlief in Eintracht, und das war gut so, denn gegen Ende des Marsches waren wir alle erschöpft.

Unser Wadi bog nordwärts, und als die Sonne hinter seiner Steilwand unterging, sahen wir in weiter Ferne den Felsen von Hadscharain vor uns. Er ist gleichfalls oben abgeflacht, ragt aber ein wenig über die anderen Klippen hinaus und ist daher von allen Seiten aus ein Orientierungspunkt. Weizen- und Hirsefelder tauchten auf und ein paar wohlhabende Dörfer. Zu unserer Rechten führte ein Zickzackpfad an der Felswand hinauf, auf dem man, wie meine Soldaten sagten, in fünf Tagen nach Mukalla gelangte. Der Weg von Mukalla durch das Wadi Do'an nach Hadhramaut ist in der Tat der längste und wird nur wegen seiner größeren Sicherheit als Hauptroute ins Innere benutzt. Ein geographischer Grund dafür liegt nicht vor.

Dann brach die Nacht herein. Eine schmale, sehr helle und weiße Mondsichel beleuchtete unseren Weg, einen staubigen tiefen Graben, der kein Ende zu nehmen schien. Mein Esel warf mich, müde wie ich war, von Zeit zu Zeit in den tiefen weichen Staub; der junge Sayyid trottete hinter ihm her, trieb ihn mit allerlei Lauten an und hielt dann und wann in der Dunkelheit inne, um sich die Dornen aus seinen nackten Füßen zu ziehen; es gab ihrer eine Menge unter jedem 'Ilbbaum, wo die jungen Schäferinnen die Zweige heruntergezerrt hatten. Ich wurde allmählich ganz gefühllos vor Müdigkeit, denn wir waren seit sieben Stunden unterwegs, und ich war bei schwachen Kräften. Vier Kamele kamen im Dunkeln auf uns zu, über und über mit Binsen beladen. Wir mussten hoch auf die Böschung hinaufklettern, wo ein zweiter Pfad entlanglief, während sie wie Gespenster unten im Staub vorbeizogen. Auf jeder dieser schwankenden Lasten hockte eine Gestalt, die misstrauisch grüßte; mit unseren vier Gewehren müssen wir gefährlich ausgeschaut haben gegen den Nachthimmel.

Dann taten sich endlich mondbeschienene Gründe mit dunklen, leise rauschenden Gärten unter uns auf. Hadscharain lag als schwarze Silhouette da; nur ein Licht leuchtete auf einem Hügel. Wir gingen zum Fuß seiner Mauern, wo die Brunnen der Stadt lagen, mit bienenkorbartigen Aufbauten überdeckt; flach erstreckte sich der Boden im Mondschein ringsum. Abgenützte gepflasterte Pfade führten im Zickzack zu den Mauern hinauf, aus denen verwitterte Balken ragten und schwarze Abflüsse sich ergossen. Oben kamen wir an ein mit eisernen Buckeln beschlagenes Tor mit hoher Schwelle; wir klopften und hörten drinnen Rufe. Wir waren erwartet worden, hatten uns aber verspätet. Man öffnete uns und führte uns zu dem Repräsentanten von Mukalla, einem Sklaven, der neben einer Moschee stand, um uns zu begrüßen; sein schwarzes Gesicht unter dem Turban war im Schatten der Nacht kaum zu erkennen. Die Moschee hatte ebenfalls einen Brunnen mit Bienenkorbdach; ihr Minarett, vierkantig, rund und oben wieder vierkantig, wies die älteste Bauart auf, die in Hadhramaut zu finden ist; es leuchtete schwach, beschienen von dem Sternbild der Kassiopeia. Unser kleiner Empfangstrupp führte uns zu einer Tür in einer kahlen Mauer; sie führte ins Haus eines Sayyids. Hier warteten wir, während man unseren Gastgeber holte; denn die Leute drinnen wollten uns nicht hineinlassen, ehe nicht ihr Herr da war; es ist ein Fehler, in östlichen Städten nach Einbruch der Dunkelheit anzukommen. Endlich jedoch tat sich die geschnitzte Tür auf; wir wurden in eine Art Wachstube vorgelassen, einen kahlen Raum mit schmutzigen Wänden, an die die Jafi'i ihre Gewehre hängten. Ich fragte mich bedrückt, ob ich hier würde die Nacht verbringen müssen; denn die schwarzen Sklaven, die nichts von der aristokratischen Sicherheit der Araber haben, sind der plötzlichen Ankunft von Gästen nicht gewachsen, und niemand schien den Vertreter der Regierung zu beachten.

Nach einer Weile erschien jedoch der Sayyid und führte mich zu den inneren Gemächern seines Harems. An einigem Wispern, Aufräumen und halb lauten Protestieren erkannte ich, dass mir das Zimmer der Damen des Hauses für die Nacht angewiesen werden sollte. Ein Polster wurde in aller Eile inmitten des weiblichen Durcheinanders ausgebreitet. Ich bewunderte die geschnitzten Wände und Türen und suchte mich ausschließlich darauf zu konzentrieren. Die Honoratioren kamen, um Tee mit mir zu trinken, und sagten, sie hätten schon seit zwei Tagen hier gewartet, um mich zu begrüßen; als sie fort waren, öffnete ich die Läden meines Fensters und sah durch das geschnitzte Gitterwerk tief unten in dem mittelalterlichen Tal die stehenden Scheinwerfer eines Autos.

XV. Kapitel

Der Mansab von Meshed

»Car on voit de la flamme aux yeux des jeunes gens,
Mais dans l'oeil du vieillard on voit de la lumière.«

(V. Hugo)

Niemand schenkte dem Sklavengouverneur von Hadscharain auch nur die geringste Beachtung; er hielt sich in einer Ecke und biederte sich mit unserem Sklavensoldaten an, vernachlässigt wie ein schottischer Steuereinnehmer bei einer Versammlung von Clans und ein sichtbares Beispiel dafür, wie nutzlos es in einem von Stammestradition beherrschten Land ist, Amt und Würde auf jemanden zu übertragen, der kein Ansehen genießt. Wenn ich von ihm sprach und ihn bei dem Ehrentitel »Hakim der Regierung« nannte, so konnte ich sicher sein, dass irgendjemand mich korrigierte und sagte: »Er ist nur ein Sklave, musst du wissen.«

Hingegen erhoben sich die um mich her sitzenden Sayyids sogleich voller Ehrfurcht, als der Mansab von Meshed, der Patriarch, Ahmad al-'Attas, eintrat. Er beherrschte das Land nördlich von Hadscharain, wo die Gerichtshoheit von Mukalla endete. Er kam herein wie ein König, großmächtig in einem grünen Samtgewand, mit einem gelben Turban auf dem Kopf; in der Hand trug er einen Stock mit einem Silberknauf; er war würdevoll, wohlwollend und lebhaft, das offene Gesicht von grauen Bart- und Haarlocken umrahmt; über einer Schulter lag ein breites, grünrotes Samtband; eine gewisse Leichtigkeit ging von ihm aus, die Unbefangenheit selbstsicherer Autorität und eine väterliche Liebenswürdigkeit. Er sah mich mit blinzelnden Augen ruhig an, während er seinen Tee schlürfte und während ein junger Mann aus Java sich mit seiner Kenntnis europäischer Verhältnisse brüsten wollte und mir damit in den Ohren lag, ich solle meine – nicht vorhandenen – Diplome zeigen.

»Jeder Ferangi, der studiert«, sagte er, »hat Diplome – und studierst du nicht Geschichte?«

»Es sind keine Talismane«, erwiderte ich. »Man trägt sie nicht mit sich umher. Es sind lediglich Stücke Papier, die bezeugen, dass man auf einer Universität gewesen ist.«

»Ich habe die englische Sprache studiert«, sagte der junge Mann, »sechs Wochen lang; und das Wort Universität habe ich nie gehört.«

Er bezweifelte offenbar, dass es so ein Wort gab. Aber der Mansab von Meshed, der sah, dass meine Geduld nun erschöpft war, stand auf und verabschiedete sich mitsamt seinem Gefolge, um zu Bett zu gehen.

Als ich am nächsten Morgen meine Tür öffnete, stand ein Mädchen von vollendeter Schönheit vor mir, angetan mit aller Pracht, die eine junge Hadscharainerin nur tragen kann, und auch ihr Gesicht war entsprechend geschminkt. Zwei schmale scharlachrote Linien wölbten sich an Stelle der ausgerupften Brauen über den Augen, lackartig auf der gelben Grundfarbe des Gesichts; auch ihre Nasenflügel waren scharlachrot, und eine grüne Zeichnung wie eine 7 lief über der linken Braue hin und die Nase hinab; über den wundervoll geschnittenen Lippen leuchtete eine blautätowierte Linie und unter ihnen ein Muster aus Strichen und Punkten:

Ihr Gewand, das prächtiger war als im Do'an üblich und vorn nur bis zu den Knien ging, hatte hinten eine Schleppe. Diese war von den Schultern abwärts mit glitzernden Streifen besetzt sowie einem glitzernden Stern genau am Ende des Rückens, wo ein wohlbedacht wiegender Gang seinen Glanz höchst vorteilhaft zur Geltung bringen konnte. Sie trug Amulette in kleinen Silberbehältern wie eine Krone um den Kopf und darüber eine Kappe aus Korallenketten. Jedes Ohr unter den vielen Flechten war mit sieben Silberringen beschwert. In den Händen trug sie ein Holztablett mit Eiern und in Öl getränkten Brotfladen: mein Frühstück. Zwei junge, freundliche Augen lächelten mich aus der kunstreichen Bemalung an, und sie erklärte mir, all diese Pracht sei zu Ehren des jungen Mannes angelegt, der mich nach meinen Diplomen gefragt hatte und der heute eine Braut aus Hadscharain wegführen sollte. Er sei in einem Auto gekommen, aber seine Kamele seien unterwegs, und wenn sie einträfen, würden er und seine Freunde die Braut in ihr neues Heim bringen, einen langen Tagesritt weit.

Das solcherart angeschlagene Kleiderthema hielt während des ganzen Frühstücks vor, und noch andere junge Mädchen kamen herein, um sich in ihrem Schmuck zu zeigen. Einige Kleider waren aus geblümtem Kattun aus Indien, aber das typische, und wie ich glaube, ältere Gewand von Hadscharain war schwarz, ohne Farben, mit Silber bestickt. Es hieß, Abu Zaid, der sagenhafte Held, der die Männer von Hadhramaut bekriegte, um seinen Bruder zu rächen, habe nur unter der Bedingung Frieden gewährt, dass alle Brunnen im Land überdeckt würden und die Frauen ihre Gesichter schwarz beschmierten sowie schwarze, vorn nur bis an die Knie reichende Gewänder trügen. Aus dieser erzwungenen Tracht sei dann eine Mode geworden, die sich bis auf den heutigen Tag gehalten habe.

Ich äußerte den Wunsch, mir ein Kleid zu kaufen, um es mitzunehmen, und erweckte dadurch begehrliche Gefühle in meinem Wirt, einem grobschlächtigen, gewinnsüchtigen alten Sayyid; er nützte meine Stellung als Gast aus, um eine enorme Summe zu fordern. Er hatte vor mir die R.A.F. beherbergt, mit dem Ergebnis, das Besuche britischer Reisender leider so oft zur Folge haben – er betrachtete uns alle nur noch vom Geldstandpunkt aus. Es ist vielleicht ungerecht, ihn deshalb zu verurteilen; seine Frau, die noch unverdorben war, wollte mir das Kleid schenken. Wir beleidigen und verderben die Leute, indem wir ihre Freundlichkeit als etwas behandeln, das sich mit Geld bezahlen lässt, und verübeln es ihnen dann, wenn sie uns schließlich nur noch als Goldesel betrachten. Denn nichts ist auf subtile Weise so kränkend, als wenn man jemanden nicht zu Dank verpflichtet sein will. Als Monsieur Perrichon unter den Freiern seiner Tochter zu wählen hatte, gab er den Vorzug nicht demjenigen, der ihm das Leben gerettet hatte, sondern dem, der taktvoll genug gewesen war, sich von Herrn Perrichon das Leben retten zu lassen. Diesen Grundzug der menschlichen Natur vergessen wir nur allzu leicht. Ich selber fühlte Gewissensbisse, dass ich den Preis für Damenkleider in Hadscharain zum Schaden künftiger Besucher turmhoch emporgetrieben hatte, und ärgerte mich über den alten Sayyid, der an nichts als an Geld dachte und, nachdem er alles bekommen hatte, was er wollte, sich nicht einmal bei meiner Abreise blicken ließ – ein trauriges Exempel westlichen Einflusses.

Nicht so der Mansab von Meshed, der am nächsten Morgen erschien und eine allgemeine vergnügte Ehrerbietung auslöste. Er nahm mich bei der Hand und führte mich auf das Dach des Hauses, von dem aus man auf ineinander mündende Wadis und Felder blickte. Aus einer in den Falten seines Patriarchengewandes verborgenen Tasche holte er Pfefferminzplätzchen und Gewürznelken, die er mir aufnötigte, und er lieh mir sein Pferd, auf dem ich unter den staunenden Blicken der Menge durch die Straßen der Stadt ritt; sie waren zu voll von Eseln mit Körben, als dass ich irgendwelche Reitkünste hätte entfalten können, aber die Tatsache an sich war ein Beweis für die unabhängige Gesinnung des alten Patriarchen, denn er war ein heiliger, allgemein verehrter Mann und nicht dazu verpflichtet, einer Angehörigen des minderwertigen Geschlechts eine so öffentliche Liebenswürdigkeit zu erweisen.

»Sie missbilligen es«, bemerkte er leichthin, »aber sie sind beschränkt, und ich frage nicht danach.«

Er ließ mich allein, um nach Meshed voranzugehen und einen Empfang vorzubereiten, während ich auf den Hügel hinter der Stadt stieg und mir die dort befindlichen Ruinen anschaute.

Sie sind nur ein einziger Geröllhaufen mit ein paar Zisternen; aber sie beweisen, dass der Hügel einst mit Häusern bedeckt gewesen sein muss. Dammun, die einstige Hauptstadt des Stammes der Kinda und noch heute ein Vorort von Hadscharain, wird in einem Verse von Imru-l-Qais, dem Fürsten von Kinda erwähnt:

»Als hätt' ich nicht einst in Dammun gestritten
Und wäre nicht Zeuge gewesen der Kämpfe bei 'Andal.«
(Hamdani, S. 85)

'Andal ist eine kleine Stadt im Wadi 'Amd, deren genaue Lage ich später herausfinden und die ich dann besuchen sollte.

Dies waren in der Frühzeit des Islams blühende Orte, deren Wohlfahrt vermutlich aus noch älteren Zeiten stammte. Denn ich war jetzt in den Teil von Hadhramaut gelangt, der voller sabäischer Spuren ist. Man sagte mir, dass sich eine sabäische Zisterne just auf dem Gipfel des Felsens von Hadscharain befinde. Ich stieg ein kurzes Stück hinan. Der Weg führte in einem malerischen, aber für meine Schwäche unerklimmbaren Kamin empor; ich musste aufgeben und umkehren, gefolgt von einer enttäuschten kleinen Schar Neugieriger. Ich setzte mich in die Sonne und betrachtete einige versteinerte Muscheln, die ich dort fand, während ein Mann mit einem Kräuselbart mir allerlei Fragen stellte. Er war in Kenia gewesen und äußerte seine Verwunderung darüber, dass ich ohne Diener reiste.

»Frieden ist besser als Diener«, sagte ich, »und man kann nicht beides haben. Sie würden mit den Beduinen in Streit geraten, sobald wir auf dem Dschol sind.«

»Das stimmt«, gab er zu, »aber kein Ferangi geht ohne Diener. Du solltest einen haben, du könntest in einem Zimmer sitzen und er in einem anderen, und so oft du Lust hast, rufst du ›Boy‹.«

Diese Schilderung europäischen Lebens und seiner Freuden belustigte uns alle, und wir hockten behaglich beieinander und schauten zur Stadt hinab, wo allerlei aufregende Dinge vor sich gingen. Auf dem Zickzackpfad unter der Mauer stiegen jetzt von Trommelschlägen begleitet die Braut und schwarze, verschleierte Scharen von Frauen herab; kleine unverschleierte Mädchen in silberbesetzten Kleidern flatterten wie Schmetterlinge um sie her. Das Brautgeleit wartete unten auf ebenem Boden; die Kamele waren angekommen und standen, festlich mit roten Teppichen behangen, um das Auto. Mein Wagen, der letzte Nacht irgendwo anders geblieben war, erschien jetzt auch und trug zur Erhöhung der allgemeinen Feierstimmung bei. Er hielt bei den bienenkorbförmigen Wasserbehältern, und ich sah den Abgesandten des Sayyids aus dem Wadi Hadhramaut an den Stadtmauern entlang zu mir heraufsteigen.

Er war ein kräftiger, energischer, unternehmender junger Mann aus Mekka, europäisch gekleidet, Sportstrümpfe und Kniehosen, Füllfederhalter und Armbanduhr, und mit einer Lammfellmütze auf dem Kopf. Er war in Bagdad gewesen und hatte seinerzeit für König Husain gekämpft als Pilot in der arabischen Armee bei 'Akaba; er hieß Hasan und wusste gut mit Europäern umzugehen, deren Gewohnheiten er kannte, da er sowohl den Residenten von Aden wie die Ingrams bei ihren letzten Besuchen betreut hatte.

Er machte sich jetzt sogleich mit unorientalischer Energie daran, mich und mein Gepäck im Wagen zu verstauen. Nicht einmal die Hälfte meiner Sachen passte hinein, und wir mussten wieder die Hilfe von Beduinen in Anspruch nehmen, die sich für acht Taler bereit erklärten, den größten Teil des Gepäcks mitsamt dem armen kleinen Sayyid, unserem Reisegefährten, zu übernehmen. Ich war der Meinung, dass für ihn noch Platz im Wagen gemacht werden könnte, aber Hasan, im Vollgefühl seiner zivilisatorischen Überlegenheit, schaute ihn mit solcher Geringschätzung an, dass er verschwand. Träger erschienen von irgendwoher und beförderten meine Kisten hügelabwärts. Eine kleine Schar Schaulustiger, die sich von der Hochzeit hatten weglocken lassen, rief uns Abschiedsgrüße zu, und ich lehnte mich in den Schatten des Verdecks zurück in dem behaglichen Gefühl, dass es jetzt auf ein Ziel zuging, wo Ruhe und Komfort winkten, ohne dass ich mich selbst noch weiter zu bemühen brauchte.

Ich war umso dankbarer dafür, als der Weg recht öde war. Wir wanden uns wieder zwischen verhärteten roten Erdrinnen hindurch, wie sie schon tags zuvor das Wadibett überkrustet hatten. Dies war, den Wagen des Bräutigams eingerechnet, erst das vierte Auto, das so weit nach Süden, bis Hadscharain, vorgedrungen war, und eine eigentliche Fahrspur war nicht vorhanden; aber unser Chauffeur war ein gescheiter Berber mit einem instinktiven Gespür dafür, wie er die Hänge nehmen musste; er kurvte hin und her, ohne ein Wort zu reden. Er hielt von sich aus an, um mir einen Ruinenhügel zu zeigen, den man als solchen nur an den darauf verstreuten Scherben von Tongefäßen erkannte, während er bei flüchtigem Hinschauen lediglich als eine Bodenerhebung erschien.

In voller Tageshitze erreichten wir Meshed. Der Mansab schlief inmitten seiner Getreuen in einem weißen luftigen oberen Gemach mit acht offenen Fenstern. In einer Art Nachtgewand polterte er vergnügt und gastfreundlich die Treppe, die er ganz ausfüllte, herunter, rief nach Kaffee, wies alle hinaus, um mir das Zimmer zu überlassen, rief nach Wasser und Khoteqa – einer einheimischen Pflanze, die in Form eines wie feines Sägemehl ausschauenden, süßduftenden Pulvers als Seife benutzt wird – und bewirtete mich mit einem ausgezeichneten Mahl.

Das Zimmer war wunderhübsch. Es hatte eine von vier Pfeilern getragene Balkendecke, spitzbogige weiße Nischen über den geschnitzten Fenstern, weiß getünchte, stuckartig verzierte Säulen an der Tür und einen Herd zum Tee- und Kaffeekochen in einer Ecke. An den Wänden hingen ein paar Gewehre, Lanzen und Fahnenstangen für Umzüge sowie einige flache Tamburins, drei Fuß im Durchmesser, für Wallfahrtstage, an denen das ganze Tal von einem unablässigen Getrommel erfüllt sein muss. Denn Meshed ist eine der heiligen Stätten von Hadhramaut, und Pilger kommen selbst aus San'a im Jemen zu den Festtagen im Monat Rabi'al-Awwal. Der Mansab empfängt sie alle, beherbergt sie in seinem Gästehaus hinter dem Grab seines Großvaters, liest ihnen in seinem weiß getünchten Zimmer aus dem Koran vor und lässt von Zeit zu Zeit eine der vier kleinen Kanonen abfeuern, auf die er besonders stolz ist.

Er erzählte mir die Geschichte des Ortes, die noch in seiner ungeschützten, gastlich-offenen Lage zum Ausdruck kommt. Einst war diese Gegend ein Niemandsland, ein Schlachtfeld der verschiedenen Stämme. Feldbau und Handelsverkehr waren gleicherweise unmöglich. Das weite, flache Wadi lag unbewohnt da, es gab nichts als die Steintrümmer und Tonscherben seiner alten, längst begrabenen Städte. Hier siedelte sich der Großvater des Mansabs an, ein heiliger Mann namens Sayyid 'Ali Hasan al-'Attas; und durch die bloße Gottesfürchtigkeit seines Lebens in der ungeschützten, offenen Niederung, durch seine Mildtätigkeit und Gastfreundlichkeit, die er lediglich aus den freiwilligen Spenden der Gläubigen bestritt, brachte er Frieden in die Wildnis und erwarb sich führenden Einfluss auf die Beduinen des umgebenden Dschols. Neben zwei unbedeuteren, weiß getünchten Gräbern liegt sein reliefartig verziertes Bronzegrab mit drei anderen unter drei weißen Kuppeln; in die Schwelle der Grabkammer ist ein gemeißelter himjaritischer Stein eingelassen.

Das war eine friedvoll anzuschauende Stätte in ihrer ungeschützten Blöße. Die bienenkorbähnlichen Kuppeln mit ihrem vom Staub rosa verfärbten Weiß erhoben sich hinter einer Bogenpforte und geschnitzten Türen; eine kleinere Kuppel lag davor. Vor den Türen standen drei flache Rampen, auf denen man sitzen konnte, glatt gescheuert und matt von der Zeit. Hier hockten ein paar Frauen und einige Beduinen mit ihren Gewehren. Auf der anderen Seite des freien Platzes stand eine Moschee mit einem Minarett, sandfarben wie die Wüste; und zwei Zisternen waren da, die etwa neun Kubikmeter Wasser fassten, jetzt aber leer waren; auch ihr weißer Anstrich war rosa vom wehenden Staub. Weiterhin eine große Siqaja, ein Trog zum Tränken der Tiere, ein paar kastenartige Häuser rings umher; keine Bäume und kaum bebautes Land. Aber Tiere trotteten von Zeit zu Zeit vorbei; ein verirrter Esel trieb sich umher und suchte nach Wasser; und Ziegenherden kehrten bei Sonnenuntergang in die Ortschaft zurück. Anders als in den Feudalstädten des Tals war hier alles ungeschützt und unummauert. Das Wadi selbst erstreckte sich weit zwischen den Felswänden, denen ihr Abstand das Kerkerhafte nahm.

Der Mansab lieh mir sein Pferd (das auch von dem vorherrschenden Rosa der Landschaft gefärbt schien), und ein großes Gefolge, darunter fast sämtliche Kinder von Meshed, begleitete mich zu den Ruinen von Ghebun, unweit des weißen Gerölls des Flussbettes, das sich zur Flutzeit in einen so reißenden Strom verwandelt, dass zwar Pferde und Kamele, aber keine Esel hindurchkommen. Mein Pferd war ein freundliches Geschöpf, an ein priesterlich gemächliches Tempo gewöhnt und nur sanft irritiert durch die Hände, die sich von allen Seiten nach ihm ausstreckten, um es daran zu hindern durchzugehen – eine Leichtfertigkeit, an die es gar nicht dachte. Man wird in der Kirche immer vor Sünden gewarnt, auf die man sonst gar nicht verfiele; und vielleicht war das in klerikaler Atmosphäre aufgezogene Tier an vorbeugende Behandlung gewöhnt; dennoch war es sichtlich froh, als es schließlich von dem Schwarm loskam und mit mir allein war. Von der Höhe eines der kleinen Hügel aus schaute ich, im Sattel sitzend, über die Ruinen der einstigen Stadt.

Van den Meulen hat sie in seinem Buch eingehend beschrieben. Sie erstrecken sich über ein großes, hügeliges Gebiet. Zwischen den Steinen und himjarischen Bruchstücken liegen zahllose mattrote und schwarze Tonscherben, Stücke von Feuerstein und Obsidian, Chalzedonperlen und Alabastersplitter. Unglaublich ist insbesondere die Anzahl der allenthalben verstreuten Werkzeuge aus Feuerstein und Obsidian. Die Art ihrer Bearbeitung erinnert nach Miss Caton Thompsons Meinung, die sie freundlicherweise für mich untersuchte, an die Steinzeitfunde in Kenia. Einige sind kleiner, aber ähnlich gearbeitet wie die ägyptischen Feuersteinfunde aus der Zeit um 2200 v. Chr.; sie lassen jedenfalls auf viel ältere Daten schließen als die, die bisher für Südarabien gesichert sind. Mehrere Hügel werden von halb zerstörten Mauern gekrönt, deren roh behauene Quader ohne Mörtel gefügt sind, und ein Brunnen ist da, bis zu einer gewissen Tiefe mit runden, unvermörtelten Steinen ausgelegt und dann in die Erde gehöhlt. Näher bei Meshed haben die Mauerreste kleinere, gröbere und mit Mörtel verbundene Steine; wahrscheinlich war die alte Stadt durch mehrere Epochen hin bewohnt, vielleicht bis in die arabische Zeit hinein. Wie die

Bents neige ich zu der Annahme, dass der Sand sich um diese Ruinen angehäuft und sie zum Teil begraben hat, im Gegensatz zu van den Meulen, der vermutet, dass die ganze Umgebung vom Flutwasser weggespült wurde. Denn für wichtige Stadtbauten und Gräber wurde ja in alten Zeiten immer ein erhöhter Standort gewählt, und die jetzt noch sichtbaren Mauerreste sehen nicht aus, als ob sie dicht bei den Fundamenten lägen; auch sind die Hügel nicht unterhöhlt, wie es der Fall wäre, wenn sie durch die Tätigkeit des Wassers entstanden wären. Für die Archäologen ist die Frage von Bedeutung, denn davon hängt ab, ob man noch mehr oder weniger reiche Funde im Boden zu erwarten hat. Bevor ich Meshed am nächsten Morgen verließ, schenkte mir der Mansab einen in den Trümmern gefundenen kleinen Alabasterständer und zwei himjarische Siegel; in eines war ein Ziegenkopf graviert, in das andere der Name Ha'asum.

Auch Meshed feierte eine Hochzeit. Trommelschlagen und jähe schrille Laute von Frauenstimmen kamen aus dem Haus, in dem der Mansab seine Frau hielt. Er ließ mich hier am Fuß der Treppe allein. Ich stieg hinauf und traf sie in einem kleinen Zimmer an, jung und hübsch, wie es sich für die Gattin eines so fröhlichen Patriarchen gebührt, umringt von allen Damen von Meshed. Es war ein lebhaftes Bild, denn jede Art von Bemalung und Schmuck war vertreten: grüne Kinne, grüne Flecken auf den Wangen, auf die Stirn geklebtes Haar, in einer Welle über einem Auge, Quasten in vielen Farben auf dem Kopf oder unterm Kinn, die den Schleier, die Nugba, zusammenhielten, und schwere Silberhalsbänder. Die Braut war auch dabei. Mit einem Tuch über dem Kopf saß sie hier die vorgeschriebenen zwei Tage ab. Sie schien schon ganz matt unter der Fülle von Armbändern und Fußspangen, die sie trug. Ihre gelben Füße und Hände waren ausgebreitet, um die darauf gemalten Hennamuster trocknen zu lassen. Der Lärm der Trommeln und die Tänze ihrer

Freundinnen waren zweifellos dazu bestimmt, sie während dieser anstrengenden Zeremonie, an deren Ende ihr die Vermählung mit einem völlig fremden Mann bevorstand, zu trösten. Einige der Damen in Hadhramaut sagten mir, dass sie im Allgemeinen nach ihrer ersten oder zweiten Scheidung glücklicher waren.

Die Tänze waren hier die gleichen wie in Mukalla, sie wirkten nur wilder infolge der seltsameren Bemalung der Gesichter. Die Tanzenden hielten ihre von Ringen starrenden Hände steif unter die Brüste, eine vor die andere. Die Zöpfe wirbelten in Kreisen um die Köpfe; ihre maskenhaften Gesichter mit den von der Anstrengung starren Augen sahen leblos aus wie Götzengesichter. Ein leises an- und abschwellendes Summen begleitete das eintönige Getrommel, und dann und wann stieß eine der Frauen ihren Trillerschrei aus, wobei sie sich geziemend die Hand vor den Mund hielt, damit man ihre Zunge nicht sehen könnte, die dabei wie ein Klöppel hin und her schlug.

»Gefällt es dir?«, fragte mich die Frau des Mansab, gastfreundlich und entzückt, von Zeit zu Zeit, und sie hätte mich am liebsten bis Mitternacht dabehalten, bis der Bräutigam kam und die Gäste sich verabschiedeten. Aber ich war müde und ging. In meinem Tagebuch finde ich vermerkt, dass ich den Abend in meinem säulengetragenen Zimmer schreibend beim Schein einer Petroleumlampe verbrachte, die sie »trik« nennen. Ich fühlte mich »so behaglich, wie sich jemand fühlen kann, der mit halb überstandenen Masern mitten in der Zugluft sitzt«; denn die Sitte, in jeder Wand zwei Fenster zu haben, macht es unmöglich, einen geschützten Winkel zu finden, sodass man in den arabischen Häusern ebenso unter der Kälte wie unter der Hitze leidet.

Am nächsten Morgen brachen wir um halb acht in einem rosaroten Licht auf. Der Mansab drückte mir eine letzte Gabe Gewürznelken, Pfefferminz und Kaugummi in die Hand, die er aus seiner Tasche holte, und gab mir alle guten Wünsche auf den Weg, mehr wie eine emsige, vorsorgliche Mutter als wie jemand, der einen eine Nacht beherbergt hat. Keinem Besucher wird hier je die Tür gewiesen, und jeder, der durch das Wadi Do'an nach Norden reist, macht in diesem gastlichen Haus für eine Mahlzeit oder eine Nacht halt; dabei ist das Einkommen des Mansabs nicht derart, dass er solche Freigebigkeit ohne Schwierigkeiten üben könnte, denn er hat keine Einkünfte aus Handelsbeziehungen, wie viele von denen, die in Übersee gereist sind. Wenn dereinst in den ewigen Gefilden den müden Erdenwanderern ein Gastmahl gerichtet wird, so wird der Mansab von Meshed sicherlich seinen Platz bereitet finden.

XVI. Kapitel

In das Wadi Hadhramaut

»Ach, wann wird aller Menschen Wohl
Jedwedes Menschen Richtschnur sein, und Friede
Gleich wie ein Lichtstrahl liegen überm Land?«
(The Golden Year, Tennyson*)*

Wir hatten jetzt die engen Schluchten endgültig hinter uns und näherten uns rasch dem Zusammenfluss der Wadis 'Amd und Do'an. Kurz darauf mündete das von hier an Wadi Kasr geheißene Tal mehr wie eine Ebene als wie ein Flussbett in die ebenso offene Weite des Wadis Hadhramaut.

Wir fuhren mühelos über verhärteten Sand, und das Schöne war, dass keine Straße die Landschaft vor uns in zwei Teile zerschnitt. Man fühlt sich so frei in einem Auto, sobald man von den Straßen wegkommt. Zu beiden Seiten war der Boden sanft gewellt von den begrabenen Ruinen und Gärten der alten Stadt; lose Steintrümmer lagen auf jedem Hügelchen, als hätten spielende Kinder sie dort aufgehäuft. Sie waren das Einzige, was die Einförmigkeit der Landschaft unterbrach, abgesehen von einer weißen Siqaja mit einem Brunnen daneben oder einem erdfarbenen, kaum erkennbaren Dorf auf der rechten Seite des Wadis, hinter einer dunklen Baumgruppe. Licht und Luft machten die Schönheit des Tages aus. Zu unserer Linken lag das Wadi 'Amd mit seinen Wellen von Sanddünen in der Mitte – Ausläufern der Wüste; dann kamen auch wir zu sandigen Erhöhungen und zu den zwei befestigten Häusern von Dhiar al-Buqri, die einsam inmitten der Landschaft aufragten.

Jeder, der das Wadi 'Amd oder Wadi Do'an talauf oder talabwärts nach Hadhramaut reist, kommt an Dhiar al Buqri vorbei, und Gestalten grüßten uns vom Dach. Es sind gastfreie Leute, reiche Hotelbesitzer aus Java. Auch in Batavia kann man sie sehen, wo Väter, Söhne und Neffen mit Erfolg ihren verwickelten Geldgeschäften nachgehen und Hotels mit Lift und fließendem Wasser betreiben. Aber hier waren sie damit beschäftigt, einen hundertjährigen Krieg mit ihrer Nachbarstadt auszutragen, die man etwa zwei Meilen weit entfernt unter der Felswand liegen sah.

In diese Montague- und Capulet-Fehde waren auch Außenseiter hineingezogen worden. Die kleine Stadt im Norden, ebenfalls unter der Felswand gelegen, war aufseiten der Buqris und schikanierte ständig ihre südlichen Nachbarn. Die Buqri-Leute selber, die mir von ihrem Dach aus die Geographie ihres Krieges erklärten, deuteten auf einen weißen vierkantigen Turm am Rande des Abhangs und sagten, das sei ein Außenposten, von dem aus man bis auf die Stadt hinunter schießen könne. Die Chancen schienen ziemlich gleich verteilt. Das Buqri-Haus, obwohl ganz isoliert, mit einem Sanddünenzugang auf jeder Seite, war ohne Artillerie nicht leicht anzugreifen. Es bestand aus zwei turmartigen Gebäuden, das eine für die Männer, das andere für den Harem der Familie, mit einer glatten, nur mit einem Eingang versehenen Lehmmauer darum her. Einige Jahre zuvor war das ganze Tal ein einziger Palmenhain gewesen, aber die »Stadt« hatte sich mit den Dschol-Beduinen verbündet, die bei Nacht kamen und Petroleum auf die Wurzeln der Bäume gossen und sie töteten (eine Bestätigung der Annahme, dass die Verödung des Wadis Hadhramaut wahrscheinlich durch Kriege entstanden ist). Jetzt waren nur einige wenige Stellen in den Vertiefungen mit Hirse besät, die dann zur Flutzeit aufging. Ich bemerkte, Kampf sei ja gut und schön, aber Bäume sollte man doch nicht töten, und gab damit einer Meinung Ausdruck, die sichtlich von der versammelten Sippe geteilt wurde; man hatte dieses Vorgehen als unsportlich empfunden.

Als der Sultan von Mukalla kam, um das Gebiet von Shibam zu besuchen, war zwischen den Buqris und der Stadt ein sechsmonatiger Waffenstillstand geschlossen worden, damit er ungestört durchreisen könnte. Dieser Waffenstillstand lief noch zwei Monate, sodass gegenwärtig Friede herrschte, und bei unserer Ankunft stand das Oberhaupt der Familie draußen vor seiner Feste und beaufsichtigte gerade das Trocknen der Ziegel in der Sonne, während ein Mann, der auf einem von der Brustwehr herabhängenden kleinen Gerüst saß, damit beschäftigt war, die Mauern des Harems mit weißen Verzierungen zu tünchen. Man sagte mir, auch nach Ablauf des Waffenstillstands würde es tagsüber mehr oder weniger ruhig bleiben, denn die Angriffe erfolgten nur bei Nacht, während man bei Tage ganz ungestört miteinander verkehrte.

Sie empfingen uns auf angenehm ungezwungene Art, ähnlich wie es einem in einem englischen Landhaus geschehen könnte. Wir brachten alle Neuigkeiten von Hadscharain mit, während sie uns berichten konnten, wer alles in den letzten Tagen durch das Wadi hinauf- oder hinabgezogen war. Sie führten mich auf das Dach des Hauses, um mir die Aussicht zu zeigen. Das Erdgeschoss hatte keine Fenster, und eine Innentreppe führte die sechs Stockwerke hinan, mit bequemen Stufen und einem weiß getünchten, nach der in Hadhramaut üblichen Art glatt polierten, wellenförmigen Fries an den Seitenwänden. Auf jedem Treppenabsatz war ein frommer Spruch eingraviert, der Allah pries und seinen Segen erbat. Auf dem Dach sorgte eine Brüstung mit schrägen Schießscharten für direkteren Schutz. Von hier, sagten sie, könnten sie »mit einer Mauser« auf die Stadt schießen. Wir schauten auf ihre kastenartigen Häuser, deren Umrisse sich scharf in der Sonne abhoben.

»Belagern sie euch nie?«, fragte ich.

»Manchmal. Aber wir haben vier Feldstecher und können sie herankommen sehen.« Sie schienen das für einen reichlich genügenden Schutz zu halten. Und in der Tat sind Belagerungen in Südarabien sicherlich nie sehr streng durchgeführt worden.

Aus dem achtzehnten Jahrhundert wird von einer Belagerung von Umm al-Bail im Jemen berichtet, die sieben Jahre dauerte. Die Verteidigungsanlagen wurden dabei mehr mit Schaufeln als mit Waffen außer Kraft gesetzt, unter den Lehmmauern, wo die Abflüsse der Stadt sich ergossen. Auch damals im Jemen stand man trotz des Krieges in Verkehr miteinander. Es wird berichtet, dass einer der Angreifer vor dem Tor stand, sodass seine Freunde drinnen ihm sein Essen hinausschicken konnten – ein Vorgang, der offenbar nicht als ungewöhnlich galt, obwohl in diesem besonderen Fall das Essen vergiftet war. Auch dort wurde wiederholt ein Waffenstillstand vereinbart bis nach der Teilung der Ernte. Diese alten Kriege wurden nach der trefflichen Devise geführt, dass der Feind von heute der Freund von morgen sein kann.

Die Buqris kehrten, wenn sie den Lärm der Trambahnen von Batavia hinter sich ließen, mit Gleichmut zu ihren mittelalterlichen Lebensformen zurück, obwohl das Familienhaupt mir sagte, er finde Singapur erholsamer. Aber das sagte er ganz ohne jene leidenschaftliche Sehnsucht nach der Friedlichkeit der Zivilisation, von der van der Meulen berichtet, dass er sie allenthalben in Hadhramaut angetroffen habe. Ich habe sie so gut wie nirgends angetroffen. Ich vermochte auch nichts davon zu entdecken, dass man der holländischen Herrschaft den Vorzug vor der britischen gab, wie van den

Meulen festgestellt haben will. Ich kam zu dem Schluss, dass man leicht findet, was man zu finden erwartet oder wünscht, zumal bei einem Volk, das bei seinen Meinungsäußerungen die Höflichkeit oft für wichtiger hält als die Wahrheit. »Es ist gut, die Wahrheit zu wissen und zu sprechen, aber es ist besser, die Wahrheit zu wissen und von Palmbäumen zu sprechen.«

Ich fragte mich, was wohl ein Pazifist zu dieser Buqri-Familie sagen würde oder zu irgendeinem der Kaufleute von Hadhramaut, die, nachdem sie sich ein Leben lang damit geplagt hatten, Geld zu machen, sich auf ihre alten Tage in ihr Heimattal zurückzogen, um dort Guerillakriege zu führen – ebenso wie ein Bürgersmann des achtzehnten Jahrhunderts sich vielleicht zurückzog, um den Rest seines Lebens auf ähnlich anregende Art in den Highlands zu verbringen. Wenn das Menschengeschlecht sich wirklich so dringend nach Frieden sehnte, musste hier eine Ausnahme von der Regel vorliegen.

Ich für mein Teil glaube nicht, dass es Frieden ist, wonach die meisten von uns am brennendsten verlangen. Ich kann mir vorstellen, dass es regen, jungen Leuten Freude machen würde, in einer Welt zu leben, wo es zwar weniger Kriege, aber mehr Kampf gäbe; genau wie ich mir denken kann, dass ein reger, junger Fuchs Freude daran hat, gejagt zu werden. Es würde einem selber Freude machen, vorausgesetzt, man wäre mit dem Gelände vertraut und könnte so gut rennen wie ein Fuchs.

Wir werden alle von irgendetwas gejagt:

»Ich höre nah den Flügelwagen
Der Zeit in meinem Rücken jagen,
Und vor uns allen dehnt sich weit
Die Wüste der Unendlichkeit.«

Wer hohen Mut und gute Muskeln hat, liebt es, sich den Mächten des Universums zu stellen. Es ist nicht der Krieg, vor dem wir zurückschrecken: Es hieße den Heldenmut des Durchschnittsmenschen viel zu niedrig einschätzen, wenn man meinte, die Schrecknisse der modernen Kriegstechnik würden uns entmutigen. Worunter wir leiden, ist, dass wir uns meistens für eine unedle Sache schlagen müssen. Zu kämpfen, um eine blinde Oberherrschaft zu erlangen, befriedigt unseren Geist nicht mehr. Wir fühlen, dass wir an einen Punkt gelangt sind, wo es gilt, die menschlichen Angelegenheiten bewusster und konstruktiver zu regeln; und noch viel weniger kann es uns begeistern, unser Leben für Finanzinteressen zu opfern, so sehr sie sich auch als Ehrenfragen verkleiden mögen. Aber für eine selbstlose Sache, für irgendeine in die nebelhafte Zukunft der Menschheit hineinragende Vision werden die Menschen weiterhin zu sterben bereit sein, wie seit eh und je. Sie werden auf falsche Wege geführt durch Gauner, Scharlatane, Zeitungsschreiber und Diktatoren. Diese soll der Friedensfreund anprangern und vor ihnen auf der Hut sein und seine Waffen rein und scharf halten, um sie nur in der wahrhaften Not seiner Seele anzuwenden.

Die Leute von Hadhramaut jedoch, die sich noch nie mit solchen allgemeinen Fragen befasst haben, kämpfen unbesehen jeder für seine Stadt oder seinen Stamm; und der Eifer, mit dem sie das alle tun, und die Tatsache, dass sie um dessentwillen heimkehren, obgleich sie in wohlhabenden Verhältnissen im Ausland bleiben könnten, beweist, wie gesagt, dass Fuchsjagd gar nicht so unmoralisch ist und dass der Mensch Freude am Kampf hat, vorausgesetzt, dass es um etwas geht, was ihm mehr am Herzen liegt als Erdöl.

Mit diesen Gedanken verabschiedeten wir uns von dem gastlichen Hause der Buqris und überließen es ihnen, weiter mit ihren Feldstechern nach ihren Feinden Ausschau zu halten, während 'Ali der Berber uns mit Vollgas zwischen den

Sanddünen hindurch entführte, dem Wadi Hadhramaut zu. Er war ein geschickter Fahrer und nahm die gerippten gelben Strecken so schnell, dass wir nicht steckenblieben. Man kam sich vor wie auf einer Achterbahn, und bei den schärfsten Kurven musste er jedes Mal mit einer Hand seinen gelben Turban wieder zurechtrücken.

Er war ein wortkarger Mann mit vorstehender Unterlippe und einem kleinen, schwarzen Gesicht, aus dem das Weiße seiner Augen groß herausstach. Er hörte mit unbewegter Miene allem zu, was wir sagten, um dann plötzlich Hasans unbestimmtes Gerede mit irgendeiner genauen und zweckdienlichen Angabe zu unterbrechen oder mir dies und jenes über die Landschaft mitzuteilen, und zwar immer gerade das, worauf es mir am meisten ankam. Er hatte sich als Erster im Wadi Hadhramaut darauf verlegt, Autos zusammenzubauen, deren einzelne Bestandteile auf Kamelen über den Dschol herbefördert wurden; es gab inzwischen achtzig Wagen im Wadi, und er plante, es mit der Überlandroute nach Jemen zu versuchen. Die Beduinen, die mit Waren von dort kamen, sagten, dass dieser Weg nur aus einer Aqaba, einem steilen Felspfad, bestehe, dass diese aber umgangen und ein Weg für Autos nicht nur bis San'a, sondern bis Mekka gefunden werden könne. San'a ist jetzt zwölf Tagereisen weit entfernt, und die Eröffnung einer Autostraße würde die Wallfahrten sehr erleichtern, die derzeit zur See um Aden herum zurückgelegt werden müssen. Der große Wesir Husain ibn Salama baute im zehnten Jahrhundert Moscheen und Minarette, Brunnen und Meilensteine entlang der Hadhramaut-Mekka-Straße, eine Moschee für jede Etappe. Man sagt, es sei eine Strecke von vierundzwanzig Tagereisen.

Auf der östlichen Seite des Wadiausgangs lag die kleine Stadt Ajlania, die im zehnten Jahrhundert von Hamdani erwähnt wird. Es sind nur noch fünfzehn oder zwanzig Häuser, rings um einen schiefen, verfallenen Turm, sowie einige

'Ilbbäume in der Ebene darunter. Kinder kamen herbeigerannt und boten uns die Beeren an, die sie Dom nennen, sie sind mehlig und haben sehr wenig Fleisch zwischen Schale und Kern; die Beduinen zermahlen sie und nehmen sie als einzigen Proviant mit bei ihren Streifzügen nach Norden.

Bei Ajlania endete das Niemandsland, und wir kamen nun in den Distrikt von Shibam, der wieder Mukalla untersteht. Dies ist die Stelle, wo die Jafi'i von den westlichen Bergen her einfielen, um dann allmählich ein Gebiet nach dem anderen für die noch jetzt bestehende Qe'eti-Dynastie zu erobern. Dies geschah, der einigermaßen unbestimmten örtlichen Überlieferung zufolge, vor etwa vier Jahrhunderten. Wir kamen an der unterhalb der Talwand gelegenen Feste El Furt vorbei, in der sie sich zunächst verschanzt hatten und die, vor der Kulisse des zerklüfteten Felsens, an Zeichnungen von Dürer erinnerte.

Wir waren nun in dem großen Wadi, dem längsten in Arabien außer dem Wadi Rumma. An seiner breitesten Stelle misst es sieben Meilen und vielleicht noch mehr infolge der Einmündung des Wadis Kasr, durch das wir eben herabgekommen waren. Es wurde zuerst von Hirsch im Jahre 1893 betreten. Fern im Westen verlor sich der Felswall entlang der Straße in den Jemen im blauen Mittagsdunst; der freie Horizont schien sich vor einem zu öffnen und ein Band ums Herz zu lösen. Auf den anderen drei Seiten, wo die Klippen noch zu sehen waren, traten aufgrund der Entfernung allerlei kleine Erhöhungen und Einbuchtungen an ihnen hervor, und die umgebende Luft verlieh den Konturen eine gewisse Weichheit. Es schien mir sogar, als ob in der Linie des Dschol eine leichte Neigung zu erkennen wäre, aber das war vielleicht eine Täuschung; mir kam zu Bewusstsein, wie bedrückend diese eintönige Fläche war, die keinerlei Wellenbewegung, keinerlei Gipfel aufwies und einem nichts anderes vermittelte als das Gefühl vom langsamen Nagen der Zeit an den umschließenden Wänden. Was Gebirgszügen nicht minder als Bäumen und Gewässern Leben verleiht, ist die Bewegtheit, und diese endlose Einförmigkeit der Wandungen des Wadis Hadhramaut – Felsbastion hinter Felsbastion, eine wie die andere – hat etwas von der Unbewegtheit des Todes.

Die Weite des Wadis wechselte beträchtlich je nach den einmündenden Tälern und sich öffnenden Buchten. Seine Sohle war so glatt und flach, dass Flugzeuge darauf landen konnten. Sie war jetzt braun, mit büscheligen Streifen gelbgrünen, groben Grases; aber in Flutjahren wurden Korn und Hirse gesät, und die weite Fläche musste dann sehr schön und üppig anzusehen sein. Sie ist schwer zu beschreiben: zu flach für ein Tal, zu sehr von Felsen verbarrikadiert für eine Ebene, zu eingeschlossen für eine Insel. Wasserläufe, kaum einen Fuß breit, durchzogen sie, etwas erhöht und mit Grasbüscheln oder Zwiebelpflanzungen am Rande. Wir hielten uns auf der Südseite und sahen fern zu unserer Linken die Dächer von Henin über den Dünen, die sich von Westen her herabziehen. Je weiter wir in das befriedete Qe'eti-Gebiet kamen, desto mehr belebte sich die Landschaft mit freundlichen Bildern menschlicher Tätigkeit. Frauen gingen umher mit hohen, spitzen, hexenhaften Strohhüten über den verschleierten Gesichtern, in den langen blauen Shibam-Gewändern, die vorn nur bis an die Knie und hinten bis zum Boden reichten, ein Kleidungsstück, das ihnen die Flucht vor uns erleichterte; viele trugen weiße oder blaue Hosen darunter, nicht weit, aber in Falten um die Knöchel zusammengebunden.

Wir kamen zu Palmen und zu Häusern, die weiter voneinander entfernt standen als in den Festungstälern. Brunnen quietschten, von Kamelen oder Ochsen gezogen, denn das Wasser ist hier nahe der Oberfläche (in al-Qatn nur zwölf Fuß tief). Manchmal zogen drei Kamele nebeneinander das Seil über die schräge Rampe, die für ihre weichen Füße gemacht war. Manchmal wurde die Arbeit von den ärmsten der Bauern verrichtet, verschleierten Frauen und fast nackten Männern. Die großen Räder mit den Ledereimern, die das Wasser aus dem Brunnen holten, waren an pyramidenförmigen Gestängen befestigt. Diese konnte man in dem flachen Land so weithin sehen wie die Windmühlen in Holland.

Dann kamen wir zu dichten, raschelnden grünen Kornfeldern. Hier und da färbten sie sich schon gelb für die Ernte, die viereinhalb Monate nach der Aussaat erfolgte. Und auf dem flachen Grund unter der Felswand, hinter einer Lehmmauer, braun zusammengedrängt um eine weiß getünchte Moschee und einen ebenfalls weiß getünchten Palast, erhob sich al-Qatn vor uns, der Wohnsitz von Sultan 'Ali ibn Salah al-Qe'eti, dem Vetter des Sultans von Mukalla.

Der Ort hatte die Atmosphäre eines kleinen unabhängigen Sultanats. Einige Gefolgsleute lungerten auf den Palaststufen unterhalb einer schweren Tür umher. Sie führten uns auf bequemen Treppen durch das innere Labyrinth, und oben erwartete mich der Sultan, ein junger, hochgewachsener, schlanker Mann mit glattem, schwarzem Haar unter einem roten Fez und mit netter, knabenhaft schüchterner Miene. Er führte mich in ein mit Teppichen ausgelegtes Zimmer. Die Wände waren bemalt, die Fenster hatten europäische Läden, und wie eine Insel stand in der Mitte des Raumes ein kleiner Tisch mit vier Stühlen. Bei Tee, Ananas und Gebäck sprachen wir über die Geschichte von Hadhramaut und die Straße nach Shabwa.

Auch hier verspürte man wieder, wie bei den Ba Surra in Masna'a, das Vorhandensein einer gesicherten Autorität. Die Art des Sultans von Qatn war still und freundlich; er hatte sanfte braune Augen und ein bescheidenes Lächeln, aber in seinem Herrschaftsbereich war sein Wort Gesetz, und niemand hatte mehr Einfluss auf die schwer zu bändigenden Beduinen des Westens als er. Bis vor zwei Jahren war er Gouverneur von Shibam für seine Vettern in Mukalla gewesen; aber er hatte diesen Posten aufgegeben – sehr zum Schaden des Ansehens der dortigen Regierung – und lebte jetzt in dem von seinem Vater erbauten Palast, wo die Bents im Jahre 1893 zu Gast waren. Er wusste nicht viel von Mukalla und dem Meer, er lebte nur der Sorge für sein eigenes Volk, und als er sah, dass ich mich für die Geschichte des Landes interessierte, wurde er persönlicher und erzählte mir, was die arabischen Überlieferungen von den alten Handelsstraßen zu berichten wissen – denn er besaß eine Bibliothek islamischer Autoren und wusste mehr von diesen Dingen als irgendjemand sonst, dem ich begegnet bin.

In al-Qatn, sagte er mir, würden öfters sabäische Gegenstände und Inschriften gefunden; er selbst hatte Oberst Boscawen – der voriges Jahr bei ihm war – einen sehr schönen Bronzelöwen geschenkt, den man unterhalb der Felswand ausgegraben hatte. »Wenn ich gewusst hätte, dass du kommst, hätte ich ihn für dich aufbewahrt«, sagte er, was mich mit Bedauern erfüllte. Die Bents, die sich einige Zeit in Qatn aufgehalten hatten, hatten das Wadi Bin 'Ali besucht, das von Süden heraufführt, und fanden dort himjarische Steine und Grundmauern (sowie Weihrauch in den Schluchten) und einen »viel benutzten und offenbar uralten« Weg die Felswand hinauf. Die Bin-'Ali-Route von der Küste nach Shibam ist kürzer als die Do'an-Route, und es ist fast sicher, dass sie eine der alten Handelsstraßen war. Eine andere muss durch das Wadi 'Adm nach Shihr geführt haben. Die Verlängerung des Wadis Hadhramaut, die als Wadi Masila bekannt ist, ist der Anfang der noch nicht genauer bestimmten Handelsstraße zwischen Hadhramaut und Dhufar. Der Sultan war der Meinung, dass sie vermutlich dem Wadi Hadhramaut bis zu seiner Mündung bei Saihut an der Küste folgte, woher heute noch Karawanen mit gedörrtem Haifischfleisch kommen. Es ist die Route, die wenige Monate vor meiner Reise zum ersten Mal von Mr. und Mrs. Ingrams erforscht wurde, und sie sagten mir, sie hätten im unteren Wadi keinerlei Spuren von Ruinen gefunden. Man weiß jedoch, dass es unterhalb Qadr Hud einen alten Damm gibt, der auch auf der Flugkarte von Geschwaderführer Rickards verzeichnet ist. Das ganze Gebiet ist stark von Anschwemmungen überlagert. Es heißt, infolge der Zerstörung des Dammes sei das Land ringsum ruiniert worden, sodass es zum großen Teil überdeckt und nicht zu sehen ist; die geographischen Argumente, die für diese Route sprechen, sind jedoch so stark, dass sich weitere Nachforschungen noch immer lohnen würden. Die wenigen Angaben über das unbekannte Kapitel der alten Hadhramaut-Straßen, die ich zusammentragen konnte, sind gesondert ans Ende dieses Buches gestellt.

Nachdem der Sultan sich des Längeren über die Dhufar-Straße ergangen hatte, sagte er mir, er habe mit einem der Beduinen gesprochen, die Mr. Philby durch die Rub'al-Khali begleitet hatten. Ich fragte ihn nach seiner Meinung über das heikle Thema Wabar. Wabar ist die verlassene Stadt und Gegend, die die Dschinns übernahmen, als die Leute von 'Ad und Thamud vernichtet wurden. »Das fruchtbarste von Gottes Ländern« ist unzugänglich für Menschen. »Wenn sich irgendein Mensch ihm naht«, berichtet Ihn Faqih al Hamadani, »so werfen sie ihm Staub (vermutlich Sandstürme) in sein Gesicht, und wenn er beharrt, machen sie ihn wahnsinnig.« Es wird von den Nisnas bewohnt, minderwertigen einarmigen, einbeinigen und einäugigen Wesen, auf die sich das Sprichwort bezieht, das manchmal bei gewissen Gesellschaften zitiert wird: »Die Nas (die wirklichen Menschen) sind fortgegangen und die Nisnas bleiben.« Die berühmten Mahra-Kamele stammen angeblich auch von denen der Dschinns von Wabar ab.

Die Frage nach der Lage dieser sagenumwobenen Stadt ist viel zu umstritten, als dass ich wagen würde, mich darauf einzulassen; aber der Sultan, der nichts von den Schwierigkeiten wusste, die damit zusammenhingen, sagte mir mit ungetrübter Gläubigkeit, dass jedermann in Hadhramaut sie in der Gegend zwischen Hadhramaut und 'Oman ansiedele. Die Geographen sind sich jedoch nicht annähernd so einig. Jaqut sagt: »Im Jemen ist die Qaria von Wabar.« Der von Jaqut zitierte El-Laith siedelt die Stadt zwischen den Sandwüsten von Jabrin und Jemen an. Ibn Ishaq, der die Nisnas erwähnt, verlegt sie zwischen Sabub (von dem Jaqut und Hamdani nichts wissen) und Hadhramaut. Hamdani, ein sehr verlässlicher Mann, siedelt sie zwischen Nadschran, Hadhramaut, Shihr und Mahra an. Jaqut, der vermutlich Hamdami zitiert, verlegt sie zwischen die Grenzen von Shihr und San'a und dann, auf Grund der Angaben von Abu Mundhir, zwischen die Sandwüsten von B. Sa'd (unweit Jabrin) und Shihr und Mahra. Abu Mundhir verlegt sie zwischen Hadhramaut und Nadschran. Bei solcher Verschiedenheit der Aussagen ist es nicht verwunderlich, wenn Wabar von Mr. Thomas in die eine und von Mr. Philby just in die entgegengesetzte Gegend Arabiens verwiesen wird.

Was Shabwa, die Stadt meiner Sehnsucht, betraf, versicherte mir der Sultan, dass ich sie ohne Schwierigkeit erreichen würde. Der König von Hijaz und der Imam von Jemen hatten jetzt Frieden geschlossen, und die Folge war, dass alle östlichen Straßen, die an ihren Grenzen entlangführten, wieder offen waren. Zum ersten Mal seit vielen Jahren wurde der Weg, der über 'Abr nach Nadschran führt, wieder von Karawanen benutzt. Die Weihrauchstraße über Shabwa und Marib in den Jemen und diejenige, die durch die früher Saihad genannte Wüste führte, standen jetzt dem friedlichen Verkehr offen.

»Wisse, die Wüste von Saihad ist eine leere Wüste, eine Wildnis, wo die Winde nach allen Richtungen wehen, ein Land, wo die Krähen König sind.« Dass die Winde nach allen Richtungen wehten, glaubte ich gern, denn das taten sie überall östlich von Suez; was aber die leere Wüste betraf, so sagte mir der Sultan, dass es bis Shabwa nur drei Tagereisen seien und dann noch etwa fünf über Baihan bis Marib. Er versprach, mir selber die richtigen Beduinen zu beschaffen, denn die Einwohner von Shabwa sind Fremden nicht gastlich gesinnt. Als Oberst Boscawen versuchte, die Stadt zu betreten, hatten sie von ihren Mauern auf ihn geschossen und einen seiner Leute verwundet, der später starb; seine Beduinen hatten ihnen anscheinend nicht gefallen. »Vielleicht«, sagte ich, »haben sie auf die Beduinen geschossen und nicht auf den Oberst?«

»O nein; es war der Anführer, der schoss, und er versuchte den Oberst zu treffen; und später, als ein paar britische Flugzeuge dort über die Wüste flogen, stürzten sie alle aus der Stadt hinaus und versteckten sich aus Furcht vor Vergeltung. Aber du hast jetzt nichts zu befürchten.«

Etwa zweimal in der Woche kamen Karawanen mit Steinsalz aus Shabwa auf dem Wege nach Shibam bei al-Qatn vorbei. Dieses Salz war im ganzen Land und auch in Mukalla hochgeschätzt; es wird schon in den alten Büchern erwähnt; und ein Mann aus Baihan erzählte mir, dass sie dort den Nordwind Milhi – den Salzigen – nennen, weil er aus der Richtung von Shabwa weht. Der Sultan von Qatn sagte, wenn ich es ihn ein paar Tage vorher wissen ließe, so wolle er mir verlässliche Männer aus den vorbeikommenden Beduinen auswählen, alles für mich vorbereiten und meine Rückkehr abwarten.

Das war eine große Freundlichkeit. Nicht nur Shabwa, auch andere neue, unbesuchte Stätten, die ausgestorbenen Täler von Hadhramaut, Tamna', die qatabanische und gebanitische Hauptstadt, ja selbst das fern im Nordwesten gelegene Dschauf, wo nach einem unwahrscheinlichen Gerücht noch Giraffen leben sollten und wo sich, nach Halévy, »mehr

Spuren des Altertums finden als in irgendeinem anderen Lande« – diese alle taten sich im Geiste vor mir auf. Ich dankte dem Sultan frohen Herzens, denn der schwierige Teil meiner Reise, den man in Mukalla für undurchführbar erklärt hatte, lag jetzt offen vor mir. Ich musste nur wieder zu Kräften kommen, dann konnte ich aufbrechen.

Vorerst fühlte ich mich noch krank und müde und äußerte den Wunsch, zu schlafen. Eine Matratze wurde auf den Boden gelegt, und ich konnte in Kühle und Einsamkeit ausruhen. Ich betrachtete das hübsche Zimmer, seine Säulen und Fenster, die weiß-grün-blaue Bemalung und die Lampennischen in den Wänden. Auch einige Spiegel waren da, und die Teppiche waren mit der Unterseite nach oben gelegt, um sie zu schonen. Durch die Fenster schaute man auf das Viereck der baufälligen, wirren, ummauerten Stadt hinab. Ein gekoppeltes Kamel humpelte in einer Ecke umher; die Häuser standen wie Zuckerhüte, getrennt voneinander, mit weiß gekalkten Verzierungen rund um ihre braunen schrägen Mauern. Die Fenster waren nicht mehr rot bemalt, wie die Bents sie gesehen hatten, und auch trug der Sultan keinen kanariengelben Mantel mit hellblauer Fütterung. Die Moschee gegenüber war ein offener Hof mit drei rückwärtigen Säulenreihen und je einer an den beiden Seiten, vorn gab es keine Säulen; Glaser meint, diese Bauart stamme wahrscheinlich, mit geringen Veränderungen, von den sabäischen Tempeln her; das Minarett mit seinem durchbrochenen Mauerwerk leuchtete weiß und lustig zwischen den Palmzweigen. Es lief nach oben spitz zu, genau wie die Frauenhüte.

Auch das Tischtuch, das zum Mittagessen auf den Boden gebreitet wurde, sah lustig aus. Es war weiß und gemustert mit blau aufgedruckten Messern, Gabeln, Gläsern usw. Aufgetragen wurden persischer Pilaw, indische Pfannkuchen, arabische Suppe und gekochtes Hammelfleisch. Der Sultan, mein Freund Hasan und ich hockten am einen Ende und ’Ali der Berber sowie der kleine Sayyid am anderen. Ich hatte ihn am Morgen vor unserem Gepäckkamel hergehen sehen, ein wandelndes Pünktchen in der leeren Weite des Wadis, und darauf bestanden, dass er in den Wagen genommen wurde, obwohl Hasan das Gesicht verzog. Hasan hatte nichts übrig für rückständige Armut – aber er war ja auch nicht tags zuvor viermal von einem stürzenden Esel aufgefangen worden und hatte also keinen besonderen Grund zur Dankbarkeit wie ich.

Bevor ich schied, schickte mich der Sultan über die schmutzige Treppe des Frauenquartiers zu einem luftigen Zimmer auf dem Palastdach hinauf, wo der Harem saß und auf das wie eine Landkarte dahingebreitete Wadi hinabschaute. Seine Frau war hier, mit schwarz gemalten Augenbrauen, die so langgezogen waren, dass sie zusammenstießen, in einem Kleid aus indischem Brokat und mit Löwenarmbändern; fünf Kinder, die alle Masern hatten, saßen umher, ihre Augen zu Heilzwecken dick mit Kohl ummalt, sodass sie aussahen wie schwarze Untertassen. Sie drängten sich dicht an mich heran, und ich war froh, dass ich mich für immun halten durfte. Die Frau des Sultans, anfangs scheu, denn sie war noch nie einer Ferangi begegnet, taute allmählich auf, als ich ihr Desinfektionsmittel für ihren kleinen Sohn gab, der sich ein Stück Holz in die Wange gestoßen hatte. Wir plauderten schwesterlich über das Thema Kinderkrankheiten, bis ich durch andere schmale Gänge, in deren Dunkel sich blau gewandete Dienerinnen drängten, um mich zu sehen, wieder zurückgeführt wurde – hinaus, wo der Wagen wartete, um uns nach Shibam zu bringen, das jetzt nur noch zwölf Meilen entfernt war.

XVII. Kapitel

Shibam

»Gebaut von Riesenhänden
Für göttergleiche Könige von einst.«

(Balladen vom alten Rom)

Das Stadttor von Qatn tat sich vor uns auf. Wir fuhren in den heißen Nachmittag und in die Leere des Tals hinaus, das nun an seiner Südseite fast ununterbrochen von Palmen gesäumt war. Hier und da stand eine weiße Siqaja; ein paar Kamele stolzierten vorbei mit Hälsen wie Teekannenschnuten und halb geschlossenen Augenlidern. Das Kamel ist ein hässliches Tier, aber wie manche unansehnlichen Frauen hat es wunderschöne Augen, braun und sanft, mit langen Wimpern – oft der einzige wohltuende Anblick in der sonnengedörrten Welt, in der es zu Hause ist; aber diese einzige Schönheit wird wenig beachtet, denn so häufig eine Angebetete mit einer Gazelle verglichen wird, hat man wohl noch niemanden sagen hören, sie habe Augen wie ein Kamel. Wir kamen an Brunnen vorbei und an vereinzelten festungsartigen Häusern, deren ältere vier Ecktürme hatten, die übrigen einfache, kahle Mauern. Die Felsbastionen sprangen ins Sonnenlicht vor, die offenen Buchten zwischen ihnen lagen still in der Hitze; ein R.A.F.-Landungsplatz, über den wir kamen, war auf dem völlig ebenen Talboden kaum zu erkennen.

Dann sah es aus, als ob eine niedrigere Felswand mitten ins Tal hinausgewandert wäre: zerfurcht und, wie man beim Näherkommen sah, bienenkorbartig durchlöchert, wie die Talflanken von senkrechten Rissen durchzogen, oben wie mit einem Riesenpinsel weiß getüncht, ragte da eine alte, verrunzelte Stadt empor. Sie war aus der Erde gemacht, aus der die Hügel ringsum bestanden, auf einer Erhöhung errichtet, unter der ohne Zweifel ihre Ahnenstädte begraben lagen. Das war Shibam, das Shibam der Kinder von 'Ad; die Stadt, wo im Mittelalter »die Pferde des Königs gehalten« wurden; erbaut »in der Mitte der Länder von Hadhramaut«, von wo aus fünf Täler wie die Adern eines Sykomorenblattes abzweigten und der Stadt, die zwischen ihnen lag, die Illusion von Weite verliehen.

Als wir näher kamen, hob sie sich nach und nach immer mehr von den umgebenden Felsen ab. Die Bienenkorblöcher waren Fenster, hoch gelegen und klein, die Risse lange Abflussschächte, die die Häuser noch höher wirken ließen, oder in ständigem Schatten liegende Gassen. Die Häuser verjüngten sich nach oben hin und stiegen mit ihren weiß getünchten Firsten bis zu sieben Stockwerke empor. In ihrem Schatten nisteten zart und weiß die Minarette, und im Vordergrund standen ein paar spärliche Palmen. Der Hügel von Shibam ist kaum ein Hügel zu nennen; es ist eine kaum merkliche Erhöhung des Bodens, auf dem die Stadt sich ohne Zweifel schon viele Male erneuert hat wie ein Phönix. Hierher, sagt man, zog sich das Volk von Shabwa unter dem Druck nördlicher Stämme zurück und siedelte sich aufs Neue an. Auf der Westseite, von der wir kamen, liegt in einer Senke ein Friedhof, und sein verlassener Bereich, umfangreicher als die fünfhundert Häuser der Lebenden, erhöht noch das Gefühl von Vergangenheit und vom unwandelbaren Strömen der Zeit.

Es führte noch keine Autostraße nach Shibam. Aber es schreckte unseren Wagen nicht, auf einem steilen Damm zwischen einem Wasserkanal auf der einen und dem Friedhof auf der anderen Seite dahinzubalancieren. Wir fuhren um die Stadtmauern herum, die gar keine Stadtmauern waren, sondern die kahlen, festungsartigen Erdgeschosse der Häuser, fensterlos, mit einem Nebeneingang hier und da. Auf der Südseite kamen wir auf sandigen Boden, wo Kamele lagen, Indigofärber ihr Gewerbe trieben und Frauen in blauen schleppenden Gewändern Ziegenschläuche mit Wasser vom Brunnen her zur Stadt trugen. Das Stadttor stand ein wenig höher auf einem Geröllhang, und mit Bauholz beladene Kamele hoben gerade in ihrer bedächtigen Art die Füße über die Schwelle. Wir mussten warten, während allerlei Volk herbeigelaufen kam, Beduinen, Soldaten, Bürger in Turbanen und Frauen mit Müllkörben auf den Köpfen. (Gewisse städtische Dienste wie Wasserverkaufen und Abfällesammeln scheinen in ganz Hadhramaut in den Händen von Frauen zu liegen.)

Während wir warteten, wurde mir bewusst, dass sich schon eine ganze Weile hinter mir die klagende Stimme meines Soldaten in einem Disput mit Hasan erging. Er war in den Schatten gestellt worden durch Hasan, der kultivierter war als er und außerdem nicht den geringsten Respekt vor der Mukalla-Regierung hatte, da er den Kathiri-Machthabern, den östlichen Sultanen von Hadhramaut, untertan war, deren Grenzen gleich dicht oberhalb von Shibam verlaufen. Zwischen beiden ist zwar vor sechs Jahren Frieden geschlossen worden, aber sie sind sich nicht sehr gewogen.

Unser Soldat erklärte, ich müsse unbedingt in Shibam übernachten; der Repräsentant von Mukalla müsse mich beherbergen; man dürfe nicht zulassen, dass ich durchreise, ohne eine Nacht hier zu verbringen. Im Hinterkopf beunruhigte ihn dabei der Gedanke an einen öffentlichen Abschied von mir, im Beisein einer missbilligenden Zuhörerschaft, da er doch vorhatte, mich um die großen Summen zu schröpfen, die ihm sein einfältiger Sinn schon die ganze Zeit vorgegaukelt hatte, während er Tag um Tag vor mir her gestapft war. Dass ich selber auch ein Wort dazu zu sagen hätte, wo ich übernachten wollte, kam ihm nicht in den Sinn, und auch Hasan dachte nicht eigentlich daran. Hasan schenkte dem Gerede nicht viel Beachtung. Er schob nur streitlustig sein volles Kinn vor. Er habe mich in einem Wagen abgeholt, er würde mich auch in das Kathiri-Land weiterfahren, sagte er einsilbig, wissend, dass die Überlegenheit auf seiner Seite war. Ein Füllfederhalter, der ihm aus der Brusttasche hervorsah, bezeugte, dass er zum fortgeschrittenen Westen gehörte. Seine Lammfellmütze und sein stiernackiger Kopf ließen erkennen, dass er nicht aus Hadhramaut gebürtig war, wo aristokratische Langschädel die Regel sind. Er war früher Oberst bei König Husains Luftwaffe in Mekka gewesen, war dort in der türkischen Schule ausgebildet und von den Türken in der Luft verwundet worden. Jetzt – von Ibn Sa'ud verbannt – steckte er voller moderner Pläne für das Wadi und hatte bereits die Pfadfinder von Tarim ausgebildet. Er war im Grunde viel zivilisierter als ich. Mein Soldat fühlte sich ihm unterlegen; sein Monolog wurde immer dringlicher, während das letzte Kamel sich aus dem Tor herausschob und wir nun unsererseits über den Geröllhang hinauf und durch den kleinen Hof des inneren Tors von Shibam holperten.

Wir gelangten auf einen Platz, der voller nachlässig gekoppelter Kamele war; die Hochhäuser schauten auf uns herab und wir kamen uns vor wie in einem tiefen Wellental auf See zwischen überhängenden hohen Wogen. Ein weißes Minarett wirkte im Vergleich zu den Häusern ebenso klein wie wir selber. Alles, was ich augenblicklich in Shibam wollte, waren meine Briefe und etwas Geld von A. B.s Agenten, denn ich hatte vor, später, wenn ich mich wohler fühlte, zu einem längeren Aufenthalt zurückzukommen; wir eilten in eine der Gassenschluchten, den Himmel hoch über uns und einen

Schwarm Neugieriger hinter uns, und wurden von Ba 'Obaid, dem Agenten selbst, an seiner Tür begrüßt.

Er war ein vergnügter kleiner Mann, in weiße Baumwolle gekleidet und rege wie ein Grashüpfer; er führte uns eine enge Stiege hinauf, wobei er sich auf jedem Treppenabsatz lächelnd umdrehte und sich nach den Freunden in Aden erkundigte. In seinem Büro hockten Schreiber mit gekreuzten Beinen auf Binsenmatten; in einer Ecke wurde Platz gemacht und ein Teppich für mich ausgebreitet, ein Stoß Briefe wurde mir gebracht, deren vertraute Marken mir die Welt ringsumher plötzlich fremd und unwirklich erscheinen ließen. Als ich mich vom Lesen losriss, hörte ich, dass der Monolog unseres Soldaten immer noch fortdauerte, jetzt an Ba 'Obaid gerichtet, der mit verdrossener Miene zuhörte, während sich der Raum um uns her mit neugierigen Gesichtern füllte und die Stadthäupter von Shibam hereinkamen, um mich zu begrüßen.

Diese Leute wurden später meine Freunde und standen mir mit unermüdlicher Hilfsbereitschaft bei. Schon jetzt, bei dieser flüchtigen Begegnung, sah ich, wie herzlich und entgegenkommend sie waren. Meine zukünftigen Gastgeber, Husain al-A'jam und sein Bruder, lächelten, dass man ihre Goldzähne blitzen sah, während der alte Gouverneur, ein Sklave vom Hof in Mukalla, in stattlichem Faltenwurf und mit einem silberbeschlagenen Stock, den hennagefärbten Bart wie eine Krause um das große fleischige Gesicht, seine mächtige Körpermasse sozusagen in Abschnitten auf den Fußboden niederließ und, ein Knie fast bis ans Kinn erhoben, sich in den Brief des Sultans aus Mukalla vertiefte.

Sie hatten in den Gärten vor der Stadt einen Bungalow für mich hergerichtet. Dass ich nun gleich weitermusste zu den Annehmlichkeiten, die die Rivalen in Kathiri-Land für mich bereit hielten, war schmerzlich für alle, außer für Hasan, der den Aufenthalt hier als ein letztes Zugeständnis an eine mittelalterlich rückständige Welt betrachtete und darauf drängte, die damit verbundenen veralteten Formalitäten möglichst zu beschleunigen; unser Soldat hingegen, nun zum Äußersten getrieben, brach in einen unverhohlenen Redeschwall aus, der darauf hinauslief, dass ich hierbehalten werden müsste.

»Die Regierung wünscht, dass sie hierbehalten wird«, rief er und enthüllte seine wahren Ansichten über den freien Willen und die Rechte einer Frau mit einem Zynismus, der mich empörte. Ich tat, als wäre er Luft, und erklärte, dass ich sehr krank sei und dringend wenigstens einen Apotheker brauchte, wenn kein Arzt aufzutreiben sei; ich würde in ein paar Tagen wiederkommen und mich vorher anmelden. In vielen Gegenden des Ostens wäre das lediglich als eine nichtssagende Höflichkeitsphrase betrachtet worden; aber ich habe wiederholt die Erfahrung gemacht, dass in ganz Hadhramaut das Wort eines Engländers gilt – ein gutes Zeugnis für alle Reisenden, die vor mir dort waren.

In Eile, denn es ging schon auf den Abend zu, kam Ba 'Obaid mit einem Baumwollsäckchen und zählte mir hundert Silbertaler in kleinen Häufchen auf den Fußboden. Der Gouverneur und meine künftigen Gastgeber geleiteten mich durch die Gassen zum Wagen, während unser Soldat – jetzt völlig außer Fassung – uns wegen Bakschisch in den Ohren lag. Ich gab ihm sechs von meinen Talern – was einem Monatslohn gleichkam – aber er hatte von Goldschätzen geträumt, und was waren da sechs Taler? Er wusste, dass ich einen Beutel mit vierundneunzig weiteren Talern in der Hand hatte. Ich fragte meine neuen Freunde; sie baten mich, nicht mehr zu geben. Die Situation war peinlich für alle, denn sie fühlten sich in ihrer Ehre als Gastgeber gekränkt, und ich hatte einige Schwierigkeit, durch ihre missbilligenden Reihen bis zu unserem Söldling durchzudringen und ihm noch zwei letzte Taler in die Hand zu drücken. Es tat mir leid, so von ihm zu scheiden – obwohl ich nicht viel für ihn übrig hatte, denn er war ein dummer Tropf, in dessen Kopf immer nur ein Gedanke Platz hatte und meistens ein recht armseliger; aber wenn man nur eine Vorstellung hat, so muss es natürlich doppelt hart sein, wenn sich herausstellt, dass es eine falsche war.

Nachdem wir diesen Zwischenfall überstanden und die turmartigen Häuser von Shibam hinter uns gelassen hatten, fuhren wir an der öderen Nordseite des Wadis entlang, wo viele Trümmerhaufen auf den Hügeln daran erinnerten, dass vor sechs Jahren die Sultane der Qe'eti und Kathiri im Krieg miteinander gelegen hatten. Die Kathiri waren die ältere Familie; 10 000 von ihnen kamen, Hirsch zufolge, im Jahre 1495 aus der Gegend von San'a und nahmen den Beni Ghassan erst die Binnenländer östlich von Henin und dann die Küstengebiete. Alles was wir um uns her sahen, gehörte ihnen, bis die Jafi'i-Stämme und die jetzige Mukalla-Dynastie von den Bergen her einfielen und sie nach und nach bis hinter ihre jetzige Grenze, unmittelbar östlich von Shibam, zurückdrängten.

In der Regel kann man sagen, dass im Wadi Hadhramaut wie in den meisten Gegenden, die alten Städte an Berghängen – also hier an den Wadiflanken – lagen und die neuen in der Ebene errichtet wurden. Außer Shibam liegt, soviel ich weiß, nur eine bei Hamdani erwähnte Stadt – Teris – frei in der Wadimitte; die anderen kleben alle an der schützenden Talwand oder sind, wie Tarim, in nächster Nachbarschaft der höher gelegenen Feste entstanden, die sie einst beschirmte.

Während wir an der Nordseite durch Grasbüschel und junge Palmenpflanzungen hinfuhren, erblickten wir vor den Felsen der Südflanke eine Siedlung, die fast wie eine Gartenvorstadt aussah – weiße Häuser, halb in Palmen verborgen, wie in den Außenvierteln von Kairo. Die Siedlung war erst vor Kurzem dank der Sicherheit der letzten Jahre entstanden.

Ein ruhiges, schräges Sonnenlicht fiel auf Häuser, Felswände und -buchten; man konnte verstehen, dass die reichen Kaufleute in Java sich nach dieser Oase ihrer Kindheit sehnten und quer durch die Wüste wieder zu ihr zurückkehrten wie zu einer verborgenen, von hohen Wandungen umragten Insel, wo die Geräusche der Welt verebbten wie die sanften Wellen einer von den Stürmen des Außenmeeres kaum bewegten Lagune.

Ein schwarzer Sklavensoldat, barfüßig und lautlos auf dem sandigen Weg, hielt die Hand hoch, um mitgenommen zu werden. Hasan, immer auf echt westliches Verhalten bedacht und bereit, jedem Wink Folge zu leisten, sah mich fragend an; der Wink wurde im Sinne des Gebots »Hilf dem Wandernden« gegeben, und der Sklave hockte sich auf den Kotflügel. Wir durchquerten das salzüberkrustete Flutbett; seichte Lachen standen an Stellen, wo der Boden wohl zu undurchlässig war. Das Flutwasser kommt nur alle paar Jahre einmal, und manchmal trägt es ganze Palmengärten vor sich her, wie es vor sechs Jahren in der Gegend von Shibam geschah. In den engen Wadis überholt und ertränkt es die Karawanen. Aber hier war alles offen und flach, und am anderen Ufer lag zwischen Weizenfeldern und Palmen Sewun, das sich bis in die große Bucht eines Seitentales hineinzog.

Seine Gärten waren voller Vögel. Wir fuhren durch die Stadt, schlängelten uns um kahle Mauern herum und fragten die Einwohner, die wir trafen, nach den Schlüsseln zu dem Haus, in dem ich wohnen sollte; es hieß 'Izz-ed-Din, »Ruhm des Glaubens«, und war das Gartenhaus, das der Sultan im Sommer auf der Suche nach Kühle bezog. Die Schlüssel wurden gefunden, und ein weißer, von Säulengängen umgebener Hof öffnete sich vor uns. Stufen führten zum Haus hinauf, vor dem sich ein Becken mit weißem Steingeländer und fließendem grünem Wasser befand; dahinter eine Vorhalle mit einem Wohn- und einem Schlafzimmer. Das

Haus war einstöckig und ganz weiß getüncht; die steifen Zweige der Palmen streiften an Wänden und Fenstern entlang. Auch die Zimmer waren weiß, das Wohnzimmer reich möbliert, Samtstühle und Sofas waren im Kreis aufgestellt. Im Schlafzimmer hing ein rosa Moskitonetz über dem Bett, und die Kopfkissen waren mit rosa Krausen gesäumt. Ein sicherer Hafen.

Ich hatte kaum Zeit gehabt, meine staubigen Kleider gegen ein gelbes, schwarzgepunktetes Seidenkleid zu tauschen, das in Hadhramaut großen Gefallen fand, als auch schon der Sultan, sein Bruder und die drei Sayyids von der Familie al-Kaf vorsprachen, deren Freundlichkeit mich so weit gebracht hatte. Sie setzten sich im Halbkreis nieder und plauderten so ungezwungen und liebenswürdig, dass kein Gedanke daran aufkommen konnte, es sei vielleicht lästig, alle die europäischen Besucher zu empfangen, die hierher kamen. Sie hatten freundliche Gesichter, daran gewöhnt, sich mit den vielerlei schwierigen Angelegenheiten ihrer Mitbürger auseinanderzusetzen, und sie beobachteten mich ruhig, während sie von diesem und jenem sprachen. Mir wurde sehr bald klar, wie sie unter den Europäern im Osten leben und reich werden und zugleich die Politik ihres Heimatlandes lenken konnten.

Nachdem sie sich verabschiedet hatten, um mich ruhen zu lassen, zeigte Hasan mir ein kleines Badezimmer. Man stieg bis an den Hals in fließendes, lauwarmes Wasser, ein römischer Luxus. Mein Abendessen wurde mir auf einem Tisch in der Vorhalle aufgetragen; alle Konservengenüsse Kaliforniens prangten auf einem weißen Tischtuch; Milch, bisher kaum aufzutreiben, kam von einer Kuh in einer Lehmhütte im Garten; und bevor ich mein Haupt auf die rosa Volants meiner Kissen niederlegte, schaute ich zum Fenster hinaus und sah, dass davor eine Reihe viereckiger kleiner Beete angelegt war, nicht nur mit Zinnien, zur Augenweide, sondern auch mit Karotten und anderem Gemüse.

XVIII. Kapitel

Sewun

»Je consens qu'une femme ait des clartés de tout;
Mais je ne lui veux point la passion choquante
De se rendre savente afin d'être savante.«

(Les Femmes Savantes, Molière)

Es gab einen Apotheker in Sewun. Er war sehr schmächtig, jung, schüchtern und hatte eine sanfte Stimme und einen malaiischen Gesichtsschnitt, wie es in Hadhramaut infolge der im Ausland geschlossenen Mischehen häufig der Fall ist. Er hatte seine Jugendjahre in Port Darwin in Australien verbracht, und jetzt, erklärte mir Hasan, als er ihn morgens an mein Bett brachte, »ist er nach Hadhramaut zurückgeholt worden, damit seine Religion nicht verdorben wird«.

Bei diesen Worten schaute Hasan von seiner stattlichen Höhe – er trug jetzt keine Kniehosen mehr, sondern ein kariertes Baumwollgewand wallte an ihm herab, sodass er gewissermaßen aussah wie ein römischer Kaiser in Staubtüchern – wohlwollend auf den bescheidenen geretteten Jüngling herab, dem Australien anscheinend nicht geschadet hatte; denn nachdem er mir einige Arzneien überreicht und mir eine Spritze in den Unterarm gegeben hatte, sagte er, mit einem melancholischen Lächeln, an der Tür zögernd, dass ich gesund werden würde, wenn Gott es wolle. Seine Theologie war also jedenfalls in Ordnung.

Ich besuchte ihn später in seiner Apotheke – zwei Räumen mit geschnitzten Fenstern und weiß getünchten Verzierungen in einem alten Haus. Waage und Mikroskop und die in Reihen stehenden Flaschen waren alle peinlich sauber an diesem unwahrscheinlichen Ort, und eine medizinische Schrift lag auf dem Tisch. Aber er sagte, es käme nur selten jemand zu ihm. Die Leute von Sewun zogen es im Allgemeinen vor, sich die Nacken mit heißen Eisen zu brennen. Er war unabhängig von ihnen, denn er bezog ein Gehalt von den al-Kaf-Sayyids; aber vielleicht war es das Gefühl, nicht gebraucht zu werden, das ihn so bescheiden gemacht hatte; als ich seine Einrichtung lobte, schaute er mit seinen sanften Augen um sich und sagte nur: »Es gibt hier so viel Staub«; und beim Weggehen hatte ich, wie so oft, das Gefühl, dass etwas Heroisches und Rührendes ist um solch unbeirrbar gläubige Apostelschaft im Dienste moderner Kultur, um so ein einsames, sauber abgestaubtes Zimmer inmitten einer von Hygiene unberührten Stadt, die unverbesserlich und leichtherzig ihre gewohnten Wege geht.

Dabei war Sewun eine der reizvollsten Städte. Ich wurde es nie müde, gemächlich zwischen den weißbraunen Häusern umherzufahren. Mit ihren schrägen, in der Höhe durchbrochenen Mauern schauten sie auf stille, staubige, ungepflasterte Straßen herab, in denen sich nichts blicken ließ als hier und da eine Frau, die ihr langes blaues Gewand durch irgendeine geschnitzte Tür hinter sich herzog, oder ein paar Beduinenkamele, die die rauen Kanten der Lehmmauern mit ihren Lasten streiften. Die Häuser waren reich mit allerlei Filigranmustern verziert: aus den warmen Schatten unten ragen ihre Brüstungen ins Sonnenlicht, oft mit Vorsprüngen versehen, ähnlich den Gusserkern alter Burgen, von denen siedendes Öl und Pech auf die Angreifer gegossen wurden, nur dass sie hier den friedlicheren Zweck hatten, dem Harem einen Ausblick zu bieten auf das, was unten vorging, ohne dass die Frauen selbst gesehen wurden. Der Harem hatte oft auch einen gesonderten, bescheidenen Hauseingang neben dem großen. Es gab viele stille sonnige Fußwege, die an einer weißen Moschee oder einer reich verzierten Siqaja mit ein oder zwei schattenspendenden Palmen vorbeiführten; die Abflüsse in Sewun waren alle bedeckt und führten in ebenfalls gedeckte Zisternen aus glänzend geglättetem Lehm, sodass man völlig in Frieden, ohne Furcht vor hygienischen Überraschungen umhergehen konnte. Es war in der Tat eine saubere und angenehme Stadt; eine Moschee alten Stils mit sieben Säulenreihen, ein Marktplatz, der Sultanspalast und der Friedhof lagen allesamt beieinander im Mittelpunkt, wie es sich für eine Feudalstadt gehörte, und an Markttagen thronte der weiße, massige Palast mit seinen vier Ecktürmen über einem Meer von Kamelen und einem Gewühl von Ziegen-, Schaf- und Eselhändlern, Korbflechtern, inmitten ihrer Ware am Boden hockenden Gemüsehändlern, Verkäufern von Salz, gedörrtem Fisch, Pfeffer, Nägeln, Stricken, Sandalen, und dazwischen Frauen in hohen Hüten, die Schals feilboten.

Als ich in den letzten Tagen meines Aufenthalts wieder zu Fuß gehen konnte, mussten jedes Mal zwei Sklaven mit Palmzweigen und gelegentlich auch mit Gewehrkolben die Menge Neugieriger vor mir wegtreiben, die wohl noch nie eine Ferangi gesehen hatten, denn die Ingrams waren durch Sewun gereist, ohne sich hier aufzuhalten. Dann stieg ich auch hier wieder die vielen Stockwerke im Sultanspalast hinauf, um dem Harem einen Besuch abzustatten, und wurde freundlich und fröhlich empfangen. Die Damen waren nach der in Hadhramaut üblichen Art gekleidet, aber mit einem Anflug von indischer Pracht; Farben aller Art waren in die Seidengewänder und den Stern auf dem Rücken gewirkt, und die Füße zierten goldene Spangen. Einige Frauen trugen nach javanischer Art ein glatt herabfallendes Seidenkleid, bei

Weitem nicht so anmutig wie das schleppende Gewand, und nur ihre Lippen waren bemalt. Sie zeigten großes Mitgefühl und Entsetzen über die Sommersprossen auf meinen Händen, die ihrer Meinung nach von den Masern kamen. Von ihrer hohen oberen Terrasse aus hatte ich einen herrlichen Blick über Sewun und seine Gärten. Die Stadt lag inmitten von Kornfeldern und Palmen und war von Mauern umschlossen, die unterhalb der Felswand ihren Ausgang nahmen. In diesen friedlichen Zeiten standen die Tore jedoch offen, und die Mauern zerfielen; der Sultan hatte eine feste Hand, seine Sklaven gehorchten ihm, und die Beduinen achteten ihn; er war ein Stammesoberhaupt, ein Nachkomme, sagte er mir, von Hamdam, und kein Geld und keine erkaufte Loyalität kamen diesem erblichen Anspruch auf die Ergebenheit der Stammesmitglieder gleich.

Ich freundete mich sehr mit dem Sultan 'Ali ibn Mansur an. Er war ein Mann mittleren Alters; sein noch fast schwarzes Haar kräuselte sich in kleinen Ringeln um den kugelrunden und meist mit einem lose gebundenen, ausladenden Turban umwundenen Kopf. Alles an ihm war lose und ausladend; er trug gerne die Abba, den Mantel des Nordens, und hockte wie ein Sack in einer Sofaecke, während die kleinen Augen, die in seinem runden, bescheidenen Gesicht hinter den Brillengläsern funkelten, sich nichts entgehen ließen. Bevor ich abreiste, überredeten wir ihn dazu, einmal seine Galauniform anzulegen; sie war aus dickem blauem Serge, verschwenderisch mit goldenen Epauletten und Ärmelaufschlägen und goldenem Brustbesatz verziert, und man musste dabei an jenes amerikanische Mädchen denken, das zu einem Offizier von den Scots Guards sagte: »Mein Gott, was haben Sie da alles für witzige kleine Sachen an sich hängen!« Die Uniform war in der Tat prächtig zu fotografieren, aber fürchterlich heiß. Das fand er auch und zog seine Abba vor, wie jeder vernünftige Mann es getan hätte. Dennoch hatte er sich nicht gegen die Anforderungen des Westens gesträubt. Genau so hatte er anfangs offenbar auch meinen Besuch hingenommen – als eine Erscheinung der Neuzeit, lästig, aber unvermeidlich; denn am ersten Abend saßen er und sein hagerer, schweigsamer Bruder sehr wortkarg dabei, während die al-Kaf Sayyids von allerlei modernen Dingen redeten, wie Straßen, Autos, Flugzeugen und dergleichen; und erst als ich gestand, dass ich eine Vorliebe hätte für alles, was alt und ruhevoll ist, merkte der Sultan auf und lächelte, denn er liebte selber das Althergebrachte. Außerdem hören es selbst die eifrigsten Verfechter des Fortschritts gern, wenn man ihre guten alten Eigenheiten lobt, so sehr auch ihre Überzeugung ihnen gebietet, sich für das Neue zu begeistern. Es scheint mir ein ziemlich zweifelhaftes Kompliment dem Osten gegenüber, wenn wir immer nur das loben, was er uns nachgemacht hat!

Sultan 'Ali war ein geselliger, angenehmer Mann, mit dem gut auszukommen war. Das war sicherlich auch die Meinung seiner beiden Frauen »unten in der Stadt« und »oben in der Villa«. Er liebte seinen Garten. Er saß gern mit seinen Freunden bei einem Tee unter einer Palme und genoss den Anblick der jungen buschigen Palmen und der sich in unregelmäßiger Folge dazwischen erstreckenden viereckigen Beete mit Luzerne und Mais, Kohl, Karotten und Zwiebeln, Kürbissen und Zinnien und der windenblütigen Pflanze, die sie Batata nennen. Eine Aussicht war nicht vorhanden, denn eine hohe Lehmmauer, über der nur der obere Rand der Felswand zu sehen war, umschloss uns. Im Sommer siedelte der Harem in den »Ruhm des Glaubens« über, und es wäre unziemlich, wenn man von draußen hereinschauen könnte; aber in seiner Abgeschlossenheit hatte der stille, unordentliche Garten etwas sehr Friedliches; in einer Ecke war ein Brunnen, mit lose gefügten Steinen ummauert wie der alte Brunnen in Meshed, daneben stand eine cremefarbene Siqoja, und in der

Mauer waren Löcher, um zur Flutzeit das Wasser durchzulassen; eine Frau und ihre Tochter in blauen Gewändern arbeiteten in den Beeten zwischen den Bäumen; und Vögel waren da und Grillen und Eidechsen. Ich versuchte, im Interesse der Zoologie einige Exemplare zu sammeln, beschloss jedoch, sie in Frieden zu lassen, als ich entdeckte, wie unerfreulich es war, einen lebenden Grashüpfer in Alkohol zu ertränken.

Jeden Morgen kam Sultan 'Ali herauf, und bevor er sich im Schatten niederließ, sprach er bei mir vor, plauderte über arabische Geschichte oder las in meinem Exemplar des Hamdani, das jeden entzückte, der es sah – denn es war voller Überlieferungen, die man noch heute in Hadhramaut kannte. Er seinerseits lieh mir, da ich nichts zu lesen bei mir hatte und meine Tage im Bett verbrachte, eine Geschichte der arabischen Heidenzeit. Ich wünschte, ich könnte ihrer wieder habhaft werden. Sie begann mit einem Kapitel über Frauen und wie sie nach arabischer Ansicht sein sollten: unter anderem »dankbar, wenn gut, und geduldig, wenn schlecht behandelt«; noch mehr Ratschläge dieser Art standen darin, die ich leider vergessen habe.

Nach ein paar Tagen in diesem Gartenfrieden begann ich mich besser zu fühlen. Ich ging zu den Mahlzeiten in die Vorhalle hinaus, und Hasan stand hinter mir und fächelte mir die Fliegen weg und plauderte über Erziehungsfragen.

Anlass dazu war ein benachbarter Sayyid, der mir drei Zuckerrüben geschenkt hatte. »Er ist«, erzählte mir Hasan, »der Verfasser eines Buches über Sprache, und man sagt, es sei das beste, das je geschrieben wurde. Vor ihm war niemand imstande, mehr als sechshundert Seiten über das Thema zu schreiben, aber er hat es auf tausend gebracht.«

»Es ist sehr modern, solche Rekorde aufzustellen«, erwiderte ich. »Alle Welt tut es mit Autos; warum nicht auch mit Sprachlehren?«

Hasan machte ein geschmeicheltes Gesicht. »Wir werden jetzt modern hier«, gab er zu.

Das Geräusch, das mich nachts wachgehalten hatte – ein seltsames Sausen und Summen – kam, sagte er mir, von der Telephonleitung, die sie zwischen dem Sultanspalast und uns zu legen versuchten; sie hatten bereits den Draht an beiden Enden befestigt, aber sie konnten ihn nicht straffziehen, sodass er hin und her schwang und sang wie eine Orgel und das Wadi mit der Musik des zwanzigsten Jahrhunderts erfüllte.

»In Tarim«, sagte Hasan, »haben alle Leute Telephon von einem Haus zum anderen. Aber es gibt keine von Stadt zu Stadt, weil die Beduinen die Drähte zerschneiden, sobald sie über die Mauern hinausgehen.« Hasan mochte die Beduinen nicht, weil sie nicht modern waren. Wenn er mich mit ihnen reden sah und die unbefangene Art sah, mit der sie sich jedem Menschen als ebenbürtig betrachteten, streckte er seinen Kinnbacken vor und schaute starr vor sich hin, bis ich endlich ein Einsehen hatte, mich solcher Vertraulichkeit entzog und wieder in die geziemende Abgesondertheit des Wagens begab.

Nach einiger Zeit machten wir kleine Ausflüge, zu dem steinigen Flussbett mit seinen graublättrigen Büschen, die Ja'bur genannt und in Bündeln zum Stützen der Lehmdächer verwendet werden; der Sultan hatte ein Monopol auf sie, was eine gute Einnahmequelle war; sie hatten rote Bohnenblüten, wie kleine Flämmchen.

Auf der anderen Seite lagen das neue Haus und der neue Garten des Sayyids Abu Bekr al-Kaf, wo wir hinfuhren, sobald ich dazu imstande war. Das Haus war noch im Bau begriffen. Der Garten, der erste in Hadhramaut, der nach europäischem Muster angelegt wurde, war noch öde: kahle runde Beete mit Steinumrandungen, ein Baum inmitten eines jeden, eine Hecke von gestutzten Hennasträuchern daneben, ein Springbrunnen in der Mitte. Das Haus war das erste in

Sewun, das aus Beton gebaut wurde, »sodass die Zimmer keine Säulen brauchen«. An Stelle des alten Hadhramaut-Holzwerks mit seinen bleiüberzogenen Nägeln sollten kostbar verzierte europäische Türen und Fenster verwendet werden. Alles war kostbar; selbst im Badezimmer – im Übrigen ein sehr angenehmer Raum mit einem in den Fußboden eingelassenen Becken – hatte die Decke ein vergoldetes Mittelstück, und die Halle sollte ein Glasdach bekommen wie die Hotels in Singapur. Welche schrecklichere Strafe könnte man sich für viktorianische Innenarchitekten ausdenken, als dass sie – deren Herzen ja inzwischen durch die Betrachtung himmlischer Schönheit geläutert waren – dort oben so platziert würden, dass sie bei jedem Blick über die Himmelsbrüstungen hinab mit ansehen müssten, wie ihre Erfindungen sich gleich einem Geschwür über die noch unverdorbene Welt ausbreiteten?

Und was stimmt mit den Menschen nicht, dass sie die Frucht vom Baume der Erkenntnis, die sie so teuer erkauft haben, nun nicht einmal dazu verwenden können, zu unterscheiden, was ihnen gefällt oder nicht gefällt? Nicht Unwissenheit, sondern Trägheit und Feigheit hindern uns daran zu erkennen, was uns zusagt. Sich selbst überlassen, schaffen die einfachsten Menschen schöne Dinge; aber sobald wir meinen, wir müssten dies oder jenes bewundern oder verwerfen, dann ist der Teufel los in den Gemütern der Fabrikanten, und wir nehmen die Dinge, die sie uns massenweise anbieten, hin wie der Osten den Westen hinnimmt; wir denken die Gedanken anderer, zu faul oder zu feige, uns auf unsere eigenen zu besinnen. Und dieser nette alte Sayyid, der seine geschnitzten Türen liebte und sich in seiner alten Stadt wohlfühlte – der einzigen, die ich je gesehen habe, deren Würde und Schönheit durch keinen Missklang gestört waren –, fühlte sich verpflichtet, unsere westliche Hässlichkeit in sie zu verpflanzen und sie dadurch für immer zu verunzieren.

Ich versuchte ihm das zu sagen; aber was ist die Stimme einer Frau? Ein Geräusch, angenehm oder auch nicht, je nach Zeit und Ort. Als ich meine Ansicht darlegte, lächelte Sayyid Abu Bekr freundlich, offenbar der Meinung, ich wollte ihm nur etwas Höfliches über die Schönheit der Hadhramaut-Häuser sagen. Stellten wir denn nicht selber diese Dinge her und umgaben uns mit ihnen? Warum denn, wenn sie uns nicht gefielen? Er führte mich zu dem Turmbau, wo seine Familie noch in der altväterlichen Weise wohnte.

Hier empfing mich am Ende vieler Stufen seine Frau, in einem roten Seidengewand, mit schönen Ringen an den hennagefärbten Fingern. In einem anderen Raum, zu dem wir durch viele Gänge gelangten, wurde gerade eine junge Schwiegertochter zum vierzigsten Tag nach der Geburt ihres Kindes schön gemacht. Auf ihre Hände und Füße wurde mit braunem Hudhar ein kunstreiches Spitzenmuster gemalt, das sehr hübsch war und wie durchbrochene Halbhandschuhe aussah, als es fertig war. Sie sollte in ein paar Tagen nach Tarim zu einer Hochzeit reisen, zu der auch ich eingeladen war. Die Damen waren reizend, ich besuchte sie wieder und war gern mit ihnen zusammen. Sie waren noch nicht sehr lange in Sewun. Sayyid Abu Bekr war hierhergekommen, als eine Sklavenmeuterei in Tarim ihm viele Schwierigkeiten verursachte, und hatte hier in seinen Gärten Ruhe gesucht und einen Teil seiner Familie mitgebracht. Die Damen freuten sich alle schon sehr auf das neue Haus, das einstöckig war und inmitten eines abgeschlossenen Grundstücks lag, wo sie umherspazieren konnten, sodass es also vom Standpunkt weiblicher Annehmlichkeit aus betrachtet immerhin etwas für sich hatte.

Während wir beisammensaßen, kam eine Botschaft von einer gelehrten Sewuner Witwe, die mich um einen Besuch bat. Eine Dienerin führte mich, ihr grünes Übergewand hinter sich herschleppend, durch einen sandigen Palmengarten und dann wieder über weiß getünchte Treppen empor in ein hübsches von Säulen getragenes und mit Teppichen ausgelegtes Zimmer, wo etwa zwanzig Damen in geblümten Baumwollgewändern und mit Bernsteinarmbändern im Viereck um ihre geistige Führerin saßen. Die Szene erinnerte sehr an die »Gelehrten Frauen« von Molière. Die Witwe war jung und rundlich, mit lebhaften Augen und einer lustigen kleinen Locke an jeder Schläfe. Als sie mich kommen sah, vertiefte sie sich eiligst in ein Exemplar von Bokhari, das vor ihr auf einem Ständer auf dem Fußboden lehnte. Sie las daraus vor mit ausdruckslos einförmigem Kennerton, scheinbar zu sehr in Anspruch genommen, um meine Anwesenheit zu bemerken, während ihre Schäflein sich unruhig bewegten, hin und her gerissen zwischen ihren Pflichten als gelehrige Zuhörerinnen und dem Umstand, dass sie schier vor Neugierde platzten, mich anzuschauen.

Ich trat näher, ging an den sitzenden Damen vorbei und neigte mich und küsste meine Hand vor der Herrin des Hauses, die mich mit einem liebevollen Sermon inmitten der gelehrten Schwesternschaft willkommen hieß. Sie steigerte diesen Redeschwall nicht nach und nach, sondern drehte ihn mit einem Mal an wie einen Wasserhahn, während sie mich bei einer Hand fasste und mit dem einen Augenwinkel mich und mit dem anderen die Aufmerksamkeit ihrer Herde in Bann hielt. Sie unterstrich ihre Worte mit hübschen kleinen, hennagefärbten Fingern und zitierte den Propheten, den Koran und die Dichter – denn sie war selbst eine Dichterin und hatte sich an offenen Wettbewerben beteiligt und einmal ein komplettes Teeservice als Preis bekommen. Täglich, sagte sie, versammelten sich die Damen hier und hörten Vorlesungen aus einem der fünf Bücher zu – dem Koran, Bokhari, Muslim und zwei anderen Überlieferern, die ich vergessen habe. Ich kannte Bokhari ein wenig und machte eine Bemerkung über ihn; ich hatte sie noch nicht halb herausgebracht, als sie auch schon dadurch angeregt wurde, sich ohne Zögern in die Bereiche der Philosophie und Religion zu stürzen. »Warum lebst du nicht hier?«, rief sie. »Wir würden jeden Tag zusammenkommen und denken.«

Denken tat ich auch jetzt, denn zum Reden kam ich nicht. Die Schäflein jedoch, die alle Tage den Vorzug hatten, die Sayyida anzuhören, aber nur selten eine Europäerin zu Gesicht bekamen, ließen jetzt Anzeichen von Aufsässigkeit erkennen und schickten schließlich die grün gewandete Dienerin quer durchs Zimmer zu mir und ließen mich fragen, ob ich etwas dagegen hätte, meinen Hut abzunehmen. Sie wollten wenigstens schauen, wenn sie schon nichts zu hören bekämen. Ich nahm den Hut ab und lächelte ihnen zu; einige öffneten die Münder, aber keine wagte es, den erneuten Redefluss zu unterbrechen. Bevor er noch versiegte, musste ich mich erheben, denn es ging auf den Abend zu. Ich verabschiedete mich von der Sayyida mit freundlichen Gefühlen im Herzen, denn ihre Schulmeisterlichkeit sprudelte so heiter und unbefangen und natürlich durch die dürren Gefilde der Theologie wie ein Bergbach durch Felsgeröll. Es gab noch andere gelehrte Damen in Sewun, erzählte sie mir – denn Sewun und Tarim waren Städte der Religion und der Gelehrsamkeit – aber sie waren »sehr bigott«. Das war sie nicht; ihre Arme waren auch dem christlichen Zuhörer geöffnet, und sie war voll aufrichtiger Güte. Als ich wieder durch Sewun kam, besuchte sie mich. Ihr Mann war verstorben, sie hatte eine Unmenge Kinder und lebte in einem Haus, das ihr gehörte. Sie war, glaube ich, eine der glücklichsten Frauen in Hadhramaut, denn sie hatte eine Beschäftigung, die ihr Freude machte, und war tugendhaft und angesehen zugleich, und alle Welt sagte ihr beständig, dass sie es sei.

Am nächsten Morgen, dem 16. Februar, verließen Hasan und ich den »Ruhm des Glaubens« und begaben uns zu einem dreitägigen Besuch nach Tarim.

XIX. Kapitel

Tarim

»Gegrüßt, Hadhramaut!
Die Jünger von Überlieferung, Forschung und Studium
Kennen dich als ausgezeichnet durch
Urteil unter Barbaren und Arabern
In Tagen von Unwissenheit und Islam.«

(Jazid ibn Maqsam as-Sadafi)

Als ich am nächsten Morgen in den Hof hinunterkam, saß auf dem Vordersitz des Autos, das uns nach Tarim bringen sollte, bereits ein staubiger blauer Beduine und putzte an seinem Gewehr herum. Es war unser »Saiara« von den 'Awamir, deren Gebiet zwischen den beiden Städten lag. Ich wollte gerade fotografieren, wie er da in ein dickes Tuch eingemummelt hockte – ähnlich einem Jungen, den die Mutter in ihren eigenen Schal gewickelt hat –, als Hasan mir zuraunte, ich solle es lieber nicht tun. Die Tatsache, dass es noch immer nötig war, Reisenden ein Schutzgeleit mitzugeben, wurde als peinlich empfunden, und man betonte sie nicht gern, obwohl sich niemand sonderlich darum kümmerte. Die al-Kaf Sayyids erledigten die Sache auf ihre Weise, indem sie ein paar Beduinen ständig besoldeten und einen von ihnen in jeden Wagen setzten, der über Land fuhr.

Unser 'Awamir war ein freundlicher, stiller Mann von der schlichten, geradlinigen, zufriedenen Gemütsart, die den

Umgang mit den Beduinen so angenehm macht. Er behandelte mich mit Ehrerbietung; ich hatte soeben gehört, wie Hasan ihm erklärte, ich sei »eine der Sultanas von England«. Er lächelte, als ich ihn die Landschaft durch meine Kamera betrachten ließ. »Es macht die Dinge kleiner«, sagte er mit einiger Enttäuschung.

Ich bemerkte, dass der Kolben seines Gewehrs nicht mit Steinbock- oder Gazellenfell überzogen war wie bei den Kor-Saiban-Beduinen. »Es ist nicht Sitte bei uns«, sagte er.

»Was tut ihr dann, wenn ihr einen Steinbock erlegt?«, fragte ich.

»Wir machen Kriegstrompeten aus seinen Hörnern. Seinen Kopf tragen wir auf unserem Kopf und tanzen damit, während unsere Männer Rufe ausstoßen; wir nennen den Tanz Zàmil.«

»Jeder hat einen Tanz«, sagte Hasan. »Die Sayyids nennen den ihrigen Shersh, und der Haartanz der Frauen heißt hier Zafin und in Mukalla Narsh.«

»Aber jetzt lebt ihr alle in Frieden«, sagte ich, um wieder auf den Steinbock zu kommen. »Ihr werdet auf lange Zeit keine Kriegstrompeten brauchen.«

»Wenn sie Geld brauchen«, bemerkte Hasan, »legen sie sich an dieser Straße hier in Hinterhalt, und dann muss alle Welt auf und ab über die 'Aqaba und über den Dschol nach Tarim reisen, auf einem Weg, den die Sayyids vor sieben Jahren weiter im Norden angelegt haben, als die Stämme ihren Handelsverkehr aufhielten.«

Der 'Awamir lächelte wiederum, als sprächen wir von längst vergangenen, aber nicht allzu sehr bereuten Streichen seiner Jugend.

Wir hatten jetzt die Gartenvorstädte von Sewun hinter uns gelassen und befanden uns in einem Teil des Wadis, wo sich das Wasser an der Nordseite ein etwas tieferes Bett gegraben hatte, sodass die Südseite trocken und unfruchtbar war.

Wir kamen durch Manama, das aus einer Neustadt westlich und einer Altstadt östlich eines hier vorspringenden Felssockels besteht. Es hieß, in den Felsen darüber befinde sich ein Wasserreservoir, und van den Meulen erwähnt eine alte Straße, die nach Süden führte. Die Bewässerung des Wadis Hadhramaut wird dadurch reguliert, dass man die engen Seitentäler mit Dämmen versieht, und das wurde vermutlich auch in alter Zeit an vielen Stellen so gehandhabt, genau wie im Jemen. Dass das Land früher fruchtbarer war als heute, bezweifle ich sehr. Die Bedeutung des Handelsverkehrs machte es lohnend, für allgemeine Sicherheit zu sorgen; diese wiederum ermöglichte es, die Bewässerung und den Feldbau instand zu halten; und jedermann weiß, welch unablässige Sorgfalt diese lebenswichtigen Dinge in wasserarmen Gebieten erfordern. In Mesopotamien verwandelte sich infolge der Zerstörung der Kanalböschungen die babylonische Fruchtbarkeit binnen weniger Jahre in eine türkische Wüste. Die Armut Südarabiens ist der Sage nach verursacht durch die Vernichtung des Marib-Damms. In Wirklichkeit war es vermutlich so, dass nach und nach der Handel in Verfall geriet und man infolgedessen nachlässiger wurde mit der Bewässerung und Instandhaltung der Dämme und Reservoire. Wie beispielsweise im Wadi Dam, das Bakri als »einst bebaut, aber kurz vor dem Islam ausgetrocknet und verödet« schildert. Dass die Karawanen vom Hadhramaut in den Jemen jemals durch ununterbrochen fruchtbares Land gezogen sind, glaube ich nicht. Die römische Expedition unter Älius Gallus kam bis Marib und musste dort umkehren, weil ihr Hunger und Durst drohte; und das war lange vor der Zerstörung des Damms (die im sechsten Jahrhundert vor Christus erfolgte) und zu einer Zeit, als man, einer phantasievollen arabischen Behauptung zufolge, »durch die Länder von Marib zwei Monate lang ununterbrochen im Schatten reisen konnte«! Wäre das Land, an nichtarabischen Verhältnissen gemessen, auch nur leidlich fruchtbar gewesen, so hätte Älius Gallus seine Armee dort ausruhen und sich erfrischen lassen können.

Die frühesten islamischen Geographen erwähnen zwischen Marib und Hadhramaut die »gefährliche Wüste von Shabwa, der ersten Stadt in Hadhramaut« (Bakri) oder »die Wüste von Saihad, wo nur die Krähen König sind«. Die kürzlich von Hauptmann Bagnold beschriebene lybische Sklavenhandelsstraße, auf der Karawanen noch während des ganzen letzten Jahrhunderts ohne Wasser 150 Meilen an einem Stück reisten, ist ein Beweis dafür, was für Entfernungen, Entbehrungen und Gefahren um eines einträglichen Geschäfts willen überwunden wurden. Die alte Weihrauchstraße verlief wahrscheinlich, wie die Karawanen im Jemen heute noch, von Wasserstelle zu Wasserstelle, wenn auch die fruchtbaren Strecken vermutlich viel ausgedehnter und üppiger waren als jetzt.

Dass die Bevölkerung Südostarabiens unter der Herrschaft der südarabischen Reiche zahlreicher gewesen sein muss als heute, lässt sich aus einigen in der großen himjarischen Inschrift von Sirwah angegebenen Zahlen schließen. 26 000 Getötete und 65 000 Gefangene beweisen, dass der Landstrich, der sich südlich von Nadschran bis zur Küste erstreckt, damals viel dichter bevölkert gewesen sein muss als jetzt. Die Erwähnung von 200 000 Stück Vieh deutet andererseits auf einen beträchtlichen Anteil nomadischer Schafhirten, die wahrscheinlich auf unbebauten Steppen hausten, wie heute noch.

Man kann nicht umhin, über diese Fragen nachzudenken, während man das Wadi hinabfährt, denn allenthalben stößt man hier auf himjarische[2] Städte. Man findet Ruinen auf ei-

2 Ich verwende die Bezeichnung himjarisch oder sabäisch in einem allgemeinen Sinne; es gibt, glaube ich, keinen Sammelnamen für die verschiedenen vorislamischen Reiche Südarabiens.

nem kleinen vereinzelten Felsen vor Tarba und eine verfallene Stadt ein wenig weiter bei Qareiat Sané oder Sanahije unter der Felswand; und wo das Wadi 'Adm und die moderne Straße nach Shihr und zur Küste abzweigen, war vermutlich eine alte Straße, da van den Meulen dort die Ruinen von Sune fand und Inschriften und Reliefs kopierte, die ich später in Sayyid Abu Bekrs Garten in Tarim sah und von denen er mir freundlicherweise zwei schenkte.[3]

Aber es gab auch noch viel anderes zu sehen, als wir an der Südseite des Wadis entlangfuhren.

Wir kamen an einem Ort vorbei, an dem eine Heilige – Sheika Sultana – begraben liegt und der jetzt nicht nur von Frauen, sondern auch von Männern besucht wird, außerdem am Grab des Muslimapostels Sayyid Ahmad ibn 'Isa al-Muhadschin, dem Stammvater aller Sayyids im Lande. Er kam von Basra, ließ sich erst in Hadscharain nieder und später hier, wo er nun unter einer in den Geröllhang eingebetteten weißen Kuppel liegt. Er bekehrte das Land Hadhramaut, und die von ihm abstammenden Sayyids bilden noch heute eine der vier Klassen, in die die Bevölkerung eingeteilt ist – Sayyids, Qabilis, das heißt sesshafte Stadtbewohner, die aber von einem Nomadenstamm abstammen, Meskins, das heißt Feldarbeiter und Dha'ifs, die niedrigste Klasse von allen. Die Sayyids tragen keine Waffen und haben bis vor Kurzem in ungemein hoher Achtung gestanden. Seit einiger Zeit versucht jedoch eine modernistische Bewegung, die bei den Hadhrami-Emigranten im Ausland ihren Ursprung hat, ihr Ansehen zu untergraben.

Nachdem wir diese heiligen Stätten hinter uns hatten, kamen wir durch das in einem Seitenwadi gelegene Tarba, die Hauptstadt der 'Awamir und ein verrufener Ort, wie Hasan

3 Sie befinden sich jetzt im Ashmolean Museum, nebst einer kleinen Statue, die ich in Shibam gekauft habe und die angeblich aus dem Wadi Baihan stammt.

behauptete, obwohl es inmitten seiner jungen Palmengärten in der Morgensonne so harmlos wie nur möglich aussah. Das Tal hatte sich ein wenig verengt, aber kurz hinter Tarba öffnete es sich nach Süden gegen die weiten sandigen Niederungen des Wadis 'Adm, das nach Shihr und zur Küste führte. Eine Reihe Kamele zog vorüber, nicht anders als seit den ersten Anfängen des Handelsverkehrs. Hier erwartete uns auch unser Kamelmann, der mein Gepäck von Hadscharain brachte. Er hockte seitlich auf einem Tier, das eine rote Wunde auf dem Rücken hatte, und lächelte wie ein guter alter Freund.

Wir überquerten das einmündende 'Adm-Flutbett mit seiner feuchten Üppigkeit von allerlei Pflanzen und Röhricht und folgten dem sich verengenden Hauptwadi, das jetzt Wadi Masila hieß, in Richtung Norden. Wir überquerten auch sein Flutbett, in dem noch nicht aufgesogene Wassertümpel standen und überhängende Tamariskenbäume, Ithl genannt, wuchsen. Hoch über uns zu unserer Linken blickte ein altes Fort mit runden Ecktürmen auf uns herab. Auf dem sandigen Boden hier standen viele Ithlbäume. Ein Stück weiter war auf etwas erhöhtem Grund ein Brunnen, an dessen Ledereimer drei Männer und eine Frau zogen; sie gingen mit dem Seil in den Händen die ebene Lehmrampe hinauf und dann im Laufschritt wieder hinunter; das taten sie vier Stunden hintereinander, sagten sie mir. Ich ging näher, um ihnen zuzuschauen. »Fotografieren verboten«, riefen sie, als sie mich sahen.

»Friede sei mit euch. Gott gebe euch Kraft zu eurer Arbeit«, sagte ich.

Der Ledereimer stieg hinauf in den blauen Himmel, kippte und entließ einen glitzernden Wasserstrahl; ein Seil war sinnreich so angebracht, dass es am Boden des Eimers zog, wenn dieser hoch genug war, sodass er umgedreht wurde und das Wasser herausfloss. Die drei Männer und die Frau erklärten mir, sie möchten nicht gern auf einer Photographie von aller Welt bei dieser niedrigen Arbeit gesehen werden; »Holzhacker und Wasserzieher« – das Demütigende dieser Verrichtungen wird heute noch im Osten empfunden.

Mein Beduine war unterdessen herbeigeschlendert, hockte sich wortlos und ohne Umstände in den Schatten des nächsten Ithlbaums und tat einen Zug aus der Hukah der drei Männer. Ein Gerank gelber Kletterblumen stieg an dem Brunnengestänge empor und nahm sich hübsch aus gegen den Himmel. Unter uns lag das Wadi mit seinen sandigen, von Ithlbäumen gefleckten Hügelwellen, einsam und friedlich, abgesehen von der Stelle, wo Hasan und der Chauffeur im Schweiße ihres Angesichts mit der Tücke der Technik kämpften, die sich in Gestalt einer Reifenpanne geäußert hatte. Als der Schaden behoben war, riefen sie uns mit erhitzten und stolzen Mienen von unserem schattigen Faulenzerlager herbei, und nicht lange, so fuhren wir zu dem alten, cremefarben in der Sonne leuchtenden Tor von Tarim hinauf; eine Herde schwarz-weißer Ziegen weidete davor, mit Talismanen um die Hälse, die Euter sorglich in Kalikobeuteln geborgen.

Tarim ist eine uralte Stadt, mit einer sabäischen Steinplatte, die in die Stufen der Sheik-'Ali-Moschee eingelassen ist und die Buchstaben A.L M.'D. aufweist; am nördlichen Rand der Stadt ist auch ein Grab gefunden worden, das Mr. und Mrs. Ingrams besichtigt haben. Tarim war der Sitz des Königsgeschlechts der Bani 'Amr ibn Mu'awija, von denen einer an den Hof Chosraus ging; und in den Tagen des Glaubensverfalls nach dem Tod des Propheten soll allein Tarim in Hadhramaut am Islam festgehalten haben. Die meisten Abtrünnigen gehörten zum Stamm der Kinda, der noch heute im Wadi 'Amd lebt. Sie traten den Muslim in einer Schlacht bei einem Ort namens Mahajar az-Zurqan entgegen. Die Muslim wurden geführt von Muhadschir ibn Abi Umaija, der von San'a her kam, und von 'Ikrima ibn Abi Dschahl, der, nachdem er die Abtrünnigen von 'Oman geschlagen hatte, durch Mahra nach 'Abjan (östlich von Aden) marschiert war – vermutlich an der Küste entlang, da das Binnenland in den Händen der Aufständischen war. Unter seinen Leuten werden einige Männer aus Shihr erwähnt. Von 'Abjan aus begab er sich jedenfalls nach Marib und vereinigte sich dort mit dem Muslimheer. Gemeinsam zogen sie durch Saihad, die »Wildnis zwischen Marib und Hadhramaut«, auf der Straße nach Shabwa. Mahajar az-Zurqan muss irgendwo an dieser Straße gelegen haben. Nachdem die Rebellen dort geschlagen worden waren, verschanzten sie sich in der Burg Nudschair und ergaben sich schließlich. Diese Burg besteht, wie ich später von Freunden in Hadhramaut hörte, noch heute bei einem Ort namens Hudschail in der Nähe von Mishta, zwischen Tarim und 'Enat.

Tarim ist stolz auf diese Glaubenstreue seiner Vorväter und ist heute noch die religiöseste Stadt in einem Land, das an sich schon als ein Bollwerk des Islam gilt. Tarim, sagt man, hat 360 Moscheen, eine davon im vierzehnten Jahrhundert von Muzaffar errichtet, dem jemenitischen Eroberer von Dhufar; sechzig Moscheen sind angeblich in Gebrauch. Ob dem so ist, lässt sich schwer sagen, denn der europäische Besucher hat wenig Gelegenheit, mit den religiösen Kreisen von Tarim in Berührung zu kommen. Der Umstand, dass die al-Kaf Sayyids sehr weitherzig und fortschrittlich sind und dass ihre traditionelle noble Gastlichkeit alle Europäer anzieht, lässt die sehr starke, engherzige und starre religiöse Partei, mit der sie in der Stadt zu Rande kommen müssen, einigermaßen in den Hintergrund treten. Dies hat auch zur Folge, dass jeder Europäer ohne Weiteres als zu der modernen Fortschrittspartei gehörig betrachtet wird, was es für ihn noch schwieriger macht, mit der anderen Seite Fühlung aufzunehmen. Fremde Sayyids gingen manchmal mit abgewandten Augen an mir vorbei und zogen, wenn wir gerade in einer engen Gasse waren, sorglich ihre weißen Gewänder enger um sich, um sich nicht durch eine Berührung mit mir zu beflecken. Ich wollte gern die Schule von Robat besuchen, von der man mir gesagt hatte, sie sei so hervorragend und als Pflegstätte des Glaubens so berühmt wie die von al-Azhar in Kairo. Aber ich konnte nicht erreichen, dass man einer Angehörigen des minderwertigen Geschlechts erlaubte, die Schwelle der Gelehrsamkeit zu überschreiten. Ich blieb auf der modernen Seite von Tarim und erfreute mich im Hause Sayyid Abu Bekrs der Annehmlichkeiten der Zivilisation in einem reich geschnitzten Gästezimmer mit vier Türen und acht Fenstern aus farbigem Glas, bei deren Anblick ich mich, je nach Stimmung, in einen Strandpavillon oder in eine Küche versetzt fühlte.

Hier besuchte mich Mahmud, der Apotheker von Tarim, der mir später das Leben rettete. Er war ein Bürger aus Aden, afghanischer Abstammung, ein grundehrlicher und anständiger Mann. Sein Vater, erzählte er mir, hatte eine Frau aus Aden geheiratet und sich dann als Tischler in Abessinien angesiedelt, in Addis Abeba. Er war der erste Ausländer, der sich dort auf Dauer niederließ. Er wurde der Freund und Berater des Kaisers Tafari; und als Queen Victoria Ehrengewänder aus Indien als Geschenk schickte, war er gebeten worden, sie auszusuchen und in Empfang zu nehmen. Nach vielen Jahren treuer Dienste hatte Tafari ihm Land geschenkt und ihm freigestellt, sich zum Lohn zu wünschen, was er wollte.

»Mein Vater«, erzählte Mahmud, »bat darum, einen britischen Konsul in Addis Abeba einzusetzen; der Kaiser sagte ja, und die Bitte wurde erfüllt. Und mein Vater erhielt von der Königin Victoria einen Dankbrief und zwei Porzellanvasen mit dem königlichen Wappen.« Der Brief ist verloren gegangen. Der Vater starb, und die Mutter kehrte mit den Kindern nach Aden zurück. Sie besaßen noch immer Land in Abessinien, aber eine Schwägerin hatte es sich angeeignet, und es schwebte ein Prozess. Mahmud sagte mir später, es sei sein eigener größter Wunsch, durchzusetzen, dass ein britisches Konsulat in Hadhramaut errichtet würde; denn er fühlte sich als Bürger des Empires, was er ja auch war. Und als mir neulich ein junger Engländer sagte, es wäre vielleicht das Beste für uns, wenn wir all unseren Schwierigkeiten den Rücken kehrten, alle unsere Besitzungen aufgäben und uns als eine kleine Nation sozusagen ins Privatleben zurückzögen, sah ich plötzlich das runde Gesicht und die gewissenhaften Augen Mahmuds wieder vor mir, wie er mir in dem entlegenen arabischen Tal seine Gedanken darlegte; ich fragte mich, wie der junge Mann, der von Völkern sprach wie von Handschuhen, die man auszieht, es wohl anstellen würde, dem Apotheker die Sache befriedigend zu erklären.

Unterdessen klopfte Mahmud meine Brust ab und sagte, die Gefahr sei vorüber. Ich sei nur noch sehr schwach.

»Nach Masern Bronchitis«, sagte er, »dann Lungenentzündung, dann …«; aber ich unterbrach ihn; wir einigten uns darauf, dass Allah mich für dieses Mal gerettet hatte, und nach einer Ruhepause stattete ich dem Sultan von Tarim einen Besuch ab.

Der Sultan von Tarim und sein Bruder wohnten in einem festungsartigen, viereckigen Palast am Rande der Stadt. Die Häuser von Tarim, die nicht von javanischem Einfluss geprägt waren, unterschieden sich von denen in Sewun; das Erdgeschoss war gleichfalls fensterlos, jedoch quer mit einem wellblechartigen Muster gerippt; die Haustür war in diese massive Kahlheit eingeschnitten; ein offener Abflussschacht führte dicht daneben zu einer verdeckten Zisterne hinab und erweckte mit seinem langen schwarzen Schatten den Eindruck eines schmalen Fallgatters. Auch wiesen diese grimmigen alten Häuser mehr Braun und weniger Tünche auf als die von Sewun, denn die meisten wohlhabenden Leute in Tarim wohnten außerhalb in neuen, reich verzierten

Gartenhäusern im Kasinostil. Dieser Unterschied zwischen alt und neu nahm der Stadt die Einheitlichkeit, die so reizvoll an Sewun war; auch war das Wadi bei Tarim enger und die Umgebung der Stadt weniger bebaut und infolgedessen härter und karger. Die jungen Müßiggänger fuhren abends, um den Sonnenuntergang zu genießen, zu einer steinigen Einbuchtung im Schoße zweier unzugänglicher Felsklippen hinaus; in den Wänden dort waren Gärten verborgen, in denen sie es sich mit Teppichen und Kissen und Tee bequem machten.

Der Sultanspalast war alten Stils, und hier empfingen mich der Sultan und sein Bruder, zwei angenehme, träge junge Männer. Der eine trug einen losen hellblauen Turban, der andere einen festgeschlungenen weißen, und da beide Gesichter sich ziemlich ähnlich sahen, konnte man sich überlegen, welche Kopfbedeckung einem besser gefiel. Sie verabschiedeten sich bald und überließen mich dem Vergnügen, durch das Gitterwerk des Fensters auf eine Hochzeitsgesellschaft hinabzuschauen, die sich unten versammelte. Sie selbst begaben sich ins Haus der Braut, um dort mit den Notabeln der Stadt zu feiern.

Dies war ein riesiger Palast hinter dem freien Platz, und dorthin strömte ganz Tarim. Einige Autos standen umher, umgeben von einem Schwarm von Frauen in den gelben, orangefarbenen oder grünen Gewändern von Tarim, manche auch in den blauen von Shibam, die Köpfe in schwarze Schleier gehüllt. Die Wagen, in denen Frauen saßen, waren verhängt und mit Zweigen und Papierblumen geschmückt, die Scheinwerfer meistens mit rosa oder geblümtem Kaliko umwunden. Kleine Mädchen mit funkelnden Halsketten und Gürteln hüpften von einer Gruppe zur anderen, sie waren noch nicht den strengen Regeln des Anstands unterworfen. Auf der anderen Seite des Weges hockten Gruppen von Männern, Sklaven oder Stadtleute, ihre Schals um Knie und

Schultern gewunden, eine Haltung, in der sie stundenlang sitzen konnten, ohne zu ermüden. Auch einige Beduinen mit Gewehren waren da, aber nur wenige, denn Tarim war keine Beduinenstadt wie Sewun.

Nach einer Weile kam der Brautzug oder vielmehr der Bräutigamszug zu einem Besuch. Der Bräutigam trug einen weißen Turban und schritt langsam unter einem etwas weibischen Schirm einher, während ihm jemand von der Seite Luft zufächelte. Drei Pfeifen und drei flache Trommeln (Akhdam as-Saqqaf) sowie alle Notablen der Stadt zogen ihm voraus. Sie trugen alle nur möglichen Kopfbedeckungen: zierliche weiße, oben goldbestickte Käppchen aus Java; flachere mit bunten geflochtenen Streifen, mit kleinen Turbanen umschlungen, aus Mekka; Sidaras aus dem Irak; Feze aus Ägypten und Syrien; riesige Turbane, aus irgendeinem alten Schal, oder eng anliegende Mützen, die wie gehäkelt ausschauten, es aber nicht waren. Die Köpfe, die ich da alle von meinem Fenster aus sah, zeigten, in wie viele und ferne Länder die Hadhrami gereist waren. Die Gelehrten gingen in Weiß, und die Angehörigen der besseren Klasse waren fleckenlos sauber; bei der al-Kaf-Familie war es Mode, eine Art europäischen Mantel, den sie manchmal anlegten, von oben bis unten mit goldenen Knöpfen, meistens Sovereigns, besetzt zu tragen.

Während ich all das betrachtete und die Hochzeitserregung noch dadurch steigerte, dass ich mein Gesicht am Fenster zeigte, wurde hinter mir ein kleines Wesen von ihrem Leibsklaven ins Zimmer geführt. Es war Salma, die Tochter des Sultans, zehn Jahre alt, ganz in grünen Brokat gekleidet, mit vier Reihen Goldperlen um den Hals und einem Halbmond darunter. Sie stand, schüchtern in ihrer Pracht, und starrte mich an, die kleinen Hände mit Spitzenmustern und Indigoringen, die Fingerspitzen mit Henna bemalt; ihr in mindestens fünfundsiebzig Zöpfchen geflochtenes Haar löste sich auf ihren Schultern in Lockengekräusel. Auf ihrem Scheitel war mit einer Sicherheitsnadel ein Amulett befestigt. Sie drehte sich langsam um sich selbst, damit ich sie betrachten könnte, murmelte ihre Namen und verschwand, ihre kleine Hand in der des dunklen alten Dieners.

Als ich hinunterstieg, fand ich vor der Tür ein gelbes, mit Pantherfelltuch gepolstertes Auto vor. Darin saßen Hasan und auch der Sultan, den Hasan zu meinem Leidwesen hinauskomplimentierte, um mich heimzufahren.

Spät am Abend machte auch ich einen Besuch im Brauthaus. Ein Schwarm von Sklaven tummelte sich mit Bergen von Reis im Erdgeschoss. Im Oberstock empfing mich Sayyid Abu Bekrs Tarimfrau gastfreundlich und führte mich alsbald in ein großes Zimmer, wo die Damen von Tarim in einer einzigen laut schwatzenden Menge beisammenhockten; aber sie ließ mich nur einen Augenblick bleiben, denn eine strenggläubige Matrone wich entsetzt vor meiner ausgestreckten Hand zurück. Ich wurde schleunigst wieder dorthin zurückgebracht, wo der freundliche alte Sayyid mit seinen Töchtern saß, alle in roten Gewändern – der Farbe für den Abend, wie sie mir sagten.

Ich war zu müde, um dazubleiben, denn das Festmahl und die Tänze hatten noch nicht begonnen und sollten bis Mitternacht dauern, wenn der Bräutigam zu seiner Braut geführt wird. Sie werden bis Tagesanbruch allein gelassen, dann begeben er und sie, von allen Freunden geleitet, sich in das Haus des Bräutigams.

Ich fühlte mich außerstande, das durchzuhalten, und ging mit Hasan durch die mondbeschienenen Straßen heim; im Schatten unterhalb des Sultanspalasts sah ich wieder den Zug mit dem Bräutigam daherkommen; dieser war jetzt von Laternenschein beleuchtet und in einen rosenfarbenen Mantel gekleidet, und von seinem Turban hing ihm ein mit Fransen verziertes Band über das linke Ohr. Sie fächelten ihm immer noch Luft zu, und er war sicherlich schon sehr müde. Wir standen im Schatten und schauten ihnen nach; und lange nachher, in der Nacht, hörte ich Trommelklang und Gesang von Gruppen Vorbeikommender, die den Tanz tanzten, den sie Shabwan nennen und der noch aus den Tagen von Shabwa stammt, einer Zeit lange vor dem Islam.

XX. Kapitel

Abschied von Freunden

»O Gast, wenn du uns besuchst, wirst du der Herr des Hauses sein und wir die Gäste.«

(Mustatraf)

Am nächsten Morgen wurde ich durch Gewehrschüsse geweckt; sie verkündeten, dass die Braut im Begriff war, ihr Frühstück im Hause des Bräutigams einzunehmen.

Danach erschien Hasan und fuhr mich durch die Straßen der Stadt, an den zerfallenden Ruinen des alten Forts und an zusehends wachsenden Vorstädten vorbei zum östlichen Stadttor, das sich auf Kornfelder öffnet. Die Mauer ist bemannt und bewacht von Sklaven des Sultans, und eine kleine Feste, die sich darüber erhebt, wird als Gefängnis benutzt. Ein Mann rief allerlei Fragen herunter, wer ich sei und was ich hier wolle, und entpuppte sich als der einsame einzige Gefangene, der sich da oben ganz behaglich sonnte. Verbrechen sind so gut wie unbekannt in Hadhramaut; was an Raub und Mord vorkommt, vollzieht sich nach feststehenden Regeln und fällt zumeist in die Rubrik legitimer Stammeskämpfe.

Und auch diese waren jetzt zu einem Stillstand gekommen; die al-Kaf Sayyids wahrten, mit großem Aufwand von Energie und Geld, den Frieden im Wadi. Hasan zeigte mir ein Tal, wo zwei Vorstädte, die einander auf engem Raum gegenüberlagen, sich mit einem kleinen Privatkrieg vergnügt hatten, bis Sayyid 'Abd ar-Rahman vor einem Monat Frieden zwischen ihnen geschlossen hatte. Die al-Kaf dürfen sich mit Fug »Kinder Gottes« nennen, wenn Friedenstiften zu diesem Namen berechtigt. Es gab gegenwärtig in Tarim etwa vierzig Zweige ihrer Sippe, sagte Hasan, die alle von einem Haus abstammten und alle wohlhabend und segensreich wirkten. Sie hatten die Sultane, die Schule, den Handel, die Armee in der Hand, kurzum alles, was infrage kam. Ihre jungen Männer fuhren auf Fahrrädern in der Stadt umher und fegten an den wallenden Gewändern entrüsteter altväterlicher Mullas vorbei. Sie hatten eine kleine Münze prägen lassen, die lokal im Umlauf war. Sie hatten mit Schwierigkeiten aller Art zu kämpfen, nur nicht mit eigener Armut, doch Reichtum galt bei den Beduinen nicht genug, um eine gesicherte Herrschaft über die Stämme der Umgegend zu gewährleisten. Auch die etwa fünfhundert Negersklaven in Tarim waren eine unruhige Gesellschaft. Sie hatten vor einem Jahr gemeutert, und die Oberhäupter der al-Kaf hatten sich für eine Weile nach Sewun zurückgezogen und ihnen das Feld überlassen. Währenddessen hatten sich die Sklaven wie eine aufsässige, halb nackte Prätorianergarde aufgeführt. Manchmal wurden die Beduinen gegen sie aufgehetzt, um das Gleichgewicht aufrechtzuerhalten. Hasan erzählte mir, dass er sich bemüht hätte, Pfadfinder zu organisieren und die Bauern zu Soldaten zu machen.

»Aber was kann man tun ohne Gewehre?«, sagte er. »Wir sitzen hier am Ende der Welt, wie Mäuse in einer Mausefalle. In Shibam kann man alles für ein Nichts kaufen, aber sowie die Sachen dort aus dem Stadttor heraus sind und zu uns kommen, werden sie teuer.«

Das brachte uns auf das drängende Problem der Straße zur Küste, von der die Hoffnungen Tarims, und übrigens auch seine Haltung gegenüber den Engländern im Allgemeinen, abhingen. Der größte Teil der Straße war auf Kosten der al-Kaf bereits gebaut, aber für die letzte Strecke bis Shihr wartete man noch auf die Genehmigung von Mukalla. Das zögerte noch, sie zu gewähren, weil es befürchtete, dadurch seine bisherige Vorherrschaft über das Binnental zu verlieren. Wenn Mukalla klug wäre, würde es selber eine Straße bis Shibam bauen und so den zukünftigen Handel in der Hand behalten. Seine Kaufleute würden das auch gern tun, und nach einem Besuch im letzten Herbst schickte ihnen der Sultan viertausend Taler, von denen sie ein Minarett errichten und mit dem Straßenbau beginnen sollten (dessen Gesamtkosten auf zehntausend Taler geschätzt wurden); aber nach ein paar Monaten verlangte der Sultan seine Gabe zurück, und das Geld musste wieder nach Indien geschickt werden, wo die königliche Familie den größten Teil ihrer Einkünfte aus Hadhramaut ausgab. Die Leute von Tarim indessen, die nicht an verfassungsmäßige Vorgehensweisen gewöhnt waren, glaubten, dass ein Wort von uns genügen würde, um die Straßenfrage zu erledigen. Der bereits fertige Teil, ein zum Dschol hinansteigender, melancholischer weißer Strich, wurde langsam vom Regen fortgespült, während die Kamele noch immer acht Tage bis Shihr stapften und wichtige Überseepost von Tarim durch schnelle barfüßige Beduinenläufer besorgt wurde, die vier Tage bis zur Küste brauchten.

In den erquickenden Abendstunden, wenn die Gräberkuppeln des Friedhofs sich unter einem pastellzarten Himmel rosa färbten, fuhren wir hinaus durch Geröll- und Kornfelder, wo Bauernmädchen in faltigen Gewändern und Spitzhüten kleine Erdklumpen mit Schleudern schossen, um die Vögel aus dem Korn zu verscheuchen. Wir endeten meistens bei dem bemalten Schwimmbassin neben Sayyid 'Omars Sommerhaus oder auf einem Teppich in irgendeinem Garten unter blühenden Granatapfelbäumen, um geröstete Maiskolben zu essen, im Kreise zu sitzen und über Geschichte und

Religion zu reden, über die alten Grenzen von Hadhramaut oder die Politik des Völkerbundes, mit dem angenehmen Gefühl, dass das alles gleichermaßen fern lag von unserem Ruheplatz.

Ich lernte viele nette Leute hier kennen, und am letzten Tage meines Aufenthalts wurde ich von dem Shabab-Klub eingeladen, dessen Vorsitzender Sayyid 'Omar war und wo ich inmitten eines dicht von Zuhörern besetzten Hufeisens von Stühlen auf einem roten Samtsofa saß und – im Bewusstsein der Armseligkeit meines Arabisch – mein Bestes tat, um allerlei Fragen über die weibliche Erziehung zu beantworten. Ein gelehrter, eifriger kleiner Mann erhob sich darauf, um eine Rede zu halten. Er tat es in einer wundervollen Sprache, die ihm wie Honig vom Munde floss, und er begrüßte mich mit gewählten Wendungen als die erste Frau, die allein von Europa nach Hadhramaut gereist sei, lediglich aus Liebe zum Wissen und Lernen. Die Liebe zum Wissen und Lernen ist in der Tat ein erfreuliches gemeinsames Band, da sie darauf abzielt, was man ist, und nicht, was man hat. Ich war gerührt von der wohlgewählten Freundlichkeit seiner Worte, aber zu sehr erfüllt von dem schrecklichen Gedanken, dass ich nun selber mit einer Rede würde erwidern müssen. Der unvermeidliche Augenblick kam: Der kleine Mann setzte sich nieder. Ich erhob mich und mordete die arabische Sprache in so kurzen Worten wie nur irgend möglich. Am Ende einer Rede wird einem deutlich, dass das bloße Aufhören einer Qual eine Form von Lust ist.

Der Klub und ich fotografierten einander gegenseitig auf der Terrasse von Sayyid 'Omars Haus; sie waren alle äußerst nett und fuhren mich in einem ihrer Autos zurück, vorbei an dem Sultanspalast, wo gerade die Kanone – ein Ding wie ein Teleskop, an die vier Fuß lang – bis zur nächsten Hochzeit wieder in Gewahrsam gebracht wurde. Dann verabschiedeten sie sich von mir an der Tür meiner Behausung, deren bunte Fenster den weißen Glanz des arabischen Himmels befleckten wie die Zeit die Ewigkeit.

Alle, und besonders die kleinen al-Kaf-Buben, die mich besuchen kamen, jeder mit seinem Leibsklaven – denn jedem Knaben wurde ein Sklave gleichen Alters beigegeben, fast von Geburt an, und die beiden wuchsen freundschaftlich miteinander auf – alle also erzählten mir, wie viel ich versäumt hätte, dass ich nicht mit angesehen hätte, wie die Kanone abgefeuert wurde. Das holte ich jedoch am Abend nach, denn eine der al-Kaf-Familien lud mich zu einer Vorführung in ihr Privatkino ein, und hier sah ich dann, wie die Kanone mit weißen Qualmwolken bei einer früheren Gelegenheit abgefeuert wurde, unter lautem Beifall der Zuschauer.

Zu dieser Vorführung fuhren wir nach dem Abendessen. Zuerst ging es durch die mittelalterlichen Schlünde Tarims, über holprigen Boden, bei Mondschein, um dann unter elektrischen Lichtern und zwischen korinthischen Säulen hindurch in eine moderne Welt zu treten und in einem großen, verzierten Raum auf Kissen zu lagern.

Am einen Ende des Zimmers hing die Leinwand. Sie zeigte uns Bilder aus dem Leben von Tarim, wie wir sie soeben noch draußen gesehen hatten. Die beiden Sultane kamen hereingeschlendert; sie hatten eine etwas blasierte, sultanhafte Art zu gehen, die ihnen zweifellos durch die zahllosen Umzüge, an denen sie teilnehmen mussten, zur Gewohnheit geworden war; aber alle Anwesenden begrüßten sie mit lautem Gelächter, denn wir hatten sie soeben in einem Zeitlupenfilm mit genau den gleichen Bewegungen einherwandeln sehen. Sie lachten mit; sie waren philosophische Gemüter und überließen der Familie al-Kaf die Mühen der Regierung. Sie setzten sich vergnügt zu uns und beteiligten sich an den allgemeinen Äußerungen über das, was wir sahen.

Hasans Bruder, ein hübscher, gescheiter Junge, der wie ein englischer Schulbub aussah und Funker des Königs Ibn Sa'ud war, war gerade zu Besuch aus Mekka und bediente zusammen mit einigen jungen al-Kafs den Apparat. Die jungen Leute aus Java, der Gast aus Mekka, die abessinischen Sklaven, alle mischten sich vergnügt und unbefangen durcheinander; ich habe niemals ein übel gelauntes Gesicht gesehen bei geselligen Zusammenkünften in Hadhramaut. Wir schauten uns die Bilder aus dem Wadi an, und dann kamen Aufnahmen aus Singapur an die Reihe, Gärten und Privathäuser, mit an England erinnernden Rasenflächen, auf denen Kinder in gestärkten und gefältelten europäischen Kleidchen umherliefen. Als das Licht wieder angedreht wurde, war die kleine zehnjährige Salma, ganz in Grün und Gold und mit ihren fünf Halsketten, in den Armen ihres Vaters eingeschlafen. Wir fuhren in die arabische Welt zurück und riefen in der Dunkelheit vor unserem Haus: »Sklave, o Sklave!«, damit man uns die Tür öffnete. Ein eiliges Tappen von bloßen Füßen ließ sich vernehmen, eine dunkle Gestalt erschien mit einer Laterne und führte mich durch Gänge und über Treppen, vorbei an dem Diwan mit einem Wirrwarr von Pantöffelchen an der Schwelle, vorbei an den Ziegenschläuchen mit Wasser, die in der Zugluft eines Fensters hingen, damit sie kühl blieben, durch den offenen, mondbeschienenen oberen Hof zu meinem Zimmer.

Am nächsten Morgen hatte ich viel zu tun, denn ich konnte nicht abreisen, bevor nicht meine entwickelten Filme trocken genug waren, um sie einzupacken. Mithilfe des Schwimmbassins und einer Thermosflasche, in der Trinkwasser kühl gehalten wurde, war ich gottlob imstande, fast alle zu entwickeln, die ich bei mir hatte, und Hasan war mit der Zeit so sachkundig geworden, dass ich ihm alles anvertrauen konnte außer dem Ablesen des Thermometers.

Während die kleinen Rollen zum Trocknen auf einer Leine hingen, machte ich einen raschen Besuch in der Schule – nicht der alten Religionsschule in Robat, sondern einer modernen für kleine al-Kaf-Buben. Es wurden gerade neue Bänke für sie angefertigt, die jetzt sicherlich schon in Gebrauch sind; aber ich sah die Kleinen noch in Reihen auf dem Fußboden hocken, während drei weise Männer vor ihnen saßen und sie prüften. Das geschah allwöchentlich einmal. Als ich Hasan fragte, wie lange die Ausbildung insgesamt dauere, sagte er: »Das ganze Leben.« Unter diesen Umständen war ein gewisser Mangel an Konzentration entschuldbar, da sie ja so viele Jahre vor sich hatten, um Versäumtes nachzuholen. Tarim, dachte ich, macht seinem Ruf als Stadt der Gelehrsamkeit alle Ehre. Die drei weisen Männer blickten mit Missbilligung auf mich, die sich jedoch nach und nach legte, als sich herausstellte, dass ich solche Dinge wusste wie den Unterschied zwischen dem »Mann, der etwas tut«, und dem »Mann, dem etwas getan wird«, einem im Leben wie in der Grammatik gleich wichtigen Unterschied. Aber unsere Zeit war kurz. Ein kleines Opfer wurde ausgewählt; es stand auf und wurde gefragt, wo die Worte herkommen.

»Von unserem Vater Adam«, antwortete er, »der sie seinen Kindern sagte.«

»Glaubt ihr, dass es wirklich unser Vater Adam war?«, fragte ich den nächststehenden weisen Mann. »In unserem Land sagen manche, die meisten Worte kämen von unsrer Mutter Eva.«

Der Schatten eines Lächelns huschte um seine Lippen. Es tat mir leid, dass ich fort musste, denn er wäre sicherlich bald ganz natürlich und menschlich geworden. Als wir wieder in unseren Hof kamen, standen drei Autos da, reisefertig und bis zum Bersten vollgepackt, denn Sayyid Abu Bekr siedelte auch in sein geliebtes Sewun über, und der Koch und einige Diener und das ganze Küchengerät sowie eine kostbare Pflanze, die hinten unter einem eigens über sie gespannten Schirm festgebunden war, nahmen an dem Auszug teil.

Der Koch war ein Inder, den die gastlichen al-Kaf in Dienst genommen hatten, um britischen Reisenden ihre heimatlichen Gerichte bieten zu können. Er war auf die Nachricht von meinem Kommen hin eigens nach Tarim gebracht worden, und es kam mir so recht zu Bewusstsein, mit welcher Verantwortung wir uns belasteten, indem wir es zuließen, dass sich zugleich mit dem Empire solche Dinge wie Anchovis-Soße und Tapioka-Pudding hemmungslos über die Erdteile verbreiteten. Hätte Dupleix gesiegt und Clive verloren, so würde man heute in Afrika und Asien vielleicht köstliche Omeletts zu essen bekommen. Und wenn die Missionare etwas mehr vom Überfluss ihres frommen Eifers auf Kochschulen verwenden würden, so wäre das auf die Dauer vielleicht besser für das Seelenheil des Durchschnittsmannes, der, wie jede Ehefrau bestätigen kann, häufig nur aufgrund einer Magenverstimmung zur Sünde neigt und nur sehr selten durch Frömmigkeit vor ihr bewahrt wird.

Diese Betrachtungen wurden unterbrochen durch zahlreiche Stöße des Wagens, während wir über viele erhöhte Bewässerungskanäle hinweg auf demselben Wege, den wir gekommen waren, wieder nach Sewun zurückfuhren. Wieder leuchtete das Wadi in der Sonnenglut und weitete sich, als wir hinter der Straße nach Shihr um die Ecke bogen. Wir kamen an einem der zwei Tarimer Mietautos vorbei, das mit einer Panne im Strombett festsaß, und in dem sich die »Musik von 'Urfa« befand, vier Damen und drei Trommeln, auf dem Rückweg von der Hochzeit. Wir hielten uns nicht damit auf, altertümliche Stätten zu besichtigen, denn ich wollte meine Kräfte für Shabwa sparen; aber ich begab mich zu einigen Beduinen, die lässig und gleichgültig in der Hitze um eine Siqaja herum lagerten, während ihre Frachten in der Sonne lagen und ihre Kamele grasten; es waren Kathiri vom Stamme des Sultans 'Ali, und Hasan sah bekümmert mit an, wie sie sich nach beendeter Aufnahme um mich drängten und ich sie durch meinen Sucher die Landschaft betrachten ließ.

Um ein Uhr gelangten wir wieder bei den staubigen Mauern und duftenden Kornfeldern von Sewun an. Mit dem Gefühl heimzukehren, stiegen wir die sonnenbeschienenen, stillen Stufen zum »Ruhm des Glaubens« hinauf. Ich konnte Sayyid Abu Bekrs Liebe zu Sewun verstehen. Es musste eine Wohltat für ihn sein, der Tarimer Atmosphäre von Unsicherheit und Reichtum zu entrinnen – die braunweißen Häuser hier zu sehen, ganze Straßen voll schönen Zierrats, unbedroht von fremden Elementen.

Nach einer Weile kam der Sultan in seinen Pantoffeln daher, setzte sich nieder und zitierte Sprüche arabischer Dichter über die Entbehrlichkeit des Reichtums. Es war alles sehr nett.

In der Abendkühle – ein halber Wolkenstreifen stieß rotglühend wie ein Schwert hinter dem Felsenrand hervor, denn der ganze Sonnenuntergang war von Sewun aus nicht zu sehen – machte ich einen Besuch bei den Damen Abu Bekrs. Sie hörten gerade der »Musik von 'Urfa« zu, die wir im Flussbett gestrandet zurückgelassen hatten. Die vier Musikantinnen mit ihren Trommeln saßen mit untergeschlagenen Beinen in einer Reihe an der Wand, eine junge, zwei mittleren Alters und eine alte. Sie hatten grobe, verhärtete Gesichter, denn ihr Beruf galt nicht als ehrbar, und sie waren wenig geachtet. Einer der mittelalterlichen Könige im Jemen soll sich angeblich vergiftet haben, als er nach der Eroberung seiner Stadt durch seine Feinde mit ansehen musste, wie die Sieger seine Konkubinen dazu zwangen, öffentlich an der Wand zu tanzen und zu singen.

Die Musik war wild, mit einer leisen, absteigenden Kadenz wie ein Wasserfall. Die Frauen sangen eine nach der anderen, wobei sie die drei kleinen Trommeln und von Zeit zu Zeit auch die große schlugen. Ich lauschte gebannt, wie man einer Brandung lauscht.

Das Weihrauchbecken wurde herumgereicht, und jede von uns hielt es sich einen Augenblick vor die Brust, um Kleid und Haar zu durchduften. Auf einer Strohmatte lagen auch geröstete Kaffeebohnen, an denen wir rochen und die wir dann weitergaben. Nach einer Weile wurden zwei schöne Gewänder hereingebracht nebst einem Silbergürtel und einem halbmondförmigen Silberschmuck für den Nacken, ein Geschenk für mich von der Gattin des Sayyids, die wusste, dass ich solche Dinge liebe.

Während wir sie bewunderten, erschien auch die gelehrte Sherifa, um mir Lebewohl zu sagen, ein Zitat auf den Lippen, noch ehe sie über die Türschwelle getreten war. Ihre Schläfenlocken waren so zierlich und nett wie immer, als sie sich aus ihrem grünen Übergewand und dem dicken schwarzen Schleier schälte; ihre kleinen Zeigefinger stachen wieder genauso nachdrücklich in die Luft, um kein Krümchen Weisheit der Beachtung entgehen zu lassen. Unter ihrem unerbittlichen Einfluss schwand unser Weibergeschwätz dahin und verendete schließlich vollends. Sogleich erging sie sich über die Vorteile der Bildung und kam dann auf die Buchstaben des Alphabets zu sprechen, die in solche des Feuers, des Wassers und der Luft eingeteilt seien: »Feuerbuchstaben«, sagte sie, »halten einen warm, wenn man unter Kälte leidet. Das«, bemerkte sie, »ist Wissenschaft.« Ich fand nicht die Zeit, zuzustimmen oder zu fragen, welches die Buchstaben seien, die eine so nützliche Eigenschaft hätten, denn schon erklärte sie uns, die drei vorgeschriebenen Arten der Wissenschaft seien Religion, Medizin und Sternkunde. »Auch Sprachen; es gibt zweitausendsiebenhundertundsechzig in der Welt.« Sie könne nicht bleiben, sagte sie, ihre Damen erwarteten sie: Sie sei lediglich aus schwesterlicher Freundlichkeit gekommen, um mir eine gute Reise zu wünschen. Sie hüllte sich wieder ein und ließ uns voller Bewunderung, aber sprachlos zurück.

Als ich wieder zum »Ruhm des Glaubens« kam, warteten dort bereits drei andere Damen aus dem Sultanspalast auf mich. Unsere Unterhaltung bewegte sich jetzt auf weniger geistigem Niveau, denn sie waren vollauf damit beschäftigt, sich alle meine Sachen anzuschauen und an meiner Hustenmedizin zu nippen; entsetzt hielten sie vor meinem Seifennapf inne, denn in Hadhramaut darf man alter Sitte gemäß nach Masern die ersten einundvierzig Tage lang keine Seife anrühren.

»Der Geruch tut dir nichts?«, fragten sie. »Wenn man bei uns irgendeinen Geruch riecht, nachdem man Masern gehabt hat, stirbt man am selben Tag; der Geruch schießt einem in den Kopf, und infolge der Trockenheit der Luft dehnt er sich aus und zerplatzt.«

»Ist das der Grund, weshalb neulich eine Frau ihr Kind wegriss und schrie: ›Der Geruch, der Geruch‹, als ich ihm nahe kam?«

»Ja natürlich«, versicherten sie mir recht grob, wie ich fand. »Und wir stopfen den Kindern oft die Nasenlöcher zu, um sie vor Gefahr zu schützen.«

Dann gingen sie und flatterten wie blaue Schmetterlinge die weiße Treppe hinab.

Am nächsten Morgen kamen Sayyid Abu Bekr, der Sultan, sein Bruder und sein Neffe, um mir das Abschiedsgeleit zu geben. Es tat mir leid, sie alle verlassen zu müssen. 'Ali der Berber saß schon in einem zweisitzigen Wagen bereit, Hasan hinter ihm auf dem Notsitz, der viel zu eng für ihn war. Er sah lustig aus mit seiner dunklen Brille und einem Spitzhut mit Quasten, den ich soeben von der Frau des Gärtners erstanden und den er sich zum Schutz gegen die Sonne aufgesetzt hatte. Es war neun Uhr morgens; wir wollten an den kleinen Ortschaften der Südseite vorbei nach Shibam fahren und von dort am nächsten Tag zum Wadi 'Amd – eine dreitägige Probereise, um meine Kräfte zu prüfen, bevor ich mich auf den Weg nach Shabwa wagte.

XXI. Kapitel

In das Wadi 'Amd

»Müde Häufchen Reisender
In kargem Schattenschutz inmitten
Arabischen Sandes.«

(Wordsworth)

Ich verließ Sewun am 22. Februar. Allmählich machte sich der Frühling bemerkbar. Mittags hatten wir 31 Grad im Schatten.

Die gelben Stellen in den Kornfeldern waren breiter geworden, und hier und da hockten Männer mit Sicheln und mähten. Die Sicheln sahen recht armselig aus, gekrümmte Messer mit ein paar Zoll Sägezähnen in der Mitte. Die Männer arbeiteten, auf ihren Fersen kauernd, in Dreier- und Viererreihen. Sie ließen die Stoppeln ein paar Zoll hoch stehen; diese wurden, wenn sie trocken waren, herausgezogen und, mit Lehm vermischt, zur Ziegelherstellung verwendet. Frauen waren damit beschäftigt, Zwiebeln zu pflanzen; sie sahen aus wie Reihen von Hexen mit ihren nach allen Richtungen ragenden Spitzhüten und den schwarzverschleierten Gesichtern. Auf einem Feld pflügte ein Mann mit Ochsen, die einzigen, die ich sah – denn diese Arbeit wurde meistens von Hand verrichtet. Die südliche Talseite mit ihren Ortschaften war fruchtbar und friedlich. Bauern mit ihren Erzeugnissen trotteten auf Eseln hin und her. Dann und wann roch man den linden Duft des Korns. In dem staubigen Grün der Palmenhaine standen neu gebaute Häuser ungeschützt und offen; denn diese kleinen Städte, die immer noch wie eine viereckige Festung an der Felswand klebten, hatten jetzt fünf Friedensjahre hinter sich. Sayyid Abu Bekr und Sultan 'Ali von Sewun haben sie mit einem Aufwand von sieben- bis achttausend Talern befriedet und diese behagliche Gartenvorstadtstimmung geschaffen. Die Bewohner konnten jetzt ungefährdet ihre Häuser zwischen die Palmenbäume der Talsohle bauen.

Die Städte selbst, beispielsweise Ghurfa, wiesen noch Spuren von Kämpfen auf – ihre Häuser waren glatt und kahl bis zum zweiten Stock, wo die Schießscharten begannen, jedes von ihnen war eine Festung für sich. Von ihnen ging ein tiefer gelegener und mit einer Reihe von Mauerbögen überdeckter Weg aus; er hatte es den Einwohnern ermöglicht, zu ihren Palmenhainen in der Ebene zu gelangen, ohne dem feindlichen Feuer ausgesetzt zu sein. Die östlichen Feinde von Ghurfa hatten in etwa hundertfünfzig Meter Entfernung von den Häusern einen Schützengraben angelegt und ein kleines Fort gebaut, wo ständig zehn Soldaten lagen und die Stadt in Unruhe hielten; tagsüber saßen sie da fest, aber nachts wurden sie mit Proviant versorgt oder abgelöst, und auf diese Weise hatte der Krieg zehn Jahre gedauert.

Wir machten in Ghurfa nicht halt, sondern fuhren unterhalb der Stadt vorbei und bogen in das Wadi bin 'Ali, wo die Paläste von 'Uqda sich über den springbrunnenförmigen Wipfeln der Palmen weiß von den Felswänden abhoben. Ich las damals gerade »Morte d'Arthur« und fand das Buch merkwürdig in Einklang mit dem Leben im Wadi: die jähen Kontraste, der Glanz der Schlösser, die allgemeine Unsicherheit ringsumher, das köstliche Gefühl, dass jeden Augenblick irgendwo etwas geschehen könnte. Die Bewohner von Hadhramaut hatten so ziemlich die gleiche Auffassung vom Leben wie die Ritter Malorys in den Marschen von Cornwall und Wales. Ein Fremdling unter einem Baum hatte dieselben erregenden Möglichkeiten zu gewärtigen, entweder einen Kampf oder ein Festgelage, und die Begriffe von Rekonvaleszenz im England des fünfzehnten Jahrhunderts müssen denen des heutigen Arabiens sehr ähnlich gewesen sein, wo auch von einem erwartet wurde, dass man zu Gott weiß welchen Unternehmungen einfach vom Bett aufstand, genau wie der krank daniederliegende Sir Tristram von seinen Freunden zum Lanzenstechen herausgefordert wurde.

'Uqda war dank der fünf Friedensjahre jetzt eine Gartenstadt; die üppigen, buschigen jungen Palmen waren von keiner Mauer umgeben. Unser Wagen blieb beinahe in dem weichen Sand stecken, und wir machten halt unter den weißen Zinnen eines Palastes, den irgendein Hotelbesitzer aus Java sich erbaut hatte und der abseits für sich lag, geschützt nur durch seine eigenen Lehmmauern.

Die Bewohner kamen heraus, um uns zu begrüßen, und luden uns ein, zu bleiben; aber ich hatte es eilig, nach Shibam zu kommen, das bereits in der offenen Weite, an der Stelle, an der das Wadi Bin 'Ali in das Wadi Hadhramaut mündete, zu sehen war. Wir wollten nämlich bereits am nächsten Tage im Palast von al-Qatn wegen der Shabwa-Beduinen vorsprechen, und ich wusste, dass ich deshalb Schwierigkeiten mit dem Gouverneur von Shibam bekommen würde.

Und in der Tat hatten wir kaum die steinige Schwelle dieser Stadt überschritten und im Schatten ihrer turmartigen Häuser haltgemacht, um auf den Gouverneur zu warten, als auch schon die Schwierigkeiten begannen. Ein kleiner Beduine, flink wie eine Ratte, sprang von seinem Ruheplatz zwischen einigen Kamelen auf und ergriff und schüttelte meine Hand.

»Drei Tage«, sagte er, »habe ich hier im Staub auf dich gewartet. Der Sultan von Qatn hat mich geschickt. Er will dich nach Shabwa bringen.«

In diesem Augenblick erschien der Gouverneur, in Gewänder gehüllt wie ein Schiff unter vollen Segeln, seinen silberbeschlagenen Stock vor seiner stattlichen Person hertragend. Er scheuchte den kleinen Beduinen weg.

»Sorge dich um nichts«, sagte er zu mir. »Wir werden dir die besten Leute mitgeben, die wir haben. Du brauchst keine Furcht zu haben.«

Ein Marktplatz voller Menschen schien nicht der geeignete Ort, um diese Verstrickung zu lösen. Ich beruhigte den kleinen Beduinen, der mit verwirrten, flinken Äugelchen von einem zum anderen blickte, trug ihm Grüße an den Sultan auf und ließ diesem ausrichten, ich würde morgen nach al-Qatn kommen, um alles zu regeln. Hasan, sichtlich von Kampflust geschwellt – denn er konnte Shibam mitsamt seinen Bewohnern nicht leiden –, wurde mit sanfter Gewalt wieder in den Wagen gedrängt. Die Parteien hatten gleichsam Stellung bezogen, ohne noch die Feindseligkeiten zu eröffnen, und wir fuhren allesamt zu einem Bungalow außerhalb der Stadt, wo ich wohnen sollte.

Es war ein reizendes Häuschen, im offenen Gelände gelegen, auch wenn im Süden hinter ihm die Felswand emporragte. Es stand für sich allein, umgeben von zwei ummauerten Gärten mit Granatäpfeln und Palmen, nebst einem Teich mit klarem Wasser, um den ein Säulengang lief. Von hier aus gelangte man in ein Esszimmer mit grünen Fensterläden, vor denen die Palmzweige raschelten. Wir stiegen jedoch im Gänsemarsch hinauf zu einem großen, luftigen Zimmer mit sieben Fenstern und an jeder Seite einer Terrasse für Morgen- und Abendschatten. Es war in mehr oder weniger europäischem Stil gehalten, in hellen Farben gestrichen, die durch weiße Tünche und durch das Sonnenlicht abgemildert wurden. Es war das Haus, in dem die Angehörigen der R.A.F. bei Landungen in Shibam gastlich aufgenommen wurden, und es war sorgfältig mit grünen Samtsesseln und zahlreichen Aschenbechern ausgestattet.

Hier traten wir alle ein, nachdem der Schlüssel mitsamt Juslim, dem Diener, der ihn in seinen Gürtel gesteckt hatte, gefunden war, und setzten uns nieder: meine beiden Gastgeber Sa'id und Husain al-A'jam; der Gouverneur, dessen Rotbart wie ein heruntergerutschter umgekehrter Heiligenschein aussah; der kleine Ba 'Obaid, A. B.s Agent, freundlich und beflissen gegen jedermann, sowie die beiden Sayyids 'Aluwi und 'Ali aus dem Wadi 'Amd. Letztere waren unterwegs nach Sewun gewesen, hatten aber auf die Nachricht hin, dass ich ihr Gebiet besuchen wollte, mit der in Hadhramaut üblichen Gastfreundlichkeit auf der Stelle alle ihre Pläne umgestoßen, um mit mir zurückzugehen und mich zu bewirten. Nachdem wir es uns behaglich gemacht hatten und nach einem geziemenden Austausch allgemeiner Höflichkeiten kamen wir auf das heikle Thema Shabwa zu sprechen.

Der Gouverneur befürchtete, dass man es ihm in Mukalla verübeln würde, wenn er mich unter der Ägide des Sultans von al-Qatn reisen ließ. Er stammte aus einer der Sklavenfamilien des Königshofs und war – gemäß der südarabischen Tradition, die von vielen berühmten Wesiren weiß, die Sklaven waren – vor einem Jahr zum Gouverneur ernannt worden, nachdem der Sultan von Qatn dieses Amt niedergelegt hatte. Sultan 'Ali von Qatn war aber immer noch der mächtigste Mann im oberen Hadhramaut; er war zurückgetreten, sagte mir Hasan, weil zwei seiner Soldaten von den Jabir-Beduinen am Tor von Shibam getötet worden waren und man ihm nicht erlaubt hatte, mit Truppen und Gewehren gegen die Jabir vorzugehen, sondern ihn genötigt hatte, sich mit einer Geldbuße zufriedenzugeben. Die Jabir waren Verächter des Gesetzes, und während meines Aufenthalts im Wadi überfielen sie eine Karawane aus Shabwa, töteten einen Mann und raubten zwei Kamele. Der Sultan von Qatn, der über sein Gebiet hinaus geachtet war, hatte dem Namen der Qe'eti in Shibam Geltung verschaffen können – was einem Außenseiter, und mochte er noch so tüchtig sein, bei den konservativen Stämmen nur sehr selten gelang. Ich für mein Teil war entschlossen, mich nicht in das westliche Grenzland zu wagen ohne den Schutz eines Mannes, dessen Name über die Grenzen von Shibam hinaus Ansehen genoss, und abgesehen davon mochte ich den Sultan und hatte mich ihm gegenüber bereits verpflichtet. Ich brachte diese beiden Argumente mit dem nötigen Nachdruck vor.

»Das hat nichts zu sagen«, meinte Ba 'Obaid, auf Ausgleich bedacht. »Wir werden dem Sultan einen Boten schicken, der alles erklärt, und wenn eine Karawane kommt, wird dich der Gouverneur von hier aus mitschicken.«

»Ich bedaure«, sagte ich. »Das hätte man vorher tun können, aber jetzt ist es zu spät. Ich habe dem Sultan von Qatn mein Wort gegeben. Selbst um des Königs von England willen würde ich es nicht zurücknehmen. Das Wort, das gegeben ist, ist gegeben.«

Diese Erklärung rief ein bekümmertes Schweigen hervor. Die kleine Runde schaute zu Boden und äußerte weder Für noch Wider. Alle sahen ein, dass man mit Vernunftgründen unmöglich gegen weibliche Halsstarrigkeit ankam, und der Gouverneur erhob sich umständlich mit einem Seufzer. Er könne die Verantwortung für mich nicht übernehmen, sagte er; er werde an die Regierung von Mukalla schreiben und ihr das mitteilen, und er bitte mich, auch zu schreiben und zu erklären, dass ich das auf eigene Faust tue und gegen seinen Rat.

Das schien eine akzeptable Lösung. Der Gouverneur ging, und auch der kleine Kreis verabschiedete sich, einigermaßen niedergeschlagen. Als alle fort waren, öffnete sich plötzlich die Tür, und einer von ihnen schaute mit sehr herzlicher Miene noch einmal herein.

»Du hast recht getan«, sagte er. »Der Sultan ist der beste Mann in der ganzen Gegend. Er ist ein Freund von uns. Und was den Gouverneur angeht, den armen Mann – man hört nicht auf ihn; er hat keine Ahnung von Geschichte.«

So sah ich mich gerechtfertigt, wenn auch auf unverhoffte Art.

Am nächsten Morgen um Viertel nach acht brachen Hasan, 'Ali der Berber und ich, nebst den zwei Sayyids auf dem Notsitz hinten, nach Huraidha im Wadi 'Amd auf.

Die beiden Sayyids waren die angenehmsten Gefährten, die man sich wünschen konnte. Sie boten ein lustiges, gegensätzliches Bild, wie sie da auf dem Notsitz saßen: 'Aluwi rundlich, gutmütig, ganz Ehrlichkeit, Freundlichkeit, Verlässlichkeit, während sein Freund, mit adlernasigem Arabergesicht, den gelben Turban schief über einem Auge, bereit zu jedem Spaß und Abenteuer und voller liebenswürdiger Unbekümmertheit »weniger Sheikh als Beduine« war, wie er mir selber sagte. Beide hatten van den Meulen und v. Wissmann bei deren Besuch im Wadi 'Amd freundschaftlich beigestanden und waren noch voll von allem, was sie damals miteinander erlebt hatten, das heißt, 'Ali der Bedaui war voll davon. 'Aluwi hatte andere Erinnerungen, nämlich an einen achtmonatigen Aufenthalt in England, und erzählte, während wir auf das westliche Wadi zu fuhren, von den Herrlichkeiten von Paddington und Woking.

Wir fuhren durch al-Qatn und hinterließen, dass wir auf dem Rückweg dort haltmachen und den Tag für die Abreise nach Shabwa verabreden würden. Im Wadi draußen kam uns eine Karawane aus Sa'na im Jemen entgegengezogen; kleine Esel tänzelten unbeladen um die schwerfälligen Kamele herum. Die Männer waren hochgewachsen, ganz anders als unsere Dschol-Beduinen, mit Bärten und Adlernasen und sehr freundlich. Sie kämen, sagten sie unbestimmt, von der Richtung der Gebete her, von »Qibli«, wie sie die Gegend im Nordwesten nannten, hinter der Mekka lag; sie schnalzten mit den Fingern in die sonnverhüllte Feme, während ihre Tiere, an die hundert mit Hirsesäcken beladene Kamele, warteten, langsam die Köpfe hoben und in die Sonne zwinkerten. Ziel der Karawane war Shibam, die »Bank« von Hadhramaut, wie Hasan es nannte. Das zeugte von dem Frieden, der jetzt über diesen westlichen Gebieten lag. Die Gruppe hochgewachsener Männer blieb, nachdem die Neuigkeiten ausgetauscht waren, noch eine Weile stehen, um uns nachzuschauen – gleichsam inmitten all der Muße ihrer Wüsten.

Wir fuhren nun nach Süden, das breite Tal entlang, durch das wir vor vierzehn Tagen gekommen waren – die Felsfirste blass im Sonnendunst vor uns. Wir winkten zu den Mauern von Dhiar al-Buqri hinauf, wo die Sklaven auf ihrem Ausguck umherlungerten, um ihnen zu bedeuten, dass wir keine Zeit zu einem Aufenthalt hätten; und dann bogen wir von der Do'an-Route nach Westen in das Wadi 'Amd.

Nach einer langen Strecke Ödland kamen wir wiederum zu Ortschaften und Oasen, die jedoch karger waren als die im Hauptwadi; man sah mehr 'Ilbbäume als Palmen. Hier waren wir in der Nähe jenes Gebietes, von dem Maqrizi spricht als von dem Land, wo man mit der Aussaat »vom Regen abhängig ist« und wo es »sehr viele Nebk-('Ilb-)Bäume gibt, sodass ein Baum eine Ladung für fünf Kamele ist und für zehn Mithqals Gold verkauft wird; und wenn Regenmangel ist, welken die Bäume, und es gibt keine Aussaat … Und die Bewohner hier«, fügt Maqrizi hinzu, »haben die ungewöhnliche Fähigkeit, sich in Wölfe zu verwandeln«, und »die Männer fliegen bei Nacht in der Luft von Hadhramaut umher und verwandeln sich in die Gestalt von Vögeln, wie des

Rakhma und des Huda'a, bis sie nach Indien kommen«, sodass man also annehmen kann, dass ihr Wandertrieb von alters her ererbt ist. Die derart von Maqrizi beschriebene Gegend liegt, nordwestlich von 'Amd, im Land der Se'ar, und im Land der Ahqaf (in den südlichen Sandwüsten), liegen Gebiete, wo es »überhaupt kein Wasser gibt«, aber wenn es regnet, gibt es große Ernten, »und dann steigt ein Stamm in sie hinab … und bleibt dort vier Monate lang mit seinen Kamelen und Frauen und braucht kein Wasser … sondern lebt von Milch«.

Das Wadi 'Amd war nicht so; allenthalben fanden sich kleine Ortschaften und Pflanzungen; aber trotzdem spürte man an einer gewissen herben Klarheit und Härte die Nähe der Wüste. Es war ein Beduinental, das sich die Stämme der Nahd und Al Ja'da teilten und das unter der Oberhoheit der 'Attas Sayyids aus der Stadt Huraidha stand. In alter Zeit muss es viel dichter bevölkert gewesen sein als jetzt, denn die Ruinenfelder von Huraidha sind, nach van den Meulen, die größten, die man in Hadhramaut kennt; und gegenüber von Huraidha, 18 Grad von Sayyid 'Aluwis Haus nach meinem Kompass, lag 'Andal, die »erste Stadt von Hadhramaut«. Hier muss in Altertum und Mittelalter die Handelsstraße vorbeigeführt haben, und eine genauere Erforschung des Wadis 'Amd würde sich sicherlich lohnen. Außer van den Meulen, v. Wissmann und Hellfritz waren, soviel ich weiß, noch keine Europäer hier (denn v. Wredes Bericht über diesen Teil seiner Reise ist offenbar nicht authentisch).

Wir rasteten am Eingang des Wadis eine Weile im Schatten eines 'Ilbbaumes zwischen Sanddünen. Drei Hirtinnen in Schwarz, mit Silbergürteln, kamen herbei, als Sayyid 'Aluw sie rief; denn wir waren jetzt im Land der 'Attas, und sie kannten ihn. Es waren junge Dinger, aber alle drei Witwen; ihre Männer waren in den Kämpfen zwischen Dhiar al-Buqr und der Stadt unter der Felswand gefallen. Ihre eigene

Stadt, erzählte mir Sayyid 'Aluwi, war die streitbarste von all den kriegerischen kleinen Städten, und ihre Bewohner waren augenblicklich eifrig damit beschäftigt, Schützengräben auszuheben, um bei Ablauf des Waffenstillstands, in zwei Monaten, gerüstet zu sein. Die kleinen Witwen holten unterdessen mit ihren langen Stangen das Laub von den Bäumen und boten uns aus kleinen runden Körben Beeren an. Sie blickten verdutzt und scheu auf mich, denn sie hatten noch nie eine Europäerin gesehen; aber dann kamen sie näher, setzten sich neben uns und befühlten neugierig den Stoff meines Kleides.

»Wir sind hier demokratisch«, sagte Sayyid 'Aluwi, sichtlich froh, den städtischen Üppigkeiten des großen Wadi wieder entronnen zu sein. »Im Wadi Hadhramaut muss man fünfhundert Taler oder so für die Mitgift seiner Frau zahlen; aber hier im Wadi 'Amd sind zwölf (achtzehn Schilling) das Höchste.«

Die Sonne stand schon hoch, und wir wollten vor Mittag in Huraidha sein. Wir ließen die Hirtinnen zurück und fuhren weiter in Richtung Westen, durch steiniges Geröll unter der Felswand entlang, die hier wie eine Schnauze ins Tal vorsprang und auf deren Höhe ein alter Brunnen lag, der Bir Ghumdan, in den v. Wissmann und unser Bedaui Sayyid hinuntergeklettert waren. Letzterer erzählte mir davon, bis das Geholper des Wagens jede Unterhaltung vereitelte. 'Ali der Berber konnte mit einem Wagen so ziemlich alles machen: Wir fuhren in ein grabenartiges, trockenes Flussbett und nahmen es wie eine Welle; auf der anderen Seite lehnte sich die Stadt Huraidha gegen die Felswand an der Talbiegung, umgeben von offenem, steinigem Gelände. Davor lag der Friedhof mit einigen weißen Kuppeln sowie ein weißes, verziertes Brunnenhaus. Die beiden weißen Minarette wirkten schlank und leicht vor der Felswand. Die Stadt lag in der brütenden Sonne braun dazwischen. Und an den Steinbockhörnern, die ihre Dächer verzierten und sich gegen den Himmel krümmten, sahen wir, dass wir wieder im altväterlichen Hadhramaut waren, inmitten der ungebrochenen Traditionen Arabiens.

XXII. Kapitel

Huraidha im Wadi 'Amd

»Die Wächter werden den Tod nicht fernhalten von dem Herrn von Marib, noch die Bollwerke, die ihn umringen.
Er wird hinaufsteigen zu ihm nach dem ersten Schlafe der Nacht an einer flachsenen Leiter, festgedreht.«

('Alqama)

Sayyid 'Aluwi wurde nicht erwartet in seinem Haus am Rande der Stadt. Es gab viele Begrüßungen und Erklärungen, und die Teppiche, die während seiner Abwesenheit entfernt worden waren, mussten wieder ausgelegt werden.

Er war eifrig bemüht, es mir behaglich zu machen, und versorgte mich in seiner Herzensgüte mit allerlei importierten Genüssen, von denen er eine ganze Menge vorrätig hatte; denn Hadhramaut war anscheinend einer der Hauptverbraucher der Welt für Konservenobst, -milch, -gebäck und dergleichen, die mir überall aufs Freigebigste angeboten wurden. Ich nahm dankbar an und schaute zu, wie der Sayyid in seinem Haushalt herumwirtschaftete, wobei er ab und zu innehielt und darüber klagte, wie nutzlos die Frauen seien und wie unfähig, sich die Bedürfnisse einer Europäerin vorzustellen.

Aber Jamila kam ihm zu Hilfe. Man schickte nach ihr, und sie kam, um mich zu betreuen, in Beduinenschwarz gekleidet, mit einem Schlüssel am Gürtel. Sie war eine resolute

Frau in mittleren Jahren mit einem freundlichen, angenehmen Gesicht – dem langen Gesicht mit dem großen Mund und den hohen Backenknochen, das in Hadhramaut überall dort typisch war, wo kein javanischer Einschlag vorlag. Sie ging frei und unverschleiert umher, eine Freundin mehr als eine Dienerin, so zum Hause gehörig wie die Mauern und ebenso unerlässlich als Stütze; denn hier waren wir wieder im Feudalland mit all seinen Treueverhältnissen.

Auch die alte Bauweise von Do'an war hier wieder zu sehen, die Türen mit etwa sieben geschnitzten Streifen über dem Türsturz; ihre schweren Riegel wurden vermittels einer Kette gezogen, die durch alle Stockwerke lief; die Zimmer hatten die dunkle Täfelung und die schön geschnitzten Säulen des alten Hadhramaut. Sayyid 'Aluwi entschuldigte sich ihretwegen, während er am Boden saß und darauf achtete, ob auch die Teller und Löffel sauber wären, die vor mich hingesetzt wurden, und in einem irdenen Napf Wasser kommen ließ, in das einige Körnchen Weihrauch getan wurden, um es rein zu machen. »Wir sind demokratisch im Wadi 'Amd«, wiederholte er mehrmals und fügte dann hinzu: »Es ist besser als der Luxus in Hadhramaut.« Er war stolz auf sein Tal, freute sich, wenn ich ihm sagte, dass es mir gefiele, und gab dieser Freude dadurch Ausdruck, dass er sich daranmachte, eine weitere Konservenbüchse für mich zu öffnen.

Ich hätte eigentlich sehr glücklich sein müssen bei so viel Freundlichkeit, aber ich fühlte mich schrecklich krank. Jamila scheuchte eine Invasion von Damen hinaus und ließ mich allein, damit ich ruhen könne. Heftige Fieberschauer schüttelten mich; ich ging alle Krankheiten durch, die in dem höchst schätzenswerten Buch »Winke für Reisende« der Royal Geographical Society beschrieben wurden, und fragte mich, welche von ihnen ich wohl haben könnte. Ich kam zu dem Schluss, dass es Malaria sein müsse. Die Symptome von Herzerweiterung waren unerklärlicherweise nicht in dem

Buch erwähnt, und Malaria war das Einzige, was einigermaßen auf meinen Zustand zu passen schien. Einfache Malaria, fügte das kleine Buch hinzu, sei nie tödlich. Ich gab mich der Hoffnung hin, dass die meine einfach sei. Ich schaute hinaus auf die sonnenbeschienene Steinöde des Wadis 'Amd, die uralte Heerstraße nach Süden zur Küste hin, und zum ersten Mal befielen mich Zweifel, ob ich wohl jemals wieder kräftig genug sein würde, um dieses wüstenumschlossene Land zu verlassen. Das Haus lag hoch; seine Festungsmauern sahen aus wie eine verkleinerte Nachahmung der Felswand hinter ihnen. Die Abflussrinnen ragten daraus hervor und ergossen ihren Inhalt auf den Abhang darunter. Unter jedem Fenster befand sich eine solche Rinne, sodass ich mein Badewasser hinausgießen konnte, ohne die Läden zu öffnen. Das Tal unten lag wie tot in der Mittagssonne, schattenlos und friedlich, denn wir waren um elf Uhr in Huraidha angelangt, nach fast dreistündiger Fahrt von Shibam aus. Ich legte mich nieder und versuchte zu ruhen. Nach einer Weile öffnete sich die Tür langsam, und der Kopf eines kleinen Jungen lugte herein. Er hatte sich an der wachsamen Jamila vorbeigestohlen, um mich zu sehen, zögerte, wie jemand, der im Zoo an die offene Tür des Löwenkäfigs geraten ist, sah mich lächeln und kam herein und hockte sich neben mich auf den Boden.

»Von wo haben sie dich denn hergeholt?«, fragte er, wobei er seine beiden kleinen geöffneten Hände erhob, um deutlich zu machen, wie bemerkenswert er mich fand.

Er hieß Ja'far und war sich ziemlich sicher, dass er sieben Jahre alt war. Er besuchte die Schule und schrieb seine Aufgaben auf eine Holztafel anstatt in ein Schreibheft. Er machte jeden Schlaf zunichte, den ich etwa hätte finden können, denn Jamila, die unsere Stimmen hörte, ließ nun die Damen des Harems herein.

Sie trugen reizende Gewänder im Stil von Hadscharain und um die Köpfe rot-schwarze Baumwolltücher, die irgendein indischer Hausierer hergebracht hatte. Der Handelsverkehr nahm seinen Weg jetzt durch das Wadi 'Amd, weil keine Plünderung in Bir 'Ali mehr drohte und die Zölle niedriger waren als in Mukalla; aber im oberen Wadi war die Sicherheit noch immer nicht sehr groß, sodass der größte Teil des Handels sich nach Osten wandte, dem Wadi Do'an und Shibam zu, über den Dschol anstatt durch das Tal – wieder ein Beweis dafür, dass die alten erprobten Handelsstraßen in diesem Land im Wesentlichen dieselben blieben und nur zeitweise aus Gründen der Sicherheit verlegt wurden.

Dergleichen kümmerte die Damen nicht. Was sie sich erhofften, war die Erlaubnis zu einer kleinen Fahrt in unserem Wagen, das Tal hinauf und hinab. Das war ihnen früher einmal versprochen worden, als ein Wagen nach Huraidha gekommen war, aber es war nichts daraus geworden, und sie hatten noch nie im Leben in einem Auto gesessen. Sie baten mich, mich für sie zu verwenden, und ich trug ihre Bitte dem Sayyid vor. Er lächelte nachsichtig, aber als ich mich tags darauf erkundigte, hörte ich, dass das versprochene Vergnügen schließlich doch nicht gewährt worden war. »Dummheiten«, sagte er, »was Frauen so im Kopf haben.« Die Haremsdamen und ich schauten einander mit Bedauern an, aber wir kannten unsere Stellung zu gut, um noch ein Wort darüber zu verlieren.

Ich war zu krank, um das mehr als eine Meile oberhalb der Stadt gelegene Ruinenfeld zu besichtigen, das v. Wissmann besucht hatte. Aber ich wanderte in den Straßen von Huraidha umher, vorbei an ihren drei Moscheen, ihrer Bibliothek und ihren braunen, an der Felswand klebenden Häusern. Die älteste Moschee lag ein wenig höher. Sie hatte ein viereckiges Minarett wie die Moschee in Hadscharain, und bei der Schwelle befanden sich zwei himjarische Steinplatten.

Es ist schade, dass wir so wenig über diese himjarische Schrift wissen; ihre Herkunft ist unbekannt, obwohl vermutlich das erste Alphabet der Welt, in unserem Sinne, darin enthalten ist. Schon allein um einer so wichtigen Erfindung willen lohnt es sich, die Vergangenheit Südarabiens zu erforschen. Aber die letzten Zeiten der himjarischen Schrift und der Übergang zur arabischen liegen gleicherweise im Dunklen. Eine Schrift aus dem zweiten Jahrhundert nach Christus *(Nova Acta Eruditorum 1773)* erwähnt einen gewissen Ulpius Castoras *Librarius Arabicus,* was beweist, dass arabische Texte irgendwelcher Art schon zu dieser frühen Zeit bekannt waren. Aber noch im sechzehnten Jahrhundert erwähnt Hamdani verschiedene Gebiete, in denen Himjarisch gesprochen wurde. Conder schreibt in seinem »Arabien«, ohne allerdings seine Quelle zu nennen, dass, »als der Koran in kufischer Schrift erschien, die Einwohner von Jemen unfähig waren, ihn zu lesen« (S. 42).

Dass die himjarische Schrift noch zu Beginn des Islam in Hadhramaut bekannt war, geht aus der Geschichte des Qaisaba ibn Kulthum hervor, der Muslim wurde und an der Eroberung Ägyptens teilnahm. Faraj ba'd esh-Shidda (Part. 1 S. 130) erzählt unter Berufung auf Ibn al Kalbi, wie Qaisaba von den Banu 'Uqail (wahrscheinlich in der Gegend von Bishe) überfallen wurde, als er, noch vor der allgemeinen Verbreitung des Islam, auf Pilgerfahrt war und drei Jahre gefangen gehalten wurde, während die Seinigen glaubten, die Dschinn hätten ihn entführt. Aber mit seinem Messer schrieb er in himjarischer Schrift (Musnad) eine Botschaft auf den Sattel eines vorbeiziehenden Kamels, und die Botschaft gelangte schließlich bis zu seinem Stamm in Hadhramaut. Er wurde befreit durch einen Feldzug der Stämme Sakun und Kinda.

Die neue Moschee von Huraidha war in einem sehr schönen und reichen Stil vom Onkel des jetzigen Mansab, des geistlichen Oberhaupts der Stadt, erbaut worden. Sie war groß und stattlich und hatte fließendes Wasser und auf dem

Dach unter der weißen Kuppel eine Bibliothek von 10 000 Bänden, wie man mir sagte. Nur durch lange, sorgfältige Forschung wäre festzustellen, ob irgendetwas Wertvolles unter all den theologischen Schriften verborgen liegt. Während wir sie besichtigten, polterten die aus der Schule losgelassenen Kinder von Huraidha von draußen gegen die Tür; es geschah in freundlicher Absicht, denn mein Ja'far, klein, aber offenbar einflussreich, war unter ihnen und hatte ihnen wohl gesagt, dass ich ein harmloses menschliches Wesen sei, aber sie wollten mich selbst gern gründlich in Augenschein nehmen. Als ich auf die Straße zu ihnen hinausging, kam ich mir vor, als träte ich in eine Arena, der Bedaui Sayyid mit seinem Stock als Gladiator und ich als christliche Märtyrerin. Wir waren froh, als wir wieder bei unserem Haus anlangten, dessen Brüstungen und Steinbockhörner jetzt in der Abendsonne leuchteten.

Ich hatte einen Fehler begangen: Ich hätte hier in Huraidha eigentlich bei dem Mansab, Sayyid Muhammad ibn Salim al 'Attas, wohnen müssen. In der unteren Stadt hatten wir sein Haus gesehen, das gerade neu dekoriert wurde von Maurern, die auf Hängegerüsten hockten und die kleinen Gucklöcher rund um das Dach, durch welche der Harem auf die Straße hinabschaut, mit einem zarten Taubengrau umrandeten. Aber niemand hatte mir gesagt, dass hier das Oberhaupt von Huraidha wohnte, sodass ich es erst erfuhr, als Sayyid Muhammad selbst und sein Bruder mir einen Besuch machten. Es gab eine leise Verstimmung deswegen, nicht gegen mich, aber gegen meinen Wirt, denn der Gast soll bei dem Stammesoberhaupt wohnen. Meine Erschöpfung war jedoch ein genügender Grund, um mich für diese Nacht bleiben zu lassen, wo ich war. Die beiden Brüder setzten sich und redeten eine Weile über Bücher; sie waren freundlich und nett und sahen mit ihren langen, feinen Gesichtern und schlanken Händen aus wie Edelleute auf einem Van-Dyck-

Porträt. Sie gehörten der alten Aristokratie von Hadhramaut an und waren Nachkommen jenes Sayyid Ahmed ibn 'Isa, der aus Basra kam und dessen Grab wir auf dem Weg nach Tarim gesehen hatten. Ich versprach, am nächsten Tag bei ihnen zu Mittag zu essen, und sie gingen und schickten eine Matratze aus ihrem eigenen Haus, damit ich es für die Nacht recht bequem hätte.

Als sie fort waren, kam der Harem herunter nebst vielen anderen Damen aus der Stadt. Sie brachten eine Trommel mit, um mich mit Musik zu unterhalten, und baten mich, Ferangi-Lieder zu singen. Ich hatte an jenem Abend eigentlich nur den einen Wunsch, rasch und, wenn möglich, allein zu sterben, wenn mir denn nun der Tod bestimmt war. Aber ich war die erste Europäerin, die sie je gesehen hatten, und irgendwie musste ich mich für die ganzen Bemühungen erkenntlich zeigen: Ich sang alle Kinderlieder, derer ich mich erinnerte, während die Damen um mich her saßen und ab und zu die Plätze wechselten, um mein Gesicht von verschiedenen Seiten zu betrachten. Ein kleines Mädchen machte sich plötzlich von seiner Mutter los und schmiegte sich mit ihrem kleinen Körper in meinen Schoß; sie war in rosa Seide und einen mit einer Sicherheitsnadel zusammengesteckten grünen Rock nach javanischer Art gekleidet; und da stumme Sprache mehr ist als Worte, fühlte ich mich durch die Berührung des kleinen, zärtlichen Geschöpfes in meinem Elend getröstet. Auch eine alte Frau war da, mit hennagelbem Haar; sie sah unglaublich alt aus, hatte keine Zähne mehr und – eine Seltenheit hierzulande – blaue Augen, die ganz hell und wässrig vom Alter waren und aus denen, während sie meine Hand hielt und mich unverwandt anschaute, so viel Güte und Mitgefühl sprachen, dass mir auch davon wärmer ums Herz wurde; denn ich kam mir wirklich verzweifelt einsam vor, wie ich da in meinem kranken Zustand von allen Seiten angestarrt wurde wie ein Tier im Zoo. Endlich kam Sayyid 'Aluwi herunter, freundlich und fürsorglich, und scheuchte die Damen mitsamt ihrer Trommel mit einer Handbewegung hinaus. Dann ging auch er, und ich richtete mich auf der Matratze des Mansabs in einer Ecke des mit Schnitzwerk und Säulen verzierten Zimmers so gut es ging für die Nacht ein.

Das Liegen hatte mir wohl gutgetan, denn ich erwachte am Morgen zwar etwas zerschlagen, aber mit neuem Mut und mit dem bestimmten Gefühl, dass ich, wenn dies wirklich Malaria war, doch wenigstens ein paar Tage Ruhe haben würde bis zum nächsten Anfall. Sollte ich diese Frist nicht dazu benutzen, nach Shibam zurückzukehren? Das schien mir das Klügste, so gerne ich auch noch in Huraidha geblieben wäre, um vielleicht in seiner reinen, sonnigen Bergluft ganz zu gesunden. »Hier bei uns«, sagte Sayyid 'Aluwi, »haben wir keine Krankheit; wir sind entweder gesund oder wir sterben.«

Er kam mit einem Becher voll schäumender Kamelmilch, die ich trank. Dann stieg ich zum Dach des Hauses hinauf, um mit dem Kompass die Lage der Ortschaft 'Amdal zu bestimmen. Jede Dame des Harems hatte hier in dem oberen Bereich ihre eigene Wohnung, die sie mit einem Holzschlüssel verschlossen hielt, den sie am Gürtel trug; alle die kleinen Stifte des Schlüssels mussten in die entsprechenden Löcher des Schlosses eingefügt werden, und es war eine langwierige Sache, sich von Stockwerk zu Stockwerk einen Weg zu öffnen bis zur obersten weiß getünchten Terrasse hinauf, wo die Steinbockhörner über die Stadt in der Tiefe ragten.

Hier spazierte Sayyid 'Aluwi in seinem Schlafrock in der Morgensonne umher. Drunten im Wadi trotteten die Ziegen in einer schwarzweißen Reihe auf die Weide; die kleinen Schwänze wackelten lustig auf ihren Hinterteilen, die feingliedrigen Füße suchten sich mit zierlicher Sicherheit ihren Weg. Hinter ihnen erstreckte sich flach und braun das offene Wadi. Je weiter man nach Süden kam, desto mehr schwand das Ansehen des Sayyids. In den kleinen Stadtgemeinden war es noch stark, aber bei den Beduinenstämmen der Umgebung breitete sich die Propaganda der fortschrittlichen Anti-Sayyid-Partei, der Irshad aus Java, immer mehr aus.

Dies war die brennende Frage im Wadi 'Amd, von der jedermann redete, wie in Tarim von der Straßenfrage. Ich hörte später Näheres über die Irshad, als wir mit dem Mansab und seinem Bruder nach dem Besuch ihrer Schule beisammensaßen und sie mir die Geschichte ihrer Familie erzählten.

Ihr Ahnherr war al-Faqih al-Muqaddam Muhammad 'Ali, wie alle Sayyids in Hadhramaut ein Nachkomme des Basra-Apostels Ahmad ibn 'Isa und Begründer der Regel, dass kein Sayyid Waffen tragen soll. Nach ihm, vor etwa dreihundert Jahren, kam Sayyid 'Omar 'Abd-ar-Rahman al-'Attas nach Huraidha, erbaute hier die erste Moschee – von insgesamt vierzehn – und starb im Jahre 1074 muslimischer Zeitrechnung (1663/64 n. Chr.), nachdem er siebzehn Friedensverträge mit den Stämmen der Umgebung geschlossen hatte. Von ihm und seinen drei Söhnen stammten die 'Attas von Huraidha ab. Einer von ihnen, 'Ali ibn Hasan, ließ sich im Jahre 1172 (1758/59 n. Chr.) in Meshed nieder, und die Familien standen noch immer in enger Verbindung miteinander; ein anderer wurde König in Malakka.

Im Wadi 'Amd hielt sich diese Familie, vereinigte in ihren Händen die ganze Kultur des Tales und hütete sie durch viele wechselvolle Zeiten hindurch. Genau so wurde auch im dunklen Mittelalter in Europa die Flamme des Wissens genährt – ein schwaches Flämmchen zwar, aber es reichte aus, um die größere Flamme zu entzünden, die mit der Renaissance die Neuzeit zu erleuchten begann. Wie viel unbekanntes Heldentum, wie viel unermüdliche Geduld und Hoffnung muss aufgewendet worden sein, um den stillen Schatz des Wissens durch dieses blutbefleckte Zeitalter hindurchzuretten! Die Psychologen sagen uns, der Geschlechtstrieb sei die hauptsächliche Triebkraft dieser Welt, und wir haben das so oft zu hören bekommen, dass wir dessen vielleicht schon ein bisschen überdrüssig sind. Aber es gibt zwei Triebe, die stärker sind als das geschlechtliche Begehren, tiefer als die Liebe von Mann und Weib und unabhängig von ihr – der Hunger der Menschen nach Wahrheit und nach Freiheit. Für diese beiden sind größere Opfer gebracht worden als je für die Liebe; nichts wiegt stärker als sie, da sich Liebe und Leben selber als minder gewichtig erwiesen haben, und der Mensch ist immer wieder bereit, den tatsachengläubigen Realisten und seine Statistiken Lügen zu strafen und alles, was er hat, für eine abstrakte Vorstellung von Wissen und Freiheit zu opfern, ohne Rücksicht auf irgendeinen materiellen Vorteil.

Wir mit unserer Schulpflicht, unseren volkstümlichen Vorträgen und unserem Glauben, gebildet sei, wer lesen und schreiben kann, vergessen zuweilen, dass dieser Hunger unserer Seele überhaupt vorhanden ist; aber im Wadi 'Amd ist er nur schwer zu befriedigen und wird daher auch als solcher stärker anerkannt. Die beiden Sayyids waren nicht überrascht darüber, dass ich von Europa nach Hadhramaut gereist war, um ihrem uralten Wissen nachzugehen. Als ich zu ihnen kam, warteten sie auf ihrer Schwelle, mit ihren Kaschmirschals um die Schultern und in fleckenlos weißen Gewändern. Sie führten mich die Stufen ihrer Moschee hinauf bis dorthin, wo die 10 000 Bände friedlich unter der weißen Kuppel ruhten. »Hierher musst du auf Monate kommen«, sagten sie, »um zu studieren.«

In einem der Nebenräume saßen die Kinder von Huraidha beim Schulunterricht; etwa vierzig der insgesamt achtzig Schüler waren anwesend. Sie hockten in Reihen auf Matten, zum größten Teil muntere kleine Beduinen, mit lebhafteren Augen und weniger unterwürfigem Betragen als in den

Schulen von Mukalla. Das Sonnenlicht fiel in schrägen Strahlen herein, über eine Wandtafel am Ende des Zimmers hinweg. Sayyid Muhammads Bruder, der hier Lehrer war, gab einem kleinen Schüler folgende Qasida, die dieser in dichterisch beschwingtem Tonfall vorlas, während seine Mitschüler die Reihen ihrer flinken braunen Augen auf mich gerichtet hielten und sie auch während der ganzen Zeremonie nicht von mir abwandten:

Qasida

»Friede sei mit euch und die Gnade Gottes und sein Segen.«

Und danach:

»Anlässlich der Ankunft der Freien und Hochgeachteten und ihres ehrenden Besuches in unserer vortrefflichen Schule erhebe ich mich, um ihren Glück bringenden Besuch in der Heimat der edlen Sherifs, dem Lande al Ahqafs, der Stätte unserer verehrten Vorfahren, wo unsere Väter geboren sind, willkommen zu heißen. Ihr Unternehmungsgeist und fester Mut zeigt sich uns darin, dass sie die erste Frau ist, die die Provinz Hadhramaut besucht ohne Begleiterin ihres Geschlechts oder Gefährten ihres Volkes, und dass sie auf ihren Wanderungen von Ort zu Ort gänzlich allein reist.

Die Geschichte berichtet uns nichts davon, dass jemals, seit Hadhramaut ein Land wurde, eine Frau westlicher Rasse auf solche Art zu uns gekommen ist; sie ist die erste Frau, die seinen Boden betreten und es fertiggebracht hat, hier zu reisen. Daher danken wir der Nation, die diese edle Dame hervorgebracht hat, und zollen ihrem hochsinnigen Unternehmen und ihrer wagemutigen Seele unsere Anerkennung.

Und ich, der Schreiber dieser Zeilen, trete vor, um meine Brüder, die Schüler der Erziehungsschule, vorzustellen, und bitte den Herrn, dass sie eine glückliche Reise und eine gesegnete Heimkehr haben möge und dass Friede sie begleite auf allen ihren Wegen, und entbiete ihr zum Beschluss den herzlichsten Gruß.«

Als das beendet war, sangen sie alle so plötzlich und so laut, dass es mich beinahe umwarf; der Sayyid hatte ihnen soeben gesagt, dass sie zur Feier dessen, dass ich die erste Ferangi sei, die nach Huraidha gekommen sei, einen halben Tag schulfrei haben sollten, und das gab ihrem Gesang vielleicht eine besonders begeisterte Kraft. Sie hatten an diesem Morgen die vier verschiedenen Arten auswendig gelernt, auf die man sich waschen darf – ein notwendiges, aber nicht sehr unterhaltsames Thema, und so wurden nun alle Bücher zugeklappt. Nachdem ich noch ein paar Aufnahmen gemacht hatte, schrieb der Bruder des Sayyid ein zweizeiliges Willkommensgedicht an die Wandtafel:

»Durch deine Ankunft wurden unsere Augen erquickt
und unser Wunsch erfüllt, Freya Stark –
willkommen wie in deinem eigenen Heim, Gruß!«
»Zwei Zeilen für dich von dem Vorsteher
der Erziehung und Unterrichtsschulen von Huraidha!«

Er schrieb und reimte das aus dem Stegreif, denn er war ein ausgezeichneter Dichter; und dann stürzten die Schüler von Huraidha mit Freudengeheul in die Sonne hinaus, wo sie sicherlich alle bald so staubig waren, dass sie die schönste Gelegenheit hatten, die Waschungsvorschriften sogleich zu erproben. Die Sayyids und ich kehrten zum Mittagessen in das Haus der Mansabs zurück.

Das Innere des Hauses war sehr schön, weiß und glänzend und sauber. Der Diwan unten war wie in Meshed mit Trommeln und Fahnenstangen und Zierspeeren für feierliche Umzüge behangen, im Oberstock war ein mit Teppichen ausgelegtes, säulengetragenes Zimmer. Hier saßen wir, schauten uns unsere Bücher an und sprachen über die Route nach Shabwa, über die der Onkel des Mansab einen Bericht geschrieben hatte. Dieser Bericht wich von allen anderen ab, die ich gesehen hatte, und am Schluss dieses Buches gebe ich ihn wieder. Der Mansab besaß auch einen Stammbaum der 'Amd Sayyids, von ihm selbst in wunderschöner Schrift geschrieben.

»Hier«, sagte er, »wirst du sehen, was der Imam des Jemen und die Azhar-Moschee in Kairo zur Bestätigung unserer Titel geschrieben haben. Denn diese jungen Leute in Java wollen uns nicht unsere Namen geben. Jedermann, sagten sie, könne sich Sayyid nennen oder Sherifa (wenn es eine Frau ist) oder Habib (wenn es ein Kind ist), gleichgültig, ob sie vom Propheten abstammen oder nicht. Aber hier haben wir den Beweis, dass unsere Titel uns rechtmäßig durch Abstammung zukommen, und alle Autoritäten geben es zu.«

Der Zwist mit den jungen Leuten in Java begann im Jahre 1918 in Singapur wegen einer Schule. Die Sayyids, die sie gestiftet hatten, schlugen vor, dass alle einen Beitrag zu ihrem Unterhalt leisten sollten. Als dies verweigert wurde, beschlossen sie, nur Sayyids an der Schule zuzulassen; daher die Fehde. Der Name Irshad stammte von einer Zeitung, in der die Sayyids von dem großen 'Alim Muhammad ibn 'Aqsh angegriffen wurden, einem Freund des Imam vom Jemen und so einflussreich und englandfeindlich, dass – Hasan zufolge, von dem ich all dieses Wissen hatte – der Jemenvertrag noch heute nicht unterzeichnet wäre, wenn er noch lebte.

Das bestätigten mir die Sayyids und breiteten die Dokumente mit ihren Unterschriften und Siegeln vor mir aus sowie das Buch, in dem die Namen der Sayyids in Schwarz und Rot geschrieben standen. Bis weit in die Vergangenheit führte die Reihe der Ahnen zurück, und zweifellos hatten sie damals schon dieselben langen, feinen Gesichter, die an den Schläfen etwas erhobenen Brauen, die sanften, freundlichen Augen, die vollen empfindsamen Lippen, die langen Finger und das kleine Bärtchen unterm Kinn; vielleicht sogar schon zu der Zeit, da sie, als Edle von Qoraish, ausritten, um dem Banner des Propheten zu folgen.

»Unsere Macht ist jetzt bedroht«, sagte der Mansab. »Aber wer soll an unsere Stelle treten hier in diesem Tal? Wer sonst könnte unbewaffnet inmitten der Beduinen leben? Und was wird geschehen, wenn alle Macht in ihre Hände fällt? Unsere Schulen und unsere Bücher – werden sie sich darum kümmern? Alles wird untergehen in einem Krieg, in dem jeder gegen jeden kämpft.« Und in der Tat, das Wadi 'Amd, das mehr oder weniger noch so lebt wie England zur Zeit Alfreds, ist noch nicht reif für die »Ausrottung der Klöster«.

Unterdessen hatten wir unser Mittagsmahl beendet, aber zum Aufbruch rüsteten wir noch nicht. So krank ich mich auch fühlte, so wollte ich mir doch vor der Rückkehr nach Shibam unbedingt 'Andal ansehen, und ich wusste, dass in Arabien etwas, das man erst nachmittags begann, nur wenig Aussicht hatte, zu Ende geführt zu werden. Hasan, der in olympischer Ruhe auf dem Teppich gegenüber hockte, antwortete auf alle Fragen nach dem Auto nur: »Es wird kommen«; aber er unternahm nichts. Sayyid 'Aluwi, der mit uns zurückfahren wollte, hatte noch einiges in seinem Haus zu erledigen, und der Bedaui Sayyid, der auch mitkommen wollte, musste sich noch von einer seiner Frauen verabschieden.

»Ich komme mit dir nach Shabwa«, sagte er.

»Ich liebe alles, was neu ist«, erklärte er. »Und eine Sayyid wie du, die in unserem Lande reist, dürfen wir nicht allein fahren lassen. Ich kenne die Beduinen, und ich werde mitkommen.«

Er war es, der schließlich den Wagen herbeischaffte. Der Mansab und sein Bruder kamen bis vor die Tür mit und verstauten uns. Sie brachten mir ein Brokatkleid, denn Hasan hatte ihnen gesagt, wie sehr ich diese Eitelkeiten liebte, und sechs irdene Näpfe für die beiden Sayyids auf dem Notsitz. Die kleinen Buben von Huraidha benützten diesen Teil ihres Halbfeiertags dazu, sich mit Geschrei und Tänzen von uns zu verabschieden. Gerade als wir abfahren wollten, rückte der Bruder des Mansabs mit einer letzten Bitte heraus – ob ich ihm die Buchstaben des himjarischen Alphabets und ihre arabische Übersetzung schicken würde, sodass er die Inschriften auf den in der Umgegend gefundenen Steinplatten lesen könne. Ich versprach es, gerührt und erfreut, und dachte an die Mönche von Jarrow, die ihre Handschriften für ihre fern in der Dunkelheit Englands weilenden Brüder abschrieben, und an jenen König des Jemen, der im vierzehnten Jahrhundert Gesandte nach Afghanistan schickte nach einem Kommentar zum Koran; solcherart war die Tradition der Mansabs von Huraidha. Als wir davonholperten und ich noch einmal zurückschaute, erschien mir ihre kleine Stadt, über der die Beduinen und die Felswände wie ein Damoklesschwert schwebten und unter der sich die baumlosen Felder breiteten, wie ein Sinnbild der Würde der Wissenschaft – eine kleine braune Stätte, wo, inmitten von Einöden und Kämpfen, ein auf die Zukunft bauender Glaube lebte, uneigennütziger als die meisten Religionen und hochherziger als die meisten Liebesleidenschaften auf Erden.

XXIII. Kapitel

'Andal

»Aber die Kinder von Chus sind diese: Seba, Hevila, Sabtha (Shabwa). Und Joktan zeugte … Hazarmaveth, Jarah, Hadoram, Usal (alter Name für Sa'na) … Sheba (Saba), Ophir, Hevila … Und ihre Wohnung war von Mesa an, bis man kommt gen Sephar (Dhufar?), an den Berg gegen Morgen.«

(Genesis X, 6–21)

Als wir unter dem Vorgebirge Bir Ghumdan vorbeigefahren waren, wo das Wadi 'Amd nach Osten bog, sahen wir, dass sich ein Streifen Sanddünen erstreckte zwischen uns und 'Andal, das am Nordhang lag, ungefähr anderthalb Meilen hinter einem Dorf namens Lakhum. Keiner von meinen Gefährten hatte den geringsten Wunsch, dorthin zu fahren, und sie hatten zweifellos gehofft, dass ich angesichts der späten Stunde nicht auf dieser Laune bestehen würde; aber sie erhoben keinen Einspruch, und ich fragte mich, ob wohl ein englischer Chauffeur so freundlich und ohne Murren seinen Wagen auf dieses unbekannte Sandgelände zu gelenkt haben würde.

'Ali der Berber liebte allerdings alles Gewagte. Er selber erhöhte die Gefahr noch dadurch, dass er sein geladenes Gewehr neben sich legte, sodass damit zu rechnen war, dass die sechs Patronen losgehen würden, wenn wir einen Unfall hätten. Es war ein amerikanisches Gewehr – ein Ding, das sich, glaube ich, Remington Repeater nannte und das weitaus liebevoller behandelt wurde als die meisten Kinder. Es war immer als Erstes im Wagen und kam als Letztes heraus, und obwohl 'Ali der Berber ein wortkarger Mann war und niemals redete, außer wenn er irgendeine Mitteilung zu machen hatte, sodass seine Gefühle unausgesprochen blieben, sah man doch, wie sein Gesicht sich sanft verklärte, wenn er sich an dem kostbaren Besitztum zu schaffen machte.

Er schaute jetzt auf die Sandverwehungen vor uns, erklärte, sie seien noch nie von einem Wagen durchquert worden, und fuhr stracks darauf los. Wenn wir die gegenüberliegende Seite des Wadis erreichen konnten, war alles gut, denn der weichste Grund war immer in der Mitte. 'Ali steuerte wie ein Kenner, indem er jede härtere Erhöhung ausnützte und über die gelben, weichen Stellen rasch hinwegfuhr. Einmal mussten wir anhalten und nach dem Rechten schauen, aber nichts Schlimmes war geschehen, und es war noch früh am Nachmittag, als wir die wenigen Lehmhütten erreichten, zu denen 'Andal, die »erste Stadt von Hadhramaut«, zusammengeschmolzen war.

Die Stelle, an der die alte Stadt gestanden hatte, lag östlich von der jetzigen Ortschaft, und ihre Trümmer füllten eine Ausbuchtung der Felswand; sie breiteten sich in kleinen Steinhügeln über etwa fünf Morgen Land hin. Sprenger meint, dass hier die bei Plinius erwähnten Antidalei gewohnt hätten. Die Stadt wird von Bakri und Jakut erwähnt (die sich beide auf Hamdani berufen), sowie von Ibn Khordadbah, der sagt, dass sie neun Tagesreisen von Marib entfernt sei, und wahrscheinlich ist sie auch mit dem 'Antar gemeint, von dem Ibn Mudschawir spricht als von einer Ortschaft, die, neun Farsahs von Shibam in Richtung Aden entfernt, »in alten Tagen blühend, jetzt unbewohnt und eine Wildnis« sei. Imru 'l-Qais, der Fürst von Kinda, war, wie wir sahen, hier Zeuge von Kämpfen.

Die jetzigen Bewohner waren Ba-Dschabir-Beduinen, von einem »maschajahk«-Stamm, das heißt, einem, der keine Waffen trug. Sie strömten aus ihren niedrigen Hütten auf uns zu, fast nackt. Viele von ihnen sahen aus, als gehörten sie zu der kleinen dunklen Rasse des Südens, die so verschieden war von den semitischen Arabern. Der Gegensatz zwischen den beiden kommt zum Ausdruck in einem amüsanten Bericht des Geschichtsschreibers Tabari (S. 1220) über die Leute von Kinda in den frühesten Zeiten des Islam. Vierhundert Männer von Sakun (eines Stammes von Kinda) kämpften, so erzählt er, im persischen Krieg unter ihren Führern Mu'awija ibn Hudaij und Husain ibn Numair im Heer von Sa'id ibn Waqqas. Dieses Heer wurde von dem Kalifen Omar besichtigt, »und siehe, da waren unter den Kriegern von Mu'awija ibn Hudaij einige *schwarze und glatthaarige* junge Leute, und er (der Kalif) wandte sich von ihnen ab, und wandte sich ab und wandte sich ab, bis man ihn fragte: ›Was hast du gegen diese Leute?‹ Er sagte: ›Ich bin mir im Zweifel über sie, und keine von den Arabern sind mir noch vor Augen gekommen, die mir mehr missfallen hätten.‹« (Was unter anderem beweist, dass zu jener Zeit nur wenig Verbindung bestand zwischen Mekka und Hadhramaut.)

Ferner gibt es die Geschichte von Qais ibn Kulaib, der Kämmerer von 'Amr ibn al'As, dem Eroberer Ägyptens, war. Der Dichter Abd al Mus'ab al Balawi schrieb spöttisch: »Qais hat keine edlen weiblichen Vorfahren, sondern nur kümmerliche kleine Frauen aus Hadhramaut« (das Wort »qimaa'« ist im französischen Lexikon übersetzt mit »chétif et traité de dédain à cause de la chétive apparence« – »kümmerlich und aufgrund der kümmerlichen Erscheinung verächtlich behandelt«). Und schließlich sei noch erinnert an Muqaddasi (Bib. Geog. Ar. III, 87 u. 103), der die Männer von Hadhramaut schildert als Liebhaber der Gelehrsamkeit, große Glaubenseiferer und als »sehr dunkelhäutig«.

Um wieder auf die Leute von 'Andal zurückzukommen: Sie stürzten auf unseren Wagen zu und begrüßten uns mit einer selbstverständlichen Unbefangenheit, die sich daraus erklärte, dass die meisten von ihnen in Somaliland oder Eritrea gereist waren und schon Europäer gesehen hatten. Nicht so die Frauen. Sie standen in einer schwarz gewandeten Gruppe beisammen und schickten einen Boten herüber, um zu fragen, ob ich zu ihnen kommen und mich anschauen lassen wolle; eine von ihnen, die dem Wagen zu nahe kam, sah ihr Spiegelbild in dem glänzenden Lack und sprang zurück mit dem Schrei: »Da ist eine verschleierte Frau!«

Der Häuptling kam heraus, seine Würde war daran zu erkennen, dass er als Einziger in der halb nackten Schar völlig bekleidet war und einen gelben Turban trug. Er hatte einen schütteren weißen Bart und viele Runzeln um die Augen. Er suchte verzweifelt nach irgendetwas, womit er seine Hand verhüllen konnte, um sie nicht durch die Berührung mit der meinigen zu beflecken, griff nach dem nächsten Lendentuch – fand es ungeeignet – bis ihm schließlich nichts anderes übrigblieb, als mir lächelnd die Hand zu reichen. In einer kleinen Prozession führten uns die Beduinen von ihren etwa zwanzig Häusern aus zu den Ruinen. Diese lagen auf drei kleinen Hügeln, und es gab nicht sonderlich viel zu sehen, außer ein paar Mauerresten, einer kleinen Zisterne, drei auf fünf Fuß groß, und drei Brunnen, ähnlich dem in Meshed, nur kleiner, einer dicht bei der Stadt und die zwei anderen auf den beiden näher gelegenen Hügeln: der dritte und am weitesten entfernte Hügel hatte keinen Brunnen.

Die Beduinen sagten mir, auf dem nächsten der Hügel hätten sie einen Krug voll goldener Schmuckstücke und Perlen gefunden, die sie in Do'an verkauft hätten; sie waren darauf gestoßen, als sie unter der verfallenen Mauer gruben. Das ganze Gebiet war mit meist sehr grob gearbeiteten und schwer zu datierenden Bruchstücken irdener Gefäße übersät. Zwei kleine glänzende Scherben waren aus dem neunten oder zehnten Jahrhundert, und ein grün glasiertes Stück glich den Erzeugnissen der Brennereien, die Sir Aurel Stein an der Küste von Makran fand. Viele grünliche Glasstücke lagen herum; keine Spur von irgendetwas, von dem man mit Bestimmtheit hätte sagen können, dass es aus älterer Zeit stammte als aus der des islamischen Mittelalters; und dieses Ergebnis stimmt überein mit dem, was die spärlichen literarischen Berichte andeuten, nämlich dass hier eine frühislamische Stadt so etwa um das neunte und zehnte Jahrhundert nach Christus geblüht haben muss. Ein einzelnes chinesisches Bruchstück, frühestens aus dem fünfzehnten Jahrhundert, war ein zu geringfügiger Fund, um Schlüsse daraus zu ziehen.[4] Ich fand eine Chalzedonperle und eine kleine Perle mit einem Loch zum Auffädeln darin, wie die Mädchen sie in ihren Nasenringen tragen. Das war so ziemlich alles; was 'Andal noch an Schätzen barg, musste in der Erde liegen, und der Nachmittag neigte sich seinem Ende zu.

Ich dankte dem alten Häuptling.

»Du musst wiederkommen«, sagte er. »Du musst kommen und hierbleiben, und wir werden für dich graben.«

»Und wenn Gold zum Vorschein kommt«, sagte ich, »sollt ihr es behalten, und wenn Messing zum Vorschein kommt, werdet ihr es mir geben.«

Dieser Vorschlag fand begeisterte Zustimmung. Wir verließen 'Andal und fuhren ostwärts weiter, an der Nordseite des Wadis entlang, auf seine Mündung in das Wadi Hadhramaut zu.

Es war zu spät, um noch bis Shibam zu kommen, und wir beschlossen, in der alten Stadt Henin, an der Nordseite des Hauptwadis, zu übernachten. Zwei Brüder, Ibn Martak, wohn-

4 Diese Daten verdanke ich der Freundlichkeit von Mr. Hobson vom British Museum.

ten dort und hatten mich vor einiger Zeit eingeladen. Sie waren vor ein paar Tagen mit einem Auto in 'Andal gewesen, sodass wir ihrer Spur folgen konnten, was uns viel Mühe ersparte.

Wir fuhren um die Nordwestecke des Wadis, auf die Weite des Hadhramaut-Tales zu, unter den Mauern von Lukhmas und Sheriuf vorbei, »der berühmtesten unter den streitbaren Städten«, wie Sayyid 'Aluwi mir sagte. Hier wurden gerade Schützengräben angelegt; der achtmonatige Waffenstillstand zu Ehren des Besuches des Sultans von Mukalla war fast abgelaufen, und alle Welt rüstete sich emsig für den nächsten Krieg. Ein gedeckter Gang mit Türmen war in Lukhmas bereits vorhanden und stach von der Felswand ab wie ein mittelalterliches Gemälde einer Stadt; in den Dünen um uns her waren Wachtürme und Gräben. Es waren Männer von Lukhmas, die die drei Gatten der hübschen Hirtinnen getötet hatten, die uns auf dem Hinweg 'Ilbbaumbeeren angeboten hatten. Sayyid 'Aluwi lächelte in seiner stillen Art. »Keine Soldaten, keine Waffen«, bemerkte er. »Was können wir dagegen tun?« Er war ein Philosoph, und das Unvermeidliche störte nicht sein freundliches und ruhiges Gemüt.

Wir ließen Dhiar al-Buqri und unsere Freunde aus Java zur Rechten liegen und fuhren zwischen ihnen und der Stadt unter der Felswand, ihrem Feind, hindurch in die offenen Sanddünen des eigentlichen Wadi Hadhramaut. Als 'Ali der Berber eine weiche gelbe Böschung seitlings auf zwei Rädern nahm, öffnete sich die Wagentür, und ich wurde sanft auf den Boden gesetzt. Ich dachte, der Wagen würde folgen, und kroch rasch, aber völlig gefasst, beiseite, um ihm auszuweichen. Als ich aufstand, hatte 'Ali der Berber sich wieder gefangen und angehalten. Hasan war herausgesprungen, um mir aufzuhelfen, und die beiden auf dem Notsitz eingeklemmten Sayyids bemühten sich aufgeregt hinauszuklettern.

Der einzige Schaden dabei war der Verlust meiner kleinen 'Andal-Perle, die ich sicherheitshalber in der Hand gehalten und bei dem Sturz fallen gelassen hatte: dies, und der furchtbare Schreck, den alle außer mir bekommen hatten. Der Bedaui Sayyid und Hasan suchten den Boden ab und ergingen sich dabei in Rufen der Erleichterung über meine Errettung, des Kummers über den Verlust meiner Perle und des Staunens über meine ruhige und sachkundige Art, aus Autos herauszufallen; aber Sayyid 'Aluwi gewann nach der ersten Aufregung seine stille Gelassenheit bald wieder und schlug vor, dass wir die Perle sozusagen als Lösegeld betrachten und den Dschinns der Sanddünen überlassen sollten. Der Abend warf schon einen Mantel von gelbem Licht über uns, die Ränder der Klippen ragten scharf und klar in den Sonnenuntergang. Wir stiegen wieder in den Wagen und folgten Ibn Martaks Spur bis zu seiner Stadt Henin unter der Nordwand.

Hier machte eine Shabwa-Karawane im Abendlicht Rast, die Kamele lagen vor den Häusern im Sand. Ein Wüstenfriede lag über den Taldünen, denn Henin war die vorletzte Ortschaft nach Westen zu, und über ihren wenigen Häusern und verkümmerten Palmen schwebte eine Ahnung von weiteren Räumen und stärkeren Gewalten; tagsüber schwand die westliche Felsflanke in der offenen Ferne und verblasste am heißen Horizont. Die ältere Stadt und auch ein Teil der neuen lagen in einer Ausbuchtung der Felswand; aber die zwei vierkantigen Häuser Ibn Martaks standen weiter vorn, ganz allein unter der senkrecht aufragenden Steilwand, und bei Nacht, wenn ein elektrisches Licht über den beiden Türen brannte, wirkte sie seltsam dunkel hinter den beleuchteten Fassaden.

Die Ibn Martaks waren vier Brüder, die ihr Vermögen in Batavia gemacht hatten. Zwei von ihnen lebten noch dort, während die beiden anderen daheim waren; diese begrüßten uns nun herzlich und führten mich in ein nach batavischer

Art in vielen Farben bemaltes Gastzimmer mit fünf Fenstern und zwei Türen. Sie hätten hier, erklärten sie, hier an der Straße nach Westen so viele Gäste, dass sie dieses Haus eigens für sie gebaut hätten, während der Harem in dem anderen, direkt danebengelegenen Hause untergebracht sei.

»Hätte die Dame etwas dagegen«, fragten sie meine Sayyids, »in den Diwan hinunterzukommen? Die Beduinen möchten sie gern sehen.«

»Sie haben es nicht leicht hier, diese Ibn Martaks«, erklärte mir Hasan, während ich meine Schuhe wieder anzog, »sie sind die einzigen reichen Leute hier, und ringsherum die Beduinen, die jeden Augenblick über sie herfallen und sie berauben können. Sie müssen sie mit Geschenken beschwichtigen und immer höflich zu ihnen sein, auch wenn sie keine Lust dazu haben.«

Und in der Tat konnte ich, als ich den Diwan betrat und den an drei Wänden mit untergeschlagenen Beinen hockenden Männern Frieden wünschte, mich des Gefühls nicht erwehren, dass meine beiden heiteren jungen Wirte in diesem Fall lieber nicht so höflich gewesen wären. Die Beduinen gehörten zum Stamme Nahd und saßen mit grimmigen Mienen da. Sie waren ganz anders als die, die ich von den Empfängen bei den Ba Surras im Do'an her kannte. Hier war kein Oberhaupt, das Autorität ausgestrahlt hätte – die Kluft, die den Nomaden vom Stadtbewohner trennt, trat offen zutage. Bei der Versammlung hatte man eher den Eindruck, als befände man sich in einem französischen Schloss zur Zeit der Revolution, beim Empfang der Sansculotten durch den nervösen Gutsherrn.

Ein prahlerischer Nahdi erhob sich umständlich und setzte sich neben mich. Er hatte viele Blatternarben und war abstoßend; sein riesiger nackter Bauch war nur schwach gestützt durch den Dolch in seinem Gürtel; er redete mit lauter, anmaßender Stimme, die nichts von der üblichen Höflichkeit der Beduinen hatte. Er war mir zuwider, und ich sagte mir schließlich, dass ich jedenfalls es nicht nötig hätte, um jeden Preis höflich zu sein, zumal er sich offenbar vor seinen Stammesbrüdern damit aufspielen wollte, wie geschickt er mich mit Fragen zu ködern wüsste.

»Bist du ein Fürst?«, fragte ich ihn, als ich genug geantwortet zu haben glaubte. Er stutzte einen Augenblick, denn er war halb sklavischer Herkunft, und einige der Zuhörer lachten.

»Weshalb fragst du mich das?«, erwiderte er.

»Du kommst herein, als ob dieses Haus dir gehörte, du setzt dich neben mich – ich dachte, du musst ein Fürst oder König sein; vielleicht einer aus dem königlichen Hause von Kinda?«

Allgemeines Gelächter erhob sich jetzt, und als ich von der Versammlung schied, ließ ich nur einen Feind zurück und obendrein einen gezüchtigten. Mein junger Wirt führte mich mit erleichterter Miene in mein Zimmer zurück.

Er war es, der als Bräutigam in Hadscharain gewesen war, als ich mich dort aufgehalten hatte, und seine junge Frau befand sich jetzt im Nachbarhaus. Sie war auf einem Kamel hergeritten, gemäß dem Hochzeitsbrauch, aber er war in einem Auto gekommen. Ich ging hinauf, um sie zu begrüßen, und fand ein strahlendes Kind von vierzehn Jahren, bräutlich behangen mit allen ihren Halsketten und Ohrringen und sehr verwöhnt von den anderen Damen in ihrem neuen Harem.

»Sie ist reizend«, sagte ich zu meinem Gastgeber, als wir gingen.

Er lächelte und zuckte leicht mit den Schultern.

»Was kann man mit ihnen tun, wenn sie so jung sind?«, fragte er. »Unsere Frauen lassen uns keine Ruhe, bis wir heiraten.«

Er sagte mir, dass wir nach dem Essen Radio hören würden, das einzige in Hadhramaut, mit Nachrichten aus London.

Der Apparat wurde auf der Terrasse vor meinem Zimmer aufgestellt. Die Beduinen, die man hatte zulassen müssen, weil sie auch hören wollten, hockten schon im Halbkreis, als ich hinaustrat; ihre indigoblauen Schultern waren in der Dunkelheit kaum zu erkennen – nur ein Armband oder einen Dolch sah man hier und da funkeln. Die beiden Brüder bastelten an dem Apparat herum und suchten aus den wirren Weltgeräuschen London herauszufinden. Drunten verriet ein Glimmen von Holzkohle und ein Kamelgurgeln, wo die Karawane aus Shabwa schlummerte.

Die Stimme aus London gellte jäh durch die arabische Stille. Da es Sonntagabend war, wurde irgendein Gottesdienst übertragen. Ein verwischtes Geräusch, dann Worte, feierlich und klar: »Der Herr erhalte und bewahre euch an Leib und Seele.« Das war alles, was ich deutlich verstand; danach ging die Stimme wieder in seltsamen Geräuschen unter, und nur ein unbestimmtes Gebetsraunen blieb übrig. Aber ich saß, bewegt von dem Trost dieser Worte und überwältigt von einem Gefühl der Einsamkeit. Da es sehr dunkel und ich erschöpft war, weinte ich. Das Radio fuhr fort, hässliche Geräusche hervorzubringen.

»Wenn das Gebete sind«, sagte einer der Beduinen, »dann sind unsere besser.«

Ibn Martak drehte an dem Knopf herum, um irgendetwas Deutliches aus den Hauptstädten Europas zu finden. Grässliche Misstöne zerrissen die arabische Nacht. Ich bat ihn, aufzuhören, und zog mich in die buntfarbige Behaglichkeit meines Zimmers zurück. Als ich bald darauf die kugelfesten Läden eines der fünf Fenster öffnete, ging gerade das elektrische Licht aus; die erleuchtete Fassade des Harems versank in der Dunkelheit wie die Felswand dahinter. Die schlafenden Kamele aus Shabwa lagen im Kreis braun und weich unter den Sternen, und hinter ihnen lagen ebenso braun und weich die vom Wüstenwind hergewehten Sandwogen.

XXIV. Kapitel

Zusammenbruch in Shibam

»Im Winter stieg ich zu der Familie Al Muhallabs hinab,
Zur Zeit der Kargheit, fern von meinem Heim;
Die Ehre, die sie mir erwiesen, ihre Höflichkeit und Güte
Waren solcher Art, als wären sie meine Verwandten.«

(Hamasa)

Trotz des Beduinenproblems waren die beiden jungen Ibn Martaks heitere und sehr angenehme Gastgeber und so unbekümmert wie Leute, die ganz vergnügt an den Hängen eines Vulkans oder in anderen bedrohlichen Situationen leben. Sie baten mich, wiederzukommen, und ich versprach, auf dem Weg nach Shabwa hier zu übernachten, denn ich hielt meine Krankheit immer noch für Malaria und hoffte auf eine baldige Besserung. Ein hagerer, abgezehrter Mann, der Typ des Klub-Ekels in Hadhrami-Gestalt, lud uns in sein nahegelegenes Dorf ein. Er redete gern von gelehrten Dingen und war, wie er mir sagte, damit beschäftigt, die englischen Namen von Krankheiten zu sammeln. Das schien mir zurzeit eine recht deprimierende Art von Forschertätigkeit, aber ich bereicherte seinen Wortschatz mit der Bezeichnung für Masern und entdeckte nebenbei, dass er keine Ahnung davon hatte, dass Chinin gut gegen Malaria war. Sein Interesse galt nur den Namen und hatte nicht das Mindeste mit der Heilung der Krankheiten zu tun.

Wir verließen sie alle um acht Uhr morgens und fuhren zwischen Sanddünen am Wadirand entlang nach Osten. Hier hatten vor etwa sechzig Jahren viele Palmen gestanden; der Sand und die vielen Kämpfe von einst hatten sie ausgerottet. Der Sand kam von den westlichen Wüsten her in das Wadi hereingeweht wie Wellen, die der Flut vorauseilen, rötlich und feinkörniger als irgendein Sand, den ich je gesehen habe, sodass er gar nicht kratzte, wenn man ihn zwischen die Finger nahm. Eine Festung der Nahd war bis an die Schießscharten darin begraben; krumme und kahle 'Ilbbäume standen sterbend daneben.

Dann nahmen die sauberen gelben Dünenzüge ein festeres Aussehen an: Hellgrüne Rak- oder Hamdh-Büsche *(Salvadora persica)* wuchsen auf ihnen, gutes Futter für Kamele; und jeder Busch, um den sich der Sand häufte, bildete ein Hügelchen für sich. Die Zweige dieser Sträucher wurden abgebrochen, am Ende zerfasert und als Zahnbürste benutzt. Im Schutz des einen waren drei Vögel zu sehen, die meine Begleiter Wachteln nannten, die mir aber mehr wie Kiebitze aussahen; sie standen ganz still auf ihren langen Beinen, doch als 'Ali der Berber sein Gewehr hob, flogen sie auf gesprenkelten Schwingen sogleich davon.

»Ihr Gesang«, sagte Sayyid 'Aluwi, »klingt schöner als der irgendeines anderen Vogels in Hadhramaut.«

Wir hatten eine kleine Panne, und während 'Ali der Berber sich am Motor zu schaffen machte, schlenderte ich zu einem einsamen Haus, das nahebei in einem ummauerten Palmengarten lag. Die Mauer war zerfallen, und ich betrat den Garten. Die Palmen waren jung und frisch, und Sonnenstrahlen fielen wie Schwerter durch ihre Blätter. Das Haus selber war befestigt, mit Strebepfeilern an jeder Ecke, und seine Fenster und Schießscharten lagen besonders hoch. Ein zweites, ganz ähnliches Gebäude stand direkt daneben, und beide waren von einer Mauer umschlossen.

Jetzt kam Hasan ziemlich nervös herbei. Mit der Miene eines Erwachsenen, der einem Kind sagt, dass Streichhölzer nicht zum Spielen da sind, versicherte er mir, ein Eingang sei nicht vorhanden; aber ich hatte gerade eine kleine Hintertür entdeckt und ging hindurch, um eine Aufnahme zu machen.

Einige Köpfe tauchten wie Sprungteufel hinter dem Gitterwald der Fenster auf. »Komm herauf«, riefen sie.

Ich zögerte noch, als der Bedaui Sayyid, gleichfalls sehr nervös, durch die Mauertür kam, eine höfliche Absage zu den Fenstern hinaufrief und mich bat, schleunigst zum Wagen zurückzukommen. Als wir gerade aus dem äußeren Garten heraustraten, begegnete uns ein Beduine, der überrascht schien und fragte, was wir hier täten, und noch mehr überrascht schien, als ich ihm die Hand gab.

»Seid ihr gekommen, um unsere Schätze zu nehmen?«, fragte er, und schien abermals überrascht, als ich lachte.

Ich sagte ihm, ich hätte eine Aufnahme von seinem Haus gemacht.

»Dafür musst du bezahlen«, sagte er.

»Du sollst bezahlen«, erwiderte ich. »Belohnt man nicht diejenigen, die einen berühmt machen?«

Der Beduine machte ein zweifelndes Gesicht. Ein anderer junger Bursche, dem das Haar in Wülsten auf die bloßen Schultern hing, stand neben dem Wagen, den 'Ali der Berber soeben wieder in Gang gebracht hatte. Auch er schaute, als ich ihm die Hand reichte, mit zweifelnder Miene zuerst auf seine Hände und dann auf mich, ohne meinen Friedensgruß zu erwidern. Das war immer ein schlechtes Zeichen, und ich sah, dass meine Sayyids es sehr eilig hatten wegzukommen. Wir saßen im Wagen und waren auf und davon, noch ehe die beiden Beduinen sich über uns einig geworden waren.

»Du hättest nicht hineingehen sollen«, warf mir der Bedaui Sayyid vor, sobald wir in sicherer Entfernung waren.

»Diese Leute sind bekannt. Sie leben davon, dass sie diejenigen berauben, die allein durch die Sanddünen vorbeikommen. Wären wir nicht gewesen und wären wir nicht Sayyids, so hätten sie dich nicht weggelassen.«

Mir schien es wahrscheinlicher, dass dieser Erfolg der Überraschung der Beduinen über mein Erscheinen zu verdanken war sowie dem Umstand, dass ich ihnen die Hand gegeben hatte. Ein Händedruck hat große Bedeutung und ist bei allen Kasten in Hadhramaut das Vorspiel zu freundschaftlichen Beziehungen. Aber ich bestand nicht auf meiner Meinung, und 'Ali der Berber brachte noch eine dritte Theorie vor: Die beiden benachbarten Häuser, die gemeinsam eine Festung bildeten, seien jetzt, sagte er, selber in Streit miteinander geraten und belagerten sich gegenseitig, sodass sie gar keine Zeit hätten, sich um vorbeikommende Fremde zu kümmern. Der Name des Ortes war Dschuwa.

»Was wäre geschehen, wenn wir hineingegangen wären?«, fragte ich.

»Sie hätten Geld genommen. Aber nicht sehr viel«, erwiderten die Sayyids.

Wir fuhren jetzt quer durch die Dünen und erreichten Qatn an der Südseite ohne weiteren Zwischenfall, abgesehen von der Begegnung mit einem barfüßigen Läufer, der, das Lendentuch fest gegürtet und einen langen Stab in der einen Hand, uns mit der anderen einen Brief entgegenstreckte. Der Brief war jedoch nicht für uns, sondern nach Henin adressiert. Der Mann ging weiter, seine pflaumenfarbenen Schultern glänzten in der Sonne. Auf solche Art wurde die Post in diesem Gebiet befördert, und ich habe nie davon gehört, dass ein Brief verlorengegangen wäre – obwohl man auf diese Weise schwerlich eine geheime Botschaft versenden konnte. Als der Läufer fort war, stellten wir eine geraume Zeit Betrachtungen darüber an, warum Sewun an Henin schriebe und was sie einander wohl mitzuteilen hätten.

Als wir nach al-Qatn kamen, wurden wir wie gute Freunde begrüßt.

»Anistu, ihr erfreut uns durch euer Kommen.«

Der Haushofmeister lächelte; auf jedem Treppenabsatz stand ein Mitglied des Hofes und reichte uns die Hand; der Sultan selbst begrüßte alle zurückhaltend und würdevoll. 'Ali der Berber kam, nachdem er den Wagen weggebracht hatte, auch herzu und küsste ihm die Hand.

Die Beduinen für Shabwa, sagte der Sultan, seien bereit. Sie würden fünf Tage warten, bis ich mich besser fühlte; sie verlangten zu viel Geld, und es würde ihnen guttun, ein bisschen Zeit zu haben, um zur Vernunft zu kommen. Von Shabwa aus würden sie mich entweder in den Jemen oder nach Aden bringen – alles in allem etwa eine Monatsreise –, je nach meinem Wunsch. Ich schlug vor, dass ich vielleicht die nördlichere Route nach Nadschran einschlagen könnte; es war soeben ein Brief von Ibn Sauds Wakil an den Sultan angekommen, der besagte, dass die Route ungefährlich sei, und zudem führte sie durch unbekanntes Land. Die Beduinen dort hielten es teils mit Ibn Saud, teils mit dem Imam des Jemen, und erst der kürzlich erfolgte Friedensschluss hatte diesem Wüstenrandgebiet Ruhe gebracht.

»Es besteht doch noch etwas Gefahr«, sagte der Sultan. »Du kannst nicht dorthin gehen.«

Auch wenn er ruhig und freundlich sprach, so war sein Wort doch endgültig, und ich fragte mich, was wohl eigentlich das Geheimnis der Autorität ausmachte. Warum gelten die Worte eines Menschen so viel mehr als die eines anderen? Eine innere Bestimmtheit vielleicht, der Mut, Verantwortung zu tragen und daher im eigenen Ich zu Entschlüssen zu gelangen? Es ist eine Eigenschaft, die selbst Tiere empfinden und der sie gehorchen. Die Frage einer Weiterreise in das Gebiet jenseits von Shabwa war damit erledigt, und wir plauderten nur noch theoretisch über diese westlichen Sandwüsten.

Ein großes Durcheinander von Religionen, sagte mir der Sultan, finde sich bei den Stämmen zwischen Hadhramaut und Nadschran. Es gebe dort noch Ja'feris oder Ismailier – Überreste aus der Zeit, als das Oberhaupt der Sekte der »Mörder«, der »Alte vom Berge«, Propagandisten in den Jemen schickte. Auch puritanische 'Ibadhis fanden sich dort noch.

Die 'Ibadhis haben eine besondere Geschichte im Hadhramaut. Ihr Name wird hergeleitet von einem sagenhaften 'Abdalla ibn 'Ibadh aus dem neunten Jahrhundert, und ihre Sekte besteht jetzt hauptsächlich noch in Nordafrika und in 'Oman; sie ist gemäßigt puritanisch und offenbar den kharadschitischen Sekten verwandt. Im achten Jahrhundert, im Jahre 129 mohammedanischer Zeitrechnung, kam einer ihrer Anhänger, der sich zum Missionieren berufen glaubte, nach Hadhramaut, nachdem er sich zuvor in Basra mit den Häuptern der Sekte beraten hatte. Er hieß 'Abdulla ibn Dschahja, ist aber bekannter unter dem Namen Talib al-Haqq, der »Sucher nach dem Rechten«. Er und sein Stellvertreter, Abu Hamsa, bemächtigten sich ganz Südwestarabiens bis Medina und bis zum Wadi Qura, wo sie eine Schlacht schlugen und von 4000 Mann unter Ibn 'Atija besiegt wurden, die der Kalif Marwan gegen sie ausgeschickt hatte. Talib al-Haqq und Abu Hamsa fielen in der Schlacht; die 'Ibadhis wurden verfolgt und niedergemacht, und wer entkam, floh nach Hadhramaut zu Talib al-Haqqs Statthalter, der an der Macht geblieben war. Ibn 'Atija verfolgte sie. Die Rebellen zogen aus, um ihm vier Tagemärsche von Hadhramaut aus entgegenzutreten, vermutlich unweit von Shabwa, denn das war die Hauptstraße; aber Ibn 'Atija umging sie auf einem Nachtmarsch und nahm Shibam in ihrem Rücken und alle ihre Vorräte. Er war damit beschäftigt, die Provinz zu befrieden, als ein dringender Befehl des Kalifen ihn nötigte, sich in aller Eile mit nur ein paar Begleitern nach Norden zu begeben. Hier ermordeten ihn einige vom Stamme Murad in Jauf, um einen von ihrer Sippe zu rächen; Reste der Murad finden sich heute noch hier und da in diesem zerstörten Land.

Die vom Sultan von Qatn erwähnten 'Ibadhis stammten wahrscheinlich von jenen Rebellen von vor zwölfhundert Jahren ab, denn in diesem arabischen Land herrschte noch immer eine außerordentliche Beständigkeit. Die Autos hatten es noch nicht verändert, und die alten Geographen waren verlässlichere Führer als die modernen Kartenzeichner. In Henin hatten die Brüder Martak ihren Abend damit verbracht, dass sie sich aus meinem Hamdani einen vor fast tausend Jahren verzeichneten Hinweis auf ihre Familie herausschrieben. Der Sultan von Qatn sagte mir, dass seine Ahnen, als sie vor vierhundert Jahren von ihrem Jafi'i-Hochland herabkamen, sich zuerst in Lakhum bei 'Andal niederließen, das für sie, wie vor ihnen für ihre Vorfahren, die »erste Stadt von Hadhramaut« war. Der Dscha'da-Stamm, sagte er mir, der jetzt das Wadi 'Amd bewohnt, sei sehr junger Herkunft; er sei vor zwei Jahrhunderten aus dem Jemen gekommen.

Ich verabschiedete mich von dem Sultan in der Hoffnung, in fünf Tagen zurückzukehren. »Deine Krankheit wird jetzt verschwinden«, sagte Hasan zu mir; »nichts ist so gut gegen Fieber wie ein plötzlicher Schreck – zum Beispiel aus einem Auto zu fallen.«

Dieses Malheur wurde, wie ich bemerkte, anderen gegenüber nie erwähnt. Ich hatte erklärt, dass ich selbst schuld daran gewesen sei, weil ich nicht sorgfältiger auf die Tür geachtet hätte, und das belustigte sie. Der Bedaui Sayyid nahm in häufigen Ausrufen Bezug darauf – aber nur, wenn wir allein waren; wir behielten das bedauerliche Geheimnis für uns. Trotzdem und trotz seiner angeblich heilkräftigen Wirkung brach ich gleich nach der Ankunft in Shibam zusammen.

Hasan verließ mich hier. Er gehörte zu den Kathiri, und jeder Augenblick im Bereich der Qe'eti sowie der Anblick der Annehmlichkeiten, die die Rivalen mir zu bieten vermochten, waren ihm eine Qual. Er sah sich in der luftigen, friedlichen Behaglichkeit meines Bungalows um, als wäre dies eine Falle, in die man mich gelockt hätte. »Unzivilisiert«, sagte er und griff nach meinem Gesichtshandtuch, um meinen Trinkbecher damit auszuwischen. Meine Wirte, Husain und Sa'id, duldeten ihn schweigend in ihrer gelassenen, freundlichen Art. Meine beiden Sayyids beschlossen, ihn nach Sewun mitzunehmen, bevor er Unfug anrichtete. Sie wollten alle in ein paar Tagen wieder zurück sein. Sie reisten ab und schrieben mir von Sewun aus ein freundschaftliches Leumundszeugnis, das ich hüte wie einen Schatz.

»Dies ist eine Bescheinigung für Miss Freya Stark, Engländerin, eine Reisende im Hadhramaut, dass sie mit den Gesetzen vertraut und vom Glauben geleitet ist und dass sie aus einem ehrbaren Hause und die erste Frau ist, die allein von England nach Hadhramaut gereist ist, und über Ausdauer und Tapferkeit auf Reisen und im Ertragen von Schrecknissen und Gefahren gebietet. Wir danken ihr herzlich, sehr herzlich.

Sayyid 'Ali al 'Attas al Bedawi.«

Unterdessen umgaben mich Husain und Sa'id erleichtert mit Güte und Fürsorge. »Sind wir nicht britisch?«, fragten sie jedes Mal, wenn ich ihnen dankte. »Wir sind in Singapur geboren. Dein König ist auch der unsrige.«

Sie besuchten mich täglich in dem Bungalow, in dem ich jetzt lag und zusehends verfiel. Ich hatte inzwischen herausgefunden, dass meine Krankheit keine Malaria war und dass es sehr schlecht um mein Herz stand. Von Zeit zu Zeit behandelte ich es mit Koraminspritzen; aber es wurde immer schwächer und schwächer.

Meine Gastwirte stellten mir Husains eigenen Leibdiener, Dschuslim, zur Verfügung. Er war nach Hadhramauter Sitte zusammen mit Husain aufgezogen worden, und wenn er von irgendetwas sprach, das er getan oder gesehen hatte, sagte er niemals »ich«, sondern immer »ich und Husain«. Er war ihm treu ergeben und war ein fröhlicher, herzlicher, unzuverlässiger, aber reizender Bursche, braun, mit schnellen, hübschen katzenhaften Bewegungen, einem großen Mund und sanften Augen, die aufleuchteten, wenn er vom Wadi her einen Schuss oder Schrei hörte; er stürzte dann jedes Mal auf die Terrasse in der Hoffnung, dass da irgendwo ein Kampf im Gange wäre. Er hatte eine gefällige Art, den Kopf etwas auf die Seite zu legen, wenn er sprach, und auch eine angenehme Stimme, mehr wie ein Europäer als ein Araber. Außerdem sang er immer, wenn er sich oder meine Teller in dem Bassin unter meinem Fenster wusch. Er erzählte mir, dass er immer die Gäste bediente, die in den Bungalow kamen, auch die britischen Flieger, die schon ziemlich oft den Landungsplatz von Shibam angeflogen hatten. Er sprach lobend über sie, »obwohl sie nicht nach der Vorschrift zu reden wissen, wenn sie die Propheten oder den Gesandten Gottes (Mohammed) nennen«.

»Manche von ihnen«, sagte ich, »sind vielleicht nicht sehr fromm erzogen worden.«

»So ist es«, erwiderte Dschuslim. »'Anbar, der schwarze Sklave unten, vermeidet ihren Anblick, wenn sie kommen, weil er sich fürchtet, seine Religion zu verlieren. Aber gegen dich hat er nichts«, fügte er hinzu. »Du trinkst nicht und rauchst nicht, und du sprichst nie von dem Gesandten Gottes, ohne zu sagen: ›Preis sei ihm.‹«

Am dritten Tage, als es mir sehr schlecht ging, wurde noch ein zweiter Sklave zu Hilfe geschickt. Die beiden lagen, in eine Decke gehüllt, vor meiner Tür und gaben mir die Nacht hindurch von Zeit zu Zeit Kaffee zu trinken.

Meine Kräfte schwanden. Ich konnte meine Uhr nicht sehen; ich lauschte nur immer auf den winzigen Pulsschlag in meinem Ohr, der klang wie eine Lebenswelle, die sich an irgendeiner auf keiner Karte verzeichneten Küste bricht, und wartete darauf, dass er stillstünde. Täte er das, so wäre ich allerdings nicht mehr da und könnte es nicht mehr wahrnehmen; ein erschreckender und seltsamer Gedanke. Was mich in diesem Augenblick reute, waren nicht meine Sünden, sondern eher die vielen ungetanen Dinge – selbst die Torheiten, die man hätte begehen können und nicht begangen hatte. Aber nichts eigentlich Schmerzliches bewegte mich, vielmehr sah ich gleichsam die Landkarte meines Lebens in einem stillen Licht vor mir ausgebreitet und sah die Schönheit gewisser geringfügiger vergessener Augenblicke. Tee auf einem englischen Rasen im Sommer, Enziane in den Bergen, heiße, würzig duftende Pinienwälder im Süden – lauter kleine, vertraute Lieblichkeiten dieser Erdenwelt. Ich bemühte mich, an sie zu denken, denn ich wusste, dass ich mein Gemüt so kühl und ruhig halten musste wie möglich. Von Zeit zu Zeit hob Salim mir so liebevoll wie die beste Pflegerin den Kopf, um mir etwas Nahrung einzuflößen; er war ein vollkommener Diener, aufopfernd und verständnisvoll. Er hatte ein liebes, hässliches Gesicht, lang mit einem schmalen Kinn, den großen, empfindsamen Mund, der in Hadhramaut weit verbreitet ist, und eine hohe Stirn, die das weiße, bis an den Scheitel des geschorenen Schädels zurückgeschobene Käppchen noch höher erscheinen ließ. Er sah mich immer mit unendlichem Mitgefühl an, und seine Bewegungen waren leise und ruhig.

Ich war überzeugt, dass mir nur noch eine geringe Frist vergönnt war. Ich fürchtete auch, das Bewusstsein zu verlieren und lebendig begraben zu werden. Das käme manchmal vor, hatte mir Dschuslim erklärt, und erst vor Kurzem war dies mit einem zu Ohnmachtsanfällen neigenden Mullah geschehen; ein treuer Diener von ihm war zu der Zeit gerade außer Haus gewesen, und als er heimkam und erfuhr, dass sein Herr schon unter der Erde lag, hatte er darauf bestanden, dass das Grab geöffnet wurde. Man hatte den Mullah aufrecht sitzend vorgefunden, dazu war nämlich immer Raum genug in einem muslimischen Grab, da der Tote sich bald nach seinem Hinscheiden aufsetzen musste, um die Fragen der zwei Engel zu beantworten; aber es muss ein unangenehmes Erwachen sein. Ich bat Dschuslim, dafür zu sorgen, dass man einen halben Tag wartete, bevor man irgendetwas mit mir tat, und zeigte ihm, wie er mir das Koramin spritzen musste, wenn ich ohnmächtig wurde; ich war nicht mehr fähig, es selber zu tun.

Das war eine sehr schmerzhafte Prozedur, an der nur Dschuslim Vergnügen fand. »Jetzt«, rief er mit unbewusster Ironie, nachdem er mir die Nadel dermaßen in den Arm gejagt hatte, dass sie sich anfühlte wie ein Splitter, »jetzt kann ich von mir sagen, dass ich so gut wie ein Arzt bin.«

Er hielt mir meinen Schreibblock vor und führte mir die Hand von Zeile zu Zeile; ich schrieb eine kurze Notiz, und als ich mich erschöpft zurücklehnte, sah ich, dass er sie betroffen anstarrte.

»Ich habe dir das falsche Blatt gegeben«, sagte er. »Dies ist Löschpapier; du musst es noch einmal tun.« Er war wie ein Schmetterling an einem Totenbett, angenehm aber zu nichts nütze.

Gegen Morgen schlief ich drei Stunden und erwachte aus glücklichen Träumen: Ich war mit meinem Vater in irgendeiner Stadt am Mittelmeer gewesen, die leuchtend am opalenen Wasser lag; meine Freundin kam lachend auf mich zu in einem von Kaminfeuer erleuchteten Zimmer; im Erwachen fühlte ich noch die Gegenwart dieser lieben Menschen und sah die Sonne auf den spitzen Palmblättern draußen vor dem Fenster glänzen. Vogelgezwitscher war zu hören; erquickende Luft kam aus dem Garten und bewegte die Häkeldecken auf unseren kleinen Tischen; es war die bezaubernde erste Stunde nach Tagesanbruch. Einen Augenblick lang vergaß ich, dass ich krank war; erst dann kam mir zu Bewusstsein, dass dies gewiss mein letzter Tag war, wenn nicht Mahmud, der Apotheker aus Tarim, mit einer neuen Medizin kam. Meine eigenen Heilmittel hatten eines nach dem anderen versagt; das Herz war jetzt so schwach, dass ich keinen Puls mehr fühlen konnte. Die ganze Sache schien so unsinnig, so ungeheuerlich in ihrer Unvermeidlichkeit, wo doch die schöne Welt um mich her war und mein eigenes Empfinden sich so wohlig regte; so muss zum Tode Verurteilten an ihrem letzten Tage zumute sein.

Ich bin der Überzeugung, dass ich durch Mahmud gerettet wurde.

Die Schwierigkeiten des Verkehrs zwischen den beiden Sultanaten, der Umstand, dass in Tarim gerade eine Hochzeit gefeiert wurde und dass Hasan in einem Anfall von Missmut abgereist war, erklärte die dreitägige Verzögerung, die mir fast das Leben gekostet hätte; aber mein letzter SOS-Ruf hatte ihnen allen zu Gemüte geführt, wie dringend die Sache war. Mein Wirt Sa'id selbst machte sich nach dieser schrecklichen Nacht in seinem Auto nach Sewun auf und traf unterwegs die Rettungsgesellschaft; und gegen neun Uhr, als ich bereits jeden Gedanken daran aufgegeben hatte, kam Dschuslim mit glänzenden Augen zu mir und sagte, er höre einen Wagen. Er stand am Fenster und meldete mir, dass er ihn schon sehe – ein Pünktchen, das sich schnell näherte und viel Wadistaub hinter sich aufwirbelte.

Bald waren sie da – meine beiden Gastgeber und die Sayyids von 'Amd sowie Hasan, der weinte, und Mahmud. Der Gute fühlte meinen Puls, soweit er noch vorhanden war, erklärte, es sei Angina Pectoris und Dyspepsie, eine Verbindung, die mir verwunderlich schien, und spritzte mir Loconol in die Ader; es wirkte sofort und sandte einen Lebensstrom in das erschöpfte Herz.

Mahmud übernahm auch die Regelung meiner Angelegenheiten, die mich fast ebenso bedrückt hatte wie meine

Krankheit, und ich überließ mich dankbar dem Schlaf. Meine beiden Wirte sagten, sie wollten ihre Freundschaft dadurch beweisen, dass sie im Bungalow blieben, bis es mir besser ginge. Sie ließen im Erdgeschoss ein Mahl für die ganze Gesellschaft richten, und bald gaben mir die vergnüglichen Laute, die heraufdrangen, die Gewissheit, dass ich und die Welt um mich her jedenfalls noch nicht tot waren.

XXV. Kapitel

Besucher

»Wie rasch würd' ich das Ziel ereilen,
Dem meine Seele zugewandt,
Doch immer wie mit Eisenkeilen
Hält mich das Schicksal festgebannt.«

(Andrew Marvell)

Ich fühlte mich einen Tag lang besser und hatte dann einen Rückfall. In dieser bedrängten Lage schrieb ich an meine Freunde in Aden und bat, man möge einen Arzt mitschicken, wenn zufällig ein R.A.F.-Flugzeug den Landungsplatz im Hadhramaut anflöge. Man hatte mir gesagt, dass in Shibam Flieger erwartet würden, und ich wollte solch eine gute Gelegenheit nicht ungenutzt verstreichen lassen. Das große 'Id, das jährliche »Fest des Opfers«, stand jetzt bevor. Ich wusste, dass es eine Woche dauern würde. Während dieser Zeit wurden keine Läufer an die Küste geschickt, und ein Brief nach Aden brauchte in jedem Fall vierzehn Tage bis sechs Wochen. Unter diesen Umständen nutzte ich die Gelegenheit und schrieb, und meine Wirte schickten – wie ich nachher erfuhr – auf eigene Faust mit demselben Läufer ein Telegramm mit der wortkargen Botschaft: »Bitte sendet Flugzeug.« Dies sollte irgendeinem mit drahtloser Telegraphie ausgerüsteten Schiff übermittelt werden, das vorbeikäme. Ich kann nur sagen, dass sich Gott sei Dank keine Gelegenheit dazu ergab und dass der Royal Air Force die Überraschung erspart blieb, die diese Aufforderung verursacht hätte.

Währenddessen lag ich ungestört in Mahmuds Pflege und brauchte endlich an nichts mehr zu denken. Er studierte ein ganzes Buch, das er mitgebracht hatte und in dem alle erdenklichen Krankheiten behandelt waren, aber ich lehnte es ab, mich dafür zu interessieren. Er hatte zwei Jahre lang in Aden während einer Pestepidemie mit einem Arzt zusammengearbeitet, und diese Erfahrung und seine eigene ernste und kluge Natur befähigten ihn, mir zu helfen. Die Nächte hindurch saß er immer unten im Erdgeschoss, ohne zu schlafen, und betete, wie er mir sagte, »dass Allah dich erretten möge«. Am dritten Tage nach seiner Ankunft ging es mir endgültig besser, und bald darauf verließ er mich, um nur noch dann und wann von Sewun herüberzukommen.

Während der schlimmsten Zeit meiner Krankheit kam eines Tages ein Beduine aus Qatn zu mir. Er trat eines Nachmittags ganz allein durch meine offene Tür und entbot mir seinen Friedensgruß. Er war ein hochgewachsener Aulaki aus dem Gebirge, in Sackleinen gekleidet, einen Patronengürtel um die Hüften und mit einem Gewehr, auf das er sich lehnte; aber abgesehen von diesem Zubehör sah er aus wie die Christusgestalt auf irgendeinem alten Gemälde – breite, klare Stirn, gelockter goldbrauner Bart, ebenmäßige Züge, ruhige Augen und edle Haltung.

Zweimal, sagte er, habe man ihm die Erlaubnis verweigert einzutreten; aber er habe gewartet, bis niemand unten war, und jetzt komme er, um mir Lebewohl zu sagen. Er und seine Gefährten könnten nicht länger warten; sie kehrten jetzt nach Hause zurück.

»Ich kann nicht kommen«, sagte ich bekümmert; »ich bin krank.«

»Allah heile dich; Allah mache dich wieder gesund und beschere dir Gutes. Nichts Gutes kommt, außer von Allah, er sei gepriesen und gelobt.«

Es war ein wunderschöner Segen, und der Ernst, mit dem er gesprochen wurde, strahlte eine ruhevolle Schicksalsergebenheit aus, die Gelassenheit eines tapferen Lebens in weiträumiger Landschaft. Und als der Mann um ein Entgelt ersuchte für die Tage des nutzlosen Wartens, war selbst das Wort, dessen er sich dafür bediente, noch edel – »Ikram«, »Ehrengabe«, nannte er es. Ich war außerstande, ihm etwas zu geben, denn ich konnte nicht aufstehen, und meine Wirte sagten mir, dass der Sultan von Qatn dies für mich tun und es mich dann wissen lassen würde; aber als ich später danach fragte, erlaubte er mir nicht, die Schuld zu bezahlen, und das Einzige, was ich tun konnte, war, dass ich ihm mein Exemplar des Hamdani überließ. Aber während jenes ganzen Tages fühlte ich mich erquickt und getröstet durch den Besuch des Beduinen und hing, auf meinem Bett liegend, dem Gedanken nach, dass der Zauber Arabiens, den schon so viele empfunden hatten, vielleicht weniger von dem sonnengedörrten, kargen Land selber ausging als von dem eigentümlichen angeborenen Adel und Charme seiner Bewohner.

Zu dieser Zeit, und bevor ich überhaupt daran denken konnte, mein Bett zu verlassen, wurde mir von einem Deutschen berichtet, der nach Shabwa reisen wollte.

Er war ein junger Mann, der schon früher in dieser Gegend gewesen war, zwei Bücher darüber geschrieben und herrliche Aufnahmen gemacht hatte. Aber er hatte sich unbeliebt gemacht, weil er in einem Bericht geschrieben hatte, die Se'ar-Beduinen seien Kannibalen. Dies war natürlich etwas äußerst Dummes, das man von keinem arabischen Stamm sagen konnte, und sorgte in dem Wadi, das ihn so gastfreundlich aufgenommen hatte, für großen Aufruhr. Als Reisender hatte er auch andere Vergehen zu verantworten, denn er hatte bereits vor den Toren von Shabwa gestanden, von wo ein Beduine ihn vertrieben hatte, und so behauptete er, die Entfernung von Shibam aus betrage sieben statt vier Tage. Weiterhin behauptete er, er sei der erste Europäer im Do'an gewesen zu einer Zeit, als das ganze Tal über die Besuche von van den Meulen und von Wissmann sprach. Und man schien ihn viel öfter mit dem Gewehr oder mit dem Tod gedroht zu haben, als dies selbst für den taktlosesten Touristen wahrscheinlich war.

Als er sich völlig arglos bei den al-Kaf Sayyids in Tarim einfand, wussten diese nicht, wie sie mit ihm umgehen sollten. Die jungen Männer des Wadis wollten ihren Gefühlen freien Lauf lassen, und auch die altväterliche, religiöse Partei war aufgebracht. Denn er hatte sie mit der Behauptung gekränkt, die Schule von Robat, das religiöse Zentrum der Gelehrsamkeit im Hadhramaut, beschaffe seinen Schülern, unter anderen Annehmlichkeiten, »eine Frau«.

In Sewun gab es das Buch, und man bat mich, die beanstandete Stelle zu übersetzen. Die gelehrten Männer hörten sprachlos vor Empörung zu. Als der junge Deutsche kam, hielten sie ihm seine Worte vor. Er erklärte, »eine Frau« bedeute in diesem Zusammenhang kleine Mädchen, denen der Schulbesuch gestattet wurde (dabei waren in Wirklichkeit gar keine kleinen Mädchen zugelassen).

Hasan und Mahmud kamen danach beide zu mir mit dem Buch in der Hand und fragten, ob die Erklärung plausibel sei. Vielleicht, meinten sie hoffnungsvoll, sei mein Deutsch nicht sehr gut. Das Wort »Frau« könne vielleicht auch ein kleines Kind in einem unschuldigen Alter bedeuten. Doch ich wollte nicht einem mir völlig unbekannten Deutschen zuliebe einen Meineid leisten. Eine Frau, sagte ich, sei eine Frau und nichts als eine Frau. Kurz darauf sprachen meine beiden Gastgeber und ein großer Kreis von Sayyids bei mir vor und erzählten mir, der junge Mann wolle sich vor mir auf den

Weg nach Shabwa machen. Sie verliehen der freundlichen Hoffnung Ausdruck, dass ihm noch so etwas wie ein Unfall passieren oder ihn unterwegs plötzlich der Tod ereilen könne. Das rief solche Gefühle in mir hervor, dass ich bei dem Gedanken nur lächelte.

Jeden Tag kam jetzt jemand mit Neuigkeiten von ihm, während ich daniederlag und mich ärgerte. Er war nach Sewun gegangen und wohnte bei Sayyid Abu Bekr. Er wolle, sagten sie, nicht vor dem Ende des großen Festes aufbrechen, denn in dieser Zeit wurden viele Hochzeiten gefeiert, die Beduinen verheirateten in dieser Woche ihre Töchter, und es wurde so gut wie nicht gereist. Bis das Fest vorüber war, wäre ich vielleicht wieder in der Lage zu reiten, und Sayyid Abu Bekr ließ mir ausrichten, er wolle mir zu einem guten Start verhelfen. Er wolle sein Möglichstes tun, um den Deutschen ruhig zu halten. Ich beruhigte mein Gewissen, indem ich mir seine Sünden vor Augen führte, und Dschuslim, der so tat, als streue er mit seinen langen Fingern imaginären Hunden Futter hin, erklärte, dass genau dies mit dem nichtsahnenden jungen Mann geschehen würde, wenn er die gekränkten Einwohner von Shibam besuchte. »Kannibalen«, murmelte er in Abständen, während er mein Zimmer mit einem Palmwedel abstaubte.

Dann kam die Nachricht, dass, Fest hin oder her, der junge Deutsche sich auf den Weg machen wollte. Er hatte auf dem Marktplatz von Sewun einen Beduinen aufgegabelt und mit diesem einen sofortigen Aufbruch vereinbart, trotz aller Bemühungen von Sayyid Abu Bekr, ihn davon abzubringen. Ich bewunderte seine Schnelligkeit und hörte dann von Mahmud, dass sie Hasan zu verdanken war. Dieser hatte dem jungen Mann geraten, sich zu beeilen, sonst könnte ich womöglich vor ihm aufbrechen.

Was wirklich geschah, habe ich nie erfahren, und ich denke nicht gern schlecht von Hasan. Er war eifrig bemüht und sehr zuverlässig, bis die Krankheit mich niederwarf und Mahmud, den er nicht leiden konnte, mich in seine Obhut nahm. Sein Hass auf Mahmud oder vielleicht auch nur sein Vergnügen an Gesprächen haben ihn möglicherweise dazu verleitet zu sprechen. Diese große Beständigkeit im Hass, mehr als in der Liebe, ist ein betrüblicher Umstand im Osten. Dennoch hege ich einige Zweifel zu seinen Gunsten. Ein Missklang gellte durch das Wadi Hadhramaut. Ich lag hilflos im Bett, und meine Reise fiel wie ein Kartenhaus in sich zusammen. Außerdem schämte ich mich, dass es mir etwas ausmachte, wenn andere meine Stadt vor mir erreichten, denn dieses Bestreben, der Erste zu sein, ist wahrlich keine sehr rühmliche Leidenschaft. Dschuslim, der fröhlich und flink durch mein Zimmer huschte, legte manchmal vorsichtig einen Finger und den Daumen um seinen Hals, deutete zur Decke und öffnete seine Hand, um zu bedeuten, dass alles vorüber war. Darauf merkte er mit seinem gewohnt drastischen Standpunkt in Bezug auf die Gerechtigkeit anderen gegenüber an, dass Leute, die ihre Freunde verrieten, gehängt werden sollten oder so.

Der Deutsche erreichte Qatn und zog weiter. Vom dortigen Sultan kam die Nachricht, dass er vorbeigekommen war und dass seine Beduinen ihn zwar bis zu dem neuen Ort bringen, ihn aber nicht zum Standort der alten Stadt begleiten könnten, der einen Tagesritt weiter lag. Ich hielt dies für eine reine Freundlichkeit des Sultans, aber es stellte sich als zutreffend heraus.

Monate später, als ich bereits wieder in Europa war, bekam ich einen Brief von Husain aus Shibam.

»Der Deutsche«, hieß es darin, »ist aus Shabwa zurückgekehrt, und wir haben ihn in Qatn im Palast des Sultans getroffen. Wir haben ihn nach den Ruinen gefragt, und er sagte, dort sei eine Mine und Öl und man könne Gold finden. Außerdem hat er ein Götzenbild mitgebracht. Aber er war nicht zufrieden, er hatte nur einen halben Tag dort, weil die Stämme ihn angriffen. Er ist also zurückgekommen und hat sich auf den Weg zur Küste gemacht. Er ist bis zu den Randbezirken von Shabwa gekommen, aber sie wollten ihn nicht ganz hineinlassen.«

Der Sultan hatte recht mit seiner Vermutung. Die alte Stadt und ihre sechzig Tempel warteten immer noch auf den Reisenden.

XXVI. Kapitel

Verzicht auf Shabwa

»Was, wenn ich nicht erleb' mehr jene königlichen Tage?
Noch schläft ihre Nacht in mir.
Meine Füße erträum' ich auf Sternenwegen.
Im Hügel ruht mein Herz.
Ich darf nicht neiden, das wen'ge, das noch ungetan.
Ich halt die Höh'n, die Träume, die ich bekam.«

(*»April und Regen«*, G. W. Young)

Ich machte jetzt allerlei Pläne für die Zeit nach dem Fest. Ich beschloss, mich dann in einer Sänfte an die Küste bringen zu lassen, wie das voriges Jahr auch mein Wirt getan hatte, als er krank geworden war. Das nahm acht Tage oder mehr in Anspruch, je nach der Länge der Tagesmärsche, und Relais von je sechs Mann sollten die Beförderung für fünfzehn Taler pro Kopf übernehmen; das Nahrungsproblem sollte durch den Kauf von drei Ziegen gelöst werden, denen die einigermaßen erschöpfende Aufgabe zufiel, nebenher zu laufen und uns mit Milch zu versorgen. Alle waren überzeugt, dass dieses Unternehmen gut gehen würde, obwohl ich nicht umhin konnte, an die letzten Seiten des Buches der Bents zu denken, das mit genauso einer Sänftenreise tragisch endete. Aber die heiße Zeit stand kurz bevor, und ich musste irgendwie aus dem Tal herauskommen.

Ich machte nun auf meinem Lager eine langweilige, schläfrige Zeit durch, die nur durch die Gespräche mit Dschuslim belebt wurde. Er kam jeden Abend herein, um zu schwätzen, während Salim schweigsam und die Hände um die Knie geschlungen auf einem der Samtstühle am Fuße meines Bettes saß und nur dann und wann mit dem braunen Kopf nickte.

Sie schlugen mir vor, es mit den Hadhramauter Heilmethoden zu versuchen, und erboten sich, einen weisen Mann zu mir zu bringen. Hätte ich nicht bereits so viel durchgemacht, hätte ich vielleicht zugestimmt; aber wie die Dinge lagen, hörte ich nur zu, wie Dschuslim mir eine Reihe recht drastischer Kuren schilderte. Gegen Dysenterie, sagte er, äße man Honig mit Antimon gemischt. Blähungen, »die die ganze untere Hälfte von einem befallen«, würden beseitigt durch einen vierzehntägigen Aufenthalt in völligem Dunkel, »wo nichts wächst« – meistens in einer Höhle in den Bergen; nur leichte Nahrung sei erlaubt, was vermutlich den Erfolg der Kur erklärt. Schlangenbisse, sagte er, würden dadurch behandelt, dass ein Kreis von Männern um den Patienten herumsäße und sänge, während einer das Gift aussauge; und Skorpionstiche heile man, indem man einen Taler auf die Wunde presse. »Was den Husten angeht, der nach den Masern kommt, so kannst du von Glück sagen, dass du ihn los bist, denn oft erstickt er einem die Kehle, und man stirbt; über hundert Leute sind in den letzten zwei Monaten in Shibam gestorben.«

Von meinem Fenster aus gesehen wirkte Shibam mit seinen fünfhundert Häusern wie eine einzige Festung über dem Filigranmuster der Palmen. Auf der staubigen Fläche vor der Stadt waren Kamele damit beschäftigt, Korn zu dreschen; sie zogen einen Palmenstamm immer im Kreis herum, während die Männer, die das Stroh in Garben sammelten, gemeinsam ein Lied sangen.

Im Hadhramaut wurde zu jeder Verrichtung gesungen. Die Häuser wurden unter Gesang erbaut, angefangen vom ersten Mischen des Lehms und Strohs zu den Ziegeln bis hin zum letzten Spritzer Tünche an den Firsten. Selbst für den Umgang mit Kamelen gab es ein besonderes Lied; der Beduine summte es leise, während er auf dem Rücken des Tieres hin und her schwankte. Das Kamel trottete dahin und drehte den Kopf bald auf die eine, bald auf die andere Seite; und es war ein so vollkommenes Bild von Familienglück, wie sie da durch die sonnenbeschienene Einsamkeit ihres Daseins schaukelten, dass ich mich oft gefragt habe, wie viele Ehepaare einander wohl so gut verstehen wie sie.

Während ich im Bett lag und auf das alles hinausschaute, lief Dschuslim am Fenster auf und ab und versorgte mich mit allerlei Nachrichten. Shibam werde demnächst einen Krieg haben, erzählte er mir, »mit den Häusern da drüben« – einer kleinen, harmlos ausschauenden Ortschaft auf der anderen Seite des Wadis, deren Waffenstillstand in einem Monat ablief.

Shibam hatte eine Garnison von etwa fünfzig Sklavensoldaten, obwohl der Sultan von Qatn viel mehr eigene Jafi'i hatte, unabhängig von der Regierung in Mukalla. Auch jetzt in Friedenszeiten war das Stadttor von acht Uhr abends bis Tagesanbruch geschlossen. Als Dschuslim eines Abends nach Einbruch der Dunkelheit zu einer Hochzeit gehen wollte, bat er mich um meine Taschenlampe. Die Batterie war leer, und ich schlug ihm vor, eine Laterne zu nehmen.

»Das wäre nicht gut. Sie würden auf mich schießen«, erwiderte er.

»Wer würde schießen?«

»Wer? Die Soldaten am Tor.«

Am Tor brannten die ganze Nacht hindurch immer zwei Lichter, und ein dritter kleiner Lichtschein glomm einsam für sich zwischen den Gebäuden; im Übrigen stand die Stadt wie eine Schar schattenhafter Figuren mit dicht aneinandergedrängten Häuptern. Das Wadi und die Felsen lagen schwarz um sie her, bis der Mond über der Ostflanke aufging und ihre Umrisse in seinem einsamen, milden Glanz weich hervortreten ließ. Sein Licht verwandelte auch die kargen Dornsträucher und Palmbüsche auf den sandigen Flächen, sodass sie so still und vertraut aussahen wie ein Moor bei uns daheim.

Wenn der Mond unterging, war die Nacht wieder schwarz wie Tinte, bis der Morgen jäh hereinbrach, vom Weihrauchland her über die Wadiwand. Zehn Minuten, nicht länger, dauerte der Übergang von Dunkelheit zu Tageslicht. Durch mein Südfenster sah ich dann das Licht wie einen Glorienschein hinter der Felswand, die uns überragte, aufstrahlen und den viereckigen Wachturm sowie die vier Felsblöcke anleuchten, die zu einer Zeit, als die Beduinen Shibam von oben her beschossen, dorthin gelegt worden waren, um im Hinterhalt liegende Männer vorzutäuschen. Vom Westfenster aus sah ich die Häuser von Shibam wieder im Licht auftauchen, über dem Graben, durch den, wie Dschuslim mir sagte, die Huren mit geschorenen Köpfen auf Eseln rund um die Stadt gepeitscht wurden.

Die Methoden des Strafvollzugs waren einfach. Die ärgsten Missetäter wurden in einen alten Brunnen in der Mitte der Stadt geworfen, und das Essen wurde ihnen von oben hinuntergelassen. Für Diebstahl wurde eine Hand abgehackt. Dschuslim billigte das Walten der Justiz und erzählte mir voller Bewunderung die Geschichte von dem Richter Ibn Sauds und dem Mann, dem eine Kiste Mehl abhandengekommen war. Der Mann ging nach einem Jahr zur Polizeistation und fand die Kiste dort vor. Der Richter ordnete an, dass sie vor seinen Augen geöffnet wurde; einer der Soldaten hatte seine Finger durch das Schlüsselloch gesteckt, um zu sehen, was in der Kiste sei, und der Fingerabdruck war in dem Mehl noch deutlich zu erkennen; alle Soldaten mussten die Finger hineinlegen, und als der Schuldige gefunden war, wurde ihm der Finger abgehackt.

Dschuslim, der selber viel zu gutmütig war, um auch nur einer Fliege etwas zuleide zu tun, billigte solche Strenge. Aber im Hadhramaut bot sich wenig Anlass dazu. Verbrechen wurden zwar begangen, aber meistens von Beduinen, die sich schnell wieder auf dem Dschol in Sicherheit brachten – wie die Männer, die aus der Gartenvorstadt Uqda, in Sichtweite von unserem Bungalow einen Esel stahlen – ein Ereignis, das die Eintönigkeit des häuslichen Lebens unterbrach und über das Dschuslim noch ein paar Stunden lang ganz glücklich war.

Manchmal wurden, wenn sich die Gelegenheit bot, Sklaven von den Beduinen geraubt und an neue Herren verkauft, und die Sklaven in den Wadis trauten sich, selbst wenn sie freigelassen waren, nicht allein auf den Dschol aus Angst, entführt und in eine ferne Gegend verkauft zu werden.

Mahmud erzählte mir, wie kürzlich zwei junge Burschen aus Kalkutta von arabischen Seeleuten aus Sur im 'Oman mit dem Versprechen einer Anstellung fortgelockt worden waren. Nach der Landung verkauften die Araber sie für 700 Taler an einige Se'ar-Beduinen, die sie in den Nordwesten verschleppten und dort zwei Jahre lang als Wasserzieher festhielten. Danach nahm ihr Herr sie in irgendwelchen Geschäften mit nach Sewun. Sie flohen und fragten die Einwohner, ob es irgendwelche indische oder britische Untertanen in der Stadt gebe. Sie wurden zu Mahmud geschickt, der die Geschichte dem Sayyid Abu Bekr erzählte, worauf dieser den Beduinen zu sich kommen ließ. Einer der beiden Sklaven war inzwischen entwischt, aber der andere wurde von dem Sayyid für 500 Taler (38 Pfund) – der Beduine hatte 1100 verlangt – gekauft und dann in seine Heimat geschickt. Das war zehn Monate vor meinem Besuch geschehen.

Manchmal wurden auch Kinder entführt und verkauft. Sayyid Abu Bekr, dessen Hilfe niemand vergeblich anrief, kaufte einen solchen kleinen Jungen für 400 Taler (30 Pfund). Er machte sich die Mühe festzustellen, woher er kam, und schrieb an seine Eltern im fernen Najd, aber der Kleine wollte nicht zu ihnen zurück, und er befand sich unter denen, die mir in dem Haus in Tarim aufwarteten.

Während ich diesen Geschichten zuhörte und Tag um Tag ruhig dahinging, erschien unser Wadi mit seinem Leben und Treiben allmählich auch mir immer mehr das kleine Eiland des Friedens und Wohlergehens zu sein, als das seine Bewohner es ansahen.

Ich lag jetzt immer auf einer Matratze auf meiner Terrasse und las Vergil, eine Lektüre, für die die Umstände besonders günstig waren, denn mein Interesse für die Klassiker stand auf etwas schwachen Beinen und wurde nur allzu leicht abgelenkt, wenn irgendetwas leichter Lesbares zur Hand war.

Vergil ist wunderbar beruhigend zu lesen, wenn man krank ist. Kein anderer Dichter, den ich kenne, hat den Schlaf, die Stille der Nacht und der ruhenden Erde so oft und so lieblich geschildert. Und ich fand auch etwas höchst Ermutigendes in seiner unvoreingenommenen, heidnischen Seelenstärke dem Tode gegenüber.

Stat sua cuique dies, breve et irreparabile tempus
Omnibus est vitae; sed famam extendere factis,
Hoc virtutis opus.

Oder

Quo fata trahunt retrahuntque sequamur;
Quidquid erit, superanda omnis fortuna ferendo.

Wer fühlte sich nicht gestärkt durch solche Worte? Ihr erhabener Tonfall klang in meinen Ohren zusammen mit dem schläfrigen Knarren der Brunnen, derer es drei in der Nachbarschaft gab. Einer von ihnen war immer in Betrieb, und ich konnte von meinem Fenster aus beobachten, wie unser Schwimmbassin alle zwei oder drei Tage neu gefüllt wurde. Ich konnte sehen, wie die bauchigen, triefenden Ledereimer langsam aus ihrer Tiefe aufstiegen, ein paar Sekunden in der Schwebe hingen, dann zu dem Trog hinabsanken, sich neigten und das Wasser verströmten. Das Rauschen des Wassers war den ganzen Tag über zu hören, bald leiser, bald lauter, je nachdem wie die Eimer gingen oder kamen. Die Brunnen lagen hübsch unter Bäumen im Halbschatten; und das war das einzige »fließende Wasser« im Lande.

Von meiner Matratze am Fuße der weiß getünchten Mauer schaute ich hinauf in einen lichtblauen Himmel mit Wolken, die aussahen wie dünn gefaltete Schleier. Kleine Vögel mit schwarzen Kehlen und flachen schwarzen Köpfen äugten vom Dachrand auf mich herab. In den blühenden Granatapfelbäumen saßen Wiedehopfe. Die Granatapfelbäume in Shibam trugen schon ziemlich große Früchte und zugleich noch Blüten. Ihre Zucht war sehr gefördert worden durch Geschwaderführer Rickards, der Dschuslim gezeigt hatte, wie man sie pfropfte, und dessen Name seitdem lobend genannt wurde, so oft die Bäume bewundert wurden. Er und Oberst Boscawen waren sehr beliebt im Wadi. Es gab noch viele andere Vögel, aber ich erkannte nur eine Bachstelze, einen weiß-braunen Falken, die Tauben, die in den Felswänden nisteten und alles mit ihrem schläfrigen Gurren erfüllten, sowie die Krähen und Raben, »die mit dem Korn und den Datteln kommen und gehen«.

Um fünf, nach meiner (nicht mehr sehr zuverlässigen) Uhr, ging die Sonne unter. Dann wurde der Himmel gelb und grün wie der Himmel in Aden. Die in das Wadi vorspringenden Felsen glühten wie reglose Feuer. Sie standen in einer Reihe wie eine Flotte vor Anker, einer hinter dem anderen, ganz gleich und parallel, und jeder warf seinen Schatten diagonal über den dahinterliegenden, bis in die weite Ferne, wo das Wadi eine Biegung machte.

Majoresque cadunt altis de montibus umbrae.

Ein blaugrauer Dunst erhob sich aus ihren Buchten und Klüften, bis nur noch der flache Dschol-Rand glomm und dann auch verblasste und erlosch und wieder eine lange Nacht über uns aufstieg.

XXVII. Kapitel

Flucht aus dem Tal

»Ich will einen Gürtel um die Erde ziehn
In vierzig Minuten.«

(»Ein Sommernachtstraum«)

»Ich sprach: O hätte ich Flügel wie
Tauben, dass ich flöge und etwo bliebe!«

(55. Psalm)

Mit dem Fest war es eine merkwürdige, unbestimmte Sache.

Alle Welt bereitete sich darauf vor, alle Welt redete davon, aber wann es nun eigentlich anfangen sollte, konnte niemand sagen; einige behaupteten, in zwei Tagen, andere in zwölf. Aber schließlich mehrten sich doch die Anzeichen seines Herannahens. Die Beduinen feuerten Willkommensschüsse ab, wenn sie sich Shibam näherten – eine kostspielige Art von Begrüßung, denn je vier Schüsse kosteten sie einen Taler, und die Regierung hatte diese Belustigung innerhalb der engen Straßen der Stadt verboten.

Dann bat Salim um Urlaub. Er hatte eine Frau, für die er sechzig Taler (4 Pfund 10 Schilling) gezahlt hatte, da sie eine Jungfrau gewesen war (andernfalls hätte sie nur dreißig gekostet); außerdem war er Metzger von Beruf und musste für den Freitag Hunderte von Schafen schlachten. Diese beiden Gründe waren überzeugend, und Salim ging für ein paar Tage fort, während Dschuslim noch von Zeit zu Zeit kam und der schwarze Sklave 'Anbar unten im Haus Wache hielt.

Das Fest begann am Dienstag. Die ersten zwei Tage waren den Kindern gewidmet, und alle Welt kaufte Spielzeug. Der dritte war der Zulfat al-Kubar, an dem das sogenannte 'Asi gegessen wurde, ein Gemisch aus Datteln, Getreide und Haidowan-Samen vom Dschol, das fünf Stunden lang kochen musste. Der vierte Tag war Freitag, der Tag des Hajj, an dem Harisa gegessen wurde, der Brei aus Mehl und Fleisch, den ich in Do'an gekostet hatte. Am fünften Tag wurde al-Hauta besucht, das Grab von Ahmed ibn Husain ibn Ahmed draußen vor der Stadt, etwas weiter als unser Bungalow. Und am sechsten Tage fand eine Wallfahrt zur Sheika Sultana statt, der Heiligen, an deren Grab oberhalb von Sewun wir vorbeigekommen waren.

Ich fragte Dschuslim, warum sie eine Heilige sei, und er sagte, weil sie nie geheiratet habe.

»Wenn ich neulich hier gestorben wäre«, sagte ich, »und ihr mich, wie ihr es versprochen habt, neben dem Landungsplatz unter einer weißen Kuppel begraben hättet, wäre ich also auch eine Heilige und hätte einen Tag, an dem die Leute mich besuchen kämen?«

Dschuslim machte ein Gesicht, das weder ja noch nein besagte.

»Es ist gut, dass du nicht gestorben bist«, meinte er, »denn was hätten wir mit deinen Sachen gemacht? Die ganze Zeit über, als du so blass warst, habe ich mich das gefragt. Ich nahm mir vor, gleich alles wegzuschließen, dann hätte niemand denken können, ich hätte etwas genommen.«

Dschuslim kannte alle Feste des Landes, und es gab ihrer eine große Menge. Eines der wichtigsten in der Gegend hier, eine fünftägige Wallfahrt zum Grab von al-Habib 'Omar al-Hadhdhar, begann am Zwölften des Monats Rabi' al Akhir. Aber die Beduinen, sagte er, feierten eigentlich nur das Große Fest; selbst das Fest am Ende des Ramadan, hier Shurbat al-Ma' genannt, beachteten sie kaum.

Am vierzehnten März, dem dritten Tag des Festes, als ich schon über vierzehn Tage in meinem Zimmer gelegen hatte, glaubte ich mich kräftig genug, um ein bisschen in die Sonne hinauszugehen. Es war niemand im ganzen Bungalow als der schwarze Sklave 'Anbar, der mit mir kam, und ein magerer Hund, mit dem ich mich angefreundet hatte – er war so mager, dass die Fliegen sich auf ihn setzten, was sie, wie der Sklave sagte, niemals bei wohlgenährten Hunden tun.

Wir gingen langsam ein Stück und setzten uns bei einer Siqaja am Wege unter Palmen nieder. Es war wie der Weg nach Camelot, und nach zwei Wochen Gefängnis fühlte ich mich wie die Lady von Shalott, während ich mit ungewohnten Augen dem Leben und Treiben zusah, das sich da im Staub regte: Bauern auf Eseln, auf ihren Erzeugnissen hockend oder mit einem Schaf quer vor sich über dem Sattel; Beduinen mit Kamelen; Frauen, die ihre blauen Schleppen hinter sich herzogen und einen kleinen Krug oder Korb auf dem Kopf balancierten; Negersoldaten, nackt, nur mit Lendentuch, Patronengürtel und Gewehr; Leute, die Öl oder Samen in kleinen Lederflaschen trugen; Esel, fast unsichtbar unter ihren überhängenden Schilfrohrlasten, die als Futter verwendet werden. Bei unserer kleinen Kuppel hielten die Tiere an, um zu trinken; die Treiber schöpften ihnen das Wasser durch das weiß getünchte Gitterwerk der Siqaja in einen flachen Trog.

Die Leute von den umliegenden Feldern kamen herbei, um mich zu begrüßen und sich nach meinem Befinden zu erkundigen, denn sie hatten von meiner Krankheit gehört. Nach Art des Landvolkes schwätzten sie über die Preise. Es musste schwierig sein, in diesem Tal Handel zu treiben, denn jede Stadt hatte ihre eigenen Maße und Gewichte. Shibam hatte das Okia, das Gewicht eines Talers, das Rotl, zwölf Taler Gewicht, und das Musra', das neunundzwanzig beträgt; aber in Ghurfa war das Musra' mehr und in Sewun weniger als in Shibam. Auch die Preise hatten sich infolge der Weltkrise verändert: Shabwa-Salz, von dem man vor vier Jahren sechzig Musra' für einen Taler kaufen konnte, war eine Zeit lang so im Preis gestiegen, dass man nur vier Musra' für einen Taler bekam, und jetzt wieder auf dreißig gesunken.

Sa'id, mein Gastwirt, kam jetzt auf einem kleinen weißen Esel mit Teppichsattel dahergeritten. Er stieg ab, als er mich sah, und ging mit mir zum Bungalow zurück. Er brachte mir eine Phiole mit Sandelholzessenz und sprach davon, dass noch heute an den Küsten von Shihr Ambra gefunden wurde. Als er fort war, legte ich mich auf meine Matratze im Schatten der Terrasse und las in der Äneis. Ich dachte gerade mit Bedauern daran, dass ich jetzt, da ich alles andere erschöpft hatte, mit dem langweiligen Teil, nach dem siebenten Buch, würde beginnen müssen, als ein summendes Geräusch, das nach und nach immer lauter geworden war, endlich meine Aufmerksamkeit auf sich lenkte. In der Luft droben schwebten vier R.A.F.-Bomber, die von Südosten her kamen und die ganze Talbreite einnahmen. Ihr Aluminium gleißte in der Sonne, und meinen Augen schienen sie schöner als alle Flugzeuge, die ich je gesehen hatte.

Sie flogen einen Bogen und landeten östlich der Stadtmauer. Die Honoratioren von Shibam eilten heraus wie eine Reihe Ameisen, um sie zu begrüßen, und aus einer der Maschinen stieg Dr. Haythorne Thwayte und kam auf meinen Bungalow zu.

Er fand, dass ich zu krank sei, um durch die erhitzte, böige Nachmittagsluft zu fliegen, und wir warteten den nächsten Morgen ab. Bei Tagesanbruch schnallten sie mich auf eine Bahre, legten mich quer in Sa'ids Wagen und fuhren zu dem nahen Landungsplatz. Ich konnte meinen Kopf nicht drehen, da er festgeschnallt war, aber ich konnte den First der Talwand sehen; er leuchtete wie ein rotes Schwert in der Sonne.

Die Gesichter von Sa'id und Husain, dem alten Gouverneur, Dschuslim und anderen tauchten der Reihe nach an meinem Karosseriehorizont auf, um mir Lebewohl zu sagen. Ich fühlte mich wie in einem freundlichen, unglaubhaften Traum. Sorgliche und kundige Hände hatten die Last der Verantwortung von mir genommen. Wir starteten. Die Wände des Wadis, dieses Kalk- und Sandsteinkerkers, versanken. Während des Fluges beschrieb mir der Doktor, was jeweils unter uns lag, und ich sah im Geiste den Dschol mit seinen von jahrtausendlangem Verkehr ausgetretenen Pfaden und die lange, kompakte Wasserscheide des Kor Saiban.

Wir tankten in Fuwa, und auch hier kamen freundliche Gesichter aus Mukalla heraufgestiegen, um mich zu begrüßen, wo ich lag. Fliegerleutnant Guest steuerte unsere Maschine und hielt sie hoch und ruhig in der kühleren Luft; nach insgesamt fünfeinhalb Stunden waren wir in Aden.

Es tut nicht gut, zu wandern
Zu rastlos her und hin,
Jedoch ein fernes Eiland
[zwar nicht in der See,
aber in einem Meer von Sand]
Kommt mir nicht aus dem Sinn.

Anhang

Über die Weihrauchstrassen Südarabiens

Die erste Zahl bei den bibliographischen Angaben verweist auf das jeweilige in der Bibliographie auf S. 367/369 aufgeführte Buch.

Man darf annehmen, dass jeder, der mit einigem Interesse für historische Geographie Südarabien bereist, sowohl Hamdanis »Dschazirat al-'Arab« als auch Sprengers »Alte Geographie Arabiens« mit sich führen wird.

Außerdem gibt es jedoch eine ganze Menge anderer Informationen, bruchstückweise verstreut, die hauptsächlich von neueren Reisenden stammen sowie von alten Inschriften, die inzwischen ans Licht gekommen sind. Ich hatte gehofft, einige davon mit dem zu vergleichen, was ich selber im Land ausfindig machen würde, besonders auf der Strecke der Weihrauchroute, die von Shabwa zur Küste führte. Krankheit hinderte mich daran, und diese Notizen sind lediglich eine Zusammenfassung der Informationen, die ich zu meinem eigenen Gebrauch gesammelt hatte – eine Art Gerippe, das erst durch örtliche Forschungen mit Fleisch und Blut versehen werden muss. Ein gründliches Studium der alten Handelsroute Arabiens, der Weihrauchstraße, auf der die Gewürze der Südküsten und die Güter Indiens zum Mittelmeer befördert wurden, erfordert viel mehr historische Kenntnisse, als mir zur Verfügung stehen. Abgesehen von den bisher entdeckten Denkmälern aus den alten arabischen Reichen, die studiert werden müssen, wartet vermutlich in halb zerstörten Hügeln am Wege noch allerlei prähistorisches Material auf den Forscher. Da diese Handelsstraße bereits seit dem Ende der Regenperiode der arabischen Erdgeschichte zum größten Teil durch Wüste geführt hat, also durch die Rücksicht auf Wasserversorgung bestimmt gewesen sein muss, empfiehlt es sich, ihre Geschichte so weit wie möglich durch das islamische Mittelalter und bis in die Neuzeit hinein zu verfolgen, denn im Großen und Ganzen ist sie wahrscheinlich unverändert geblieben.

Wir wissen aus Inschriften, dass die südlichen Reiche Kolonien oder Vorposten im Norden entlang der Straße hatten, die mehr oder weniger der Pilgerstraße Hadschi folgte und an der Doughtys Gräberstadt Hedschr (Madain Salih) und andere, jetzt vermutlich im Sande begrabene Bauten entstanden. Kein Europäer hat sie noch von Syrien bis Mekka bereist, außer jenem unternehmungslustigen Abenteurer Ludovico de Varthema Anfang des sechzehnten Jahrhunderts (1). Eine Seitenstraße führte über Petra, »wo viele Römer und Fremde leben« (Strabo, XVI, IV, 21), und eine östlichere Seitenstraße nach Syrien, wo die Karawanen von Gerra am Persischen Golf ankamen. Im Jahre 1900 v. Chr. brachten »Asiaten aus der Wüste« Antimon von Carmania nach Ägypten (5. S. 192). Die Oase Taima, das Thaim auf Ptolemäus' Karte und das Tema Hiobs, in der Zeit kurz vor dem Islam bekannt als einer der Orte, wo die Juden es lohnend fanden, Handel zu treiben und sich niederzulassen (2. S. 34), war schon seit uralter Zeit eine Station an dieser syrischen Zweigstraße, *»carrefour des routes de Syrie et du Héjaz«* (2. S. 314). Byzanz unterhielt kleine, mit Einheimischen besetzte Vorposten an ihr und exportierte auf diesem Wege Öl, Korn und Wein nach Arabien (2. S. 309).

Die Hauptweihrauchstraße führte offenbar nicht durch Mekka, das westlich von dem direkten Wege lag (3. S. 127).

Sie berührte Tabala, wo sich ein berühmter Tempel der Venusgottheit Dhu-l-Halasa befand (4. S. 232), und erreichte von da die Zentren der präislamischen Reiche Arabiens, ein interessanter und so gut wie unbekannter Abschnitt der großen Handelsroute.

Das nördlichste und älteste Reich, das wir kennen, ist das minäische, dessen Hauptstadt Ma'in im Jahre 1870 von Joseph Halévy unter Gefahren und in Verkleidung besucht wurde und sonst von keinem Europäer, weder vorher noch nachher. Er sammelte eine Anzahl Inschriften, die Plinius' Bericht bestätigen, der von den Minäern spricht als von dem ältesten bekannten Handelsvolk Südarabiens, Beherrschern der Weihrauchstraße und des Handels mit Myrrhe und Weihrauch (5. S. 105). Plinius gibt auch einen interessanten Hinweis, der sie mit den Minäern von Kreta in Beziehung bringt; aber das sei dahingestellt (5. S. 105).

Die minäischen Königslisten führen, soweit sie bis jetzt vorliegen, annähernd bis ins vierzehnte Jahrhundert vor Christus zurück, aber zweifellos harren noch sehr viel ältere Zeugnisse in Südarabien der Entdeckung. Ob sie eine Beziehung zum Euphratdelta ergeben oder nicht, bleibt abzuwarten. Der sumerische Name Magan für den Persischen Golf ist vielleicht mit Ma'in verwandt (4. S. 65); viele Wörter und Namen der Hammurabidynastie in Babylonien sind südarabisch (4. S. 61/62); und die in Südarabien gefundenen Münzen weisen Symbole auf, »deren Spuren in ein sehr fernes babylonisches Altertum zurückführen« (6. S. 27); möglicherweise steckt ein Kern Wirklichkeit in gewissen örtlichen sagenhaften Überlieferungen, wie der bei Maqrizi erwähnten, wonach 'Ad ihn Qathan über die Babylonier herrschte und sein Bruder Hadhramaut über die Habashi (von Dhufar) (5. S. 142), oder in der Oman-Überlieferung (25), dass einige der Nachkommen von Sem, die der Sintflut entkamen, sich in Hadhramaut niederließen und sich von da über Arabien verbreiteten.

Dies ist nur eine der Richtungen, in die das Studium des alten Südarabiens uns lenkt. Der Handel mit Indien und Afrika eröffnet den Ausblick auf zwei weitere Epochen; die spärlichen Berichte, die wir darüber kennen, beleuchten allerdings nur die Spätzeit dieser Beziehungen.

Dass der Handel mit Indien zur Zeit unserer minäischen Inschriften schon seit Langem blühte, ist aus mancherlei Umständen zu schließen. Die Verwendung von Teakholz bei den Bauten im alten Jemen beweist, dass man mit Indien in Verbindung stand (3. S. 157); von dem drawidischen Alphabet nimmt man an, dass es himjarischen[5] Ursprungs ist (5. S. 210), und als Leutnant Speke den Nil erforschte, fand er, dass die Hindutexte seine besten geographischen Quellen waren, dank einer alten Handelsbeziehung mit Abessinien (5. S. 230).

Die Frage, ob das »Land Punt«, wohin die Pharaonen der achtzehnten Dynastie ihre Flotten sandten, an der arabischen oder afrikanischen Küste zu suchen ist, ist noch offen. Auf den Deir-el-Bahri-Reliefs, die diese Expeditionen des fünfzehnten Jahrhunderts vor Christus darstellen, sind sowohl die Weihrauchbäume wie das Vieh arabischer und nicht afrikanischer Art (5. S. 218, 270). Eine ägyptische Überlieferung aus dem achtzehnten Jahrhundert vor Christus spricht von Panach, der Insel des Königs des Weihrauchlandes, dem Panchaia Vergils (Georg. I. 213), das wahrscheinlich identisch ist mit der Insel Socotra, der sagenhaften Heimat des Phönix, der sich zum Sterben auf »ein Nest aus Zimt und Weihrauchzweigen« legt (Plinius, X, 2.) (5. S. 133–137).

Wo auch immer das »Land Punt« gelegen haben mag, fest steht jedenfalls, dass sein Handelsverkehr in sehr ferne Zeiten zurückreicht. Die erste bekannte ägyptische Expedition

5 Die Bezeichnungen himjarisch und sabäisch müssen oft als Sammelbegriffe verwendet werden, da es kein anderes einzelnes Wort gibt, das die Gesamtheit des südarabischen Altertums umfasst.

zwecks Imports von Weihrauch fand im achtundzwanzigsten Jahrhundert vor Christus statt (5. S. 120), und selbst damals schon muss das Land seit Langem bekannt gewesen sein »durch Kunde von Mund zu Mund von den Vorfahren her. Die von dort heimgebrachten Wunderdinge … wurden von einem zum anderen gebracht … als Entgelt für viele Zahlungen«, genau so, wie nach Richard Burtons Schilderung der Handelsverkehr vom Herzen Afrikas nach Ägypten durch Übermittlung von Stamm zu Stamm vonstattenging.

Es besteht auch kein Zweifel über die frühe und enge Verbindung zwischen den arabischen und afrikanischen Weihrauchgebieten. Arabische Namen wurden von Kolonisten nach Afrika hinübergebracht. Die Ascitae oder Asachae des »Periplus«, des Stephanos von Byzanz und des Bion kamen wahrscheinlich von dem an der Küste oberhalb Dhufars gelegenen Hasik herüber (5. S. 62); die Habashi, aus deren Namen später »Abessinien« wurde, die Hbsti der ägyptischen Inschriften, kamen nach Afrika aus dem »Land der Abaseni«, östlich von Hadhramaut (5. S. 62). Josephus sagt, dass die Hauptstadt von Äthiopien Saba hieß, bis Kambyses ihren Namen in Merce umwandelte (7. II. S. 9).

Die Kolonisierungs- und Handelstätigkeit der Araber entlang der afrikanischen Küste hat seit den Tagen der alten arabischen Reiche bis in die Neuzeit fortgedauert. Im ersten Jahrhundert nach Christus berichtet der »Periplus« über die Küste nach Sansibar hin, sie stehe »unter einem alten Recht, das sie der Oberhoheit des Staates unterwirft, der der erste in Arabien geworden ist« und der »viele große Schiffe aussendet mit arabischen Kapitänen und Agenten, die mit den Eingeborenen vertraut sind und in ihre Familie einheiraten« (5. S. 28).

Von all diesen Kolonisten und Händlern sind die Habashi die interessantesten. Aus dem Norden von Hadhramaut angegriffen, verließen sie zu Beginn unserer Zeitrechnung ihre Heimat an der Mahra-Küste, bauten die Stadt Axum und gründeten das Königreich Abessinien, in dessen Namen der ihre erhalten geblieben ist (5. S. 9). Ihr späteres Bündnis mit Rom, das einer westlichen Macht den Zugang zum Roten Meer und zum Indischen Ozean und somit einen Seeweg an Stelle des Landwegs öffnete, war schließlich die Ursache des Niedergangs der arabischen Vorherrschaft.

In der Zeit kurz vor dem Islam scheint die arabische Schifffahrt zurückgegangen zu sein, und die Fahrzeuge, die erwähnt werden als Handel treibend vom Hafen von So'aiba bei Mekka aus (denn Dschidda kam später), sind alle abessinisch (2. S. 15). Aber zur Zeit des »Periplus«, sechs Jahrhunderte früher, waren Muza (Mauza') und Ocelis (bei Perim) belebte Häfen, »wimmelnd von arabischen Schiffseigentümern und Seefahrern« (5. S. 30). Die alten Reiche hatten an diesen Punkten ihren Zugang zur Küste, Minäische Inschriften sind in Ta'izz und Abyan im Jemen gefunden worden (8. S. 70); und San'a, das in einer präislamischen Dichtung als eine »Hauptstadt« erwähnt wird (8. S. 8), war vielleicht das Uzal aus Genesis X, 21; aber die Hauptweihrauchstraße führte weiter östlich durch das Hinterland, und es scheinen keine alten Spuren westlich von der Wasserscheide im Jemen vorhanden zu sein (9. S. 7, 144), auch waren zur Zeit der Hedschra keine Juden in diesem Gebiet angesiedelt (2. S. 154), zu einer Zeit also, als aller einträgliche Handel zum größten Teil in ihren Händen war. Die westlichsten Spuren der alten Reiche hinterließ Himjar, dessen Hauptstadt Tzafar in der Nähe von Jerim lag; und diese Verlagerung nach Westen kommt daher, dass der Handel immer stärker auf dem Seeweg stattfand, der nach und nach ganz an die Stelle der Inlandkarawanen trat.

Von den Zentren des minäischen Reiches – Ma'in, Jatil (später Baraqish), Karnan (später as-Sauda) usw., die in der Gegend von Nadschran und Dschauf um das Wadi Kharid

Absender

Name, Vorname

Straße, Nr.

Plz, Ort

Telefonnummer *

Faxnummer *

E-Mail *

Unterschrift

* freiwillige Angabe

Für Ihre schnelle Anfrage:
info@verlagshausroemerweg.de

Bitte
ausreichend
frankieren

Rückantwort

Verlagshaus Römerweg GmbH
Römerweg 10
D-65187 Wiesbaden

herum lagen (4. S. 15) – führte die große Handelsstraße in das Gebiet von Saba.

Die bereits im Buch Hiob erwähnten Sabäer sind möglicherweise von Nordarabien her gekommen. Eine minäische Inschrift erwähnt sie als Angreifer auf eine nordwärts nach Ägypten ziehende Karawane (4. S. 65). Sie schickten Tribut nach Sargon in Assyrien, und ein sabäischer König wird unter Sennacherib, 685 v. Chr., erwähnt (4. S. 75). Ihr Aufstieg beginnt mit dem Niedergang der Minäer, und ihre Hauptstadt Marib ist die bestbekannte all der alten Hauptstädte, vornehmlich dank der Zerstörung ihres großen Dammes im sechsten Jahrhundert nach Christus, einer Katastrophe, die die islamische Sage als Ursache eines angeblich jähen Niedergangs darstellt, der aber in Wirklichkeit wohl ein ganz allmähliches Versiegen des alten Wohlstandes war. Der Damm weist eine Inschrift aus dem Jahre 542/543 n. Chr. auf und wurde in den Jahren 449/450 n. Chr. (4. S. 105/106) ausgebessert, sodass seine Zerstörung kurz vor dem Islam stattgefunden haben muss. Dass diese Zerstörung den Wohlstand des Landes so stark beeinträchtigte, wie die arabische Phantasie und spätere Berichte ohne Weiteres annahmen, halte ich für sehr zweifelhaft. Bei einem lange vorher unternommenen Feldzug nach Arabien kam der römische Befehlshaber Älius Gallus bis nach Mariab (Marib) und kehrte dort wegen Wassermangels um – ein schlüssiger Beweis dafür, dass die Gegend durchaus nicht so von Milch und Honig floss, wie spätere Schriftsteller behaupteten. Ich glaube in der Tat, dass diese ganze große Handelsstraße ihr Entstehen nicht der Fruchtbarkeit der Gebiete, durch die sie führte, verdankte, sondern der außerordentlichen Einträglichkeit dieses Handels – woraus sich auch erklärt, dass sie so plötzlich verödete, als der Handel sich zum Roten Meer hin verlagerte.

Der Marsch des Älius Gallus ist außerdem interessant als Bestätigung für den Verlauf der alten Route, denn der Feldherr kam weder durch Mekka noch durch San'a, sondern marschierte weiter im Osten durch Nadschran und andere Orte des minäischen Gebiets (10. S. 389). Er kehrte um bei Caripeta – was möglicherweise identisch ist mit Kharibat-Sa'ud, wo qatabanische Inschriften gefunden wurden (6. S. 20).

Plinius beschreibt Marib als eine Stadt von sechs Meilen Umfang. Es wurde besucht von Arnaud (11.), Halévy (12.) und Glaser (13.), dem wir die meisten Inschriften sowie einen Plan von dem großen Damm und dem Haram Bilqis verdanken, einem Tempel in jener elliptischen Form, die, nach Rathjens und v. Wissmann, üblich war, bevor die Minäer und andere Semiten sie durch den rechteckigen Stil ersetzten, den wir noch heute an den Moscheen von Hadhramaut und Jemen sehen.

Von Marib führte die Straße, wie noch jetzt, nach Harib und von da zum Wadi Baihan.

Harib war die Münze der Qatabaner, deren Hauptstadt Tamna' irgendwo im Baihan liegt, deren genaue Lage aber noch nicht herausgefunden worden ist. Ihre Nachkommen, der Stamm Kitban, waren im zwölften Jahrhundert ein Unterstamm der Dzu-Ru'ain (Sam'ani), die ihren Ursprung in Sarw-Madhaij, südöstlich von Baihan hatten (Hamdani, 90).

Das wenige, das wir von den Qatabanern wissen, verdanken wir hauptsächlich Carlo Landberg (Arabica V) und Glaser (13. S. 24), der etwa hundert qatabanische Inschriften bei den Beduinen sammelte (4. S. 23, 59 ff.). Sie waren zu ihrer Zeit unumschränkte Herren über ihren Abschnitt der Weihrauchstraße; um das sechste Jahrhundert vor Christus führten sie Kriege mit Saba, das sich im Jahre 115 v. Chr. ihr Gebiet endgültig einverleibte und zur Feier dieses Ereignisses der Bezeichnung Saba den Titel Dhu Raidan hinzufügte (4. S. 87/88). Qatabanische Münzen wurden jedoch noch weiter geprägt (4. S. 94). Strabo berichtet, ihr Gebiet erstrecke sich über das spätere himjarische Land bis an die Straße von Bab el-Mandeb (6. S. 1).

Die Gebaniter, die Gebanitae des Plinius, die die Qatabaner aus Tamna' vertrieben und sich an ihre Stelle setzten, hatten ihren Zugang zur See gleichfalls in Muza und Ocelis (8. S. 76). Der Weg, der, wie Wyman Bury erwähnt, im elften Jahrhundert von Hadhramaut über Ibb nach Tihama führte (19. S. 15), folgte vermutlich der älteren Straße. Er zweigte von der Hauptstraße ab zugunsten der afrikanischen Importe, auf die Zölle erhoben wurden. Wo Plinius von Myrrhe spricht (XII. S. 35) – die in Arabien jetzt nicht mehr für den Export angepflanzt wird, aber in Hadhramaut noch von den Bents vorgefunden wurde –, beschreibt er auch die minäische Abart, zu der »die von Ansaritis im Königreich der Gebanitae gehört«. Und: »Die Pflanzer entrichten den vierten Teil an den König der Gebanitae« (vgl. auch 5. S. 31).

Tamna', das Plinius als eine Stadt mit fünfundsechzig Tempeln beschreibt, hatte in der Tat eine Schlüsselstellung an der Weihrauchstraße inne. Die Schilderung des Handels ist interessant:

»Nachdem der Weihrauch gesammelt ist, wird er auf den Rücken von Kamelen nach Sabota (Shabwa) befördert, wo nur ein einziges Tor geöffnet wird, um ihn hereinzulassen. Unterwegs von der Straße abzuweichen, ist gesetzlich als Kapitalverbrechen erklärt. In Sabota nehmen die Priester nach Maß, nicht nach Gewicht, ein Zehntel zu Ehren ihres Gottes, den sie Sabis nennen; es ist nicht erlaubt, über den Weihrauch zu verfügen, bevor das geschehen ist; von diesem Zehntel werden die öffentlichen Unkosten bestritten, denn die Gottheit bewirtet freigebig alle Fremden, die eine bestimmte Anzahl von Tagen gereist sind, um dorthin zu kommen. Der Weihrauch *kann nur durch das Land der Gebanitae ausgeführt werden*, und das ist der Grund, weshalb auch an ihren König eine bestimmte Abgabe entrichtet wird« (XII. S. 32).

Der Umstand, dass die Straße so ungeheuer lang war und von einem Volksstamm zum anderen führte, muss ein gut Teil Diplomatie erforderlich gemacht und viele Beziehungen in die Ferne zur Folge gehabt haben. Die Minäer zum Beispiel erscheinen schon in früher Zeit als Freunde in Hadhramaut, wo sie eine Kolonie haben (4.), und auch als Freunde der Gebaniter (8. S. 75). Der ganze Handelsverkehr war ein riesiger, genau geregelter Apparat.

»Gewisse Anteile an dem Weihrauch werden auch an die Schreiber der Priester und des Königs gegeben, und obendrein bekommen auch seine Verwahrer sowie die Soldaten, die ihn bewachen, die Torhüter und allerlei andere Angestellte ihr Teil. Und außerdem muss man der ganzen Straße entlang bald für Wasser, bald für Futter, bald für Quartier bezahlen und noch allerlei andere Steuern und Abgaben entrichten. Die Folge davon ist, dass die Unkosten für jedes Kamel, bis es an die Küste unseres Meeres (des Mittelmeers) kommt, 688 Denare betragen …«

Das Wadi Baihan, die Straße zwischen Tamna' und Shabwa, muss eine blühende und dicht besiedelte Gegend gewesen sein; abgesehen von anderen Belegen bezeugt dies die große Menge von Statuen und Inschriften, die von dort stammen und in den Berichten erwähnt werden.

Südlich davon, zwischen Qataban und dem Meer, lag das Königreich Ausan. Wir haben nur zwei Inschriften, die sich darauf beziehen (4. S. 60 ff.), aber es hat der ausanitischen Küste Ostafrikas ihren Namen gegeben (5. S. 74) sowie auch dem Ort bei Zeila, den die Somalis Ausal nennen. Mir sind nur zwei Erwähnungen dieser Gegend untergekommen. Im Mittelalter spricht Ibn Mudschawir von einer Route Aden-Shibam über Abyan, Dathina, Baihan und 'Antar ('Andal?) (3. S. 144). Und in der Neuzeit schreibt Wyman Bury in seinem »Land Uz« von Ruinen in der Umgebung von Nisab und Dathina, was vermuten lässt, dass in alter Zeit, wie heute noch, eine ganze Anzahl Wege von der Küste über die schwierige Wasserscheide des Kor heraufführten, der Weidegelegenheit wegen, um dann irgendwo südlich von Harib in die große Straße zu münden. Viele alte Orte dieser Gegend haben von der heidnischen Zeit bis in den Islam überdauert, und Müller zählt eine Reihe solcher Namen auf: Dhu-l-Qail, al-Qamar (zwischen Sarw und Dathina), Hasa, Shammar, al-Baidha, al-Hadschaira, »alle Schlösser … in Sarw und Radman, aus der Heidenzeit« (8. S. 44). Noch im vierzehnten Jahrhundert schickte Sarw Madhij 20 000 Mann in den Kampf, und von den Banu Wahas wird gesagt, sie säßen »in einem Fort aus der Heidenzeit« (14. III. 4. S. 139, 247). Die Jafi'i und Aulaki in den Bergen benutzen noch heute diese Wege, über die die Türken, als sie im Weltkrieg in Lahadsch eingeschlossen waren, unter Umgehung der Küste mit Vorräten versorgt wurden. Ichrisis Route von Sa'na nach Hadhramaut und Dhufar macht einen Umweg durch dieses südliche Gebiet über Sauma' und von da vermutlich über Nisab (3. S. 148); seine Entfernungsangaben für die östlichen Gegenden sind sehr willkürlich.

Es muss von diesen dicht bevölkerten Hochländern Wege zur Küste gegeben haben; aber die Zeugnisse der Alten, die Geographie des Landes und die Lokalisierung der bisherigen Funde deuten alle darauf hin, dass die Hauptweihrauchstraße, die durch das Wadi Baihan nach Shabwa weiterführte, die Küste erst an einem mehr oder weniger südlich von dieser Stadt gelegenen Punkt erreichte, da wo dem »Periplus« zufolge Qana gelegen haben muss (5. S. 32), vermutlich das Canneh bei Hesekiel XXVII, 23, der »erste Hafen östlich von Aden«.

Nach Shabwa »wird aller Weihrauch … im Lande gebracht …, um dort aufgespeichert zu werden« – ein Hinweis, aus dem hervorgeht, dass die Stadt eine Schlüsselstellung westlich sowohl der Weihrauchwälder als auch der von der Küste kommenden Hauptstraße innehatte. Die Lage von

Shabwa ist bekannt, da ein Ort gleichen Namens unweit der alten Stätte besteht, und seine Salzbrüche sind im Lande noch heute ebenso berühmt, wie sie es im ganzen Mittelalter waren. Eine der dem Gott Almaqah geweihten Bronzetafeln im Britischen Museum stammt aus Shabwa. Bakri schreibt, dass man die Stadt von Marib aus erreichte, »über den kleinen Marktflecken Namra, durch eine sandige Ebene bis zur Sengarquelle und dann durch sandige gefährliche Gebiete, die den Banu Harith ibn Ka'b gehören, bis nach Shabwa. Dies ist die erste Stadt von Hadhramaut, und man verkauft dort eine Kamellast Früchte für einen Dirhem« – woraus hervorgeht, dass dies noch im elften Jahrhundert nach Christus eine fruchtbare Gegend gewesen sein muss. Auch das Gebiet östlich der Stadt muss zu jener Zeit fruchtbar gewesen sein, da Bakri fortfährt mit der Bemerkung, dass von Shabwa aus »ein Dorf sich ans andere reiht, bis nach Dscharima (?), dem gesegnetsten Ort in Hadhramaut, von Gärten umgeben« (3. S. 139). Vermutlich an dieser Straße errichtete Husain ibn Salama, der große ziaditische Wesir im Jemen, im Jahre 409 muslimischer Zeitrechnung eine Reihe Moscheen und Minarette, je eine Moschee mit Brunnen und Meilensteinen an jeder der sechzig Stationen zwischen Tarim und Mekka (27. S. 236; 9).

Die »sandigen, gefährlichen Gebiete« westlich von Shabwa waren die südöstliche Fortsetzung der Wildnis von Saihad (bei Jakut Dhahjal genannt), die »die inneren Gebiete von Jemen … und Hadhramaut trennt, vier oder fünf Tagereisen zwischen Nadschran und Baihan«, und »nicht weit von Marib endet« (Hamdani). Hamdani, von Bakri zitiert (615), erwähnt, dass zu seiner Zeit eine Karawane 270 Meilen von Nadschran aus in Saihad zugrunde ging. »Merke: Die Wüste von Saihad ist eine leere Wüste, eine Wildnis, wo die Winde nach allen Richtungen wehen, ein Land, wo die Krähen König sind« (Ibn Rusta, Bib. Geogr. Ar. VII. S. 113).

Es war vermutlich zur Zeit des Islam eine ärgere Wildnis als in früherer Zeit, denn der Sand ist erst allmählich in diesen Wüstenwinkel eingedrungen. Hamdani, dem Jakut folgt (IV. 434), beschreibt zwei Straßen, eine durch das Wadi Baihan und eine nördlich davon durch Saihad. Diese nördliche Straße war eine Abkürzung zum minäischen Gebiet. Sie besteht noch heute und wird von Karawanen zwischen Hadhramaut und Jemen benutzt, sobald einigermaßen friedliche Zustände in diesem wilden Grenzstrich herrschen. Ich war zu einer solch friedlichen Zeit im Wadi Hadhramaut und begegnete einigen über 'Abr und Shabwa kommenden Karawanen. Die folgende Beschreibung dieser Route wurde von dem Großvater der gegenwärtigen 'Attas Sayyids in Huraidha im Wadi 'Amd niedergeschrieben, und ich habe sie in Huraidha nach seiner Handschrift abgeschrieben; er sammelte die Namen bei den Beduinen, und ich gebe sie wieder, ungeachtet ihrer Richtigkeit oder Unrichtigkeit. Bisher ist noch kein Europäer je auf diesem Wege gereist.

'Arudh – 'Ain (Grenze von Hadhramaut) – 'Abr (auf Karten verzeichnet) – Mlais (kleiner Weiler) – Mishainiq (Quelle) – Shira (Wadi, gutes Wasser) – Hadhbar Al Dscha'aid (Hügel in Wildnis mit Wasser) – Khalaifa (wenig Wasser) – Nadschran; alles in allem acht Tage.

Über das Gebiet, durch das diese nördliche Route führt, ist so gut wie nichts bekannt; aber die Tatsache, dass sie, obwohl sie kürzer ist, die Bedeutung der südlich von ihr verlaufenden Hauptweihrauchstraße offenbar nicht beeinträchtigt hat, deutet darauf hin, dass sie entweder wegen der dort herrschenden Unsicherheit oder weil sie durch Wüste führte (oder aus beiden Gründen zugleich) nicht so gern benutzt wurde wie der längere Weg. Eine andere Route, die die Bents erwähnen (15. S. 129 und 20. S. 220), im Wadi Ser, durch einen himjarischen Wegweiser bezeichnet, ist, wie die Beduinen sagten, bereits vor 500 Jahren wegen des eindringenden

Sandes aufgegeben worden. Tatsache scheint zu sein, dass die Wüste, obwohl sie immerhin so weit vorgedrungen ist, dass sie die Fruchtbarkeit des Randgebietes Marib-Baihan-Shabwa zerstört hat (wobei ihr der Niedergang von Handel und Wohlstand zu Hilfe kam), selbst in der alten Blütezeit etwa dieselben Grenzen hatte wie heute.

Was die Hauptstraße Marib-Shabwa-Hadhramaut betrifft, so wird sie erwähnt bei Ibn Khordadbah (Bib. Geogr. Ar. V. 143), der von neun Sikak oder Posthäusern zwischen Marib und Andal spricht – ein Beweis, dass im neunten Jahrhundert nach Christus eine Postlinie bestand; bei Ibn Rusta (l. c. VII. S. 113), der von drei Etappen, Shibam-Hadhramaut-Saba (d. i. Marib), spricht – ungenauerweise, wobei er jedoch einen interessanten Hinweis gibt auf Goldbergwerke in Marib und darauf, dass der dortige Palast des Sheikhs bereits aus der Zeit vor dem Islam stammt; bei Jakut (IV. 434), der ebenfalls fälschlicherweise angibt, dass Shabwa drei Tagereisen von Marib entfernt sei; bei Ibn Mudschawir, der acht Tage angibt, und in neuerer Zeit bei Niebuhr (26. S. 130), der mit seiner gewohnten Genauigkeit die Strecke Shibam-Marib richtig mit acht Tagen bemisst. Diese Route wird noch heute gewöhnlich von den aus San'a kommenden Karawanen benutzt.

Wir kommen nun nach Shabwa und zu den zwei Hauptstraßen nach Süden zum Hafen Qana an der Küste und nach Osten zu den Weihrauchwäldern und Dhufar.

Shabwa, bei Plinius erwähnt als eine Stadt mit sechzig Tempeln und im »Periplus« (5. S. 32) als »die Metropole Sabbatha, in der der König lebt«, war der Treffpunkt dieser beiden Handelsströme, und die Macht und Bedeutung der Stadt bis in die Frühzeit des Islam hinein ist daraus zu ersehen, dass die an der Eroberung Ägyptens beteiligten Hadhrami zuerst als al-Ashba bekannt waren ('Abd al-Hakam 47 B und Hamdani, S. 98). Auch in dem Namen eines Nationaltanzes im Hadhramaut, des Shabwani, hat sich der Name Shabwa bis heute erhalten.

Zweifellos führte die Hauptstraße zwischen Shabwa und der Küste durch das Wadi ʼAmd, das der bequemste und kürzeste Weg und noch voll von alten Ruinenfeldern und Spuren einer einst dichten Bevölkerung ist (16. S. 199–200). Lange Zeit bestand ein Weg nach Hadhramaut über ʼAndal am Nordende dieses Wadis; der Name ʼAndal scheint geradezu als Synonym für Hadhramaut verwendet worden zu sein: »von Marib nach ʼAndal, das ist Hadhramaut« (3. S. 143) (vgl. auch Hamdani, 85, 26, Bakri und Jakut zitieren ihn lediglich).

Vermutlich führte, wie heute noch, ein Parallelweg zur Küste über das große und wichtige Ruinenfeld von Meshed nach Doʼan, der Stadt der Toani des Plinius und dem Doʼan des Ptolemäus, und von da auf der von v. Wrede im Jahre 1843 von Khuraiba aus eingeschlagenen Route, die sich im Wadi Hadjar mit der ʼAmd-Route vereint. Überdies bekräftigen die Ruinen von Obne die geographischen Gründe, die dafür sprechen, dass hier die alte Hauptstraße verlief (17. S. 82). V. Wrede ist kein verlässlicher Gewährsmann für das Wadi ʼAmd, über das er durchweg unkorrekte Feststellungen macht, aber über die Strecke zwischen Doʼan und der Küste, die nur er bereist hat, scheint er vorzüglich orientiert. Die Van-den-Meulen-Expedition reiste von ʼAmd aus an die Küste, aber unter zu unruhigen Umständen für wissenschaftliche Forschungen. Die Annahme, dass die Route von Doʼan aus südwestlich nach Qana und nicht südöstlich nach Mukalla führte, wird unterstützt dadurch, dass zwischen Doʼan (oder dem nahebei gelegenen Wadi Thiqbe) (16. S. 58) und Mukalla keine himjarischen Ruinen vorhanden zu sein scheinen; und die Geschichte Mukallas selber lässt sich nicht weiter zurückverfolgen als bis zu einer Erwähnung bei Ibn Mudschawir im dreizehnten Jahrhundert, abgesehen von einer unbestätigten

Angabe bei Hirsch, dass es im Jahre 1035 n. Chr. von einem Jafi'i Ahmad ibn Medschim al Kesad gegründet worden sei (18. S. 12).

Es ist daher wahrscheinlich, dass die Karawanen von Qana aus nach Norden entweder über 'Amd oder, wie noch jetzt, über Do'an zogen, während eine andere Route von Qana aus nordwestlich an den Ruinen von Naqb al-Hadschar und Maifa'a vorbei entweder durch das Wadi Dschardan nach 'Amd oder über das Hochland von Madhij direkt nach Shabwa führte. Diese drei Routen, auf denen sich aller Verkehr von Qana aus bewegt haben muss, sind niemals richtig erforscht worden. Nicht einmal die Lage von Qana selbst ist genau bestimmt. Die Bucht von Bir 'Ali passt auf die Beschreibung des »Periplus« (5. S. 32, 115); aber Oberst Lake, einer der wenigen, die diese Gegend besucht haben, vermutet, dass ein natürlicher Hafen etwas weiter östlich, näher an Ras al-Kalb, der richtige sei. Auf jeden Fall muss die Stelle in dieser Gegend liegen.

Diese bedeutende »Marktstadt an der Küste«, das Kane Emporium des Ptolemäus, liegt oder lag leider in einem Gebiet, das heute noch genauso ungesund ist wie zu der Zeit, als der Weihrauch »von den Sklaven des Königs und von solchen gesammelt wurde, die zur Strafe zu dieser Fron dorthin geschickt wurden. Denn diese Gegenden sind sehr ungesund und verpesten selbst die, welche an der Küste entlangsegeln« (5. S. 33). Diese Tatsache, verbunden mit der Unberechenbarkeit der hier lebenden Stämme, hat bisher alle Nachforschungen verhindert.

Wir kommen nun zu dem Weihrauchland selbst.

Zu jener Zeit umfasste es die Länder von Hadhramaut und Shihr (5. S. 117) sowie die heutigen Weihrauchgebiete von Dhufar. Auf Eratosthenes' Karte, 220 v. Chr., sind die Chatramotitae, die »Hadhramautis«, die einzige in den Weihrauchländern Arabiens verzeichnete Völkerschaft.

Weihrauch wächst noch heute in den Tälern von Hadhramaut. Ich fand ihn überall im Land in Gebrauch, in irdenen kleinen Räucherbecken wie im Trinkwasser, in das man ihn tat, »um es rein zu machen«. Die Bents und van den Meulen berichten dasselbe; aber der Handel ging immer mehr zurück, je mehr die Beerdigung an Stelle der Verbrennung trat und die Opferfeuer außer Gebrauch kamen. Heute wird westlich von Saihut kein Weihrauch mehr ausgeführt, auch wenn Muqadassi (87), Maqrizi (21. S. 28), Marco Polo und, im achtzehnten Jahrhundert, Niebuhr (26. S. 202) noch den Export von Shihr aus erwähnen. Da der Weihrauch zu der Zeit, als der Handel blühte, sehr kostbar war, wurde er wahrscheinlich überall angepflanzt, wo er nur irgend gedieh, und das Wadi Hadhramaut scheint eines der besten Weihrauchgebiete gewesen zu sein, übertroffen nur noch von Habashi in Dhufar.

Der erste König von Hadhramaut, von dem wir wissen, ist mit den minäischen Abi-Jadi'a Jatu verwandt (4. S. 102). Inschriften sind spärlich; die meisten harren vermutlich noch ihrer Entdeckung in der Gegend von Shabwa, der Hauptstadt. Die frühe Schreibweise des Namens ist HDRMT (die Weglassung des waw (w) beweist, dass es falsch ist, Hadhramaut von maut, Tod, abzuleiten, wie es die Araber gern tun). Es ist das Hazarmaveth der Genesis (X. 26), und seine Bewohner entsprechen den Atramitae des Plinius und den Chatramotitae bei Strabo, Eratosthenes und Stephanus von Byzanz. Dieses Weihrauchgebiet muss auch gemeint sein, wenn es heißt, dass Älius Gallus umkehrte, als er nur noch »zwei Tage von dem Weihrauchland entfernt« war – was auf jeden Fall eine Unterschätzung ist (20. S. 12). Plinius (XII. 30) sagt:

»Fast genau in der Mitte dieses [Weihrauch-] Gebiets leben die Atramitae, die zu dem Königreich der Sabäer gehören, deren Hauptstadt Sabota ist, das auf einem hohen Gebirge liegt. [Die Felsflanken dieser Wadis werden auch von anderen Schriftstellern als »Gebirge« bezeichnet.] Acht Tagereisen davon entfernt ist das weihraucherzeugende Gebiet … unzugänglich wegen der Felsen auf allen Seiten, während es nach rechts hin von der See begrenzt ist, von der jedoch auch gewaltige Felswände es trennen. Die Wälder erstrecken sich achtzig Meilen lang und vierzig Meilen breit.«

Diese Beschreibung passt auf das Wadi Hadhramaut viel besser als auf das Wadi Dhufar. Der Weihrauch wuchs vermutlich, wie noch heute, in den Schluchten des Dschol; es erforderte also einige Tage, um ihn in das Wadi zu bringen, und dann noch vier Tage von Shibam bis Shabwa, sodass acht Tage alles in allem eine annehmbare Schätzung sind. Gegen Ende des ersten Jahrhunderts nach Christus, als die Habashi auswanderten, um Abessinien zu gründen, übernahm Hadhramaut ihre Länder Mahra, Socotra usw. und wurde die »Königin des Weihrauchlandes«, des gesamten arabischen Weihrauchgebietes (5. S. 119), bis es um das dritte Jahrhundert nach Christus in das himjarische Königreich Saba einging (4. S. 114).

Angesichts eines so reichen Handelsverkehrs in seinen Grenzgebieten ist es nicht verwunderlich, dass das Wadi Hadhramaut seiner ganzen Länge nach, auch an den unbewohnten Stellen, mit alten Ruinen übersät ist. Da, wo solche Ruinen an Abzweigungen vom Haupttal zu finden sind, ging vermutlich die alte Route zur Küste ab. Zwei dieser Routen verliefen vielleicht östlich des Wadis Kasr-Do'an; die eine durch das Wadi Bin 'Ali, wo die Bents Steine mit Inschriften, noch viel Weihrauch in den Schluchten, einige Dörfer und einen »vielbenutzten und offenbar alten« Pfad fanden, der zum Wadi 'Adm hinüber führte (15. S. 161–169), und die andere durch das Wadi 'Adm selbst, wo sich die wichtigen Ruinen von Sune befinden, die die Van-den-Meulen-Expedition besuchte (16. S. 145). Zwei Inschriften von dort wurden mir freundlicherweise von Sayyid Abu Bekr al-Kaf geschenkt und sind jetzt im Ashmolean Museum. Die Ruinen von Sune liegen an der jetzigen Hauptstraße von der Küstenstadt Shihr nach Tarim; die Ruinen und die günstige Lage der Route selbst lassen vermuten, dass hier ein alter Zugang zur Küste bestand, obwohl in Shihr keine Beweise dafür gefunden worden sind.

Die Stadt Shihr trat im Mittelalter an die Stelle von Qana. Marco Polo erwähnt sie ebenso wie Ibn Batuta. Obwohl sie die bequeme Inlandroute im Rücken hat, liegt sie doch andrerseits in einer offenen Bucht, die keinerlei natürlichen Schutz und keine günstigen Landungsmöglichkeiten bietet, und es ist leicht zu verstehen, dass sie zur Blütezeit Qanas eine so unbedeutende Rolle spielte. Viele Schwierigkeiten ergeben sich daraus, dass der Name Shihr (dasselbe Wort wie Sahil – Küste) von den islamischen Schriftstellern gleicherweise auf die Stadt, die Meeresküste von Hadhramaut sowie auch auf diese und Mahra zusammen angewendet wird (22). Das müssen wir bedenken, wenn wir uns dem Problem der Routen zwischen Hadhramaut und Dhufar zuwenden, dem Abschnitt der ganzen Weihrauchstraße, der am schwierigsten zu rekonstruieren ist.

Dass eine enge Verbindung zwischen Hadhramaut und Dhufar bestand, geht aus den Gegebenheiten des Weihrauchhandels und aus verstreuten Zeugnissen hervor; aber in welchem Maße der Verkehr zu Land durchgeführt wurde und auf welcher Route, ist viel schwieriger zu ermitteln. Soviel ich weiß, sind bisher noch keine präislamischen Inschriften in Dhufar gefunden worden. Die Einzigen, die hier Nachforschungen anstellten, waren die Bents und nach ihnen Bertram Thomas, der die sabäischen Funde der Bents jedoch nicht bestätigt (15. S. 240 ff.). Dass irgendwelche Spuren der alten Reiche dort vorhanden sein müssen, ist so gut wie gewiss, aber bis jetzt sind die frühesten historischen Zeugnisse, die wir haben, die aus der klassischen Zeit.

Das Sephar der Genesis (X. 30: »gen Sephar, an den Berg gegen Morgen«), das neben Hadhramaut und Hadoram erwähnt ist, kann sehr wohl Dhufar sein und nicht das Tzafar in Himjar. Der »Periplus« (5. S. 33, 133) berichtet von einem Fort und einem Weihrauchspeicher in Ras Fartak und führt uns dann zu dem Hafen Moscha in Ost-Dhurfar (S. 140), dem »Hafen der Abaseni« des Stephanus von Byzanz und dem Abyssapolis des Ptolemäus. Weihrauch »liegt in Haufen« allenthalben in diesem Lande und darf nur auf Befehl des Königs auf Schiffe verladen werden. So blieb es durch das ganze Mittelalter, und Marco Polo erwähnt, dass der Profit des Herrschers an dem Verkauf von weißem Weihrauch 600 Prozent betrug. Nach dem Marasid al-Ittila', einem geographischen Lexikon jener Zeit, durfte Weihrauch nur nach Dhufar gebracht werden (5. S. 144). All das deutet auf Seehandel entlang der Küste hin. Während des ganzen Mittelalters war Dhufar ein Hafen für indische Kaufleute, die dort gut behandelt und unterstützt wurden (Ibn Batuta). Es wird bei Varthema im sechzehnten Jahrhundert als ein guter Hafen erwähnt (1). Es hatte eine eigene Flotte, die zu räuberischen Vorstößen an die Küste bei Aden benutzt wurde, was im vierzehnten Jahrhundert zu der Eroberung durch Rasulid führte (22).

Eine Straße unmittelbar an der Küste entlang wird bei Ibn Mudschawir (3. S. 144) beschrieben, aber die Reise wurde wahrscheinlich meistens zur See gemacht; Ibn Batuta (I. 194) sagt nur, dass man einen Monat brauche, um nach Aden zu kommen, »durch Wüste« – was auf einen Inlandweg schließen lässt. Die Küste scheint schwierig und voller Hindernisse gewesen zu sein (wie jeder sich vorstellen kann, der sie heute vom Meer aus sieht). Das war jedenfalls die Meinung der Rasulid-Armee bei ihrem Vormarsch im Jahre 1276 n. Chr. (14. III. 3; 208 ff.), und die Küstenstraße nach Oman im Osten war nicht besser (22). Die Schiffe legten wahrscheinlich in Moscha (Dhufar), Syagrus (Ras Fartak) und Qana an, und dazwischen war Wildnis, wie zum großen Teil heute noch; auch Ibn Batuta nennt Dhufar »eine Stadt in einer Einöde« ohne Dörfer in der Nähe. Die Bents erwähnen ein unbestimmtes Gerücht von einer Inschrift bei Mosaina'a und eine ebenso unbestimmte Sage, dass die Basaltküste von Qosair »aus der Asche untreuer Städte« bestehe (5. S. 215/216); aber soweit sie kamen, fanden sie »keinerlei Spuren der Vergangenheit längs der Küste« (15. S. 91). Der Landweg nach Hadhramaut führte wahrscheinlich hinter den Küstenbergen vorbei und verödete infolge des Niedergangs des Handels und der kriegerischen Wildheit der Mahra-Stämme. Als die Bents die Qaraberge besuchten, stellten sie fest, dass dort keine Verbindung mit dem Inneren des Landes bestand (15. S. 270).

Hirsch erwähnt einen Landweg von Dhufar nach Hadhramaut, sagt aber nichts Näheres darüber (18. S. 80). Was an Hinweisen auf eine solche Route aus Mittelalter und Neuzeit vorliegt, ist recht spärlich. Ibn Mudschawir gibt die Stationen zwischen Shibam und Dhufar an; sie führen durch das Wadi Masila von Tarim bis Qabr Hud und beschränken sich dann auf Bezeichnungen für Palmenhaine und Schluchten, und das letzte Stück des Wegs scheint damals (im dreizehnten Jahrhundert) gut mit Wasser versorgt, aber dünn besiedelt gewesen zu sein (Fol. 128 B, Brit. Mus. MSS.). Die Weihrauchgebiete, sagt Mudschawir, seien zwanzig Farsah (achtzig Meilen) von Dhufar entfernt. Noch in einem so weit östlich gelegenen Ort wie Qabr Hud finden sich viele Spuren der Vergangenheit (16. S. 152) und weiter wadiabwärts sogar Ruinen eines Dammes, die bei der Bevölkerung von Hadhramaut bekannt und auch in der aus der Luft aufgenommenen Karte von Geschwaderführer Rickards verzeichnet sind. Mr. und Mrs. Ingrams, die einzigen Europäer, die das Wadi bis zu seiner Mündung bei Saihut bereist haben, sahen darüber hinaus keine weiteren Spuren von Ruinen. Das ist jedoch kein schlüssiger Beweis gegen die Existenz der alten Straße, denn das untere Wadi ist stark von Schwemmland überlagert, und wir haben ja im Übrigen auch gesehen, dass die Weihrauchstraße manchmal auf lange Strecken hin durch unbesiedeltes Gebiet führte.

Die mittelalterlichen Schriftsteller sind aufreizend wortkarg und unbestimmt, wenn sie auf die Strecke Hadhramaut-Dhufar zu sprechen kommen. Bakri zufolge führt sie von Dscharina im Hadhramaut »drei Tage durch eine von Mahras bewohnte Sandwüste bis Ashfah an der Küste von Oman und dann nach Raisut« (3. S. 140). Bei dem Rasulid-Einfall aus dem Jemen marschierte eine Abteilung von San'a aus und erreichte Raisut nach fünf Monaten unter fortwährenden Kämpfen; der Eroberer von Dhufar zog dann nach Shibam, wozu er einen Monat brauchte, aber auch hier wird wieder nichts Näheres über die Route gesagt (22). Ibn Batuta bemerkt, dass Qabr Hud im Ahqaf liege, »einen halben Tag [sic] von Dhufar« (I. 197), eine absurde Unterschätzung, die jedoch immerhin vermuten lässt, dass der Bevölkerung diese Strecke vertraut war, denn sonst hätten die Araber Ibn Batuta sicher gesagt, es sei Monate weit entfernt und unzugänglich. Ibn Khordadbah und Qodama zufolge verläuft die Küstenroute von Oman nach Mekka zum Teil im Landesinneren, von »Shihr nach dem Weihrauchland und Kinda (d. i. Hadhramaut) und dann durch Madhij zur Küste bei Aden« (3. S. 141). Kindi (Bib. Geogr. Ar. I, 27) sagt: »Die Leute von Hadhramaut und Mahra müssen ihr ganzes Land durchqueren, bevor sie die Straße Aden-Mekka erreichen, und die Entfernung beträgt zwanzig bis fünfzig Tagereisen.« Eine Entfernung von dreißig Tagereisen zwischen Hadhramaut und Dhufar ist wahrscheinlich, wenn die Strecke ganz über Land führt, und diese Feststellung hat etwas weniger Unbestimmtes als die meisten anderen.

Große Schwierigkeiten bereitet uns die Tatsache, dass die Namen Shihr und Mahra in der gleichen Bedeutung und auf sehr ungenaue Art verwendet werden, da mit Shihr, wie wir gesehen haben, sowohl die Stadt selbst gemeint sein kann als auch der Teil der Küste südlich von Hadhramaut oder die ganze Küste von Hadhramaut und Mahra, während andrerseits die Bezeichnung Mahra auch noch auf das Gebiet westlich von Mahra bis einschließlich »Asar, einem Hafen einiger Orte im Wadi Do'an« (Hamdani), ausgedehnt wird. Das obige Zitat aus Kindi ergibt jedoch dreißig Tagereisen Entfernung zwischen dem westlichen und dem östlichen Ausgangspunkt; die Reise von Hadhramaut nach Dhufar, so wie man sie jetzt macht, durch das Wadi Masila nach Saihut und von da zur See, dauert nur sechzehn Tage (3. S. 143), und das entspricht auch der Angabe bei Ptolemäus. Man kann annehmen, dass Kindi, falls er überhaupt korrekt ist, von einer längeren, durch die Berge führenden Überlandroute spricht, auf der man von Dhufar aus fünfzig und von Shabwa aus zwanzig Tage bis zur Straße nach Mekka braucht – eine Schätzung, die man gelten lassen kann.

Einen weiteren Hinweis gibt Ibn Mudschawir (Fol. 129 B, Brit. Mus. MSS.) bei einer Beschreibung der Terrassen, auf die die alten 'Aditen im Frühjahr übersiedelten. Diese Terrassen, sagt er, »mit ihren noch erhaltenen Feuerstellen« liegen »zwischen Hadhramaut und der Grenze von Oman, sowohl an der Küste entlang wie in den Bergen«. Er hörte von ihnen in Mekka durch einen Mann aus Marab, einem Ort etwa auf halber Strecke zwischen Hadhramaut und Dhufar, an der oben erwähnten Landroute.

So viel über diese Route. Die Belege, spärlich wie sie sind, müssen in Verbindung mit der Geographie des Landes und den Erfordernissen des alten Handels betrachtet werden; wenn dieses so gut wie unerforschte Gebiet einmal bekannter ist, werden sich vielleicht noch Spuren alter Straßen finden, die von irgendeinem Ort im Wadi Masila zwischen Qabr Hud und der Küste nach Dhufar führten.

Es gibt Hinweise auf noch eine andere Inlandstraße, die im Mittelalter unmittelbar von Oman nach Mekka führte, nördlich von Dhufar wie auch von Hadhramaut. Diese Route ist jetzt fast unbenutzbar. Burckhardt erwähnt sie und sagt, dass sie schon seit langer Zeit verödet sei, aber Sprenger hatte davon gehört (3. S. 14), und Palgrave begegnete zwei Beduinen, die über einige meist unbewohnte Oasen wilder Palmen von Oman nach Nadschran gereist waren. Miles hörte von einem Nedschdi, der in fünfundsechzig langsamen Tagereisen von Nadschran nach Abu Dhabi am Persischen Golf reiste. Wyman Bury (19. S. 143) hörte gleichfalls von Karawanen, die von der Ostküste durch die Wüste zogen. Das war vielleicht die alte Straße, die Thomas in 18° 45' nördlicher Breite und 52° 30' östlicher Länge entdeckte (23. S. 152). Sie war schon im frühen Mittelalter nicht beliebt wegen ihres Wassermangels; Mucaddasi und der Dschihan-Nama geben an, sie sei zwanzig Tagereisen lang bis Mekka und auf acht von ihnen gebe es kein Wasser (3. S. 147). Hamdani (S. 165) beschreibt das Gebiet zwischen Jabrin und Hadhramaut als »ein breites Land, das nicht zu durchqueren ist«. Aber der Stamm Uqail durchwanderte es (24. I. S. 70) und erreichte nach anderthalb Monaten Mahra, »wo keine anderen Stämme wohnten«. Auch jetzt noch wird der südliche Teil dieser Sandwüsten durchquert. Thomas sagt, er habe keinen Mann unter seinen Begleitern gehabt, »der nicht schon bei Kriegszügen nach Hadhramaut dabeigewesen wäre«. Die Route ist in neuerer Zeit wahrscheinlich schwieriger geworden. Thomas schreibt sehr richtig: »Diese Überlieferung von der Existenz alter Handelsstraßen sollte man nicht leichthin als unmöglich abtun. Man nimmt an, dass Arabien nie eine Eiszeit gehabt hat, und sein ganz anders geartetes Regenklima mag sehr wohl lange fortbestanden und eine sehr frühe Kultur ermöglicht haben« (23).

Man muss auch bedenken, dass die Benutzung einer Handelsstraße mehr durch den am Ziel zu erwartenden Gewinn als durch die Unbequemlichkeiten der Reise selbst bestimmt wird. Als es noch lohnend war, nach Bagdad zu gehen, durchquerte man die Wüste von Baraqish (dem alten Jatil) im Jemen aus über Jamama – über den Tariq Radhradh, der noch im Jahre 649 muslimischer Zeitrechnung benutzt wurde (14. IV. S. 99) – sowie von Raisut in Dhufar aus, von wo ein eigens angelegter Weg den indischen Handel nach Irak leitete und wohin die Beduinen zweimal im Jahre ihre Pferde brachten (Ibn Mudsch. Fol. 132 B). Diese Route führte vielleicht über Jabrin, wo sie die Straße Oman-Mekka gekreuzt haben muss. Der Handel mit Pferden, die von Dhufar nach Indien verschifft wurden, muss die Wüstenstraßen nach Norden offen gehalten haben (22). Entfernung und Schwierigkeiten scheinen in der Tat keine Rolle gespielt zu haben. Ibn Mudschawir erwähnt Gerbereien im Jemen, die Felle aus Kerman verarbeiteten und sie nach Transoxanien zurücksandten (3. S. 150). Die vorliegenden Zeugnisse machen es wahrscheinlich, dass die Wüstenstraße Oman-Mekka unter besseren klimatischen Bedingungen und zu einer Zeit, als sie mehr benutzt wurde als heute, von Dhufar aus zugänglich war; aber es ist nicht anzunehmen, dass der regelrechte Handelsverkehr diesen schwierigeren Weg nahm, solange ein dicht bevölkertes und leicht zu bereisendes Gebiet südlich davon bestand. Der Haupthandel wurde auf dem Landweg sicherlich über das Wadi Hadhramaut und auf dem Seeweg höchstwahrscheinlich über Qana abgewickelt.

Die enge Beziehung zwischen Hadhramaut und Dhufar ist vielfach bezeugt. Selbst heute noch nennen sich die Gebirgsbewohner vom Qara »Hakalai« und leiten ihren Ursprung von Hadhramaut her, von wo ihre Vorfahren, behaupten sie, auf dem Seeweg gekommen seien (23). Die Verbindung mit Hadhramaut scheint enger als die mit Oman; die Sitte der verzierten Dächer, eine sehr alte Sitte, stammt aus Hadhramaut und nicht aus Oman, und die Omanis nennen die Stämme von Dhufar, deren Sprache eine alte südarabische Mundart ist, Ahl al-Hadha ra (23), genau wie die Hadhrami von den Nordarabern nach dem Erscheinen des Islam Hadharim genannt wurden. Die Beziehungen zwischen dem östlichen und dem westlichen weihraucherzeugenden Gebiet müssen lebhaft gewesen sein und lange aufrechterhalten worden sein. Die Verbindungswege, über die dies geschah, werden vielleicht ans Licht kommen, wenn das Binnenland zwischen dem Wadi Masila und dem Qara erforscht wird.

Bibliographie

Bücher, auf die im Anhang Bezug genommen wird

(1) Ludovico de Varthema: *Itinerario*
(2) H. Lammens: *L'Arabie Occidentale avant l'Hegire*
(3) A. Sprenger: *Post und Reiserouten,* 1864
(4) *Handbuch der südarabischen Alterthumskunde:* hg. von Dr. Ditlef Nielsen
(5) *The Periplus of the Erythraean Sea:* griech.-dtsche Ausgabe, *Leipzig 1883*
(6) *G. F. Hill: Ancient Coinage of South Arabia*
(7) *Josephus: Antiquities of the Jews*
(8) *D. H.* Müller: *Die Burgen und Schlösser Süd-Arabiens Hamdani's Iklil*
(9) *Carl Rathjens* u. H. v. *Wissmann: Vorislamische Alterthümer, Hamburg Univ. Bd. 38,* 1932
(10) *Jomard, in Mengin: Histoire de l'Égypte sous Muhammad 'Ali*
(11) Thos. Jos. Arnaud: *Journ. Soc. Asiat.:* Serie vii, vol. iii
(12) Joseph Halévy: *Journ, Soc. Asiat.:* Serie vi, vol. xix, 1871
(13) Otto Weber: *Eduard Glasers Forschungsreisen in Südarabien,* Leipzig 1909
(14) Al-Khazraji: *History of the Result Dynasty of Yemen.* Gibb series
(15) Theodore und Mrs. Bent: *Southern Arabia*
(16) Van den Meulen: *Hadhramaut: Some of its Mysteries Unveiled*

(17) A. von Wrede: *Reise in Hadhramaut*
(18) *L. Hirsch: Reisen in Süd-Arabien Mahraland und Hadhramaut*
(19) Wyman Bury: *Arabia Infelix*
(20) *D. H. Hogarth: The Penetration of Arabia*
(21) *Maqrizi: Kitab at-Taraf' arabia min Akhbar Hadhramaut; De Valle Hadhramaut Libellus.* Bonne 1866
(22) *Rhuvon Guest: Zufar in the Middle Ages. Islamic Culture: vol. ix, No. 3*
(23) Bertram Thomas: *Arabia Felix*
(24) Jaqut.
(25) *Wellsted: Travels in Oman*
(26) Carsten Niebuhr: *Beschreibung von Arabien,* Kopenhagen, Leipzig 1772
(27) *Omarah's History and the Karmathians in Yemen; translated by H. C. Kay fr. Kitab as-Suluk of Baha ad-Din al-Janadi*

Sonstige Bücher

The Encyclopaidia of Islam
Bib. Geog. Ar
Hamdani: Jazirat al'Arab
Ibn Mudschawir: MSS. im British Museum
Ibn Batuta: *Rihlah.* Ägyptische Ausgabe
Carsten Niebuhr: *Reisebeschreibung,* 1774
A. Sprenger: Die Alte Geographie Arabiens. Bern 1875
O'Leary: History of the Fatimite Caliphate
Wyman Bury: The Land of Uz
Tritton: The Imams of San'a
H. F. Jacob: Kings of Arabia
Amin Rihani: Coasts of Arabia
O. H. Little: The Geography and Geology of Makalla
Karolus Conti Rossini: Crestomathia Arabica Meridionalis Epigraphica. Rom 1931

H. St. John Philby: The Heart of Arabia
H. St. John Philby: *The Empty Quarter*
J. Helfritz: Chicago der Wüste
J. Helfritz: Land ohne Schatten
R. G. S. *Journal: Papers on Hadhramaut*
The Austrian Expedition to Southern Arabia and Socotra: Vol. 13, 638
J. T. Bent's Expedition: Vol. 4, 315
L. *Hirsch's Journey: Vol. 3, 196*
Exploration of the Frankincense Country: Southern Arabia: J. Theodore Bent, Vol. 6, 109
Air Reconnaissance of the Hadhramaut: Hon. R. A. Cockrane, Vol. 77, 209
Notes on the Hadhramaut: W. H. Lee Warner, Vol. 77, 217.
Treasure of Ophir: C. E. V. Cranfurd, Vol. 75, 545
Housebuilding in the Hadhramaut: Ingrams, Vol. 85, 370

»Die Stadt meiner Sehnsucht«

Nachbemerkung

Es ging ihr immer um die »weißen Flecken« auf den Landkarten. Die passionierte Nomadin und Archäologin Freya Stark suchte sie in der Türkei, im Libanon, in Syrien, in Persien und schließlich, im Winter 1934, im Süden der arabischen Halbinsel, dem heutigen Jemen. Im Mai 1934 war ihr Reisebericht *The Valleys of the Assasins and Other Persian Travels (Durch das Tal der Mörder, Reisen in Persien zu Beginn der 1930er Jahre, 1949)* bei John Murray, einem der renommiertesten englischen Verlagshäuser erschienen, ein Bestseller, der schon im ersten halben Jahr drei Auflagen erlebte. Freya Stark berichtet darin über ihre Reisen nach Persien, die sie von 1930 bis 1932 unternommen hatte. Sie war in bis dahin unerforschtes Gebiet vorgedrungen und hatte sich unerschrocken und furchtlos auf die Suche nach der islamischen Geheimsekte der Assassinen gemacht, der man nachsagte, dass sie nicht nur auf ihren Raubzügen im 12. und 13. Jahrhundert Dutzende Sultane, Kalifen und Kreuzritter tötete, sondern bis hinein in die Gegenwart kämpferisch eingestellt sei.

Nun war ihr Ziel ein ebenso entlegenes: das sagenumwobene Shabwa, Hauptstadt des legendären Königreichs Hadramaut und angeblich Heimat von Königin Saba. Eine Stadt, die noch kein Europäer zu Gesicht bekommen hatte. Tief in der Wüste gelegen und unter Ruinen vergraben am westlichen Ende der Weihrauchstraße, die sich durch das 600 Kilometer lange Tal Hadramaut schlängelt, in der Nähe der heutigen Stadt Marib. Eine Stadt, die auf Schatzgräber und Archäologen zu warten schien. Freya Stark wollte die Erste sein.

Über die Weihrauchstraße waren seit vorislamischer Zeit (ab dem 2. Jahrhundert v. Chr.) viele Schätze transportiert worden. Von der Ostküste Afrikas Elfenbein, Weihrauch, Gold und Myrrhe, aus Ceylon Perlen und Musselin, aus Indien Diamanten, Saphire, Lapislazuli, vor allem aber auch die teuren Gewürze Zimt und Pfeffer.

Shabwa muss in dieser Zeit unermesslich reich geworden sein.

Freya Stark hatte sich auf diese Reise gut vorbereitet. Sie hatte Plinius gelesen, der von der »in einem hohen Gebirge gelegenen« Stadt Sabora (Shabwa) berichtete, »mit sechzig Tempeln in ihren Mauern«. Sie kannte die Reiseberichte von Marco Polo, Claudius Ptolemäus und Diodorus Siculus, studierte den Koran und die Bibel. Sie befasste sich mit den arabischen Reichen, ihrem Aufstieg und Fall – dem minäischen, sabäischen, qatabanischen Reich, die alle reich geworden waren durch ihren Anteil an der großen Handelsstraße. Sie reiste nach London und München, um sich dort auch über die Geschichte der antiken Städte in unmittelbarer Nachbarschaft zu Shabwa zu informieren: Sheba, Najran, Ma'an, Ausan, Qatabn und Himyr.

Besonders angetan hatte es ihr der Bericht eines namenlosen griechischen Schiffskapitäns, den sie dann auch im Vorwort zu diesem Buch preist: »Er war nicht gebildet, er schrieb ›lediglich zu Nutz und Frommen der Seefahrer der damaligen Häfen des roten Meeres, ihrer Märkte und ihres Handels‹.« Im ersten Jahrhundert n. Chr. segelte der Namenlose an der Küste Arabiens entlang bis nach Aden und machte sich von dort auf den Weg über die Weihrauchstraße. Aus seinem *Periplus* (Umschiffung) *des Erythräischen Meeres* erfährt Freya Stark zum ersten Mal von einer der »reichsten, am strengsten bewachten und vielleicht ältesten aller Handelsstraßen der alten Welt«. Der Seemann kam »über Qana im Weihrauchland nach ›Sabbath, wo der König wohnt. All das Räucherharz, das im Lande erzeugt wird, wird auf Kamelen an diesen Ort getragen [...]«.

Auch Freya Stark startete ihre Reise von Aden aus, am 13. Januar 1935. Wie der unbekannte Seefahrer segelte sie entlang der arabischen Küste bis nach Mukalla, wo sie drei Tage später eintraf.

»Der Indische Ozean vor mir, die Inlandwüsten hinter mir: innerhalb dieser gigantischen Koordinaten war ich in diesem Augenblick das einzige europäische Wesen. Ein unbestimmtes kleines Gefühl regte sich [...] Ich wunderte mich keine Sekunde, was es sein könnte [...] Es war ein Glücksgefühl, ein Wohlgefühl, so köstlich und unabhängig von der eigenen Person, dass man es kaum noch für irdisch hält, wenn es einen überkommt.«

Kurz vor ihrer Reise war das südliche Arabien noch Schauplatz heftiger Stammesauseinandersetzungen zwischen den Qu'aiti und den Kathiri gewesen – und unpassierbar. Diese waren inzwischen mit Hilfe der englischen Okkupanten beigelegt worden.

Freya Stark dürfte sich also ihrem Ziel, als erste Europäerin die »Stadt meiner Sehnsucht« zu erreichen, sehr nahe gefühlt haben.

Als sie in Aden eintraf, litt sie bereits unter einer leichten Dysenterie.

Von Mukalla, wo sie mit großer Gastfreundschaft im Palast des Sultans aufgenommen worden war, ritt sie mit zwei Bediensteten auf Eseln (das Gepäck wurde mit dem Auto transportiert) weiter ins Hinterland. In Masna'a wurde sie im Harem des dortigen Sultans von einem kleinen Jungen mit

Masern angesteckt. Dysenterie und Masern verstärkten sich gegenseitig, sie wird schwer krank und schließlich – drei Tagesreisen von Shabwa entfernt – wurde ihr die Stadt »dank der Ungunst des Schicksals unerreichbar wie der Mond; nur in Träumen bin ich auf seiner verödeten Reichsstraße gewandert […] Aber die Täler von Hadramaut, die zu ihr führen, verlocken dennoch durch ihre fremdartige Schönheit zu einigem Bericht, wenn es auch nur der Bericht eines Misserfolgs ist.«

Sie wird von Piloten der Royal Air Force von Shibam nach Aden ausgeflogen. Sie, denen sie ihr Buch über die »Südtore Arabiens« widmet, haben ihr vermutlich das Leben gerettet.

Wenig später sollte ein anderer Shabwa erreichen. Der deutsche Komponist, Reiseschriftsteller und Fotograf Hans Helfritz war schon 1933 mit einer Karawane auf der Weihrauchstraße unterwegs, ritt aber an Shabwa vorbei, nicht ahnend, dass es dort einen Schatz zu heben gab. 1935 schaffte er es zumindest bis zu den Toren der Stadt, vor denen er von schießwütigen Beduinen vertrieben wurde. Da befand sich Freya Stark in Aden im Krankenhaus. »*Damn* the German«, schrieb sie an eine Freundin in London, »ich wollte die Erste sein, war doch so kurz davor.«

Ein Jahr darauf, 1936, gelang es dem britischen Orientalisten Harry St. John Bridger Philby (1885–1960; sein Sohn Kim war der berühmte Sowjetspion) unter dem Protektorat von König Saud, über Narjan nach Shabwa vorzudringen. Als Freya Stark davon hörte, reagierte sie zutiefst verärgert, denn sich der Stadt über diese Strecke, zudem mit dem Auto, zu nähern, hielt sie für nicht besonders schwierig.

Im November 1937 hat sie es selbst noch einmal versucht, sie führte eine Gruppe von Archäologinnen an, aber es gab Spannungen, und sie brach die Reise ab. *In A Winter in Arabia. A Journey through Jemen*, erstmals erschienen bei John Murray 1972, berichtet sie davon.

Kurz bevor Philby im Juni 1936 Richtung Shabwa aufbrach, erreichte ihn »durch einen seltenen Zufall […] die jüngste Ausgabe der *Times* vom 26. Mai 1936, in der ich eine Rezension von Freya Starks Buch *The Southern Gates of Arabia* las, das kürzlich publiziert wurde«.

Einige Monate später lag er mit einer fieberhaften Erkältung in Mekka krank im Bett und las Freya Starks Buch – »und meinem fiebernden Verstand war es, als leitete mich eine Frauenhand sanft durch die vertraute Gegend des Todestals, während eine weibliche Stimme mir voller Charme die Menschen, die ich kannte, und die Stätten, die ich gesehen habe, beschrieb«.

Freya Starks »Bericht eines Misserfolgs« wurde zu einem großen Erfolg. Nach »*The Assassins* …« hatte sie 1936 ihren nächsten Bestseller publiziert, den faszinierenden und leidenschaftlichen Bericht über ihre Reise in die alte, geheimnisvolle, gefährliche und gleichzeitig so gastfreundliche und farbenprächtige Welt des Orients, in die langsam die westliche Zivilisation eindringt – und die sich heute – im Kriegszustand – dem Reisenden erneut verschlossen hat. Unter den begeisterten Leser*innen waren Elizabeth, Herzogin von York und ihre Tochter Elizabeth. Von Letzterer wurde sie 1972 in den Adelsstand erhoben.

Susanne Gretter

Literatur:

Freya Stark. Durch das Tal der Mörder. Reisen in Persien zu Beginn der 1930er Jahre. Übersetzt von Fortunat Weigel. Promedia, Wien 2001.

– A Winter in Arabia. A Journey through Jemen. John Murray (Publishers) Limited, London 1972

Jane Fletcher Geniesse. Passionate Nomad. The Life of Freya Stark. Modern Library, New York 2001

Caroline Moorehead. Freya Stark. Allison & Busby Limited, London 2014

Hans Helfritz. Entdeckungsreisen in Süd-Arabien. Auf unbekannten Wegen durch Hadramaut und Jemen (1933 und 1935). DuMont Buchverlag, Köln 1977

Joachim Willeitner. Die Weihrauchstraße. Verlag Philipp von Zabern, Darmstadt/Main 2013